Dieses Buch *führt in einen vielschichtigen Kontinent von gewaltiger Größe. Um seine Menschen, seine Städte, seine Landschaften kennenzulernen, braucht man Jahre. Wer ihn als Tourist besucht, hat allenfalls Monate, meist aber nur Wochen lang Zeit und Gelegenheit für die Begegnung mit so viel Neuem, das auf ihn einstürmt. Für ihn ist dieses Handbuch geschrieben. Es ist kein Werk für Kunsthistoriker, Botaniker, Zoologen, Soziologen oder andere Wissenschaftler. Es will einführen in Geschichte, Länder und Probleme und hinführen zu dem, was sein Autor für sehenswert, für wesentlich hält. Damit bleibt dem Leser, dem Gast in Südamerika noch manches selbst zu entdecken. Auch das gehört zur Zielsetzung dieses Buches, gehört zum*

REISEN UND ERLEBEN

REISEN UND ERLEBEN

SÜDAMERIKA

Von Jürgen W. Scheutzow

LN-VERLAG LÜBECK

Umschlaggestaltung: Bernd G. Reichert
Umschlagfoto: Motiv aus dem Inka-Goldschatz Lima/Peru: »tumi«
(Zeremonialmesser – eine hockende Menschenfigur als Griff).

Auf der Stirnplatte Türkise, Lambayeque-Stil; Chimu/22 Karat,
33,6 cm hoch, 13,5 cm breit (Bernt Federau)

Foto neben Titel: Guanabara-Bucht und Zuckerhut, Rio de Janeiro

Seite 65: Salto Laja, Argentinien
Seite 66: La Valle de la Luna, Atacama Desert, Chile
Seite 67: Eingeborene beim Tanz, Paraguay; Cowboys, Paraguay
Seiten 68/69: Cerro Torre, Los Glaciares National Park, Argentinien
Seite 70: Cotopaxi, höchster Vulkan auf Ecuador
Seite 71: Huascarán (6168 m), höchster Berg Perús
Seite 72: Transamazônica, Brasilien

Kartographie: Volker Hildebrand, Frankfurt am Main

Buchgestaltung: Heinz Weiemann

ISBN 3-87498-285-8

4. Auflage 1990

REISEN UND ERLEBEN
Südamerika

Das ist super	7
Fertig zur Abreise?	8
Unterwegs nach drüben	11
Ein Erdteil von 12° Nord bis 55° Süd	16
Panamá	31
Ecuador	38
Galápagos-Inseln	47
Kolumbien	51
Perú	63
Bolivien	91
Chile	105
Osterinsel	121
Paraguay	130
Uruguay	137
Argentinien	148
Falkland-Inseln	165
Brasilien	167
Venezuela	212
Guayana	221
Guyana	224
Surinam	226
Epilog: La Gana	230
Zu näherer Information	231
Register	232

Karten-Skizzen

Zeitzonen der Erde	13
Nördliches Südamerika und Galápagos-Inseln	30
Quito	40
Bogotá	53
Lima	74
La Paz	94
Südliches Südamerika	104
Osterinsel	122
Buenos Aires	152
Östliches Südamerika	168
Rio de Janeiro	170

Das ist super

Noch immer ist die Neue Welt eine fast unbekannte Welt, eine Welt, in der Reisende hier und da einen Punkt ansteuern, manches erleben, vieles sehen, von der Fülle erdrückt werden, von Einzelheiten fasziniert sind — und von wo sie zurückkehren, um ehrlich zu bekennen: Wir kennen nun den winzigen Splitter vom Stamm eines Urwaldriesen. . . .
Das gilt für die 50 Staaten Nordamerikas und die Provinzen Kanadas, für die Inseln der Karibik, die wie Gedankenstriche, in einem Bogen angeordnet, Nord- und Südamerika verbinden, gilt für das schmale Band Mittelamerikas zwischen Pazifik und dem Karibischen Mittelmeer des Atlantik — und das gilt besonders für jenen Teil der Neuen Welt, der zugleich ein Teil der »Dritten Welt« ist: Südamerika.
Von den zehn größten Ländern der Erde sind zwei auf dem südamerikanischen Subkontinent zu finden: Brasilien nimmt den fünften Platz auf dieser Rangliste ein (die von der Sowjetunion angeführt wird), Argentinien den achten.
In der Einwohnerzahl rangiert Brasilien an achter Stelle, auf dem amerikanischen Kontinent nur von den USA übertroffen (unschlagbarer Spitzenreiter ist die Volksrepublik China). Unter den größten Seen der Welt steht der zu Perú und Bolivien gehörige Titicacasee mit 8 300 qkm auf einem guten Mittelplatz, er ist etwa acht mal so groß wie das Tote Meer. Der Amazonas mit 6 518 km Länge, der die »Koalition« von Mississippi und Missouri noch um 500 km übertrifft, wird nur vom Nil und seinem Kagera-Quellfluß geschlagen, die 150 km mehr auf die Skala bringen.
Die höchsten Berge darf man, ohne fehlzugehen, im Himalaya suchen (Mount Everest 8 848 m), und ein rundes Dutzend asiatischer Berggipfel liegen dem auch über Südamerikas Bergriesen Nummer eins, dem 6 958 m hohen Aconcagua in den argentinischen Anden. 18 Berge mit jeweils über 3 000 m Höhe finden sich insgesamt auf dem Semikontinent, darunter die »Sechstausender« Illimani (Bolivien, 6 882 m), Cerro Ojos del Salado (6 880 m zwischen Chile und Argentinien), der chilenische Cerro Tupungato (6 806 m), der argentinische Mercedario (6 770 m), der Huascarán in den peruanischen Kordilleren (6 768 m), der Gipfel des Nudo Coropuna in Perú (6 613 m), der Nevado de Illampú (6 550 m) und der Nevado Sajama Boliviens (6 520 m), der Nudo de Ampato Perús (6 300 m), der bolivianische Caca — aca (6 270 m) und der Chimborazo von Ecuador (6 267 m).
Von den zehn höchstgelegenen Städten der Welt kann Südamerika gleich vier präsentieren: La Paz (3 658 m) und Arequipa (2 451 m) in Bolivien, Quito (2 850 m) in Ecuador, Bogotá (2 660 m) in Kolumbien. Nur das tibetanische Lhasa liegt mit 3 660 m eben zwei Meter höher als La Paz.
Die größte Meerestiefe kann Südamerika nicht für sich in Anspruch nehmen (11 000 m), aber der Rekordhalter Pazifik bringt es vor der Atacama-Wüste im Westen des Kontinents immerhin auch schon auf 7 000 m. Zwischen dem Aconcagua-Gipfel und dieser Tiefe liegen also rund 14 Kilometer Höhendifferenz.
56% der Oberfläche des Erdteils sind Wälder, von ihnen 97% Laubwald, vorwiegend von Dschungelcharakter. Ein weltweiter Rekord.
Einen letzten Superlativ, der erwähnt werden soll, muß sich Südamerika allerdings mit dem nordamerikanischen Semikontinent teilen: Die Anden sind ein Teil der längsten zusammenhängenden Gebirgskette der Welt. Sie reicht von 56° Südbreite bis zur Mündung des kanadischen Mackenzie-Stromes in 69° Nord.
Den Südamerika-Reisenden ein wenig auf die Begegnung mit diesem Erdteil vorzubereiten, ist dieses Buch geschrieben worden.

Fertig zur Abreise?

Jede Reise erfordert Vorbereitungen, eine Reise in die Tropen und in wenig erschlossene Gebiete sogar einige mehr. Leichtsinn vor und während einer Fernreise schlägt immer passiv zu Buche — und nicht nur in finanzieller Hinsicht. Eine mitgebrachte Malaria kann zwar ein lebenslanges Andenken an eine Reise sein, aber gewiß kein angenehmes, und eine in einem Land mit unzureichenden hygienischen Verhältnissen »aufgelesene« Amöbenruhr kann jahrelang akut bleiben und zu bedrohlichen Komplikationen führen. Die Behandlung auch einfacher Erkrankungen im fremdsprachigen Ausland, ob ambulant oder stationär, bringt immer Probleme mit sich. Ärzte haben zwar ihr international verstandenes »Küchenlatein« für Diagnose und Therapie, doch ihre ausländischen Patienten sind selten in der Lage, sich in diesem Fachjargon auszudrücken. In Deutsch . . . ja, da könnte man manches erklären und umschreiben; aber damit rechnen, daß Ärzte oder medizinisches Hilfspersonal diese Sprache verstehen, kann man nicht. Selbst englisch und französisch helfen in Südamerika wenig, wenn sie auch noch so korrekt gesprochen werden. Soweit wie möglich vorzubeugen und Vorsicht zu üben, zahlt sich immer aus.

Genügend Zeit für Vorbereitungen

Zu Fernreisen entschließt man sich gewöhnlich nicht von heute auf morgen. Das gibt eine hinreichende Vorlaufzeit zur Erledigung alles Notwendigen. Spätestens drei Monate vor Abreise sollte man die *Reisepapiere* auf Gültigkeit und Vollständigkeit prüfen (Paß, Identitätskarte, Impfpaß) und Fehlendes ergänzen. Gemeinhin wird die Gültigkeit des Reisepasses über die Reisezeit hinaus verlangt (bis zu sechs Monaten). Sinnvoll ist es auch, einige *Paßfotos* gesondert und für alle Fälle mitzunehmen. Ein *Visum* wird für den kurzen Besuch südamerikanischer Staaten nicht verlangt. Für einen Aufenthalt von mehr als 90 Tagen gelten gewöhnlich abweichende Bestimmungen, nach denen man sich tunlichst rechtzeitig erkundigen sollte. Eine — allerdings nicht nur in Iberoamerika übliche — Besonderheit ist der von mehreren Ländern verlangte Nachweis, daß man sich nicht heimlich im Lande verkrümeln will, sondern die Absicht hat, auch wieder auszureisen. Hierfür ist die Vorlage der *Rückreisepapiere* notwendig. Das Ausfüllen sogenannter Touristenkarten für die Einreise erfolgt meist schon an Bord des Intercontinentalflugzeugs. Wer in Südamerika einen Leihwagen benutzen will, muß an die dort jeweils geforderten *Wagenpapiere* denken (in aller Regel: Internationaler Führerschein, Versicherungskarte). Welche Reiseversicherungen man auch sinnvollerweise abschließt: Policen gut aufbewahren und wie alle Papiere möglichst nicht aus der Hand geben; im Hotel gehören sie — auch bei kurzem Verlassen — ins *Hotelsafe*, wo Sie auch Ihr *Bargeld* und Schmuck neben evt. anderen Wertsachen deponieren sollten. Auch Pässe sind Wertobjekte, die von gewissen Kreisen sehr gesucht werden.
Da wir von Papier sprechen: *Visitenkarten* gehören in den Ländern Südamerikas zum guten Ton. Frischen Sie also Ihren Vorrat auf für diese Reise.

Bleiben Sie gesund!

Ein Gespräch mit dem *Hausarzt* ist bei geplanten Reisen in die Tropen oder große Höhen (Andenstaaten!) unbedingt geraten. Er kennt die Konstitution seiner

Stammpatienten und kann sie — wenn er von der Reise nicht u.U. ganz abrät — auf veränderte Verhältnisse »einstellen«.

Rund zwei Monate vor der Abreise sollte man sich auch um die erforderlichen *Impfungen* kümmern. Ob Impfgegner oder nicht, fast alle südamerikanischen Staaten (vgl. Länderteil) verlangen bestimmte Schutzimpfungen; andere Vorbeugungsmaßnahmen (Malaria) werden dringend empfohlen.

Wer unmittelbar und ohne Besuch anderer Länder (z.B. in Afrika oder Asien) aus Deutschland, Österreich und der Schweiz in ein südamerikanisches Land einreist, hat relativ wenig Schutzimpfungen notwendig bzw. im Impfpaß als erfolgt nachzuweisen (s. Länderteil). Das schließt aber vorbeugende Maßnahmen für den Besuch einer Reihe von Regionen Südamerikas nicht aus. Gebiete, in denen z.B. Gelbfieber endemisch auftritt, gibt es dort reichlich. Sie sind im allgemeinen bekannt, doch können andere epidemisch auftretende Krankheiten sehr plötzlich zur zeitweiligen oder länger andauernden Änderung der Seuchen-Landkarte führen. Beim Arzt oder — besser — der nächstgelegenen Impfanstalt den aktuellen Stand zu erfragen, ist daher wichtig. Die Anschrift der nächsten Impfanstalt kennt der Arzt.

Werden mehrere Schutzimpfungen für den Aufenthalt verlangt, so muß oftmals ein bestimmter Zeitraum zwischen den Impfungen eingehalten werden. Es ist also zweckmäßig, frühzeitig mit diesen Maßnahmen zu beginnen (spätestens sechs Wochen vor Abreise).

Schicken wir vorweg, daß ein Impfschutz gegen *Tetanus*-Erreger in jedem Fall angezeigt ist, gleichgültig, wohin man reist. Diese Impfung gewährt Schutz bis zu 5 oder 6 Jahren.

Pockenschutz wird vom 8. Tag nach der Impfung (bei Nachimpfung ab sofort) bis zu drei Jahren gewährleistet.

Schutz gegen *Cholera* gibt die Impfung vom 6. Tag nach der Impfung für sechs Monate.

Zehn Tage nach der Impfung und für zehn Jahre ist Schutz gegen *Gelbfieber* vorhanden; diese Impfung muß von einer zugelassenen Impfstelle vorgenommen werden.

Wo in Gebieten mit mangelhafter Hygiene eine Vorbeugung gegen *Typhus* und *Paratyphus* (TAB) angezeigt erscheint, ist in Südamerika verläßlich nicht abzugrenzen. Hier entscheidet die eigene Umsicht; die Prophylaxe (Hausarzt) kann oral erfolgen: An drei Tagen werden nüchtern je zwei Dragees genommen. In den großen Städten sind diese Krankheiten kaum anzutreffen.

Wer aus nicht infizierten Ländern anreist, muß in den iberoamerikanischen Ländern auf jeden Fall die folgenden Impfungen als erfolgt nachweisen (Einzelheiten siehe Länderteil):

Pockenimpfung zur Zeit nicht gefordert.

Gelbfieberimpfung in: Französisch-Guayana bei längerem Aufenthalt als 14 Tagen, sowie bei Einreise aus Bolivien, Brasilien, Kolumbien, Ecuador, Franz. Guayana, Panama, Perú, Surinam, Venezuela.

Noch vor zehn Jahren gab es jährlich dreieinhalb Millionen Todesfälle an *Malaria*. Die Arbeit der Weltgesundheitsorganisation WHO hat inzwischen erreicht, die Zahl der Todesfälle auf weniger als eine Million zu senken, doch zeigen sich aktuell neue Tendenzen: Malariafälle nehmen wieder zu. Vier Erreger (Plasmodien) zeichnen für vier Formen der Malaria verantwortlich, die von der weiblichen Malariamücke (Anopheles) durch Stich übertragen werden. Der Stich ist kaum spürbar, das Insekt kündigt sich auch nicht durch »Fluglärm« an, das tun nur die männlichen Moskitos, deren Stiche auch schmerzen, sonst aber ungefährlich sind.

Südamerika — und das darf man nicht verschweigen — ist in hohem Maße malariaverseucht. Auch hier bestätigen Ausnahmen die Regel: Die Hauptstädte sind meist ungefährdet, desgleichen Argentinien, der Süden und die Mittelregion Patagoniens (nicht das Grenzgebiet zu Paraguay!), Chile, die Anden, Uruguay und — in Brasilien — die Landschaft zwischen Porto Alegre und Brasilia sowie Partien der Provinzen Bahia und Rio de Janeiro. Größte Vorsicht geboten aber ist in den Wäldern und an der Küste Kolumbiens, im gesamten Amazonas-Becken, im Mato Grosso und in Guyana. In Perú, Bolivien, Venezuela und Französisch-Guayana ist man zwar mit Erfolg gegen die Anopheles vorgegangen, doch haben sich hier gerade letzthin resistente Formen der Malaria (Plasmodium Falciparum) gezeigt, die mit der üblichen Behandlung nicht hinreichend zu bekämpfen sind.

Die gewöhnliche Malariaprophylaxe ist unschädlich und ohne Probleme durchzuführen. Während zweier Wochen vor Reisebeginn nimmt man an einem bestimmten Wochentag zwei Tabletten (Resochin z.B., oder nach Anweisung des Arztes ein anderes Präparat) und setzt die Einnahme während der Reise fort: an jedem zweiten Tage eine Tablette. Zwei bis vier Wochen (das hängt von der Dauer der Reise ab) nach Rückkehr in die Heimat fährt man fort — wie vor Reiseantritt —, zwei Tabletten auf einmal an einem bestimmten Tag der Woche zu nehmen.

Winzige Parasiten, *Amöben* der Gattung Entamoeba Histolytica, sind die Erreger der Amöbiasis, die vor allem in feuchten Gebieten mit unzureichenden hygienischen Verhältnissen langlebig sind. Heftige kolikartige Schmerzen und häufiger Stuhldrang (6—15 mal im Laufe eines Tages) sind die alarmierenden Anzeichen. Vorbeugen ist auch hierfür besser als Heilen: Trinkwasser, Eiswürfel, Speiseeis, rohe Salate, Früchte können den Parasiten als Transportmittel nützen. Hierbei äußerste Zurückhaltung zu üben, bietet einen gewissen Schutz. Beachten Sie vor allem die Trinkwasser-Hinweise (s. Länderteil) und rechnen Sie mit Amöben in fast allen Ländern des Subkontinents, besonders in Kolumbien, Venezuela, Guayana, Brasilien, Uruguay, Paraguay und Teilen Argentiniens. Ungefährdet sind Chile, Perú, Teile von Bolivien und Ecuador. Stark verseucht sind die Galápagos-Inseln, frei von Amöben ist die Osterinsel.

Natürlich sind nicht alle Durchfälle von Amöben verursacht, und »Metifex« in der Reiseapotheke ist für alle Fälle ein guter Begleiter. Zu beachten: Gegen den Körperwasser-Verlust muß man in diesen Fällen viel (Mineralwasser) trinken. Eine gewisse Vorbeugung ist auch auf medikamentösem Wege möglich; fragen Sie Ihren Hausarzt.

Besondere Vorsicht ist im Amazonas-Becken geraten, wo außer Amöben auch andere Parasiten (Würmer etc.) auftreten und – im Norden des Beckens, in Guayana und Venezuela, – auch die *Bilharziose* (Schistomiasis) verbreitet ist. Gehen Sie hier nie barfuß und trinken Sie kein Wasser, das verdächtig sein könnte, auch wenn »Praziquantel« von Bayer seine Wirksamkeit nicht nur gegen Bluthochdruck, sondern auch gegen die Bilharziose erwiesen und Dr. Wassilew zum Abtöten eingedrungener Hakenwürmer eine Vereisung mit dem Spray Diäthylchlorid als erfolgreich empfohlen hat. Nach Schätzungen der Weltgesundheitsorganisation (WHO) sind in Asien, Afrika und Südamerika etwa 200–300 Millionen Menschen an Bilharziose erkrankt, doch ist die Therapierung der unterschiedlichen Formen mittels nur eines Medikamentes (es enthält Biltricide) offenbar probat.

Unterwegs nach drüben

Der Tag vor der Abreise ist gekommen, und man muß Sorge dafür tragen, rechtzeitig zum »Check in« am Schalter der Fluggesellschaft zu kommen, bei der man gebucht hat. Die Aufrufzeit für Intercontinentalflüge kann eine Stunde vor Abflug (Linienflug), 2—3 Stunden vor Abflug bei Charter- und ABC-Flügen liegen. Die gewiß manchmal lästige, aber im Interesse der Fluggäste notwendige *Sicherheitskontrolle* erfordert je nach Fluggästezahl eine unterschiedlich lange Zeit. Auch das »Check in«, die Kontrolle der Flugscheine, die Aufgabe des Gepäcks und die Platzzuweisung (z.B. für Raucher oder Nichtraucher) geht nicht im Handumdrehen vor sich. Denken Sie bei der *Anreise* zum Abflughafen (sei es per Flugzeug, Bahn oder Auto) auch daran, daß Nebel, Verspätungen oder Pannen Sie aufhalten können, planen Sie einen genügenden Sicherheitszeitraum (evtl. lieber am Abflugort übernachten) ein, um pünktlich am Abfertigungstresen einzutreffen. Flugzeuge warten nicht.

Am Tag vor der Abreise sollte man noch einmal prüfen, ob man an alles Notwendige gedacht hat, sozusagen die einzelnen Punkte einer persönlichen Check-Liste abhaken.

Soweit man Bargeld (Devisen) mitnehmen will (s. auch Länderteil), muß man es rechtzeitig bei einem Bankinstitut anfordern; nicht immer sind alle Währungen sofort greifbar. Etwas Geld in der jeweiligen Landeswährung sollte man bar mitführen (Kofferträger, Taxi etc. am Ankunftstag).

Koffer und Kleidung

Zumindest bei interkontinentalen Linienflügen, jedoch vielfach auch bei Charter- und ABC-Flügen, gelten heute für die Gepäckabfertigung primär Anzahl und Größe der Gepäckstücke als maßgeblich: Ohne Rücksicht auf das Gewicht kann jeder Economy-Reisende einen Koffer mit 158 cm Umfang (Länge, Breite, Höhe) aufgeben, eine unter dem Sitz zu verstauende Flugtasche mit 3 kg Inhalt und maximal 115 cm Umfang kann in die Kabine mitgenommen werden. Man riskiert die Zurückweisung, hält man sich nicht an diese Vorschrift. Das Limit von 3 kg ist z. B. durch Kameras oder anderes Fotogerät schnell erreicht.

Für die Sicherheitskontrolle – sie kann durch Detektoren oder »von Hand« erfolgen, für *Handgepäck* meist mit Hilfe von Detektorstrahlen – beachten Sie am besten ein paar Hinweise: Ins Handgepäck keine Messer oder Scheren packen oder Dinge, die auch nur im entferntesten als Waffe benutzt werden könnten. Kameras müssen Sie erst öffnen, bzw. knipst der Beamte bei eingelegtem *Film* zur Kontrolle ein Bild ab. Tonband-Recorder müssen Sie öffnen oder die eingelegte Kassette anspielen. Da man in manchen Ländern nicht sicher sein kann, ob die zur Kontrolle verwandten Strahlen Filme schwärzen, empfiehlt sich die Aufbewahrung belichteter und unbelichteter Filme in einem Filmschutzbeutel (z. B. Film-Shield-Beutel der Firma Hama-Fotoservice, erhältlich im Fotofachhandel).

Was Sie im großen Koffer unterbringen, hängt von Ihren Plänen ab – und von der Jahreszeit. Auch in Tropengebieten braucht man für den Abend einen Pulli oder eine Wolljacke, für große Höhen (Anden) wärmere *Kleidung*. Beachten Sie grundsätzlich: Für Tropengebiete keine Synthetiks; Baumwolle ist am besten – für Wäsche wie Oberkleidung. Da man, vor allem in den großen Städten, in Südamerika noch Wert

sätzlich: Für Tropengebiete keine Synthetiks; Baumwolle ist am besten — für Wäsche wie Oberkleidung. Da man, vor allem in den großen Städten, in Südamerika noch Wert auf etwas formellere Kleidung legt (kompletter Anzug, Krawatte), besonders am Abend, stellen Sie sich besser darauf ein, um nicht gleich abschätzig als »Gringo« angesehen oder gar am Eingang zum Hotelspeisesaal dringend ersucht zu werden, sich »anzukleiden«. Bei den einzelnen Länderbeschreibungen wird im übrigen auf Einzelheiten hingewiesen.

Denken Sie aber grundsätzlich an feste Schuhe für Excursionen, an Regenschutz und solche Kleinigkeiten wie Sicherheitsnadeln, Nähzeug, kleine Klammern für die Miniwäsche und eine kleine Taschenlampe.

Fasten seat belts

Hut und Mantel liegen in der Gepäckklappe oder im Netz, das Handgepäck ist unter dem Sitz verstaut, den man Ihnen in der Raucher- oder Nichtraucher-Region angewiesen hat, und Sie sind den Leuchtzeichen gefolgt, die das Anlegen der Sicherheitsgurte verlangen und daran erinnern, daß bis nach dem Start nicht geraucht werden darf. Der Flug kann beginnen — und wenn Sie beim Start und bis zum Erreichen der endgültigen Flughöhe von etwa 10 000 m trotz des Druckausgleichs in der Düsenmaschine ein wenig Kaubewegungen mit den Kiefern machen und schlucken (auch Bonbon-Lutschen ist hilfreich), werden sich auch Ihre Ohren nicht beschweren: sie bleiben »offen«.

Wer sich nicht ganz sicher ist, daß ihn keine »Luftkrankheit« (sie ist harmloser als die Seekrankheit) befällt, sollte eine halbe Stunde vor Abflug (oder auch länger) eine Tablette gegen Reisekrankheit (Kinetose) nehmen. Sie ist 24 Stunden wirksam, entspannt zugleich und macht höchstens ein wenig müde. Es gibt verschreibungsfreie und rezeptpflichtige, die Wirkung ist die gleiche. Ihr Arzt sagt Ihnen, was für Sie am besten ist, und er hat Sie ohnehin — lange vorher — sozusagen »zum Flug freigegeben«. Bei einigen chronischen Zuständen kann nämlich eine Flugreise bedenklich sein.

Wie schnell die Zeit im Flugzeug vergeht (gewiß nicht immer »wie im Fluge«), ist relativ — auch ohne Einsteins Theorie von der »Zeitdilatation«. Zum Teil ist das eine Frage der Beschäftigung (Lesen, Musikhören aus dem »Earphone« der Düsenmaschinen — es sind Kassettenprogramme —, Filmvorführung an Bord, Schlafen — sobald verdunkelt wird —, zollfreier Einkauf an Bord — wenn Sie das noch nicht im Duty Free-Shop des Flughafens erledigt haben —, Bordmahlzeiten zu Zeit und Unzeit) . . . und auch die Uhr spielt, wenigstens scheinbar, eine Rolle. Beim Flug in Richtung Westen, wo wir gewissermaßen vor der Sonne herfliegen (bezaubernde Sonnenauf- und -untergänge!), würde Sie die Uhr bei Ankunft in Rio de Janeiro völlig verwirren, wenn Sie etwa im Überschallflug die 9 554 km in 3 Stunden zurückgelegt hätten: Sie wären dann eine Stunde vor Ihrem Abflug dort angekommen.

Schuld an dieser Verwirrung ist die *Ortszeit*, die für Rio gegenüber Mitteleuropa 4 Stunden zurückliegt (MEZ minus 4 Stunden). Mit anderen Worten: Man muß hier seine in Wien, Bern oder Bonn mitteleuropäische Zeit zeigende Uhr um 4 Stunden zurückstellen. Genau genommen hätten Sie sogar beim Überfliegen jeden Längengrades die Uhr um 4 Minuten zurückstellen müssen (bei Ostkurs: 4 Minuten vor). Das wäre zwar mit 60 mal eine hübsche Beschäftigungstherapie, aber doch etwas lästig. Da man die Erde aber in *Zeitzonen* eingeteilt und jeweils 15 Längengrade (geringe Abweichungen) zu einer Zone zusammengefaßt hat, würde viermaliges Nachstellen genügen, es sei denn, Sie entscheiden sich sinnvollerweise dafür, die Uhr erst am Zielort auf die Ortszeit zu bringen.

Unterwegs nach drüben

Zeitzonen der Erde

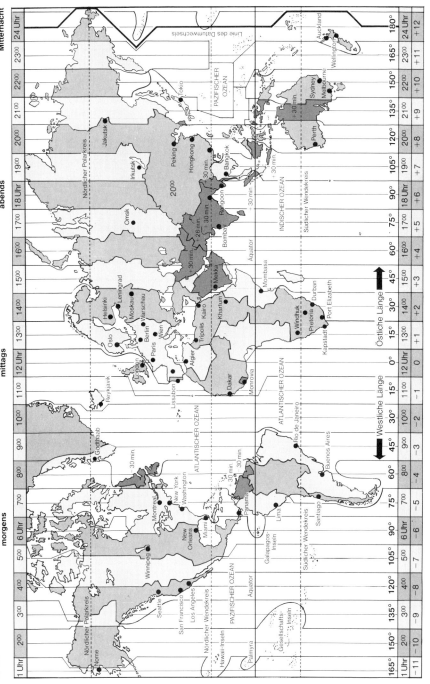

Unterwegs nach drüben

Ganz ohne Auswirkungen allerdings ist dieses Phänomen nicht: Da es Ihrem üblichen Biorhythmus aus Tag und Nacht, Mahlzeiten usw. nicht entspricht und Körper und Psyche so schnell nicht in der Lage sind, sich umzustellen, strengen Fernflüge an, erfordern sie am Ankunftsort erst einmal Entspannung. Lassen Sie es zumindest einen Tag lang schön ruhig angehen (eigentlich: je 2 Stunden Zeitdifferenz einen vollen Tag!), nehmen Sie sich noch nichts Anstrengendes vor. Es mag sein, daß Sie bei Ankunft, wenn Sie sich losgeschnallt haben und zum Zoll gehen, sich geradezu euphorisch fühlen, »aufgedreht«, wenn auch ein wenig schaukelig, vertrauen Sie aber diesem Gefühl besser nicht, sondern eher der Erfahrung derer, die diese Stimmung bei der Landung in Tropengebieten kennen und sich von ihr nicht beeinflussen lassen. Die klimatischen Verhältnisse machen leicht geneigt, sich — kommt man aus dem kühlen oder gemäßigten Klima Europas — beschwingt zu fühlen und alle Vorsicht über Bord zu werfen.

Gerüstet für das Tropenklima

Südlich des Äquators wird Ihnen nicht nur der nächtliche Sternenhimmel seltsam fremd erscheinen, der vom Kreuz des Südens beherrscht wird und mit Formalhaut, Achernar, Kranich, Mira, Kanopus, Wolf und anderen zunächst verwirrend wirkt. Auch die Jahreszeiten sind vertauscht, das Jahr scheint kopfzustehen. Der wärmste Monat des Jahres ist in Buenos Aires der Januar (23,1° im Mittel), in Caracas der Mai (20,8°), in La Paz der November (11°), in Quito der September (12,7°), in Rio de Janeiro der Februar (21,1°), in Santiago de Chile der Januar mit 20,4°. Als kältester Monat zeigt sich in Buenos Aires der Juli (9,4°), in Caracas der Januar (18°), in La Paz der Juli (6,4°), in Quito der März (12,5°), in Santiago de Chile der Juni mit 7,6°, in Rio de Janeiro der Juli mit 20,4° Mitteltemperatur. Das sind gewiß keine extremen Gegensätze und lassen bei Reisenden mit relativ kurzem Aufenthalt keine Kleiderprobleme auftreten. Ausgenommen natürlich größere Höhenlagen, die in jedem Fall etwas wärmere Kleidung verlangen, und auch im südlichen Patagonien und auf Feuerland sind die Temperaturen nicht unbedingt sommerlich. Drei kalte (Humboldt-, Kap Hoorn- und Falklandstrom) und zwei warme (Brasil- und Äquatorialstrom) Ströme beeinflussen wie der Nordost- und der Südostpassat neben Westwinden im Westen das Wetterbild, das nicht ohne Überraschungen — zumindest für den Laien — ist. Die sogenannte Innertropische Konvergenzzone (TIC) als Zone des Zenitalregens bringt erwartungsgemäß reichliche Niederschläge. Am Hitzeäquator führt der Nordostpassat feuchte Luft heran, die sich rasch erwärmt und aufsteigt, um sich dann in Schauern und Gewittern abzuregnen. Cayenne (6 m über NN) hat denn auch z. B. in sechs Monaten des Jahres Niederschläge von mehr als 300 mm, Manaus (45 m über NN) im Amazonasbecken fünf Monate mit mehr als 200 mm Regen, Iquitos (95 m über NN) ist das Jahr hindurch relativ feucht und gelangt nur im April, Juni, Juli, August und Oktober unter die 200 mm-Schwelle. Am feuchtesten zeigt sich Quibdo (43 m hoch gelegen) am Fuß der Westlichen Kordillere von Kolumbien: Mit 957 mm im Januar nimmt es die Spitze der Skala ein und kommt in den anderen Monaten stets über 400 mm (bis 722 mm) Niederschläge. Regenfrei im Januar und Februar ist Maracaibo, das auch sonst — wie die vorgelagerte karibische Küste — nach Westen kaum Niederschläge kennt, etwa gleich sind die Klimaverhältnisse in Lima (158 m hoch) und Valparaiso (41 m hoch), mit ganzjährig zwischen 0 und 0,5 mm Niederschlag brilliert Antofagosta (94 m) am chilenischen Atacamagraben. Relativ unbedeutend sind die Regenmengen in Rio de Janeiro und Buenos Aires, etwas stärker regnet es in São Paulo und Santos.

»Per anno« summiert sich das dann allerdings etwa im Amazonasgebiet auf 2000

bis 3000 mm jährliche Regenmenge. Zum Vergleich: In Hamburg fallen jährliche 730 mm, in München 900 mm, in Berlin 590 mm, in Wien 660 mm.
Beziehen wir unsere »regnerische Betrachtung« einmal auf die großen Städte des Semikontinents und auf die Zahl der monatlichen Regentage, so ergibt sich dieses Bild für Maximum und Minimum: Buenos Aires: April 8, Juli — Dezember 8—9; Februar 6. Caracas: Juli, August 15; Februar 2. La Paz: Januar 25, Dezember 24; Juni, Juli 1. Quito: März 21, April 22, Mai 20; Juli 6. Rio de Janeiro: Dezember und Januar 13—14; Juli, August 6—7. Santiago de Chile: Juni 12; Dezember, Januar, Februar 0, März, April, Oktober, Nobember 1. Ein Bild, das zugleich »große« und »kleine« Regenzeiten im Jahreslauf widerspiegelt.

Tropen-Tips zum Wohlbefinden

Man kann zehn Gebote für Tropenreisende aufstellen; ihre Befolgung ist das Minimum an Zwang, das man sich trotz aller Urlaubsstimmung auferlegen sollte.

1. Die verlangten — und möglichst auch die empfohlenen — Impfungen vornehmen lassen und empfohlene Vorbeugungsmaßnahmen (Malaria) beachten.
2. Nicht schon an den ersten Tagen nach einem Fernflug in die Tropengebiete sich mit »full speed« ins Vergnügen und Abenteuer stürzen.
3. Vernünftige Kleidung tragen. Baumwolle ist am besten, Sonnenschutz (Mütze, Sonnenbrille) unumgänglich.
4. Durch Schwitzen verliert der Körper Wasser und Salze. Viel trinken (Mineralwasser; möglichst kein Leitungswasser) und kräftig salzen oder Salztabletten nehmen. Kommt man schwitzend in Räume mit Klima-Anlage: Eher etwas mehr an- als ausziehen!
5. Allgemeine hygienische Forderungen noch peinlicher beachten als anderswo. In einwandfreiem Wasser häufig waschen — vor allem vor Mahlzeiten. Zähne mit Mineralwasser putzen oder Wasch-, Trink- und Zahnputzwasser zuvor abkochen.
6. Leichte Mahlzeiten nehmen, fragwürdige Restaurants und deren — noch so verlockende heimische — Küche meiden. Ungeschältes Obst, Speise-Eis, ungekochtes Gemüse besser nicht genießen. Fleisch sollte gut durchgebraten sein (»well done«, »bien hecho«). Rohen Fisch, rohe Schalentiere (Austern, Muscheln) nur in ersten Häusern mit zuverlässiger Hygiene essen. Speisen gut würzen.
7. Kalte Getränke nur in kleinen Schlucken genießen. Alkohol am Tag ist Gift. Heißer Kaffee und Tee sind durstlöschend. »Hitze vertreibt Hitze«, sagt der Volksmund nicht unbegründet.
8. Vermeiden Sie das Barfußlaufen im Freien (Hakenwürmer) und im Hotel (Fußpilz).
9. Baden in Flußläufen, Teichen, Seen, Lagunen, Bächen ist gefährlich; vor allem in von Bilharzia verseuchten Gebieten.
10. Sollten sich, sobald Sie wieder zuhause sind, unerklärliche Krankheitserscheinungen oder Störungen zeigen: sofort zum Arzt und ihm berichten, daß und wo Sie in den Tropen Urlaub gemacht haben.

Ein Erdteil von 12° Nord bis 55° Süd

Wer ein rundes halbes Jahrtausend nach dem denkwürdigen 12. Oktober 1492, an dem Kolumbus die neue Welt (neu . . .) entdeckte, sich aufmacht, Südamerika selbst zu entdecken, hat sich etwas vorgenommen, für das ein ganzes Leben nicht ausreicht. Dieser Faustkeil zwischen Atlantik und Pazifik, im Norden durch die schmale Landbrücke Mittelamerikas an Nordamerika gebunden, im Süden von allen Erdteilen dem Südpol am nächsten, ist 7 500 km lang, erstreckt sich von 12° nördlicher Breite bis 55° südlicher Breite und umfaßt 17 834 Millionen Quadratkilometer. Europa ließe sich darin gut dreimal unterbringen und hätte mit seinen 470 Millionen Einwohnern gegenüber 350 Millionen Südamerikanern immer noch eine Menge Lebensraum. Zwölf selbständige Staaten hätte er zu durchforschen, das zu Frankreich gehörige Französisch-Guayana und, wenn er so will, auch noch jenen Teil Panamas, der von Süden her an den zwei Weltmeere verbindenden Kanal der schmalsten Stelle Mittelamerikas stößt. Daneben bleiben für hochinteressante Studien die Osterinsel, die Galapagos-Inseln, die Islas Malvinas oder Falkland-Inseln wie einige kleinere zu erschließen und als echtes Abenteuer die antarktischen Gebiete im südpolaren Eis, auf die Staaten Südamerikas Anspruch erheben. Ein volles Programm also, für das Entdecker und Forscher rund 400 Jahre brauchten, um die gröbsten weißen Flecken der einstigen Landkarte auszufüllen.

Wegener läßt die Kontinente wandern

Als es weder Landkarten noch Menschen gab, sie zu zeichnen, hingen Europa und Afrika mit dem amerikanischen Kontinent zusammen. Als der deutsche Grönlandforscher und Geophysiker Alfred Wegener 1912 seine »Kontinentalverschiebungstheorie« veröffentlichte, die davon ausging, daß dieser Zustand bis zum Erdmittelalter bestanden habe, dann aber die Kontinente begonnen hätten, sich voneinander zu lösen und Amerika nach Westen gedriftet sei, fand er wenig Anhänger und viele Gegner seiner Annahme. Es mußten rund 60 Jahre vergehen, ehe das Forschungsschiff »Glomar Challenger« bei seinen Tiefseebohrungen Wegeners Theorie bestätigte. Ausgezogen, Zusammenhänge zwischen Vulkanaktivitäten und Verschiebungen der kontinentalen Schollen zu erforschen und damit eine Basis für eine gesicherte Erdbebenwarnung zu schaffen — die auch für die bebenreichen Gebiete im Westen Südamerikas von großer Bedeutung ist —, unterstrichen die Wissenschaftler an Bord, was Wegener gesagt hatte: Amerika driftet mit Westkurs ab, maximal vier Zentimeter pro Jahr.
Andere Forschungen unterstützen diese Erkenntnis, etwa die gleichzeitige Existenz eines Riesenkrokodils (Sarcosuchus) von bis zu 11 Metern Länge im brasilianischen Staat Bahia (in den Süßwasserseen der Unterkreidezeit) und in Nigeria. Diese Riesen können sich nicht unabhängig voneinander auf beiden Atlantikseiten entwickelt haben und auch nicht über den Atlantik gewandert sein.
Daß einmal ein einziger großer Kontinent bestanden habe, der sich allerdings nicht mit den Umrissen der heutigen Kontinente deckte, haben Publizisten okkultistischer Literatur (wie etwa Scott und Elliot) schon vor langer Zeit behauptet. Sie zeichneten sogar Weltkarten, z.B. der Zeit vor einer Million Jahren, die das sagenhafte Atlantis zu seiner Blütezeit darstellen sollen und die Landmassen Afro-Eurasiens Verbindung mit Teilen Amerikas haben lassen, dessen größter Teil vom

heutigen Brasilien eingenommen wird. Man muß diesen Superkontinent nicht Atlantis oder Lemuria oder Mu nennen, an seiner einstigen Existenz zu zweifeln, aber ist heute kaum noch möglich.

Felsgestein und edle Steine

Wie die gesamte Erforschung des südamerikanischen Kontinents in seiner Vielfalt, Ausdehnung und teilweisen Unzugänglichkeit, begann auch die geologische Aufarbeitung spät und ließ noch zu Ende des vorigen Jahrhunderts vieles offen. Gestein der Anden weist zurück bis ins Altertum der Erde und in deren Mittelalter, kristallinische, paläozoische und Gesteine des Trias sind neben jüngeren des Jura, der Kreidezeit und des Tertiär vertreten: Basalte, Andesite, Trachyte des Tertiärs kommen neben den gewaltigen Massen von Auswurfgesteinen und Laven der neueren Zeit vor, die hohen Kordillerengipfel sind Zeugen vulkanischer Eruptionstätigkeit. Aus der ältesten Zeit findet sich im kristallinischen Grundgebirge neben Granit, Gneis, Glimmer, Hornblende- und kristallinischem Schiefer auch das nach dem im brasilianischen Staat *Minas Gerais* gelegenen Berg *Itacolumi* benannte Muttergestein der brasilianischen Diamanten (»Itakolumit«; Kimberlite). Überhaupt sind Brasiliens edle Steine weltbekannt, finden sich Korund, Topas, Spinell, Turmalin, Achate, Rosenquarz, Tigerauge und zahlreiche andere Vertreter brasilianischer Vorkommen auch in unseren Juwelier- und Mineralienläden. Etwa die phantastischen, mehrere Kilo schweren Amethyst-Drusen aus Brasilien mitnehmen zu wollen, überfordert jedes Reisegepäck. Wer Smaragde liebt, erhält sie in Kolumbien geboten, Andesite verraten ihre Herkunft aus den Anden (Andesite = Lava), Beryll wird in Kolumbien und Brasilien gefunden, Diopas in der Atacama-Wüste, Zirkone hat Brasilien zu bieten.

Edelsteine der Botanik

Doch noch andere Juwelen birgt dieser Kontinent, die vor allem die Reisenden entzücken, die eine besondere Zuneigung zu den Kindern Floras haben. Brasilien z.B. ist nach Neuguinea das orchideenreichste Land der Welt. Für den Laien kaum erklärbar (wenn er die Preise für Orchideen in unseren Blumenläden kennt): Mit 25 000 verschiedenen Arten sind die Orchideen die artenreichste Gruppe der Blütenpflanzen — und 192 Gattungen mit 2 300 Arten sind allein in Brasilien beheimatet. Unmöglich, sie auch nur aufzuzählen, die Existenzformen als Luftorchideen, Rinden- und Felsorchideen, Erd- und Humusorchideen. Sie sind übrigens, auch wenn die Indios die auf den Bäumen seßhaften Epiphyten als »parasitos« bezeichnen, keineswegs Schmarotzer, wie gern angenommen wird, ihre Wirte leiden nicht unter diesen Mietern.
Die hauptsächlichsten Orchideenvorkommen finden sich im atlantischen Küstenstreifen zwischen *Recife* und *Rio Grande do Sul*, in den Provinzen *Amazonas* und *Pará*, im *Mato Grosso,* in *Goiás* und kleineren Gebieten von *Minas Gerais.* Den Edelsteinen benachbart finden sich in Minas Gerais vor allem die *Laelia flava* und die *Laelia pumila,* eine Schönheit im Orinoco-Gebiet ist das zartrosa blühende *Catasetum pileatum.* In der gleichen Gegend trifft man auf den skurrilen Baumblüher *Epidendrum Ciliare,* die wohl älteste Orchidee des Kontinents, und auf die getigerte, »fünffingrige« *Cynoches pentadactylon* wie die *Galeandra dives* und die *Cattleya aclandiae,* die auch aus unseren Treibhäusern verkauft werden. Am Meisten expor-

tiert wird aus Brasilien die *Cattleya labiata,* die selbst in den Blumenabteilungen unserer Kaufhäuser angeboten wird.
Aber nicht nur Edles fürs Auge liefert der Kontinent. Unter den Nutzpflanzen gibt es — schön als Blüte (Passiflora), nützlich als Frucht — Passionsfrüchte, gibt es Zuckerrohrplantagen, Mais, Süßkartoffeln (Bataten), Maniok in Brasilien (auch Tapioka, Cassave genannt), Baumwolle in Perú und Brasilien, Piment (Gewürzkörner), Pfeffer und die für »chilli« benutzte Pfefferschote des Cayenne-Pfeffers, erntet man Kaffee, Kakao, Tabak (Brasilien, Kolumbien), Mate (oder Yerva, Herva Mate; den bevorzugten grünen Tee) und Kautschuk.
Der Kautschukbaum, bis zu 30 m hoch im brasilianischen Amazonas-Urwald zuhause, erhielt seinen Namen vom indianischen *Kau-utschu* = Weinender Baum und hat eine erregende, abenteuerliche Geschichte: Einst war Kautschuk, aus der Milch *(Latex)* der angezapften Bäume (zu den Wolfsmilchgewächsen gehörig) absolutes und gut gehütetes Monopol Brasiliens, bis es 1876 gelang, Samen aus dem Land und in andere tropische Regengebiete zu schmuggeln, der dann zur Konkurrenz heranwuchs.
In den trockenen Teilen Brasiliens hat die Wachspalme ihre Heimat, die das härteste Wachs der Welt liefert, die Bougainvillea ist hier zuhause, der Rio-Grande-Trompetenbaum mit rosa, innen gelben Blüten, der gelbblühende Trompetenbaum *(Bignonia)* ist hier zu finden, die *Jacaranda* (»Palisander«) beheimatet. Man stolpert hier über den Flamboyant *(Poinciana),* der bis zu 18 m hoch wird und im 17. Jahrhundert seinen Namen vom Antillen-Gouverneur de Poinci erhielt, kann sich am gelben Oleander erfreuen und an der zu Büscheln geballten Pracht glockenartiger, scharlachfarbener Blüten der Scharlachkordie.
In Perú und Chile sind die moschusduftenden weißen Hängetrompeten der Engelstrompete daheim, und wenn Sie auf Puderquasten (lange, zu Quasten verbundene Staubblätter) treffen, so haben Sie eine *Calliandra* vor sich. Verbenen verströmen ihren Duft — und mit Kotgeruch lockt der *Riesenfliegenfänger* Insekten in seine 35 cm messenden grünlich-weißen Blüten.
Seltsamkeiten der Flora sind der *Kalebassenbaum,* der seine Früchte als Trinkgefäße liefert, der *Kapokbaum* mit seinen wolligen Kapokbüscheln, der *Kanonenkugelbaum* mit kokosnußgroßen, harten, in Trauben wachsenden Kugeln. Im Dornwald des Gran Chaco — und an anderen Stellen — tritt der *Florettseidenbaum* auf, der ein schwammiges Holz besitzt, Fruchtzapfen bildet und sich mit purpurnen Kronblattspitzen schmückt. In Perú trifft man auf den Pfefferbaum, in Kolumbien bis in 4 000 m Höhe den Paranußbaum. Ecuador und das nördliche Perú liefern das leichteste Holz der Welt vom *Balsaholzbaum.* Es ist halb so schwer wie Kork und war Baumaterial auch für Heyerdahls Expeditionsfloß.
Schließen wir unseren Eilritt durch das Land der Flora mit der *Victoria Regia,* die ihre Schönheit im Amazonas-Regengebiet entfaltet.

Tiere sehen dich an

Um die Fauna Südamerikas zu studieren, ist ein einziges Leben zu kurz. Die Vielzahl der Arten macht die Beschreibung auf knappen Raum zum Alptraum. Hier müssen Hinweise genügen. Vor allem die Zahl der Vogelarten ist Legion, picken wir daher aus den gefiederten Sängern und Nichtsängern nur einige heraus.
In Brasilien hört man die lebhafte, laut kreischende Stimme des Lehmhans (João de Barro), eines 19 cm langen Baumsteigers, der nur kurze Strecken fliegt. Über ihn erzählt der Zoologe Burmeister treffend: Als er selbst sich im Gespräch mit seinem brasilianischen Wirt befand, fielen ihnen, wie üblich, die Vögel in die Rede und lie-

ßen den Wirt resigniert sagen: Lassen Sie die nur erst ausreden; wir werden daneben doch nicht zu Wort kommen . . .
Der Möchsschmuckvogel *(Pipra manacus)*, eine Handspanne lang, lebt im Urwald und wird von den Brasileiros »Mono« genannt. Er bläst seine Kehle mächtig auf, doch das, was dann herauskommt, ist lediglich ein knarrender Ton im Contrabass, den man dem kleinen Kerl kaum zutraut.
Nicht viel schöner ist die Stimme des Halsbandkotinga *(Ampelis cotinga)*, bei den Brasilianern als »Cirua« bekannt; der in Ostbrasilien lebende, stille und ein wenig melancholische Vogel wird bis 21 cm lang und präsentiert ein ultramarinblaues Gefieder. Unter den rund 60 Arten von Pfefferfressern der hochgelegenen Gebiete Brasiliens ist der Riesentukan *(Rhamphastus magnirostris)* kräftig und wehrt sich sogar gegen Raubvögel. Er nistet, 57 cm lang, in Baumlöchern, ist schwarz mit blutrotem Bürzel und so richtig neugierig. Andere Pfefferfresser finden sich in Küstennähe *(Orangetukan)* oder im Urwald (der metallgrüne Arassari).
Bezaubernd natürlich: die Kolibris. Zu den größeren zählt der Einsiedlerkolibri *(Trochilus brasiliensis)*, der bis 18 cm mißt, mit 10 cm auch noch der erzgrüne Mango *(Trochilus mango)*. Von weiteren seien Elfen, Sylphen und Blumenküsser genannt, die zu den Nymphenvögeln gehören.
Ein 8—10 cm langer Kolibri Kolumbiens ist der mit einem Sichelschnabel bestückte *Adlerschnabel*. Noch in 2 000—3 000 m Höhe trifft man in Venezuela auf den 17 cm langen Schwertschnabel-Kolibri *(Docimaster ensifer)*, dessen Schnabel 7 cm lang ist. Der 14 cm lange Helmkolibri bevorzugt den dunklen Wald.
Mit »pio-pio« meldet sich im südbrasilianischen Urwald die Suruka *(Progon surucua)*, die 26 cm lang wird; im nördlichen Brasilien zuhause ist der »Hutu«, zoologisch *Pionitis brasiliensis* genannt, 28 cm groß mit plattem Schnabel und schön bunt gefiedert.
Wer es »qui jotsch, qui jotsch« rufen hört in offenen Gebieten oder niederem Gehölz, hat den aus Kreuzworträtseln bekannten Ani *(Crotophaga)*, einen Kuckucksvogel und Madenfresser vor sich: 40 cm lang mit Höckerschnabel, schwarz und stahlblau gezeichnet. Ebenfalls aus dem Kreuzworträtsel geläufig ist der *Ara* oder Arara, ein bunter, langschwänziger Urwaldpapagei, unter dessen 18 Arten der Hyazinth-Arara unbestritten der schönste ist. Daneben gibt es den Grünpapagei *Kurika*, den — auch Blumenau-Papagei genannten, weil dort häufiger — *Tirika* und den merkwürdigen Fächerpapagei, dessen Hinterkopfgefieder sich bei Wut zum Pastorenkragen sträubt.
Unter den großen Vögeln Brasiliens muß die Harpyie (ein Sperberadler) erwähnt werden, den er Flußläufen auf hohen Bäumen horstet und bis zu einem Meter lang wird. Der Traro *(Polyborus brasiliensis)* ist ein Falkenvogel, 70 cm lang, 125 cm Spannweite, quer gestreift, der seine Stimme auf seltsame Art erklingen läßt: Mit dem Kopf zurückgelegt, macht er »traaa«, dann wirft er den Kopf nach vorn und sagt: »rooo«.
Dem Nandu oder Pampasstrauß *(Struthio Rhea)* begegnet man in der Steppe (Gran Chaco, Paraguay); er wird bis 1,5 m lang. In Paraguay zuhause ist der Zwergspecht *(Picus minutus)*, der nur 9 cm groß ist, gelbliche Schwingen besitzt und schwarzweiß gepunktet ist. Sein Aufenthaltsort ist der Uferwald.
Wie ein Hund bellt der in Chile beheimatete *Hylactes tarnii*, von den Eingeborenen »Gid-Gid« genannt; er ist ein Vetter des Türkenvogels *(Hylactes megapodius)*, der auf der Erde lebt, 27 cm lang wird und auch *tapacolo* tituliert wird.
Dem olivgrünen Nasenkakadu werden Sie in Chile begegnen, die Anwesenheit eines unbeliebten gefiederten Genossen vielleicht bedauernd: Der 17 cm große, gelb und rostrot gezeichnete Rara *(Phytotoma rara)* verwüstet die Pflanzungen trockener Gegenden, weil er, ehe er von den Früchten frißt, erst einmal tabula rasa macht und die Stengel dicht über der Wurzel abschneidet.

Südamerika allgemein **19**

Pinguine, z. B. den Goldtaucher, trifft man an der Küste Patagoniens und auf Feuerland; auf den Falkland-Inseln ist der 38 — 40 cm lange Falkland-Chimango, ein Falkenvogel, zuhause. In den Anden Perús und Ecuadors horstet der Kondor. Er ist schwarz-stahlblau von Farbe mit rotem Hals und weißer Krause, die Männchen über ein Meter lang (2,75 m Spannweite), die Weibchen sind bis 2,5 m lang aber schmäler.

An den Küsten sorgen unzählige Möwen und Seeschwalben für die Produktion von Guano und sind daher als »geschützt« eingetragen.

Begeben wir uns von der Luft zum Wasser — und gleich zu einem unerfreulichen Burschen im Amazonasgebiet: dem Piranha oder Piraya *(Serrasalmo piraya),* der bis 30 cm lang wird. Humboldt berichtet von ihm:

». . . Gießt man ein paar Tropfen Blut ins Wasser, so kommen sie zu Tausenden herauf, an Stellen, wo der Fluß ganz klar und kein Fisch zu sehen war. Warfen wir kleine, blutige Fleischstückchen ins Wasser: in wenigen Minuten waren zahlreiche Schwärme von Karibenfischen da und stritten sich um den Fraß«. Schomburgk nennt sie die gierigsten Raubfische des Süßwassers. Sie greifen selbst größere Fische an, auch Kaimane, die sich dann auf den Rücken legen, Bauch aus dem Wasser. Die Piranhas sind stumpfmäulige, gedrungene Sägesalmler, mit dreieckigen scharfen Zähnen. Daß sie auch Menschen angreifen und böse verletzen, ist belegt. Selbst wer Abenteuer in der grünen Hölle sucht, sollte Respekt vor diesen Fischen haben.

5—6 m lang wird das Spitzkrokodil *(Crocodilus americanus)* im Amazonasgebiet und den Süßwassern Ecuadors und Venezuelas. In Guayana, Nordbrasilien, Bolivien, Ecuador und dem östlichen Perú hat der Mohrenkaiman *(Caiman niger)* sein Herrschaftsgebiet. Der Zoologe Bates beruhigt Ängstliche kaum, wenn er schreibt: »Es ist schwerlich übertrieben, wenn man sagt, daß die Gewässer um den oberen Amazonasstrom in der trockenen Jahreszeit ebenso von Kaimans wimmeln wie die Teiche Englands von Kaulquappen«.

Brillenkaimane und Schakare vervollständigen das Angebot, das der Erdteil an Panzerechsen macht.

An Schuppenechsen gibt es rund 100 Arten der *Anolis Ameiven,* die 40—50 cm lang werden, keinen Kamm aber einen rundlichen Schwanz besitzen. Sie sind harmlos, neugierig und flink.

Bis 20 kg schwer und ein Meter lang wird die ecuadorianische Schnappschildkröte *(Chelydra serpentina),* die nach allem beißt, was ihr in Flüssen und Sümpfen in den Weg kommt. Die Waldschildkröte *(Testudo tabulata)* Venezuelas, Guayanas und Brasiliens (hier wird sie »Schabuti« genannt) hat einen 55 cm großen Panzer, die Arrauschildkröte von Amazonas, Orinoco und Guayana ein tristes Schicksal: ihre Eier werden gesammelt, das Eidotter als Öl abgeschöpft.

Schnell und bissig ist die südbrasilianische Schlangenholzschildkröte *(Hydromedusa tectifera).*

Einen »Baumfrosch« können Brasilien, das tropische Perú und Guayana vorweisen: den dreistreifigen Baumsteiger *(Dendrobates trivittatus).* Merkwürdige Tiere sind die Hornfrösche *(Ceratophrys),* von denen es elf Arten in Teilen Brasiliens und Guayanas gibt. Über ihren Augen wölben sich seltsame Hörner empor. Der Zoologe Dupons berichtet, die Eingeborenen Guayanas hätten diese Frösche verehrt und in Töpfen als Wettermacher gehalten. Klappte es aber mit dem gewünschten Wetter nicht, so bezogen die Wettermacher Prügel mit dünnen Gerten.

Kein Paradies ohne Schlangen

Auch Tierparadiese für zoologisch Interessierte scheinen ohne Schlangen nicht auszukommen. Entgegen dem biblischen Fluch, auf dem Bauch kriechen zu müssen, läßt sich die bis 6 m lange Anakonda bei der Jagd allerdings am liebsten von der Strömung der Flüsse treiben.

Ebenso lang wie sie wird die Boa constrictor, die Königs- oder Abgottschlange. Bei den Anhängern des mexikanischen Gottes Uitzliputzli galt ihr Zischen als Ankündigung eines Unglücks. Hier, im mittleren und nördlichen Brasilien (nördlich Rio, in Guayana, Venezuela und dem Amazonasgebiet bis zu den Anden) hört man sie auch, doch braucht es den Menschen kaum zu berühren, da sich die Schlange meist träge wie ein Ast hält.

Die sehr schnelle Baumschlange namens Sipo hat Brasiliens, Guayanas und Venezuelas Wald zur Heimat und kann 2—3 m Länge erreichen.

Unerfreulich, weil giftig, sind die in sonnigen, dürren und einsamen Gegenden noch vorkommenden Klapperschlangen, die bis anderthalb Meter lang werden und außerordentlich beweglich sind. Ihre Zahl scheint allerdings mit der fortschreitenden Bodenkultivierung abzunehmen. Das läßt sich von der 60-70 cm langen, zinnoberroten Korallenotter *(Elaps corallinus)* nicht sagen, im Gebüsch Brasiliens, Nordostperús, Boliviens, Argentiniens und des westlichen Ecuadors läuft man durchaus Gefahr, ihrem Giftbiß ausgesetzt zu werden.

Die giftigste und gefährlichste Schlange bewohnt vor allem Guayana, tritt aber auch im nördlichen und mittleren Brasilien auf: Zweieinhalb bis dreieinhalb Meter lang wird der Buschmeister *(Lachesis muta),* dessen Giftfänge 2,5 cm lang sind. Sein Gift wirkt außerordentlich schnell, Behandlung muß innerhalb einer Stunde erfolgen.

Die Großen, die Wilden, die Seltsamen

Der Kontinent der Superlative hat auch in der Tierwelt Extraordinäres zu bieten. Sein größtes Tier ist der schweineähnliche *Tapir,* der bis zu 2,40 m lang und 90 cm hoch wird und sich vor allem an den Flußläufen des Amazonasgebietes aufhält. Dort auch findet sich der größte Nager der Welt, der an Biber erinnernde *Capybaras,* der bis zu einem Meter hoch wird. Das phlegmatische, biberartige Wasserschwein, ebenfalls ein Nager, läßt sich von Paraguay bis zum Rio de la Plata sehen, ein harmloses und friedfertiges Überbleibsel der Vorzeit, das Borstengürteltier, liebt die Pampas, sein Verwandter, das bis 45 Kilo schwere, ein Meter lange und schwarz gepanzerte Riesengürteltier bewohnt Brasilien und Guayana.

Das zweizehige, zahnarme Faultier, der *Kerau,* zieht als Residenz Surinam und Guayana vor, der Dreizeher aus dem Kreuzworträtsel, das *Ai-*Faultier, Brasilien. Faultiere sind allein auf Südamerika beschränkt, wo sie nach Möglichkeit im undurchdringlichsten Dickicht der Wälder leben.

Ein merkwürdiger Geselle ist der Ameisenbär *(Myomecophagida),* den es am Amazonas, aber u.a. auch in Paraguay gibt, wo auch der Mähnen-Yurumi beheimatet ist, während der Tamandua oder »Caguar« bis nach Perú hin kommt. Daß die Indios diesem Ameisenbären den Namen *Cauar* = Waldstänker gegeben haben, kommt nicht von ungefähr...

Nasenbären sind Vettern der Waschbären, der Wickelbär Nordbrasiliens (»Cuchumbi«) ein Mittelglied zwischen Bär und Schleichkatze: 17 cm hoch und mitsamt dem Schwanz bis 90 cm lang, zeigt er sich als geschickter Kletterer. Über ganz Südamerika verbreitet und ein Mittelglied zwischen Schakal und Fuchs ist der bis ein Meter lange Aguarachay *(Cassis vetulus).*

Ihre Heimat im Namen trägt die Pampaskatze *(Felis pampanus),* mit Fahne 120—130 cm lang, silbergrau mit rostbraunen Längsstreifen, die sich an den Ufern des Rio Negro und in ganz Patagonien bis nach Feuerland hin aufhält. Pampashase und Pampashirsch haben ihr Domizil ebenfalls auf der Visitenkarte, und zumindest

der kleine Hirsch hat seine Probleme: Maul- und Klauenseuche lichten den Bestand.
Der elegante Puma (Silberlöwe, Kuguar), über einen Meter lang und mit einem 65 cm-Schwanz, kommt in ganz Südamerika vor, ist dunkelgelbrot gefärbt mit grauem Kopf. Ein — schon fast marderartiger-Verwandter ist der Yaguarundi, der von Paraguay bis zum Karibischen Ufer zu finden ist.
Aus Guayana stammt der Name des Jaguars *(Jaguarett* = Körper des Hundes), der an bewaldeten, schilfbestandenen Ufern von Paraguay bis über Mittelamerika hinaus domiziliert, bis zur Schwanzwurzel 145 cm lang ist und 68 cm Schwanz aufweist.
Zu den Haselmäusen gehört das Chinchilla, ein fabelhafter Kletterer am Fels, der bis zu 2 000 und 3 000 m Höhe die Kordilleren bevölkert. Bereits zur Zeit der Inka war sein seidig-feines Haar beliebt, das zu Tuchen verarbeitet wurde. Chinchilla-Pelze gehören heute zu den kostbarsten (... und empfindlichsten) Rauchwaren. Im Osten der Anden hat das Tier einen Verwandten: das Viscacha der Pampas.
Auch der Ozelot hat hier seine Heimat, eine Pardelkatze von ein Meter Länge, graubraun mit schwarzen Flecken, zwar eine Raubkatze, aber — wie ich selbst erlebt habe — durchaus zähmbar als freundlicher Spielgefährte.
Der Goldhase (Aguti) ist ein harmloser, ängstlicher Nager in Surinam, Guayana, Brasilien und Teilen Perús.
In den Kordilleren äsen Lama, Guanaco und Alpaka aus der Kamel-Familie das dürftige Gras ab, wieselt es gelegentlich von Meerschweinchen.
Während die Horrorstories dem Vampir (die größte dieser Fledermäuse wird bis zu 16 cm lang bei 70 cm Spannweite und hat 32 Zähne) nachsagen, er falle Menschen an und sauge ihnen das Blut aus (zoologischer Name: *Phyllostoma spectrum;* Vorkommen: Nord-Brasilien), ist als gefährlich höchstens der *Blutsauger* aus der Blattnasen-Art anzusehen, der Reit- und Lasttiere anfällt und — nebenbei — Tollwut verbreitet.
Wie eine Kuh brüllt die Wasserpflanzen fressende Seekuh (robbenartig) vor den Küsten. Sie wiegt bei einer Größe von mehr als vier Metern über eine Tonne.
Wenn Gebrüll in den hochstämmigen, feuchten südamerikanischen Wäldern ertönt, so ist das meist ein Konzert der Brüllaffen, das nicht unbedingt schlafförderdernd ist. An sonstigen Affen sind Klammeraffen in Guayana, Perú, Panama, Brasilien heimisch, trifft man Kapuzineraffen und den breitschweifigen Satansaffen am Orinoco, den Zottelaffen am Amazonas — und nur die großen Anthropoiden sind hier nicht zu finden.
Den Merkwürdigkeiten der Tierwelt auf den Galapagos-Inseln wollen wir bei Betrachtung Ecuadors besondere Beachtung schenken.

Blick auf die Karte

Siebeneinhalb Tausend Kilometer muß zurücklegen, wer den Kontinent von Nord nach Süd durchqueren will, mehr als 5 000 km breit ist er dort, wo der Faustkeil seinen Buckel nach Osten streckt. Ziemlich klar scheiden sich pazifische und atlantische Hälfte: Im Westen durchziehen die Kordilleren ganz oder teilweise sieben Staaten zwischen Karibik und Kap Hoorn, im Osten liegen Mittelgebirge und Tafelländer. Zwischen dem Bergland von Guayana und dem Tafelland Patagoniens: das Orinoco-Tiefland, das tiefliegende Amazonasgebiet und die Ebenen der Ströme Paraguay und Parana — sie alle von West nach Ost strömend, zum Atlantischen Ozean.
Gewohnt, alle Fakten hübsch brav, in einzelnen Schubladen geordnet, abzulegen, war man bemüht, auch die Staaten Südamerikas so zu sortieren. Mit der Gruppe

der Anden-Staaten (Bolivien, Chile, Ecuador, Kolumbien, Perú und Venezuela) und der La-Plata-Staaten (Argentinien, Paraguay, Uruguay) ging das auch noch ganz gut, den schwimmenden Rest mußte man in einen Sammelkasten tun (Brasilien und die Guayanas mit Suriname). Nicht ganz befriedigend — und aus politischen Gründen fand man denn gelegentlich auch noch andere, spezifiziertere Gruppierungen wie etwa »ABC-Staaten«, ein Sammelbegriff für die big three, die tres grandes Argentinien, Brasilien und Chile.

Die *Sprachen-Karte* läßt sich vereinfacht darstellen, wenn man es nicht so genau nimmt, die Indianersprachen ausklammert, von Brasilien behauptet, es spräche portugiesisch (das Brasilianische weicht vom Portugiesischen beträchtlich stärker ab als Schwyzerdütsch vom Deutschen) und sich klar darüber ist, daß in den drei Guayanas teils englisch, teils französisch, teils holländisch gesprochen wird: Der Rest nämlich spricht spanisch. Darauf, daß neben der Landessprache etwa auch englisch gesprochen wird, darf man sich nicht verlassen, und selbst dort, wo das Englische als internationale Verkehrssprache zumindest in der Zweit-Ansage auftritt, auf den nationalen Flughäfen, kann man hier nicht immer damit rechnen. Hieraus auf eine Politik der Abkapselung oder auf einen krassen Nationalismus zu schließen, wäre abwegig. Morgen vielleicht, manhana, wird man es lernen. Paciencia, Senhor, nur die Ruhe macht's. Und eigentlich ist es schon zuviel, an morgen zu denken. »Wer für einen folgenden Tag sorgt, hat kein Gottvertrauen«, sagt man in Chile, und wer wollte sich das schon nachsagen lassen — ob im fernen Chile oder auf dem nationalen Aeroporto Santos Dumont von Rio de Janeiro. . .

Die Sprachenkarte hat im übrigen historische Gründe für ihre Grenzen. Man faßt zwar — und nichts geht über solche Ordnung! — die Staaten Mittel- und Südamerikas unter dem Sammelbegriff »Lateinamerika« zusammen, weil hier als Kolonialsprachen nun einmal zwei Sprachen lateinischer Abkunft gesprochen werden, hat aber einen weiteren Begriff der Einordnung bereit, dessen Perspektiven eher als politisch verstanden sind: Iberoamerika. Von der iberischen Halbinsel Europas aus nämlich zogen einst die spanischen und portugiesischen Entdecker und Conquistadores aus, den Wilden des Kontinents das Kreuz zu bringen und das Kreuz zu brechen. Zuvor — und so früh wie 1494, zwei Jahre nach des Columbus sensationeller Entdeckung der Neuen Welt (. . . die vermutlich für die Normannen nicht neu, sondern ein alter Hut war) — hatte man sich im Vertrag von Tordesillas gütlich in die Welt geteilt: Was ostwärts einer gedachten Linie lag, die das heutige São Paulo und das heutige Belém in Brasilien von Süd nach Norden schnitt, sollte portugiesischer »Befriedung« oder besser Befriedigung anheimfallen, der Rest den Spaniern. Danach mußte man nun zwar westlich dieser Grenze in Brasilien spanisch sprechen, aber so logisch gehen Politiker nun auch wieder nicht vor. 1777 übrigens machte man dann zugunsten Portugals Nägel mit Köpfen: Mit kräftigem Hau-ruck schob man im Vertrag von San Ildefonso die Grenze korrektiv nach Westen vor.

Clio schreibt eine Kurz-Geschichte

Da sind wir nun unversehens in der Historie Südamerikas gelandet, und — por Dios! — wir wollen uns mit diesem Tohuwabohu weltweiter und interner Zwiste nicht beschweren. Bitten wir Clio, die zuständige Muse unter den ständigen Begleiterinnen des Apoll, uns überschaubar ein paar Zahlen und Fakten zu servieren, damit wir bei der Betrachtung der einzelnen Staaten des Kontinents hiervon weitgehend entlastet sind. Clio also (. . . und nicht der Autor) hat das Wort.

> Höre, du Mensch, die Geschichte der Ahnen,
> Wie sie gekommen, das Land zu besiedeln. . .

Hier stock' ich schon, denn dichter Nebel grauer Theorien liegt über dem Anfang. Mongoloide, negroide Züge sehe ich in den Gesichtern der frühen Bewohner, es scheint, als hätten die heutigen Südamerikaner schon Routine in der Rassenmischung, eine Routine, die sie vielleicht vor 30 000 Jahren über die Beringstraße von Asien mitbrachten und auf Zwischenstationen vertieften, ehe sie vor 23 000 Jahren nach langem Marsch in den hohen Anden von Perú, bei Ayacucho südöstlich Lima, anlangten und die Schärfe ihrer Steinmesser und -äxte erprobten. Auch nach Brasilien kamen sie, heute vor 20 000 bis 14 000 Jahren, noch umherschweifend, ehe sie um das Jahr 3 000 vor der Zeitenwende in Dauersiedlungen seßhaft wurden. An der peruanischen Küste bauen sie ihre ersten Tempel um 2 000 v.Chr., und fünfhundert Jahre später gelingen ihnen schon Meisterwerke: In Chavín de Huantar, 400 km nordöstlich Lima, entsteht mit sauber gemauerten Gängen Castillo, mit Skulpturen und großartigem Goldschmuck bestückt — erster Zeuge und Taufpate einer ganzen Kulturepoche (»Chavín-Kultur«). Es sind religiöse Motive, die sie beflügeln, und der Große Jaguar-Gott, von Schlange und Kondor begleitet, hat ihnen die Hand geführt. Im Wirken ihrer Priester, im Schamanenwesen, spielt der Jaguar die Hauptrolle, und die kolumbianischen *Chibcha Cogui,* die sich »Leute des Jaguar« nennen, halten die Jaguare für ihre Ahnen.

Gleich drei Kulturen finden den Anschluß: Im ersten Jahrtausend nach der Geburt Jesu im fernen Bethlehem wachsen Tempelpyramiden aus dem Fels bei Trujillo, zeigen die dortigen Vasen lebhafte Szenen der Vasenmalerei (»Mochica-Kultur«), sind die Totenmäntel der Nasca-Kultur Perús, südlich Lima, prachtvoll bestickte Kleidung für die mumifizierten Gestorbenen, ist das Sonnentor mit seinem Bas-Relief, sind die kolossalen Statuen und Monolithen am Südufer des Titicaca-Sees bewundernswerte Produkte der Tiahuanaco-Kultur.

Als das neue Jahrtausend anbricht, messen im Perú, Ecuador und Bolivien von heute Zwergkönigreiche ihre Kräfte aneinander, überstrahlt vom Reich der Chimú, dessen Hauptstadt Chan-Chan bei Trujillo liegt und mit den Pyramiden von Moche prunkt. Ein Reich, das sich — ein paar Breitengrade südlich des Äquators beginnend — über zehn Breitengrade bis fast nach Lima dehnte und die Kultur von Mochica verfeinerte. Die Chimú bauen vorbildliche Städte und kennen schon die »sprechenden« Schnüre, die Knotenschrift (»Quipu«), farbige Schnüre am Stab, mit denen sie nach dem Zehnersystem Rechenergebnisse festhielten; die einzelnen Knoten bedeuten von unten nach oben Einer, Zehner, Hunderter usw. Ihre Keramik ist kunstvoll, ihre Kultur trägt schon Züge, die um 1200 n.Chr. kennzeichnend für ein anderes Reich sein werden, das sich um Cuzco in Perú entwickelt: das Reich der Inka.

Der Weltenschöpfer Con-Tici, Pachacamac oder Virakocha, der »Sonnensohn«, und der ihm nahe stehende Sonnengott Inti müssen den Inka gnädig gewesen sein: In rund 75 Jahren bis 1525 eroberten sie Teile des heutigen Kolumbien, Teile Chiles und alles, was dazwischen lag. Uneinnehmbar für die Nachbarn waren ihre Festungen, unter denen Machu Picchu nahe Cuzco ein Wunderwerk war. Sie sind großartige Techniker, denen in der Kunst Form und Funktion wichtiger sind als das Dekor, und die damit dennoch zu Gegenständen einer ruhigen, ausgewogenen Schönheit fanden. Wo sie das Gold gruben, wo El Dorado lag . . . ich, Clio, weiß es, doch alle anderen, auch die Spanier, suchten vergeblich danach. Die Spanier. . .

Wasser ist zum Taufen da

Besten Dank, Clio, du bist in Gnaden entlassen. Sobald nämlich Spanier und Portugiesen aufkreuzen — und das heißt ab 1498, wo Columbus auf seinem dritten Horror-Trip die venezolanische Orinoco-Mündung entdeckt —, werden die Ver-

hältnisse überschaubarer, um nicht zu sagen: eindeutig. Das Zeitalter der Entdeckungen entdeckt die Ausplünderung als goldsegenbringendes Kreuzzugziel und scheut sich nicht, hierfür zum Wohl der Krone und der eigenen Tasche anzuheuern, was immer auf dem Markt ist an Abenteurern, Anarchisten, dunklen Gestalten, denen man mit der ganz großen Freiheit jenseits des Meeres winkt. Anekdoten und Legenden suchen die brutalen Fakten aufzuhübschen, doch unter der Schminke dieser Traktätchen, Scheinentschuldigungen und Selbstbeweihräucherungen blickt immer wieder krasser Egoismus und kaltblütiger Mord hervor.
Nicht unbedingt hierüber, aber über andere Probleme macht sich der spanische Klerus seine Gedanken: Sind denn diese Indios da in der neuen Welt überhaupt Menschen? Gehören sie zu denen, für die der große Nazarener auf Golgatha den Kreuzestod erlitt? Das Für und Wider erregt die Priester, die Mönche, die Laien — bis der Papst die Sache, 45 Jahre nach Christoforos Entdeckung der Neuen Welt, Anno Domini 1537 durch eine Bulle regelt: Sie sind, sie dürfen...
Die Bulle wird zum Freibrief: Vorwärts, christliche Milizen, es kann bekehrt, befriedet werden. »Pacificare« nannten die Römer das, was nun ausbricht — und das Taufwasser hat den geringsten Anteil an den Geschehnissen der kommenden Jahrzehnte, in denen die Ruhmestaten der Schlächter à la Cortes und Pizarro würdige Nachfolger fanden. Die *Conquista,* die Eroberung war in vollem Gange.
Sie mit anderen Mitteln fortzusetzen und ganze Länder des Kontinents (und nicht nur deren indianische, in die Sklaverei verkauften Einwohner) zur Handelsware zu machen, ist eine reizvolle Variante in diesem Spiel um Macht und Gold. Ehe ein König oder Kaiser sich zum Offenbarungseid entschloß, faßte er lieber den Entschluß, gewisse Privilegien an finanzkräftige Kaufleute abzutreten, und so wurde auf diesem nicht mehr ungewöhnlichen Wege Venezuela von 1529 bis 1556 kaiserliches Lehen der reichen Welser, »merchant bankers« aus dem reichsfreien Augsburg.

Libertad, libertad!

Machen wir, wie im Film, einen harten Schnitt, der die Szenen jener Tage von Ereignissen beginnender Unabhängigkeitsbewegungen trennt — ein Sprung an den Beginn des 19. Jahrhunderts. Südamerika ist ein Land der Vizekönigreiche: Venezuela, Kolumbien und Ecuador bilden das Vizekönigreich Neugranada, dem mit Bolivien, Chile und Perú das peruanische, mit Argentinien, Paraguay und Uruguay das La-Plata-Vizekönigreich ganz oder teils benachbart sind. Brasilien ist portugiesisches Vizekönigreich, den Kreis der Abhängigen schließen die drei Guayanas unter britischer, französischer und niederländischer Oberhoheit. Nur ein Gebiet, das Chile und Argentinien betrifft, ist unabhängig: das der Freiheit liebenden und verteidigenden Araukaner (... sie werden ihren Widerstand unter Mühen und Tränen bis 1882 durchhalten).
Es ist die Zeit, da die französische Revolution Zeichen gesetzt hat und die Siege des Korsen auf dem französischen Kaiserthron in Spanien und Portugal an der Seine bejubelt werden, gegen Ende des ersten Jahrzehnts des 19. Jahrhunderts. Die Nachrichten von den Siegen Napoleons verbreiten sich schnell und beflügeln den Ruf nach Freiheit und Unabhängigkeit, der sich nun unter der Führung zweier starker Persönlichkeiten, zweier Nationalhelden in einer kämpferischen Befreiungsbewegung manifestiert: Simón Bolívar und José de San Martín werden zu *Libertadores* Südamerikas. Bolívar, 1783 in Caracas als Millionärssohn geboren, erwirbt in Europa erste Erfahrungen, undifferenziert noch, ziellos, bis ihm Alexander von Humboldt das Ziel angibt: kulturellen und wirtschaftlichen Aufschwung des Kontinents. Noch ist von Freiheit nicht die Rede, es fehle, meint Humboldt, der Einiger,

der Befreier. Simón Bolívar empfindet anders: »Die Völker sind im Augenblick, wo sie die Notwendigkeit erkennen, frei sein zu müssen, so stark wie Gott, weil Gott ihnen seinen Geist eingibt«. Es vergeht noch Zeit, bis sein Ziel im Norden des Kontinents erreicht ist (1819 sind Venezuela, Panama und Ecuador — zu »Kolumbien« vereinigt — eine Republik mit einer Verfassung, Perú und Bolivien 1821 und 1825 folgen), doch 1825 hat Spanien seine Herrschaft über Südamerika endgültig verloren, nachdem San Martín (1778 in Yapeyú, Misiones, geboren und spanischer Offizier) 1816 Argentinien, 1817 Chile und 1820 Lima befreite.

Der Rütli-Schwur vom Inca-See

Enttäuschungen bleiben nicht aus, innere Querelen und zwischenstaatliche Konflikte der Republiken sorgen weiter für Aufregung. Junger Wein, sagen die Leute, gärt. Ob am Ende einer Epoche, ob an einem neuen Anfang: Miguel Angel Asturias (Nobelpreis 1967) schrieb der Freiheit im Katecheten-Stil sein »Credo«, das mit den Zeilen beginnt

> *Ich glaube an die Freiheit, Mutter Amerikas,*
> *Schöpferin der milden Meere der Erde,*
> *Und an Bolívar, ihren Sohn, unsern Herrn,*
> *Geboren in Venezuela, geschlagen*
> *Und gelitten unter dem spanischen Joch...*

Libertad? Freiheit ist ein vielschichtiger, ein recht unterschiedlich interpretierter Begriff geworden. Wie die Vielzahl der Wege, die zu diesem Ideal führen sollen, wollen. »Irredenta, terra irredenta« ist ein Begriff aus dem Italienischen; klagend, fordernd, drohend heischt er zugleich die Wiedergabe, die Hergabe »unerlöster Gebiete«, die Erfüllung territorialer Forderungen. Im spanisch sprechenden Südamerika klingt er nicht wie ein Fremdwort, steht er auf manchem Wunschzettel. Bolivien möchte wieder ans Meer, Argentinien seinen Part in der Antarktis, die Falklandinseln, die Süd-Antillen zugesprochen erhalten. Zwischen Chile und Argentinien züngeln immer wieder Flämmchen aus der Glut des Ärgers über umstrittene Grenzfragen am Beagle-Kanal, am Südende des Festlandsockels. Es geht um die drei Inseln Lennox, Picton und Isla Nueva mit acht Familien, 5 500 Schafen, 590 Rindern und 25 Pferden, felsige 300 qkm, die Monate lang im Jahr unter einer Schneedecke liegen, die aber interessant sind im Zusammenhang mit dem Bau einer 3 000 km langen Erdgasleitung nach Buenos Aires. Sie wurden von einem internationalen Schiedsgericht 1977 Chile zugesprochen, ein Spruch, der auf älteren Rechtsabgrenzungen basiert. Am La Plata fühlt man sich moralisch überfahren, setzte im Spätherbst 1978 vernehmbares Säbelrasseln in Sachen dieser »Irredenta« ein. Anfang 1979 gelingt es einem Sonderbeauftragten des Vatikans, Kardinal Samore, die Streitenden zu beschwichtigen. 1984 kommt es zum Kompromiß. In 4000 m Höhe an der chilenisch-argentinischen Andengrenze steht eine Erlöserstatue. Sie trägt die Inschrift: »Eher werden die Berge einstürzen, als daß Chile und Argentinien Krieg gegeneinander führen«. Ein Rütli-Schwur in der Nähe des Inca-Sees. Doch vielleicht ist dieses mahnende Wort 4000 m zu hoch fixiert über dem Treiben dieser Welt, über den Lebensbereichen verwandter Völker, um noch Gehör zu finden. »Zwischen Verwandten, meint ein peruanisches Sprichwort, pflegt Streit zu sein.«

Dia de la Raza und die Rassen

Einmal im Jahr treffen sich die Herren im Smoking zum Liebesmahl, werden kluge Ansprachen, überschauende Referate und Deklamationen zum Fenster hinaus gehalten: 12. Oktober, jener Tag, an dem Christoph Columbus anno 1492 auf der Insel Guanahani landete und den Fuß auf den Boden der Neuen Welt setzte. Mit dem traditionellen Herrenessen begeht man überall, wo Freunde Lateinamerikas sitzen, Handel treiben, wissenschaftlich arbeiten den Día de la Raza, den Tag der Rasse, den — seltsame Wort-Identität — Tag des Lichtstrahls, den Tag des Risses, der Spaltung. Unzweifelhaft: Von allem trifft etwas zu. Der Sohn Fernando des Amerika-Entdeckers berichtete — um alle Zweifel daran zu zerstören, in Wahrheit hätte der Matrose Rodrigo da Triana als Erster das Festland der Neuen Welt gesehen und sich 10 000 Maravedis verdient — in seinem Tagebuch: »Die Belohnung fiel an den Admiral; denn er war es, der als erster das Licht im Dunkel der Nacht gesehen hatte, das ein Symbol war für das geistige Licht, das er in die Finsternis der neuen Welt brachte.« Das also der Lichtstrahl. Der Riß, die Spaltung kommt später, als Iberoamerika sich von den Mutterländern abwendet, und die Rassen . . . an ihnen ist auf diesem Boden noch niemals Mangel gewesen: Ihr Indio-Alphabet reicht von Akawoios bis Yurakare, dazwischen einige Dutzend weiterer Stämme, und was später von Africanos (meist unfreiwillig) bis Yugoeslavianos zuwanderte, seßhaft wurde und sich mit der Urbevölkerung mischte, um Mulatten, Mestizen (»Caboclos«), Kreolen, Zambos zu erzeugen, grenzt ans Wunderbare. Der Rassenschmelztiegel Südamerika sollte eigentlich ein gelungenes Beispiel der Rassenintegration abgeben — und in bescheidenen Grenzen tut er das auch, obgleich man kaum übersehen kann, daß es auch hier unter den Gleichen einige gibt, die »gleicher« als andere sind. Unruhen, Regierungssysteme, Bildung, Geld . . . vieles trug dazu bei, letztlich trotz aller Ansätze zur Gleichstellung Privilegierte und Unterprivilegierte zu schaffen, zu erhalten.

Flucht aus der Armut in die Armut

Klima und geologische Verhältnisse beflügeln einen Reichtum aller ganz gewiß nicht, was Boden, Natur und Anbau bieten, ist teilweise nur unter unvorstellbaren Strapazen einzubringen. Dabei sind vielfach traditionelle aber veraltete Methoden gängig, trägt die Infrastruktur der Länder wenig dazu bei, rationelle Wirtschaft zu betreiben. Das gilt vor allem für die Landwirtschaft, die Forstwirtschaft und verwandte Zweige, die z.T. — etwa in Nordost-Brasilien — in ausgesprochenen Elendsgebieten betrieben werden, fern aller Zivilisation und Hygiene.
Zur Zeit der Kolonisation war nicht nur genügend Wasser zum Taufen vorhanden, damals und noch heute strömt und stürzt in Südamerika ein Viertel allen Süßwassers der Erde in Flüssen und von Bergen herab. Dennoch fehlt Wasser für die primitivsten Bedürfnisse der Menschen. Der Kontinent, der mit großen Schritten versucht, in das Industriezeitalter einzutreten, vergißt über der Faszination industrieller Chancen schlicht den Menschen. Was immer für die Zukunft getan wird, geschieht für die Industrialisierung, — wenig oder nichts für die Lösung elementarer Probleme des ländlichen Bereichs und zur Hilfe für dessen Bevölkerung. Ausnahmen sind an den Fingern einer Hand abzuzählen. Das bleibt nicht ohne Folgen: Die Landflucht treibt Scharen armer Menschen in besser ausgestattete Städte, deren Bevölkerungszahlen explosionsartig anwachsen. Doch wer da dem Elend des Landlebens entflieht, der Armut und der wachsenden Arbeitslosigkeit in diesen Gebieten, flieht in Wahrheit in ein gleiches Milieu: in die um die Städte wachsenden Slums. . .
Die Industrialisierung, beruhigt man sich selbst und vor allem andere, werde dazu führen, daß auch die Infrastruktur verbessert werden könne, daß menschenwürdige Verhältnisse z.B. mit Wasser- und Abwässerversorgung für alle erreichbar würden. Doch wer glaubt schon ernsthaft an solche Prognosen angesichts der Tatsache, daß

80% aller südamerikanischen Landgebiete heute noch ohne Trinkwasser- und Abwässersysteme leben, Krankheit und Tod aus verunreinigten Tümpeln, Seen, Quellen, Flüssen schöpfen. Fehlende Gesundheitsaufklärung auf dem Lande verschlimmert die Zustände, auf 10 000 Bewohner mancher Bezirke kommt nur ein Arzt, der bis zu 100 km entfernt wohnt. Statt ärztlicher Hilfe sind hier dann magische Trommeln animistischer Riten im Einsatz, doch deren Erfolg bei Krankheit durch Amöben, Würmer und Typhuserreger aus verschmutzten Quellen, durch fehlende Latrinen der Dörfer und völlige Fehlanzeige bei primitivsten hygienischen Kenntnissen ist fragwürdig.

Wo reines Wasser im Überfluß vorhanden ist, wird es gar nicht oder schlecht genutzt. Geldmangel, Bürokratie, Korruption verhindern vieles Notwendige — und oftmals auch nationalistischer, falscher Stolz, der eine internationale Zusammenarbeit der Nachbarländer zu gemeinsamem Nutzen ausschließt. Erst wenige Beispiele gibt es, wo man den eigenen Schatten übersprang, am Rio Uruguay etwa, wo ein binationales Großkraftwerk entstand, oder in Bolivien, wo die UNICEF den Bau von Grundwasserpumpen für ländliche Gebiete ermöglicht hat, verbunden mit der Auflage, daß die Bevölkerung Latrinen und Sickergruben selbst anlegen müsse. Ein vernünftiges, pädagogisches Vorgehen im Rahmen eines Entwicklungsprogramms, aber ein Tropfen auf den heißen Stein . . .

An Plänen, auch an solchen eher verträumter denn realistischer Natur, fehlt es eigentlich nicht. Im November 1988 schlossen Argentinien und Brasilien einen Vertrag zur Verwirklichung wirtschaftlicher Zusammenarbeit. Uruguay durfte mitspielen, und man hofft nicht allein darauf, nun auch interregionale und internationale Verkehrsverbesserungen zu erreichen, sondern auf solch notwendigem Fundament auch den Handel miteinander und mit anderen nahen und weiteren Nachbarn erblühen zu sehen. Nun: Abwarten und Mate trinken . . .

Immerhin, so spät wie Anno Domini 1988 haben sich zehn südamerikanische Staaten geeinigt, sich künftig gemeinsam der Welt als touristisches Ganzes zu präsentieren: Zehn Länder – ein Traumreiseziel. In Uruguay unterzeichneten die »Big Ten« ein Abkommen, das die nationalen Fremdenverkehrsorganisationen mit einer *Comisión de Turismo de América del Sur* überdachen soll: Argentinien, Bolivien, Brasilien, Chile, Ecuador, Kolumbien, Paraguay, Peru, Uruguay, Venezuela unter einem Werbe-Sombrero. Im peruanischen Lima findet sich für diesen Hut der Garderobenhaken – Pardon: der Sitz der Comisión –, und künftig werden wir ihre gemeinsamen PR-Aktivitäten auf Messen, Ausstellungen und bei anderen Veranstaltungen erleben können. Falls genügend Geld vorhanden ist . . .

Der Rubel rollt

Um vom Geld zu sprechen: Man braucht es auch hier. Ob nach Pesos gerechnet wird, nach Cruzeiros, nach Soles, nach Bolivars, international (und damit für den Tourismus) bleibt hier der amerikanische Dollar Zielpunkt im Bezugssystem, mit ihm hat man am wenigsten Probleme beim Umtausch. Daß die westliche Leitwährung nicht gerade ein frisch poliertes Image besitzt, daß man in den Staaten Südamerikas vom großen Nachbarn im Norden nicht unbedingt nur schwärmt (obwohl sein Wirtschaftseinfluß vielerorts noch sehr spürbar ist), ändert nichts an der Tatsache, daß man in Iberoamerika mit Dollars am besten fährt.

Im übrigen: Wer gut schmeert, der gut fährt. Das weise alte Wort, eigentlich auf die Naben der Postkutschenräder bezogen und durch das legal erhobene Schmiergeld garantiert, gilt auch hier. Was die Indonesier Punki, die Araber Bakschich nennen, heißt hierorts *propina,* Trinkgeld. Bei den einzelnen Länderbeschreibungen werden die einschlägigen Usancen angegeben, für eine ganze Reihe südamerikanischer Staaten allgemein aber gilt: Behördenvertreter (Zöllner und viele andere) handhaben ihren Ermessensspielraum beim Kassieren vielfach sehr unterschiedlich. Der Zug, schlechte Gehälter durch sanften Druck auf das Portemonnaie der »reichen« Touristen aufzubessern, wird Südamerikareisenden kaum verborgen bleiben. Um zeitraubende und peinliche Weiterungen zu vermeiden, ist es gelegentlich besser, gute Miene zum bösen Spiel zu machen und fünf auch einmal grade sein zu lassen. In ernsten Fällen helfen die Konsulate.

Südamerika — gestern und heute

1888 erschien in Stuttgart ein Buch mit dem Titel »Jagden in fünf Erdteilen«, in dem Max Ronin nach verschiedenen Quellen auch Jagd- und andere Erlebnisse in Südamerika erzählt. Im Stil der Zeit geschrieben, fand ich darin diese Geschichte:

»Don Alvaro hatte vor etlichen Jahren von einem Verwandten seiner Frau eine Hazienda in Peru geerbt, auf der er mit seiner edlen Gattin Donna Maria und seinem 15jährigen Sohn Luis ein glückliches Familienleben führte. Politische Verwicklungen drohten nun aber dieses Glück zu zerstören. Don Alvaro hatte sich der neuesten Revolution nicht anschließen wollen, und die jetzigen Gewalthaber lauerten nur auf eine günstige Gelegenheit, ihn mit einem Schein von Recht anschuldigen und in einen Kerker schleppen zu können, worin in den Freistaaten Südamerikas so viele Opfer des Parteihasses schmachten und aus denen meist nur der natürliche Tod oder das Schaffot erlöst . . .«

Die Geschichte — und sie ist kaum erfunden — mag Ihnen moderner vorkommen als sie ist. Der Kontinent, in dem es immer noch gärt, der immer noch nicht zur Ruhe gekommen ist, in dem Revolutionen und Gegenrevolutionen, Entmachtungen und Kriegsrecht an vielen Stellen an der Tagesordnung sind, ist anders als die Alte Welt, und auch hinter dem Begriff »Präsidiale Republik« kann manches stehen, was sich mit unseren Vorstellungen von Demokratie und Rechtsstaatlichkeit nicht deckt. Aber Südamerika ist nun mal nicht Europa, nicht Mitteleuropa. Das Maß, mit dem man hier messen muß, kann nicht das für Europa anzulegende sein. Der Halbkontinent — entdeckt, als wir schon anderthalb Jahrtausende christlich-abendländischer Lernstunden hinter uns hatten — wurde weiter drei Jahrhunderte und länger durch Kolonialherren kurz gehalten, die viel heraus- und wenig hineinschafften, — ein solcher Erdteil, seine Menschen, Bräuche, Schwächen bedürfen eher kritischer Toleranz als selbstgerechter Kritik.
300, 400 Jahre nach der Zeit, als abendländische Kultur von Rom aus Mitteleuropa erreichte, war von Zivilisation und Hochkultur bei unseren zur Völkerwanderung aufgebrochenen Vorfahren noch nicht die Rede. Es brauchte weitere Jahrhunderte, bis sich Ansätze hierzu zeigten, und gelegentlich durchströmt uns siedeheißer Zweifel, ob wir denn auf das heute Erreichte schon ehrlich stolz sein dürfen. Aus dem europäischen Glashaus mit Steinen nach dem südlichen Amerika zu werfen, besteht jedenfalls kein berechtigter Anlaß. Kulturen, historische Entwicklung, Landschaften, Klimaverhältnisse, Zusammensetzung der Bevölkerung, Regierungssysteme, der kaum erst erfolgte Schritt ins Industriezeitalter . . . all dies und mehr erfordert bei der Beurteilung Südamerikas durch Europäer eine Anzahl Punktvorgaben.
Auch bei der Schilderung der einzelnen Länder, die im Norden beginnt, über den Westen nach Süden fortgesetzt wird und sich im Osten wieder nach Norden wendet, wollen wir bemüht sein, diese Tatsache nicht aus den Augen zu verlieren.

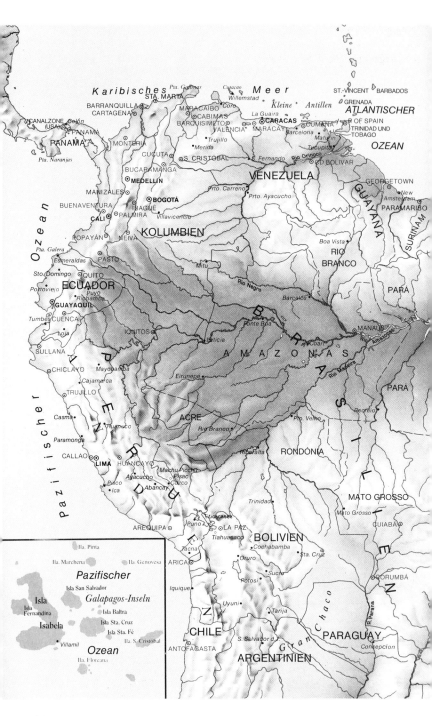

PANAMÁ

República de Panamá

Seltsam oder auch nicht: Das erste, was uns beim Stichwort Panamá einfällt, ist der Kanal. Es gibt ihn erst ein dreiviertel Jahrhundert lang, aber in dieser Zeit hat er mehr von sich reden gemacht als der ganze Isthmus im Lauf seiner mehrtausendjährigen Geschichte. Eine Attraktion für Touristen ist er in jedem Fall, und Geschichte machte er zwischen Planung und festlicher Premiere mehrfach. Abhängigkeiten und Unabhängigkeiten spielen darin eine Rolle, und manchmal scheint es, als vergäße man über dem Kanal die Schätze aus vorkolumbischen Zeiten in den panamesischen Museen und den aus den Piratenklauen Henry Morgans geretteten Goldaltar der alten Kathedrale, deren Ruine an die Zeit vor 300 Jahren erinnert.

Klima und Landschaft sind geprägt vom thermischen Äquator, der Panamá durchquert und mittäglich sich die Schleusen des Himmels öffnen läßt: in der tropischfeuchten Region der Urwälder (selvas), in den trockenen Savannen, die am pazifischen Abhang mit fruchtbarem Humus vegetationsreich sind. An der karibischen Küste sind Palmen und Mangroven vorherrschend, an den Wasserläufen des Landes wuchert ein schier unentwirrbares Geflecht von Lianen und Gesträuch, in den trockenen Zonen bilden Dornsträucher, Kakteen und Fettgras die Bodenbedeckung. Am Pazifik kann zwischen Ebbe und Flut ein Tidenhub bis zu sechs Metern auftreten — und nicht nur die Perlenfischer sind hier auf Entdeckungen und Beute aus: Naturinteressierte finden ein reiches Studienfeld.

Das Land in Stichworten

Geographische Lage: 7°10' – 9°40' Nordbreite, 77°05' – 83°05' westliche Länge, Entfernung Frankfurt – Panamá City: 9400 km.

Fläche: 75 650 qkm (Kanalzone: 1432 qkm). Etwas größer als Österreich. Nach einem 1977 ausgehandelten Vertrag mit den USA sollen deren Hoheitsrechte über die Kanalzone bis zum Jahre 2000 an Panamá übergehen.

Einwohner: 2 270 000 (Kanalzone: 31 618), 30 je qkm.

Hauptstadt: Panamá (Ciudad de Panamá), 550 000 Einwohner.

Staatsform: Präsidiale Republik; Legislative und Exekutive beim Präsidium (Junta) und der Regierung. 9 Provinzen und ein Territorium. Verfassung 1983.

Nationalflagge: Vierteilig; links oben: weiß mit blauem Stern; rechts oben: rot; links unten: blau; rechts unten: weiß mit rotem Stern.

Städte: Unter den Provinzhauptstädten Colón mit 59 800 Einwohnern. Rund 50% städtische Bevölkerung.

Bevölkerung: 50–60% Mestizen, 15–20% Schwarze und Mulatten, 10–15% Weiße, 5–10% Indianer, 2% Asiaten.

Religion: 93% römisch-katholisch, 6% Protestanten, 2000 Juden.

Landessprache: Spanisch. Verkehrssprache englisch. Indianische Dialekte (z. B. Chibcha).

Zeitdifferenz: MEZ minus 6 Stunden. Gegenüber Bern, Bonn und Wien wird die Uhr 6 Stunden zurückgestellt (im Sommer 7).

Wichtiges von A bis Z

Anreise: Ab Frankfurt täglich mit Umsteigen in Madrid, New York oder Miami nach Panamá City, Flughafen Omar Torrijos; 27 km zur Stadt, Sammeltaxi. Bei Abflug von Panamá wird eine Flughafengebühr erhoben. Nachbarschaftsflugverkehr mehrmals wöchentlich mit den mittelamerikanischen Staaten, mit Kolumbien, Venezuela, Ecuador, Peru, den Antillen, Curaçao.

Diplomatische Vertretungen: Deutsche Botschaft: Via Argentina 8, Edificio Altamira, 11e piso, El Cangrejo, Tel. (0 05 07) 23 02 02.
Schweizerische Botschaft, Avda. Samuel Lewis Con, Edificio Pronasa, Piso 4, Panamá, Tel. 64 97 31.

Österreich. Generalkonsulat, Avda. Simón Bolívar, Edificio Concreto, Tel. 61 17 00.

Feiertage: 1. und 9. Januar, Karneval (ca. 6 Wochen vor Ostern, 3–4 Tage), Karfreitag bis Ostersonntag, 1. Mai, 11. Oktober, 3. (Nationalfeiertag; unabhängig seit 1903), 4., 25., 28. November, 8. und 25. Dezember.

Informationen: Instituto Panameño de Turismo, Centro de Conversaciones Atlapa, Apartado 44 21, Panamá 5, Tel. (0 05 07) 26 70 00.

Impfungen: Gelbfieberimpfung dringend für außerstädtische Gebiete empfohlen, vor allem bei Besuch der Provinz Darién. Malariaschutz ganzjährig in Darién und den Territorien von Chiman und Puerto de Obaldia. Verdacht auf Resistenz gegenüber Chloroquin-Präparaten.

Klima: Tropisch mit geringen Temperaturschwankungen, am Pazifik tropisch-feucht mit Trockenzeit von Januar bis März/April. Niederschläge im karibischen Gebiet bis 4500 mm im Jahr.
Durchschnittstemperaturen im Flachland und am Meer 27–30°C, mittags heiß, abends Abkühlung. In den Bergen frühlingsmäßig (von November bis April außer mittags: kalt). Außer von Dezember bis April muß mit täglichen Schauern gerechnet werden. Beste Reisezeit: Dezember bis April. Leichte Kleidung (keine Synthetics) ganzjährig sinnvoll; für die Berge Wollsachen und Wollmantel; Regenschutz ganzjährig.

Öffnungszeiten: Banken Mo–Fr 8.30–12.30 Uhr. Läden 9–12, 14–18 Uhr.

Reisepapiere: Reisepaß (gilt auch für Kanalzone) bei Aufenthalt bis zu 3 Monaten. Weiter- oder Rückreisepapiere müssen vorgelegt werden.

Stromspannung: 110 Volt Wechselstrom.

Trinkgelder: 10–15%.

Trinkwasser: Mineralwasser ist sicherer.

Verkehr: Eine Eisenbahnlinie (82 km) verbindet Panama City mit Colón am Eingang des Kanals (Atlantik); werktags 7 Züge, klimatisierte Wagen.
Inlandsflüge mit kleinerem Fluggerät preiswert. 8500 km Straßennetz, etwa 2800 km asphaltiert.
Regelmäßige Bus-Verbindungen zwischen den Städten (zwischen Colón und Panama City alle halbe Stunde).

Währung: 1 Balboa (B/.) = 100 Centésimos. 1 DM = ca. 0,51 B/. US-Dollar ist ebenfalls gesetzliches Zahlungsmittel.
Keine Beschränkungen von Landes- oder Fremdwährung bei der Ein- und Ausreise.

Zoll: Bedarfsgegenstände und 500 Zigaretten oder 500 g Tabak sowie 3 Flaschen alkoholischer Getränke sind abgabenfrei; desgleichen Geschenke bis zum Wert von 50 US-$.

Zwischen den Küsten

1 900 km Küstenlinie auf der pazifischen, 1 000 km auf der karibischen Seite umschließen die panamesische Republik, die bei der Halbinsel Azuero (bis zur Karibik) 180 km, an der schmalsten Stelle im Mittelteil nur 51 km breit ist. Die Erosion hat die — relativ jungen — Gebirge abgeschliffen, doch blieben von der Cordillera Central neben lange Zeit tätigen Vulkankegeln auch Berghöhen von 3 477 m (Chíriqui) übrig oder der zur Tabasará-Kette gehörige *Cerro Pando* mit 3 126 m Höhe. Zur Küste hin fällt die Kordillere rasch ab und läßt an der Nordwestküste des Landes den reichsten Zuckerrohr-, Bananen-, Reis- und Kaffeepflanzungen Raum. Im Osten steigt das Gebirge an der kolumbianischen Grenze *(Serranía del Darién)* nur bis 1 884 m auf. Der karibischen Küste vorgelagert und von der Gezeitenerosion noch nicht total zerstört sind der Korallenarchipel *Las Mulatas* (hohe Wassertemperatur) und der Archipel *Las Perlas* im Golf von Panamá (144 winzige und 39 größere Inseln).
Das Land wird von rund 500 Flüssen durchzogen (. . . wer die wohl gezählt hat; ich habe da meine Zweifel!), unter denen der Tuira *(Tuyra)* mit 202 km der längste ist. Unnötig zu betonen, daß der Kanalbau auch das Gesicht der Flußlandschaften verändert hat und zum Teil aus Flüssen Seen machte.
Die *Tierwelt* ist vielartig und erinnert an die Fauna Kolumbiens: Der Tapir ist zu finden, Affen gibt es, Stachelschweine, das Ozelot, Dam- und Rotwild, Dachse und das Opossum, Schildkröten, Krokodile, Eidechsen und zahlreiche, nicht sehr große Schlangen. Schmetterlingssammler werden von der Artenfülle begeistert sein, von Wespen, Moskitos, Wildbienen und Ameisen vielleicht weniger.

Unruhe in Erbpacht

Als der Spanier Rodrigo de Bastidas 1501 Panamá entdeckt, sind hier wie auf einer Drehscheibe die Völker Süd- und Mittelamerikas schon Jahrhunderte lang schier ohne Pause hin- und hergewandelt: mal mit Nordkurs, mal südwärts, und immer wechselte ein Stück Kultur, wechselten neue Kenntnisse aus ihrem Reisegepäck die Breitengrade. Kariben kamen und Mayastämme, vom Pazifik her die Chibcha — und als im Jahre 1513 Rodrigos Landsmann Vasco Nuñez de Balboa den Isthmus überquert und den Pazifik erreicht, wird es nicht ruhiger. Mit den landnehmenden Spaniern rücken deren Negersklaven ein (. . . irgendwer mußte hier schließlich arbeiten!), werden die Chibcha auf die Höhen zurückgedrängt, und melden sich mit den Zeiten Interessenten, die der zum Handels- und Umschlagplatz der Spanier aufgeblühten Kolonie (ab 1718 zum Vizekönigreich Neu-Granada gehörig) unerbetene Besuche abstatten: Piraten und Briten. Immerhin, mit den Sklavenaufständen um die Mitte des 16. Jahrhunderts war man fertiggeworden, ihren Initiator und Anführer richtete man in Sevilla hin, — warum sollte man das bei den anderen unliebsamen Gästen nicht auch erreichen. Dachte man. Francis Drake (1572), Henry Morgan (1671), Admiral Vernon (»Groggrain«, der Erfinder des zu Grog verpanschten Rums) im Kolonialkrieg zwischen England und Spanien lehrten die Kolonialspanier das Fürchten. Daß die Hispano-Americanos von Panamá schließlich obsiegten, verhinderte den Niedergang der Kolonie nicht, die Häfen von Panamá und Portobelo verloren ihre Bedeutung als Umschlagszentrum, und die Regierungsgewalt geht nach Santa Fé de Bogotá, der Hauptstadt des Vizekönigreiches über.
Ruhe kommt damit nicht ins Land. Man trauert der verlorenen Autonomie nicht nur nach, man sucht sie in Putschen und Rebellionen auch wiederzuerlangen. Nach reichlichen Fehlschlägen gelingt 1903 ein Aufstand gegen die Regierung in Kolumbien — mit amerikanischer Hilfe. Die USA werden zum Vater einer panamesischen Republik, lassen sich das aber mit Rechten bezahlen, die im Grunde diese Unabhängigkeit denn doch illusorisch machen, aber für die moderne Geschichte des Landes den Auftakt geben.

Aus eins mach zwei: Der Panamá-Kanal

1850—1855 baut eine amerikanische Gesellschaft eine transpanamesische Eisenbahn über den Isthmus — und ein halbes Jahrhundert später kommt es zu dem Werk, das Kolumbien den Panamesen stets abgelehnt hatte und das die US-Amerikaner von vornherein im Sinn hatten: den Panamá-Kanal. Ein Vertrag von 1903 schafft die völkerrechtliche Basis: Kolumbien gibt den Amerikanern einen zehn Kilometer breiten Streifen panamesischen Gebiets auf 100 Jahre in Pacht, das von Kolumbien unabhängige Panamá dehnt diese Rechte sogar »auf ewige Zeiten« aus.
Nicht gerade ewige Zeiten liegen die ersten Ideen zurück, die ein solches Projekt verwirklichen wollten: Bereits die Spanier, die Panamá gerade vereinnahmt hatten, schwelgten in so verwegenen Gedanken, für deren Realisation ihnen aber das Geld fehlte. Als dann jedoch in den Vierzigerjahren des 19. Jahrhunderts der kalifornische Goldrausch Abenteurer auch aus der Alten Welt in die Neue Welt lockte, hätte man einen solchen Kanal gern gehabt, der den Weg von Hamburg nach San Francisco um 10 000 km verkürzt hätte. Ein Schiff, das von New York aus San Francisco erreichen wollte, hätte eine 14 000 km kürzere Reise gehabt, wäre der Kanal schon gebaut gewesen. Doch erst 1879 greift man den Gedanken wieder auf, mit einem Kanal aus einem Erdteil zwei zu machen: Der Erbauer des Suez-Kanals, Ferdide Lesseps, erklärt das Projekt nach sorgfältigen Vermessungen vor Ort für

Panamá

machbar. Ein offener Niveau-Kanal sollte die beiden Weltmeere verbinden — und 1889 sollte das Werk, so wurde vertraglich festgelegt, vollendet sein.
Auch Genies wie Lesseps können irren. Das fieberschwangere Gebiet fordert Opfer um Opfer, und auch das Gelände erweist sich als für einen Niveau-Kanal unmöglich. Auf Schleusen, erkennt man, kann nicht verzichtet werden. Bis 1888 aber sind bereits 14 Millionen verausgabt, für die noch nicht ein Drittel der mit diesem Geld »nach Plan« zu honorierenden Arbeiten erfüllt worden ist. Mittel und Kredit sind erschöpft, der Panamakrach erschüttert die Börse und die Welt, und mit zweieinviertel Milliarden französischen Francs Schulden geht die Gesellschaft in Konkurs. »Der bis dahin als nationale Berühmtheit hochgefeierte Lesseps«, schreibt 20 Jahre später ein Autor, »war ein moralisch toter Mann.«
1894 findet sich eine neue Gesellschaft, die den Kanal als Acht-Schleusen-Kanal bauen will. Termin der Eröffnung: 1910. Ohne massive Hilfe der USA wäre auch dieses Projekt gescheitert. Technische und finanzielle Investitionen der Amerikaner, die zunächst die Fehler der Franzosen wiedergutmachen mußten, erreichten aber das Ziel, das die Landschaft Panamás beträchtlich veränderte: Am 3. August 1914 kann das erste Schiff den 81,3 km langen, im Durchschnitt 13 m tiefen Kanal durchfahren, der an der schmalsten Stelle (dem »Schlangengraben«, der beim Bau die reine Hölle verkörperte) 90 m breit, in der größten Ausdehnung 300 m breit ist. Ein Schiff, das vom Atlantik (Karibische See, in der Nähe von *Cristóbal*) in den Kanal einfahren will, muß vom Meeresspiegel auf Kanalhöhe in den *Gatun*-Schleusen dreimal um jeweils 8,67 m gehoben werden. Die Schleusen sind Doppelschleusen; während in der einen Schleuse ein Schiff durch einströmendes Wasser gehoben wird, sinkt das Wasser in der anderen Schleuse gleichförmig und trägt ein anderes Schiff abwärts. Elektro-Loks ziehen die Schiffe in die Schleuse und halten sie an Stahltrossen genau auf Wassermitte. Bei der Ausfahrt in den Pazifik müssen die Schiffe dann in gleicher Weise wieder eine Schleusentreppe hinabsteigen *(Miraflores-*Schleusen bei *Balboa).*
Wer eine solche Kanalfahrt heute macht (sie ist von hohem Reiz! 1985 z. B. passierten 11 513 Schiffe den Kanal), befährt noch amerikanisches Hoheitsgebiet, obwohl die Kanalzone seit dem 1. April 1982 unter der juristischen Hoheitsgewalt Panamás steht. Dieses Abkommen genügt dem Juntaboß und Staatspräsidenten Noriega nicht. Bereits 1987 ruft er eine »Nationale Mobilmachung« aus und fordert von den USA die Räumung der US-Stützpunkte. Eine neue Krise beginnt, die USA verstärken im Rahmen einer Übung ihr Truppenkontingent, doch erst 1989 kommt es zu offenem Schlagabtausch, nachdem Noriega, der die Wahlen von Mai 1989 zu seinen Gunsten manipuliert hat, diese Wahlen auf Druck hin annullieren läßt, zugleich aber den Sieg durch Straßenterror gegen Oppositionelle zu erringen sucht. Hierbei werden auch amerikanische Staatsbürger angegriffen. Präsident Bush, dem Noriega eine Art verbaler Kriegserklärung gesandt hat, befiehlt Ende 1989 – nicht unumstritten – eine Invasion Panamás. Unter den auf 27 000 Mann verstärkten Kanaltruppen tritt erstmals auch eine Einheit weiblicher US-GIs unter Führung eines weiblichen Offiziers bei Kampfhandlungen auf. Es gibt auch in der Zivilbevölkerung viele Tote und Verwundete. Noriega, von den USA als Dealer gesucht, flieht in die päpstliche Nuntiatur, die seine Auslieferung zunächst verweigert. Dann passiert Undurchsichtiges: Anfang 1990 verläßt Noriega plötzlich die Nuntiatur, die Amerikaner nehmen ihn fest und schaffen ihn zum Prozeß nach Florida, ihm ein faires Verfahren garantierend.

Traumstraße mit Pfropfen

Hatte der Bau des Panamá-Kanals und damit die Trennung Amerikas in optisch zwei Subkontinente die USA zur Großmacht gemacht, deren beherrschende Stel-

Loks ziehen die Schiffe durch die Schleusen des Panamá-Kanals. 1432 qkm Kanalzone sollen bis Ende des Jahrhunderts endgültig zu Panamá kommen

lung nicht mehr zu übersehen war, so sollte ein anderes Projekt die Einheit des Kontinents unübersehbar dokumentieren: Auf der Panamerica-Tagung von 1926 in Buenos Aires wurde der Bau einer Straße von Fairbanks im Norden bis Feuerland im Süden beschlossen, von der sich die Südamerikaner den Zustrom touristischer Dollarmillionen in ihre Länder erhofften, während die Vereinigten Staaten ihre einschlägigen Investitionen nicht ausschließlich unter diesem Gesichtspunkt vornahmen. Die »Panamericana«, die »Traumstraße der Welt«, ließ die Einheit einer Herde unter einem starken Leittier erträumen.

So ganz neu war auch dieser Plan nicht. Bereits 1889, auf der ersten Panamerikanischen Konferenz in Washington, war eine Nord-Süd-Straße im Gespräch, und im ersten Weltkrieg baute die USA bereits einige, strategisch wichtige Teilstrecken. Die südamerikanischen Staaten schlossen — mit kräftigen Finanzspritzen aus dem Norden — weitere Abschnitte an, und zum Ruhme der USA hoffte man, die Einweihung der Gesamtstrecke von 22 531 km Länge zum 200. Geburtstag der Vereinigten Staaten im Jahre 1976 feiern zu können.

Nun aber zeigte sich, daß just an der Nahtstelle von Mittel- und Südamerika die letzte, offene Etappe der Traumstraße zum Alptraum werden würde: Der »Pfropfen von Darién«, eine Strecke von 400 km, bildet eine zwar nicht unüberwindliche, aber problematische Barriere in einem Fieber- und Regengebiet, in dem außerdem noch die Maul- und Klauenseuche endemisch aufzutreten pflegt. Die von dieser Seuche freien Länder Zentral- und Nordamerikas mußten befürchten, daß das we-

Panamá 35

sentlich billigere Vieh aus dem Süden die Straße als Heerweg benutzen und die Seuche einschleppen könnte. So machte Washington weitere Finanzhilfe von Ausrottungsmaßnahmen und einer viehfreien Pufferzone von 40 km Breite abhängig, Auflagen, die von Kolumbien erfüllt wurden. Ab 1982 steht das Signal auf »Freie Fahrt« . . .

Besuch in der Hauptstadt

La Ciudad de Panamá (oder: Panamá-City für die Andersgläubigen. . .) hat ihren Namen der ganzen Republik aufgeprägt, liegt aber heute nicht mehr dort, wo sie im Jahre 1519 gegründet und kurz darauf zum Bischofssitz bestimmt wurde. Ein Dutzend Kilometer ostwärts der heutigen Hauptstadt lag *Panamá Vieja,* das »Alte Panamá«, an das nur noch die Ruinen erinnern, die der Freibeuter Henry Morgan 1671 zurückließ, und die von tropisch-üppiger Vegetation bald überwuchert wurden. Wer sie auf einem Ausflug besucht, wird von der lateinischen Kreuzform der dreistufigen *Kathedrale* mit den zwei Seitenkapellen von 1649 nur noch etwas Mauerwerk und Reste des Turmes sehen, dessen Fensterhöhlen der Untergeschosse ihn rechteckig angähnen, während die oberen in Rundbogen enden.
Die Panamesen legten die Hände nicht in den Schoß, das Leben ging weiter: die neue Stadt entstand. Mit ihr eine neue *Kathedrale,* bei deren Bau Reste der alten Kirche mitverwandt wurden und so sinnfällig eine Beziehung zur Ciudad Vieja herstellten. Sie ist an der *Plaza Catedral* im Zentrum der heutigen Altstadt von Panamá-City zu bestaunen, nicht zuletzt weil das barocke, 1762 geweihte Bauwerk Ideen und Hände mehrerer Baumeister deutlich macht und sich mit seinen beiden Turmhelmen besonders augenfällig vom sonst üblichen spanischen Kolonialbarock abhebt: Sie haben die Form mexikanischer Tempelpyramiden. Ihr Planer, Don Juan de Velasco, war ein sparsamer Architekt: Auch andere seiner Bauten in der Hauptstadt wurden zu Teilen aus dem Bauschutt von Panamá Vieja gebaut und täuschen so ein höheres als ihr wirkliches Alter vor (Kirche der *Merced* vom Ende des 17. Jahrhunderts mit deutlichen Renaissance-Elementen). Viele Kirchen des 18. Jahrhunderts haben nicht überlebt, doch die zweigeschossige, säulengeschmückte Fassade von *Santa Ana* mit barockem, schwingendem Giebeldach und pyramidenbehelmtem Turm erinnert an diese Bauzeit und zugleich an eine sehr ähnliche Bauweise im Venezuela oder Kolumbien des 16. Jahrhunderts.

Gold, Keramik, Edelsteine

Kolumbianische und andere Einflüsse (aus Costa Rica z.B.) lassen sich in der frühen Kunst auf dem Isthmus nachweisen, in keramischen und Goldschmiedearbeiten. Was in den archäologisch erschlossenen Gebieten von Veraguas, Coclé und Chíriquí gefunden wurde, ist heute im *Museum für präkolumbische Kunst* von *Panamá* zu bewundern. In der frühen Keramik sind Kaimane und Alligatoren beliebte Dekorationselemente, doch finden sich auch auf den Henkeln von Keramikvasen aufgesetzte Hahnenköpfe, Tonschalen mit Dämonendarstellungen (Drachen) — doch nicht immer sind sich die Fachleute sicher in der Annahme, daß diese Werke der Gebrauchskunst auch wirklich aus Panamá stammen und nicht etwa Importware auf dieser Handelsdrehscheibe darstellen. Im *Nationalmuseum* von Panamá lassen sich spätere Keramikarbeiten aus der Provinz Veraguas betrachten, etwa Tongefäße in der Form von Männerköpfen mit über dem Scheitel hochgezogenem Vasen-Hals, oder Keramik aus Coclé, bei der die frühen Dekors von S-förmigen

Schlaufen später durch Schildkröten, Affen, Krebse, Menschen und fast abstrakte Darstellungen verdrängt werden.
Schmuck aus gehämmertem Goldblech, Bein, Achaten, Serpentin, Jaspis, Opal und Smaragden läßt sich entdecken — und belegen läßt sich, daß die geschickten Goldschmiede von Veragua kolumbianisches Gold auch für die Bewohner Kolumbiens und für Auftraggeber aus dem mexikanischen Hochland verarbeitet haben. Von Kolumbien lernte man auch die Legierung aus 80 % Gold und 20 % Kupfer kennen, die den Namen »tumbaga« erhielt und der Oberfläche der Schmuckstücke den beliebten tiefen Glanz von Altgold gibt.

La Pollera, la Pollera, Panamá!

Zumindest wer zur Zeit des Karnevals nach Panamá kommt, wird dem beliebtesten panamesischen Tanz kaum entrinnen, dem »tamborito« oder der »pollera«. Frauen und Männer, im Kreis aufgestellt und in schmucke Volkstrachten gekleidet, stampfen und klatschen zu dem eindringlichen, an Wodu-Tänze erinnernden Rhythmus von Marimbas, Flöten und Trommeln und singen dazu ihr »La Pollera, la Pollera, Panamá«. Dann lösen sich abwechselnd einzelne Paare und tanzen im Kreisinnern schnelle, magische Tanzfiguren, die Bewunderung ausdrücken, Werbung, Zuneigung — während der Rhythmus laufend schneller wird.
Daß man den alten Stammes- und Ritualtänzen wie dem Balza- oder dem Guayacán-Tanz heute noch begegnet, setzt Glück voraus und einen engeren Kontakt zu jenen 10 % Indianern, den Guaymí, Chocó, Valientes oder Cunas, bei denen malerisch-bunte Feste (mit viel Rum), Tabus und Totems neben vielen alten Bräuchen noch gepflegt werden. Daß sie sich die Anwesenheit fotogieriger Gringos kräftig bezahlen lassen, spricht für ihre Anpassungsfähigkeit an die Neuzeit.

Rezepte — mehrere Jahrhunderte alt

Die panamesische Küche folgt im großen und ganzen der Zentralamerikanischen Speisekarte. Reis und schwarze Bohnen, gebraten, sind das Hauptnahrungsmittel, daneben aber überraschen Gerichte, deren Zutaten (vor allem die Gemüse) wir nicht einmal vom Namen kennen. Wer das *Sancocho de galina* auf einer Karte entdeckt, hat mit dieser Geflügelfleisch- und Gemüsesuppe, in der auch grüne und reife Bananen mitgekocht werden, eine Entdeckung vor sich. Der dazu verwandte Reis wird mit Kokosmilch und Kakao gemischt, ohne daß hierbei etwas herauskäme, was auch nur entfernt an ein Dessert erinnert.
Im Landesinnern Eidechsenbraten oder nach uralten Rezepten bereitetes Tapirfleisch, Gürteltierfleisch, Pekaribraten zu speisen, ist etwas so Ausgefallenes, daß der Versuch sich lohnt. Notfalls kann man immer noch auf das mit Tomatensauce überschwemmte »tazajo«, Ochsenfleisch, ausweichen oder eines der zahlreichen Fischgerichte.

ECUADOR

República del Ecuador

Jener gedachte Gürtel, den Geographen der Mutter Erde um den Leib gewunden haben, um fein säuberlich Nord- und Südhälfte zu trennen, gab dem Land den Namen. Im Küstenort Pedernales schneiden sich der Äquator und der Meridian 80° westlicher Länge. Den Taufpaten Ecuadors erschien die Äquator-Lage hinreichend, andere Spezifica mußte man sich nicht erst einfallen lassen. Dabei gab es genügend Fakten, die man mit Nationalstolz hätte vorzeigen können: vom General de Sucre aus dem Heer Bolívars, der das spanische Joch abschüttelte (... immerhin erinnert die Währungseinheit »Sucre« noch an den Befreier), bis zur kaum noch umstrittenen Tatsache, daß hier die Wiege der Kultur der südlichen Neuen Welt schaukelte. So um das Jahr 6000 vor der Zeitenwende nämlich verzichteten in den heute zu Ecuador und zum südlichen Kolumbien gehörenden Gebieten die nomadisierenden Sammlerinnen und Jäger auf das Herumstrolchen. Sie fanden das Grundnahrungsmittel Mais, fanden es gut und wurden mit dessen Anbau seßhaft. Runde zwei Jahrtausende später zeigt ihre Keramik die Maiskorn-Kette als graphisches Schmuckelement (Valdivia-Keramik) — und das ist beträchtlich früher, als etwa die Maya-Vorfahren in Mexico solch kulturelle Frühblüte vorweisen können. Müßig für uns — wenn auch nicht für die wissenschaftliche Polemik — ist die Annahme, daß über 15 000 km Pazifik emigrierte Chinesen oder Japaner die Initiatoren dieser Töpferkunst gewesen seien, um 1000 v.Chr. nämlich ist es in Ecuador ohnehin vorbei mit der künstlerischen Vorherrschaft, beginnt Perú die nördlichen Nachbarn im Sturmschritt zu überrunden.

Wirklich Eigenes zeigt sich dann erst wieder runde zweieinhalb Jahrtausende später. In reizvoller Symbiose mit indianischen Elementen entwickelt vor allem Quito eine Form kolonialen Renaissance- und Barock-Stils, die der Hauptstadt unter den Metropolen des Kontinents den ersten Platz sichert. Für die innere Belebung der Sakralbauten sorgten Bildhauer und Maler der berühmten »Schule von Quito«, und neben manch anderer Attraktion tragen sie dazu bei, den Besuch dieses wegwerfend als »Bananenrepublik« bezeichneten Landes lohnenswert zu machen.

Gewiß spielt der Bananenexport mit 9 Prozent noch eine gewisse Rolle, doch haben Kaffee und vor allem Erdöl (60 Prozent) ihm den Rang abgelaufen. Nach Venezuela ist der Osten Ecuadors am reichsten fündig auf dem Halbkontinent. Daß man derzeit mit den Pipelines etwas Schwierigkeiten hat, kann nicht verwundern: Die Charaktere der ecuadorianischen Landschaft sind mit ewigem Schnee der Andengipfel, mit tropischem Regenwald, dorniger Buschsteppe und Stränden an der Küste zwar für Touristen voller Faszination, lassen aber Transportprobleme gewichtig werden.

Das Land in Stichworten

Geographische Lage: 1°27′ Nordbreite–5° Südbreite, 75°12′–81° westlicher Länge, Entfernung Frankfurt – Quito: 10 700 km.

Fläche: 283 561 qkm (einschließlich der Galápagos-Inseln mit 7812 qkm). Etwas größer als die Bundesrepublik. Ecuador erhebt Anspruch auf 1942 an Peru abgetretene 174 565 qkm.

Einwohner: 9 650 000; 34 Einwohner je qkm.

Hauptstadt: Quito, 1,2 Mill. Einwohner.

Staatsform: Präsidiale Republik mit Einkammerparlament (Cámara de Representantes). 20 Provinzen.

Nationalflagge: Gelb-Blau-Rot, waagerecht.

Städte: Guayaquil 1,3 Mill. Einwohner, weitere 6 Großstädte mit 52 % der Gesamtbevölkerung.

Bevölkerung: Ca. 35 % Mestizen, 20 % Indianer, 25 % Weiße, ca. 5 % Schwarze und Mulatten.

Religion: 90 % römisch-katholisch. 20 000 Protestanten, 1000 Juden; Naturreligionen der Tiefland-Indianer.

Landessprache: Spanisch; Umgangssprache vielfach Ketschua.

Zeitdifferenz: MEZ minus 6 Stunden; Galápagos-Inseln MEZ minus 7 Stunden. Gegenüber Mitteleuropa werden die Uhren also 6 bzw. 7 Stunden zurückgestellt.

Wichtiges von A bis Z

Anreise: Linienflüge nach Guayaquil (Flughafen Simon Bolívar, 5 km zur Stadt, Taxi) bzw. Quito (Flughafen Mariscal Sucre, 8 km zur Stadt, Taxi) zweimal wöchentlich ab Frankfurt direkt via Amsterdam oder via Madrid.
Bei der Abreise wird eine hohe Flughafengebühr erhoben. Flüge ab Quito und Guayaquil nach Bogotá, Cali, Caracas, La Paz, Lima (täglich), Santiago de Chile. Inlandflüge zu 9 Flughäfen täglich bis dreimal wöchentlich; zu den Galápagos-Inseln (3 Flugstunden) zweimal wöchentlich ab Guayaquil.

Diplomatische Verbindungen: Botschaft der Bundesrepublik Deutschland (Embajada Alemana), Edificio »ETECO«, Avenida Patria y 9 de Octubre, 5°piso, Quito, Tel. (005 932) 23 26 60. Honorarkonsulate in Cuenca, Guayaquil, Manta.
Schweizerische Botschaft: Avenida Amazonas y Catalina Herrera, Quito, Tel. 43 41 13.
Österreichische Botschaft: Edificio Cofiec, piso 11, Av. Patria y Amazonas, Quito, Tel. 54 53 36.

Feiertage: 1. Januar, Karneval, Karfreitag, 1. und 24. Mai, 30. Juni, 24. Juli, 10. August (National-Feiertag), 9. und 12. Oktober, 2. und 3. November, 25. Dezember.

Gewichte: Metrisches System.

Informationen: Dirección Nacional de Turismo del Ecuador, (P.O. Box) Apartado 2454, Quito.

Impfungen: Eine Gelbfieber-Impfung wird empfohlen, aber bei Rückkehr in die Bundesrepublik Deutschland nicht gefordert, obwohl kleinere Gebiete Ecuadors (östlich der Kordilleren) als Gelbfieber-Endemie-Gebiete gelten. Malaria-Prophylaxe wird dringend empfohlen (nicht für Guayaquil, Manta, Protoviejo, Macas und die Provinz Tungurahua).

Klima: Tropisch, aber uneinheitlich. Küste und westlich der Anden tropisch bis subtropisch, hohe Luftfeuchtigkeit, 25–30° C, Regenzeit Januar bis Mai, jährliche Niederschlagsmenge 2000–5000 mm. Trockenzeit Juni–Dezember (19–25° C, angenehm).
Gemäßigtes Klima in der Sierra (Anden), 2000–3000 m hoch; von November bis Mai (nachmittags) Regen; Temperaturen gleichbleibend, aber am Tage stark schwankend von 8 bis 28° C.
Quito: September 12,8° C (wärmster Monat), März 12,4° C (kältester Monat). Osthänge der Anden und der Dschungel feucht, sehr warm.
Galapágos-Inseln: Angenehmes, gleichbleibendes Klima.
Vorsicht: Die Höhenlage von Quito macht die Anpassung problematisch!
Kleidung: an der Küste, den Osthängen der Anden und im Oriente ist leichte Kleidung angebracht; Regenschutz! Auf dem Hochplateau der Sierra wärmere Kleidung und ganzjährig Regenschutz.
Wer zwischen Quito und Guayaquil reist, darf nicht vergessen, daß er völlig andere Klimazonen besucht! In Hotels und Restaurants müssen Herren am Abend Sakko und Krawatte tragen.

Maße: Metrisches System.

Öffnungszeiten: Banken Mo–Fr 9–13.30 Uhr; Läden Mo–Sa 8.30–12.30 Uhr, Mo–Fr 15–19 Uhr.

Reisepapiere: Bis 3 Monate: Reisepaß; Jugendliche müssen unbedingt einen eigenen Reisepaß haben oder im Paß der Eltern eingetragen sein. Dokumente für die Rück- oder Weiterreise müssen vorgelegt werden. Wer direkt von Chile her anreist, muß vom dortigen ecuadorianischen Konsulat ein Einreisevisum oder eine Immigration Control Card abfordern. Frühestens 48 Stunden vor der Ausreise aus Ecuador muß beim Büro für Ausländerwesen (Reisedokumente vorlegen) die Ausreisegenehmigung beantragt werden (erledigt ggf. das Reisebüro).

Stromspannung: 110 V Wechselstrom; amerikanische Blattstecker!

Trinkgelder: Kleines Trinkgeld für alle Dienstleistungen (außer Taxifahrer).

Trinkwasser: Allenfalls in Quito und Guayaquil unbedenklich, doch Mineralwasser ist überall besser.

Verkehr: 5000 km der 17 000 km Straßen sind Allwetterstraßen; zwischen Quito und Guayaquil: 2 Straßenverbindungen. Rechtsverkehr; viele Polizeikontrollen; Nachtfahrten tunlichst meiden. Rechnen Sie nicht auf Straßenbeschilderungen.
Überlandbusse mit dichtem Streckennetz und pünktlich verkehrend. Auf einigen Strecken: Sammeltaxis (Camionetas). Bei Überlandfahrten mit Taxi unbedingt den Preis vorher aushandeln. In den Städten (ohne Taxometer): billig.

Eisenbahnverbindungen (1000 km Streckennetz) nur wesentlich für die Strecken Guayaquil–Quito (464 km; 3800 m Höhenunterschied!) mit ca. 12 Stunden Fahrzeit im Schienenbus; Guayaquil–Riobamba (18 Stunden); Ibarra–San Lorenzo (211 km; Schienenbus).

Währung: 1 Sucre = 100 Centavos. 1 DM = ca. 280 S/. Keine Einfuhrbeschränkungen für Landes- oder Fremdwährung. Geldwechsel nur bei Banken oder Wechselstuben vornehmen! Rücktausch von Sucres bis maximal 100 US-Dollar.

Zoll: Einfuhr erlaubt für 1 Fotoapparat, 1 Filmkamera, 1 Tonbandgerät, 1 Fernglas. Für über 18jährige Reisende: 300 Zigaretten oder 50 Zigarren oder 200 g Tabak, 1 l Spirituosen.

Dünne Luft und reiche Schätze: Quito

Wenn Sie die nach Lhasa und La Paz dritthöchste Metropole der Welt (Quito liegt 2 850 m über NN) anfliegen und das Cockpit der Maschine auf den Flughafen Mariscal Sucre zeigt, liegt um Sie herum ein Gebirgstal mit fruchtbaren Hängen — schier unerwartet in der rauhen Welt der Kordilleren. Lieferant des fruchtbaren Bodens ist der *Pichincha,* ein 4 776 m hoher Vulkan, dessen zerfallene Lavaströme die bestmögliche Düngung darstellen. Grün ist denn auch eine Farbe, die das moderne Quito überall belebt, während im Gedränge der Gäßchen der kolonialen Altstadt kaum Raum dafür ist. Hier herrscht Ziegelrot vor, aber in Valeurs, die von der Palette eines französischen Impressionisten stammen könnten; mehr Rots sind kaum vorstellbar.

Die Maschine ist gelandet, und man macht die ersten Schritte in einer Luft von märzhafter Frische, der man die Höhenlage anmerkt: Sie ist merkbar dünner,

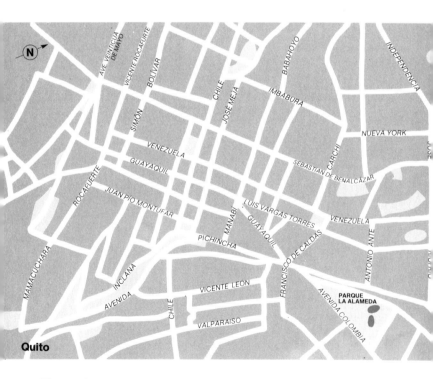

Atem und Kreislauf müssen sich erst darauf einstellen. Die 1 350 m mehr als der auf 1 500 m ausgelegte Luftdruck in der Flugzeugkabine sind nicht wegzuleugnen und lassen es ratsam sein, nicht gleich nach der Ankunft mit full speed die Stadt zu erforschen. Langsam angehen lassen, erst einmal ordentlich ausschlafen — das ist für europäische Touristen die Regel Nummer Eins.

Den ersten Überblick verschafft dann das vom *Cerro Panecillo* (»Semmelberg«) zu erlebende Panorama. Über seinen rund 180 m erhebt sich eine Engelstatue mit gestirnter Aureole, die mit beiden Beinen — wörtlich — auf der Erde steht: der Weltkugel, aus der heraus ein Tor zur Aussichtsgalerie führt. Damit niemandem ein Übel geschähe, hält die Gestalt den Drachen des Bösen fest an der Kette. Bezaubernd von hier der Blick auf die Altstadt und die Felsschlucht des Rio Machángara, von pittoresken alten Steinbrücken überspannt. Es ist erholsam, hier einfach einmal ziellos umherzubummeln, Farben und Formen, Winkel und Brücken auf sich wirken zu lassen wie das Alltagsleben der Quitenos.

Der »offizielle« Weg zu den Sehenswürdigkeiten beginnt an der *Plaza Independencia,* dem Memento für den Tag der Unabhängigkeit Ecuadors (1822 von Spanien, 1830 von Groß-Kolumbien). Hier in der *Kathedrale* (17. Jahrhundert), die nach dem schweren Beben von 1757 voll restauriert werden mußte, ruhen auch die sterblichen Überreste des Befreiers José Antonio de Sucre. Aus der »Schule von Quito« stammt die *Kreuzabnahme,* ein Gemälde des als Bildhauer bekannteren indianischen Künstlers Manuel Chili. Im Regierungspalast, *Palacio de Gobierno,* residiert der Präsident, *Rathaus* und *Erzbischöfliches Palais* (jüngst restauriert und unter den Füßen der Kurie im Parterre mit Luxus-Läden ausgestattet) sind weitere Akzente dieser Plaza Mayor. Die von hier ausstrahlenden vier alten Hauptstraßen der Stadt präsentieren Zeugen der Kolonialzeit: Paläste, die Adel und Geld entstehen ließen.

Vom Hauptportal der Kathedrale aus sieht man die *Calle Garcia Moreno,* an der das fraglos bedeutendste sakrale Bauwerk Südamerikas liegt: die Jesuitenkirche *La Compañia* aus dem 17. Jahrhundert. Die lebendige Barockfassade und Teile des Inneren stammen aus dem 18. Jahrhundert, Werke eines italienischen und eines deutschen Jesuiten. Barocke Pracht beherrscht auch das Innenleben — wer etwa wollte die Quadratmeter von Blattgold errechnen, das hier schmückend verwandt wurde? Der goldene Hauptaltar, zehn vergoldete Seitenaltäre . . . der unter den geschickten Händen zahlloser Künstler und Handwerker entstandene Prunk ist ein »Dorado« — geeignet, Gläubige vom hier gepredigten Wort abzulenken und Besucher neidvoll erblassen zu lassen: Gold und Silber in schier unerschöpflicher Menge zu wuchernden Formen aus ehrgeizigen Träumen verarbeitet. Auf zehn Millionen Dollar schätzt man den Wert jenes Marienbildes (»Muttergottes der Schmerzen«), das von Gold und Smaragden gefaßt ist und hier sein eigentliches Domizil besitzt. Doch lediglich an hohen Festtagen besucht die Madonna ihre Kirche, sonst bewohnt sie eine eher profane Stelle: den Tresor der Banco Central del Ecuador.
Zwölf Apostel-Statuen Chilis (um 1800) schmücken die Kirche des Klosters *San Francisco* (Plaza San Francisco bzw. Plaza Bolívar), 1534 gegründet. Zum Hauptportal der streng gegliederten aber im Kolonialstil dekorierten Spätrenaissance-Fassade (17. Jahrhundert) führt eine Freitreppe, auf die vom Platz her der flämische Franziskanermönch Jodoco Ricke blickt, einer der Väter der »Schule von Quito«, in der für die Indios eine frühe Form der Entwicklungshilfe praktiziert wurde: Von Ackerbau bis Kunst erstreckt sich der Stundenplan, und berühmte Indio-Künstler wie der pockennarbige (»Caspicara«) Manuel Chili oder Nicolás de Goribar und Miguel de Santiago belegen die Erfolge dieser Lehrtätigkeit. Ihre Werke sind in allen Kirchen Quitos zu finden. Das Innere von San Franciso läßt in Gemälden den Lebenslauf des heiligen Franziskus nacherleben, hat ein großartiges Chorgestühl, läßt Gold und Silber blitzen und lenkt den Blick nach oben zur schön ge-

schnitzten Decke im hispano-maurischen Mudejar-Stil des 15. Jahrhunderts.
Das Museum religiöser Kunst im Kloster San Francisco wird Sie nicht so fesseln wie die Sammlungen im 5. und 6. Geschoß (Lift) der *Banco Central del Ecuador* (Avenida 10 de Agosto; Dienstag bis Freitag 9.30—12.30 und 15.30—18 Uhr).
Hier wird an einzigartig ausdrucksvollen Stücken die Valdivia-Kultur deutlich, zeigt sich, wie die Kunst sich zu naturalistischer Nähe entwickelte und was Archäologen in den letzten Jahrzehnten ausgraben konnten, um Ecuadors Ruhm als frühester Kulturbringer des Kontinents zu beweisen. Eine Sammlung (es gibt deutschsprachige Führungen!), für deren Studium man Zeit mitbringen sollte, vor allem, wenn man auch auf die Zeugen der Kolonialgeschichte noch einen Blick werfen will.

Nach dem Sakralen: höchst Profanes

Mehr als einen Blick muß man dem dienstäglichen *Markt* an der *Avenida 24 de Mayo* gönnen, wenn man bei den dort angebotenen hand- und kunsthandwerklichen Arbeiten nicht gerade das Teuerste als Souvenir erstehen will. Im Gewiesel zwischen Obst-, Gemüse- und Souvenirständen auch sonst das Portemonnaie festzuhalten, ist empfehlenswert.
Sport-Fans werden sich vermutlich zurückhaltend zeigen bei den nur im Dezember stattfindenden *Stierkämpfen (Plaza Monumental)* und den *Pferderennen* von *La Carolina* oder den recht blutigen *Hahnenkämpfen* (am Ring trägt man besser Gummimäntel!) — aber das »Pelota de Guante« (das mit dem baskischen Pelota-Spiel Jai Alai nichts gemein hat) ist immerhin ganz interessant zu erleben: Mit einem zwanzigpfündigen Schläger wird der schwere Ball hin und her über das Netz geprügelt (am Wochenende im *Estadio Majía*).
Klick-Klick der Jetons zwischen zéro und trente et six ertönt dezent beim *Roulette* im »Hotel Quito Intercontinental«, und zumindest, wer ein paar Male auf Rouge oder Noir gewonnen hat, kann bei einem Drink in der *Dachbar* der siebten Etage den Blick über Land und auf den Sternenhimmel schweifen lassen. Wer es mit den Sternen genauer nimmt, hat in der klaren Luft über Quito eine gute Chance, der Venus näherzukommen: Das Teleskop im *Observatorium* des *Alameda-Parks* macht's möglich, wenn man sich am Nachmittag für diese astrale Night Show angemeldet hat.
Nach sonstigen Night and Floor Shows suchen Sie gar nicht erst. Der Aufwand entspricht in nichts dem Erfolg. Ihnen zum Tanz in einer der *Diskotheken* zu raten, riskiere ich nur mit Bedenken: Nicht ganz stabiler Kreislauf und Vorliebe für harte Getränke können sich bei Rock'n Roll in dieser Höhe höchst unliebsam auswirken...
In den Restaurants (oder Hotel-Restaurants) einer ecuadorianischen Küche zu begegnen, bleibt ein Glücksfall, man gibt sich international von chinesisch bis französisch und spanisch — und entgegen den Dinner-Gewohnheiten anderer lateinamerikanischer Länder ist die Küche hierorts oft schon um 22 Uhr geschlossen (... schließlich geht die Äquatorsonne ja auch um 18 Uhr schon unter!).

Falsches und Echtes in und um Quito

Apropos *Äquator:* Lassen Sie sich nicht enttäuschen, wenn man Ihnen hinter vorgehaltener Hand flüstert, das 25 km von Quito errichtete »Monumento de la Linea« stünde gar nicht auf der »Linie«. Die moderne Astronomie hat vor 30 Jahren

Am frühen Samstagmorgen beginnt auf 2350 m Andenhöhe in Otavalo der Markt der Indios

zwar errechnet, daß sich Charles de Contamine anno 1735 irrte (. . . quelle contamination de la science pure!), als er diesen Punkt bestimmte, in Wahrheit verliefe der Äquator acht Kilometer weiter südlich (. . . bei Cayambe weist das ein Minimahnmal in Globusform aus) — doch wen ficht das schon an: Eine Äquatortaufe findet hier ohnehin nicht statt und Diplome gibt's auch nicht.

Beim Versuch, einen echten *Schrumpfkopf* (»Tsantsa«) zu erstehen, dürfen Sie unbesorgt davon ausgehen, daß die angebotenen falsch sind. Auch die Preise machen das deutlich. Zum Vergleich: Ein Hamburger Raritätenhändler bot einen — echten — Schrumpfkopf jahrelang für DM 12 000,— an und ließ ihn gegen eine Mark besichtigen. . . die beim eventuellen Kauf angerechnet würde. Was Sie für geschrumpfte Affen- oder Zickleinköpfe in und um Quito zu zahlen haben, bewegt sich auf einer Höhe, die der eines Idiotenhügels gegenüber dem Chimborazo gleicht.

Echt nachgemachte Heilige aus Holz haben die Marter der winzigen Körnchen aus der Schrotflinte nicht nur gut überstanden, die Prozedur läßt sie erstaunlich altern und den Preis entsprechend steigen. Da sind Woll-*Ponchos* oder Wandteppiche, indianisch gemustert, solidere Mitbringsel — oder gar die fabelhaften Wollstoffe der hellbraunen Otavalo-Indios, die (rund 100 km nördlich Quito; Bus-Ausflüge) im 2 350 m hoch gelegenen 8 000-Seelen-Marktflecken *Otavalo* am Sonnabend Markt halten. Kein Markt für Siebenschläfer: Er beginnt um 7 Uhr und pflegt vom Besten schon zwei Stunden später befreit zu sein. Trotz fast lautlosen aber verbissenen

Ecuador **43**

Handelns von Verkäufern und Kunden. Die Spätaufsteher haben das Nachsehen und sind eher geneigt, in der »hurry« zuviel zu zahlen.
Gut nachgeahmt sind die Tanz- und Dämonenmasken, echt — aber leider nicht mitnehmbar — die Maskentänzer der »Fiesta del Yamor«, die Anfang September in *Laguna de San Pablo* stattfindet. Daß man hier gegen Juni-Ende auch eine Johannisnacht — gleich eine ganze Woche lang — feiert, läßt zwar auch an den namensgebundenen Heiligen denken, doch macht diese *Fiesta San Juan* reichliche Anleihen bei inkanischen Sonnenwend-Riten.

Die Braunen mit dem roten Haar

Geheimnisvolles beginnt 130 km westlich Quito, dort, wo sich der Rio Toachi durch Schluchten ins Sumpf- und Mangrovengebiet des Rio Guaillabamba windet. Hier, auf 500 m Höhe und in tropischem Regenwald, liegt *Santo Domingo de los Colorados*. Den Ort kan man vergessen (Excursionen laufen ihn an). Marktschreierisches gibt es auch anderswo. Doch in der Nähe, im Toachi-Tal, wohnen die Reste eines Indio-Stammes, der dem 25 000-Einwohner-Städtchen zu seinem Beinamen verhalf: los Colorados, die Bunten, die Gefärbten. Daß man einem dieser Männer, die aussehen, als trügen sie eine rote Reisemütze, noch zwischen Bars und Souvenirläden des Ortes begegnet, wird zunehmend unwahrscheinlicher. Die Penetranz kamerazückender Touristen läßt die friedfertigen, intelligenten »Wilden« den inzwischen vom Marktplatz zum Rummelplatz umfunktionierten Ort mehr und mehr meiden. Um ihnen zu begegnen, muß man sich schon auf den etwas beschwerlichen Weg zu ihren Quartieren machen. »Kontakter«, die ihn kennen, erfragt man, ist man ernsthaft interessiert, im Ort.
Jahrzehnte — nein, länger waren sie der Welt ein Rätsel, nachdem man sich zunächst überhaupt nicht um sie oder ihr Herkommen gekümmert hatte. Erst Ende der Fünfzigerjahre unseres Jahrhunderts verdichteten sich die Annahmen, es mit höchst außergewöhnlichen Emigranten zu tun zu haben, deren Vorfahren einst, ehe Pizarro einfiel, als hohe Inkabeamte von Cuzco ins inkanische Nordreich nach Quito versetzt wurden. Pizarros Überfall und der Tod des letzten Inka, Atahualpa (»mannhafter Hahn«), der 1533 in Cajamarca öffentlich erdrosselt wurde, ließ diese nun selbst gefährdeten Statthalter die Flucht suchen. Unmöglich unter den obwaltenden Verhältnissen, die 2 000 km-Reise nach Cuzco zu überstehen, Zuflucht mußte der Urwald bieten, der diesen Flüchtlingen und anderen quechua-sprachigen Stämmen neue Heimat wurde. Tarnung aber war auch für den Fluchtweg notwendig, die Spanier standen im Lande und wußten die durch weit hellere Hautfarbe als die der Waldindianer auffälligen Inkasprosse sehr wohl zu erkennen. So griffen die Flüchtenden nach den zinnoberroten Kernen der stacheligen Achiote-Frucht (Acinus rubens), rasierten sich den Hinterkopf kahl und schmierten Haut und Haar mit dem Rot der zerriebenen, fettigen, viereckigen Achiote-Kerne ein, das Haar mit der Hand zu Strähnen einer Art »Reisemütze« formend.
Die frauenlosen Ex-Beamten mußten im Urwald-Exil nun zusehen, wie sie zu Müttern für künftige Kinder kamen und fanden sie beim ebenfalls flüchtigen Capaya-Stamm, dessen Frauen wirkliche Schönheiten waren. Generationen später war dann das Erscheinungsbild der heutigen »Colorados« perfekt, deren männliche Stammesgenossen den alten Brauch des Achiote-Makeup, heute mehr ein aufwendiger Schmuck, beibehalten haben. Wie lange es diesen vom Aussterben bedrohten Stamm noch geben wird, ist ungewiß. Bereits um 1960 gab es nur noch etwa 500 Angehörige. Bei Licht besehen, teilen sie das Schicksal anderer südamerikanischer Indianerstämme: Zwar fielen sie der spanischen »Pazifizierung« nicht direkt zum Opfer, doch die Spätfolgen der Entwurzelung führen zu demselben Ziel.

Kurs auf die Küste

Eisenbahn-Fans mit stabilem Kreislauf werden sich ein Vergnügen daraus machen, schmalspurig von Quito zur Küste vorzustoßen. Man kann das seit 1908 unverändert über 460 km mit dem Triebwagen »Autoferro«, der die serpentinenreiche Strecke in zwölf Stunden bewältigt, wobei das Ratata-Ratata am Dienstag, Donnerstag und Sonnabend frühmorgens um 6 Uhr an den Endstationen *(Quito, Guayaquil)* beginnt. Marschverpflegung ist ebenso mitzubringen wie ein gesundes Herz, das die Achterbahnfahrt zwischen 3 609 m (Station *Urbina*) und dem Küstenziel (5 m über NN) ohne Mucken übersteht. Mit Essen und Trinken an den Unterwegsbahnhöfen ist es schwach, um so fantastischer aber sind die wechselnden Panoramen, die Sie manchen Meter Film kosten werden: Der Blick auf *Riobamba* (2 749 m) zu Füßen des rauchenden Vulkans *Sangay*, schwindelerregende Passagen längs und über Schluchten und handtuchschmale Brücken ins fruchtbare Tal des *Rio Guyas* . . . zwölf lange Stunden Unterricht in Landschaftskunde. So gegen 18 Uhr taucht dann *Durán* auf, das eine neue Brücke mit *Guayaquil* verbindet. Vergessen Sie alle eventuellen Pläne für den Rest des Abends, Ihr — vorbestelltes — Hotelbett schreit nach Ihnen! Höhenunterschied und Klimawechsel (der Golf von Guayaquil netzt mit seinem Wasser die feucht-heiße Küste; schon lange vorher beginnt in der Bahn ein dezentes Striptease) lassen auch den besten Kreislauf nicht unbeeinflußt. »Ich bin müde wie ein kleiner Hund« ist das meistzitierte Abschiedswort, wenn man auseinander geht.

Die heimliche Hauptstadt: Guayaquil

Vater und Mutter der Stadt — oder zumindest ihres Namens — sind der Kazike Quaya und seine Häuptlingsgattin Quila, und fast ist diese Tatsache die einzig aus der Historie verbliebene Denkwürdigkeit. Erdbeben machten tabula rasa mit Gebäuden, Korsaren empfanden die Stadt als bequemes und außerordentlich preiswertes Nachschublager, Feuer und Termiten fraßen sich durch die Holzwände, und so hat Guayaquil heute ein modernes Gesicht, wie es einer Hafen- und Industriestadt zukommt. Auch dann, wenn 50 km Revierfahrt sie vom offenen Meer trennen. Gegenüber dem Leben in Quito herrscht hier echt südliches Temperament: Bis in die Nacht hinein dröhnen die Bass-Töne der Bands und Boxen über die Straßen, die sich nur zögernd von gemütlich Bummelnden und lauthals Conversierenden leeren. Ruhe herrscht — und auch das nur mit Maßen — allenfalls auf dem Friedhof *Cementerio General,* der ob seiner Marmorphantasien *Ciudad blanca* benannt wurde, Weiße Stadt, und mit Pracht und Prunk (oder was immer man dafür hielt oder hält) durchaus einen Schlenker durch die Gräbergassen verdient.
Sonst war hier Ruhe eher ein Fremdwort — und die Entwicklung spiegelt mehr Hektik und Eifersucht wider, die als Motor Guayaquil gegenüber Quito mehr und mehr wirtschaftliche Bedeutung gewinnen ließen und es zum Rang einer heimlichen Metropole erhoben.
Daß Geschichte nicht ganz vergessen werde, wachen San Martín und Bolívar dort, wo die Flußpromenade am Rio Guayas, *Malecón Simón Bolívar,* auf die *Avenida 9 de Octubre* stößt: in der *Rotunda,* deren Kolonnaden wie eine Bastion in den Fluß gebaut wurden. Die »Oktober-Allee« führt zum Zentrum der Stadt, wo an der *Plaza Centenario* das hervorragende *Goldmuseum* in der *Casa de la Cultura* seine Schätze präsentiert.
Am Fuß des Hügels der heiligen Anna *(Cerro Santa Ana)* vermittelt die Altstadt noch ein wenig koloniales Fluidum, steht ein Relikt jener Zeit, die Kirche *Santo Domingo* von 1548, und verläuft die älteste Straße der Stadt mit dem klangvollen

Namen *Calle Numa Pompilio Llona,* die uns zweifeln läßt, ob ihr Namensgeber mit den ihm elterlicherseits oktroierten Vornamen sehr glücklich war. . .
Daß Hafenstädte, ob sie nun Hamburg, Rotterdam, Marseille oder Guayaquil heißen, hafennah ihre eigene Atmosphäre besitzen, wundert niemanden und ist den Seelords just nach der Mütze. Wer Nachholbedarf in Tropen-Strip hat: Hier ist er zu Hause.

Las Playas — die Strände

Der eine, kleine 100 km von Guayaquil gelegene, nennt sich schlicht mit dem Gattungsnamen: *Playas,* Strände. Als nächstgelegener Badeort sammelt er am Wochenende die meisten Gäste; dann wird es eng, am Strand wie im Spielkasino. Tagsüber kann man für einen halben Hunderter Motorboot, Crew und Angelzeug mieten, doch richtig zünftig und ein Schauspiel zugleich ist das Anlanden des Fanges, den die Berufsfischer am Nachmittag mit ihren Flößen aus Balsa-Holz bringen, begrüßt von den Schaulustigen, die oftmals gleich den fangfrischen Fisch ab Bord kaufen.
Der Badeort *Salinas,* 165 km westlich Guayaquil, einst kaum beachtetes Fischerdorf, hat sich hübsch herausgeputzt und rangiert in der Gästegunst obenan. Kasino und Bootsverleih auch hier, Strand und Wasser sind reinlicher als sonst an der Küste — und Sporttaucher haben hier ein Revier, von dem andere nur träumen.
Wer es zum Baden ruhiger haben will, hat noch über viele Kilometer Möglichkeiten, ob bei *Punta Carnero* mit seinen Bungalows oder in irgendeinem Fischernest an der Bahia. »Noch« muß man sagen; denn die Villen der upper ten sind überall im Vormarsch.

Am Rio Tomebamba: Cuenca

Air und Flair der Kolonialepoche haben sich im 2 600 m hoch gelegenen Cuenca am augenfälligsten bewahrt. Die 100 000-Seelen-Stadt mit den balkongeschmückten Bürgerhäusern, reizenden Kirchen und dem donnerstäglichen Indio-Markt beherbergt ausgerechnet in der Armenkirche *Maria Auxiliadora* einen der reichsten Goldschätze: Schmuckverzierte Goldbleche von beträchtlicher Dicke, ein wenig beiläufig gestapelt, die Indios ihrem Pater Carlo Crespi während vieljähriger, frommer Tätigkeit zum Präsent machten. Ihre Herkunft liegt im Dunkel verborgener Höhlen, über deren Lage kein Sterbenswörtchen verraten wird.
Die Kerb-Verzierungen der Platten geben andere Rätsel auf, geeignet, die Besucher zu verwirren und die Phantasie ausschweifend werden zu lassen: Woher, por Dios, kannten die Künstler Elefanten und Pyramiden, woher jene Schriftzeichen, die hier absolut ungebräuchlich waren? Versuchen Sie, falls Sie Gelegenheit erhalten, diese Schätze zu bewundern, hierfür keine Erklärung zu erhalten. Es gibt sie nicht. Wenn Sie zur Deutung die Erinnerung an Rassen untergegangener Erdteile oder aber extraterrestrische Invasoren annehmen wollen, bitte sehr.
Die Inka-Festung *Ingipirca* repräsentiert greifbarere Geschichte in zwei Stunden Entfernung von Cuenca, und wer einen Ausflug ins *Gualaceo-Tal* unternimmt, fühlt sich in die Kolonialepoche zurückversetzt.

Via Puyo in den Urwald

Vielleicht einer der aufregendsten Trips für Mitteleuropäer beginnt in *Ambato,* der Obst-, Blumen- und Marktstadt. Mit Ostkurs fahrend, gelangt man aus 2 570 m Höhe langsam immer tiefer hinab, passiert man die Thermalquellen von *Baños* (auch hier wurde der Gattungsbegriff zum Ortsnamen »Bäder«), das eine wundertätige Madonna in seiner Kirche verehrt. Dann wird der *Rio Pastaza* zum Ariadnefaden durch das feuchtheiße Tiefland bis *Puyo* auftaucht, 950 m hoch gelegen und heute Wirtschaftszentrum der Ostregion (Erdöl) mit Hotel und touristischem touch. Knappe 100 km weiter, in *Puerto Napo,* wird umgestiegen, schifft man sich auf Einbäumen ein, um den *Rio Napo* entlang durch dichten Urwald in Richtung Amazonas zu mäandern. *Santa Rosa* ist eine der Stationen und Absprungsort für den Besuch der Yumbo-Indianer. Ganz Wagemutige zieht es weiter zu den Jívaros, den Schrumpfkopf-Fans, die indessen — nach offizieller Version — friedlich geworden sind und diesem kopfverkleinernden Sport nicht mehr anhängen.

Ob so weit oder nicht so weit: Das Erlebnis des tropischen Regenwaldes (. . . für Asthmatiker kaum zu empfehlen!) ist schon hier im östlichen Ecuador eine bleibende Erinnerung.

GALÁPAGOS-INSELN
Archipiélago de Colón

Die Inseln in Stichworten:

Geographische Lage: Archipel mit 16 größeren Inseln (darunter: Isabela, Fernandina, Marchena, Pinta, Genovesa, Santa Cruz, Baltra, Santa María, Española und San Cristóbal) und zahlreichen kleinen Inseln um den Äquator und um 90° westlicher Länge.

Fläche: 7844 qkm.

Einwohner: ca. 6000.

Hauptort: Puerto Baquerizo Moreno auf San Cristóbal; Touristenzentrum Puerto Ayora auf Sta. Cruz.

Impfungen: Malaria-Vorbeugung angeraten.

Staatsform: Die Inseln sind Teil der Republik Ecuador.

Kleidung: Sonnen- und Regenschutz; festes Schuhwerk.

Klima: Angenehm, nicht zu heiß, nicht zu feucht, Wassertemperatur im September 20° (Humboldtstrom!), im März/April 27°.

Trinkwasser: Amöbengefahr. Höchstens abgekocht verwenden.

Verbindungen: Flüge Quito/Guayaquil–Baltra werktäglich, nach San Cristóbal 3mal wöchentlich. Bei Ankunft auf den Inseln sind 40 US-Dollar Nationalpark-Gebühr zu zahlen.

Zeitdifferenz: MEZ minus 7 Stunden (gegenüber Mitteleuropa wird die Uhr 7 Stunden zurückgestellt).

Schildkröten, Darwin und Ausgeflippte

Die Mühle braucht drei Stunden, um die knapp 1 000 km entfernten, etwa 3 Millionen Jahre alten Inseln der Schildkröten (»Galápagos«) anzufliegen und auf Baltra zu landen, inmitten eines Archipels, unter dem Äquator im Pazifik gelegen, der seinem Namen nach ein »friedlicher« Ozean sein sollte. Zumindest die Geschichte der Inseln weiß es besser. Von Frieden ist hier nicht die Rede gewesen, seit Bischof Tomás de Berlanga die Inselgruppe per Zufall auf einer Reise von Panamá nach Perú entdeckte. Das war im März 1535 — und auch die erste Messe, die er am pazifischen Strand zelebrierte, hat nicht verhindert, daß Korsaren, Meuterer, Walfänger, Händler über sie herfielen, sie zum Schlupfwinkel machten, zur Versorgungsstation für Raubzüge, zum Ausbeutungsobjekt. Das Pax vobiscum galt nicht den Schild-

kröten, den Suppen-, Schildpatt- und (mit ihren Eiern) vorgeblichen Aphrodisiaca-Lieferanten. Ein Bericht aus dem 17. Jahrhundert hält fest: »Die Schildkröten sind so zutraulich, daß man innert einer Stunde deren zwanzig erschlagen kann«. So ging es drei Jahrhunderte lang, als Spanien sich Herr der Inseln wähnte, und bis 1832, als Ecuador den Archipel annektierte und in Colón-Inseln umfirmierte.
Der erste ecuadorianische Gouverneur ließ dann die zweite Messe lesen und für ankommende Siedler Pferde, Schweine, Ziegen, Kühe, Hunde und Katzen (gefolgt von Ratten) aussetzen. Die Siedler kamen, ihre Zahl wurde mit Sträflingen kräftig aufgefüllt — und die Bewohner dezimierten sich durch Mord und Totschlag in Bälde selbst bis auf vierzig Mann, die weiter der Vermarktung der Schildkröte und des Färbermooses (»Orchilla«) oblagen. Was sich wie die Karnickel vermehrte, waren die ausgesetzten, weitgehend verwilderten Haustiere, denen es gelang, die Inseln mehr oder minder kahl zu fressen.
Ende des 19. Jahrhunderts treten geordnetere Verhältnisse ein, doch sie halten nicht vor. Der erste Weltkrieg erst bringt so etwas wie Frieden, die Inseln geraten in Vergessenheit. Dann, in den Dreißigerjahren, beginnt die erste Epoche der Robinsone, die hier, weltflüchtig, ein zweites Eden suchen. Nach dem zweiten Weltkrieg, der Seymur eine amerikanische Airforce-Basis (und beim Abzug Trümmer) beschert, bricht die zweite Aera der Robinsonaden herein: Ausgeflippte, Zivilisationsmüde, Naturapostel, Menschenfeinde... Skandinavien, Holland, Deutschland liefern den Nachschub. Für Santa Cruz und die anderen Inseln. Das geht so lange, bis die Regierung in Quito einen Stopper vor den Menschenimport und vor den Schildkröten-Export der Schmuggler setzt und sich die Naturwissenschaft darauf besinnt, daß der große Darwin anhand seiner Forschungen auf den Galápagos-Inseln anno 1835 seine Evolutionstheorie entwickelte, beflügelt von den Eindrücken, die eine schier urweltliche Fauna ihm hier zu bieten hatte. Hatte — muß man sagen; denn Fauna und Flora jener Tage sind nur noch in — fraglos faszinierenden — Resten vorhanden, die *Scalesia Darwinii* (ein Baum) ist ausgerottet, der flügellosen Krähe droht dieses Schicksal ebenso wie den Darwin-Finken, die mit ihren Schnäbeln intelligent Zweige abknicken und damit Insekten aus der Erde stökern. Oder dem Seehund der Galápagos, dessen Fell geliebt wird, dem Seelöwen, dessen Zähne gesucht sind. Das zarte Fleisch der bis zwei Meter langen und 30 cm dicken Leguane läßt auch sie vor Nachstellungen nicht sicher sein, und die pittoresken, 135 cm langen, bis 12 Kilo schweren, schwimmfähigen Meerechsen mit ihrem Schuppenkamm und den kleinen Pyramiden auf dem Kopf müssen wie der Drusenkopf *(Conolophus subcristatus,* eine Echsenart) als Repräsentanten einer ausgefallenen Spezies um ihre Existenz fürchten.

Auf Entdeckungstour

UNESCO und World Wildlife Fund bemühen sich, die letzten Urzeitzeugen zu schützen. 1959 wurde auf Santa Cruz für Wissenschaftler aus aller Welt eine Darwin-Forschungsstation gegründet. Jäger säubern die Insel von schadenbringendem Wildvieh, Polizeiboote der Regierung jagen Wilderern nach. Systematische Hege und Pflege wurden möglich, nachdem die Inselgruppe 1965 zum Nationalpark erklärt und damit privaten Eingriffen entzogen wurde. Spenden helfen dabei, doch man hofft auch auf das Geld der Touristen für die Rettung der Natur, obschon man deren Zahl weise begrenzt hat. Eine Art Generalstabsplan ist aufgestellt worden, der jedoch nicht nur stur den Schutz von Fauna und Flora in den Vordergrund stellt, sondern vernünftig berücksichtigt, daß diese Inseln auch für den Menschen da sind und ihm Einblicke in ökologische Zusammenhänge vermitteln können, die hier historisch wie aktuell offen zutage liegen.

Der Drusenkopf, eine Landechse auf den Galápagos-Inseln, erinnert an bizarre Gestalten der Urzeit-Fauna

Die Beschränkung der Touristenzahl auf 12 000 pro anno scheint gut errechnet: Noch ist dieses Limit nicht erreicht worden. Organisierte Reisen, deren Veranstalter eine Spezial-Lizenz besitzen, sind trotz wachsenden Interesses bislang noch unter der 10 000-Marke geblieben. Dazu trägt auch die Quartierfrage bei: Nur zwei kleine Hotelchen sind verfügbar und die vor Progreso und Baquerizo Anker werfenden »schwimmenden Hotels« mit ihren Schiffskabinen. Von hier aus starten die Landausflüge, von wissenschaftlichen und sprachkundigen Führern geleitet und Ordnungsbeamten begleitet. Auf einigen Inseln dürfen nur ein Dutzend Lernbegierige zu einer Excursionsgruppe gehören, überall aber haben sich diese Liebhaberexpeditionen an die vorgesehenen Lehrpfade zu halten und erhalten (man wünschte, das gäbe es auch anderswo!) einen »conservation bag«, einen Plastiksack für alle eventuellen Abfälle von der Kippe bis zur Cola-Büchse.

So wenig wie hier etwas hinterlassen werden darf, darf etwas entfernt werden, doch trotz aller Reglementierung im Interesse des Naturschutzes bleibt das Erlebnis Galápagos-Inseln einzigartig vom ersten Augenblick an, wo — schon bei der Landung — eine Crew junger Seelöwen anrobbt, um festzustellen, ob denn diese Ankömmlinge sich nicht vielleicht als Spielgefährten einspannen lassen.

Die Landschaft mit den dunklen Lava-Felsen und ihren zahlreichen Kakteen-Arten ist bizarr, die blauen, mangrovengesäumten Lagunen machen verständlich, daß die Inselentdecker einst von »Las Encantadas«, den »Verzauberten« sprachen. Die rhythmische Begleitmusik zum faszinierenden optischen Eindruck liefern die scheuen, karminroten, großen Krabben, die — mit beachtlichen Scheren ausgestattet — über den felsigen Boden dahinklappern.

Fünfzehn verschiedene Arten von Schildkröten kann man begegnen, unter ihnen dem »galápago«, der bis zu zwei Zentner schweren und bis zu 400 Jahre alt werdenden *Testudo gigantea*. Man trifft den plattfüßigen Kormoran, der nicht grade eine Beauty der Tierwelt ist und dessen Flügel hier zu Stummeln verkümmerten, weil er es hier nicht nötig hat, sich Feinden durch schnellen Start in die Lüfte zu entziehen. Die putzigen Herren im Frack, die Pinguine, sind hier besonders klein ausgefallen, aber neugierig wie im Eis der Antarktis — und wenn Sie einen Land-Leguan (die kleinen »Drachen« gibt es auch im inselumgebenden Wasser zur Freude der Tauchsportler) zu einem Annäherungsversuch ermuntern wollen, dann, Mesdames, kleiden Sie sich gelb für den Ausflug und lassen Sie sich auf besonntem Felsen nieder: Sehr bald wird eines der meterlangen Tiere, die sich von den zitronengelben Blüten der Opuntien ernähren, Sie harmlos-freundlich ansteuern und überrascht sein, daß diese Blume so ganz anders ist. . .

Die Galápagos-Inseln, die verzauberten, sind immer noch gut für ein bezauberndes Abenteuer und durch die Bemühungen von Biologen und Zoologen bei Hege, Schutz und Aufzucht der urtümlichen, inselspezifischen Arten ein Erlebnisfeld, das auch Laien gefangennimmt.

Zwei katastrophale Ereignisse der achtziger Jahre hätten dem insularen Eden fast den Garaus gemacht, und das, obwohl ausnahmsweise einmal nicht der oft so unweise handelnde Homo sapiens die Hand im Spiel hatte. Zunächst hielt 1983 sich der von Norden kommende, warme Meeresstrom »El Niño« nicht an seinen Fahrplan, sondern erschien früher, um den kalten Humboldtstrom im zeitlichen Regiment abzulösen, erwärmte das Wasser zur Unzeit um 5 Grad und ließ statt der üblichen Jahresmenge von 350 mm schon bis August 3500 mm Regen fallen, der das Ökosystem auf und um die Inseln störte und ganze Teile der Inseln wie Tierfriedhöfe aussehen ließ. Dann folgte im Frühjahr 1985 eine Brandkatastrophe auf der Insel Isabela: Nach einem Ausbruch des Vulkans Sierra Negra machte ein glühender Lavastrom den Wald der Insel zur Flammenhölle, die wochenlang nicht zu besänftigen war und die Tierwelt erneut in Gefahr brachte.

Nun, trotz großer Verluste: Sie sind noch einmal davongekommen, diese naturkundlichen Reservate, und wenn der Mensch sich ihnen nähert, wie es von ihm erwartet wird, werden sie weiterbestehen. Ein Brand im Farmland von San Cristóbal allerdings, zu gleicher Zeit durch menschlichen Leichtsinn entstanden und ebenfalls lange vergeblich bekämpft, läßt nicht gerade hoffen, obschon man touristische Ankömmlinge zunächst einmal mit gedruckten 15 Geboten für den Kurzaufenthalt empfängt. Kurz nämlich sind diese Aufenthalte in aller Regel: Sie setzen sich aus regelrechten Kreuz- (und Quer-) Fahrten zusammen, die bei den Landausflügen z. B. auf Sta. Cruz den Opuntien-Forst und die Darwin-Finken begrüßen lassen, auf Bartolomé die faszinierende Mondlandschaft, auf Floreana die alte Walfängersiedlung, auf Española Meerleguane, auf Isabella den malerischen Kratersee, auf Santiago Pelzrobben und Seelöwen. Ein buntes Bild – auch beim flüchtigen Besuch.

KOLUMBIEN
República de Colombia

Die Indios nennen sich Chibcha Cogui, »Leute des Jaguars«, und sind der festen Meinung, ihre Ahnen seien Jaguare gewesen. In ihren Märchen erzählen sie vom greisen, bärtigen Weisen Bochica, der seine schöne, aber böse Begleiterin Chia verjagte, weil sie durch Zauberkünste den Fluß Funzha das Tal von Bogotá überfluten und viele Menschen ertrinken ließ. Die Vertriebene wurde zum Mond, der von da an die Erde nächtens beleuchtete. Bochica aber führte den Sonnenkult ein, zerbrach mit starker Hand die Felsen, um das Tal wieder trockenzulegen, und ließ die Wasser des Funzha-Sees über den Tequendama-Fall verströmen. Er ernannte ein geistliches und ein weltliches Oberhaupt und zog sich nach diesem Werk ins heilige Tal von Iraca zurück, um dort noch 2 000 Jahre zu leben.

In Kolumbien darf man so ziemlich alles glauben, was man möchte. Es ist ein erstaunlich liberales Land, auch wenn es bemüht ist, Ordnung zu halten. Das gelingt nicht immer, und so sehen Pessimisten den Tag kommen, an dem vielleicht doch das Militär nach der Macht greift. Zur Crème der Gesellschaft gehören die Uniformträger nicht. Das sind die Spätnachfahren der Spanier, die upper ten, die Tradition und Etikette hochhalten wie die Fahne des Befreiers Simón Bolívar. Es sind geschmackvoll wohnende und sich kleidende, belesene Menschen, die das Laute hassen und ein wenig wie unter einem Glassturz leben, gegen den die so ganz anders agierende Umwelt mit ihrem verwerflichen Tun anbrandet. Korruption, Schmuggel, Kokain-Mafia . . . das sind in diesem Gehege Fremdworte. Man nimmt sie nicht zur Kenntnis, es sei denn, die Mafia zwingt dazu. Mord ist billig.

Dabei ist Kolumbien der Kokain-Kocher des Kontinents. Über das »Medellín-Kartell« werden 80 Prozent des USA-Marktbedarfs geliefert (ca. 8 Mrd. US-Dollar). Wer sich dagegen auflehnt, riskiert Freiheit und Leben, und das wissen auch die Väter des Anti-Terror-Gesetzes von 1988, das gegen den illegalen Drogenhandel und dessen militante Begleiterscheinungen erlassen wurde. Die Anbaugebiete des Coca-Strauchs liegen im Süden, die Lieferkette für den Rohstoff folgt der Andenkette. Bolivien und Perú gelten als Nachschub-Basis.

Es gibt erfreulichere Ausfuhrprodukte: Kolumbiens Kaffee aus den bis 2 000 m hoch gelegenen Plantagen ist weltberühmt, Bananen, Erdöl, Gold, Silber und Smaragde haben einen guten Markt.

Die landschaftliche Vielfalt von Gebirge, Seen, Urwald, Steppe und ständereicher Küste zieht in zunehmendem Maße Touristen an. Von dem runden Dreivierteldert Bürgerkriegen, die das Land in den letzten anderthalb Jahrhunderten durchzustehen hatte (der letzte tobte 1948, der nächste. . .), merken die Sonnenanbeter an den Stränden von Santa Marta und Cartagena nichts. Politik wird anderswo gemacht, und nicht immer nur im Lande selbst, das 1978 dem Amazonas-Vertrag der Stromanlieger beitrat.

Einen Vertrag mit der Unterwelt der Colombianos abschließen zu wollen, geht über die Kräfte eines Touristen. Das gelingt eventuell hier und da einem Einheimischen, wenn er tief genug in die Tasche greift. Den Reisenden greift man in die Tasche und nach der Tasche, wobei Rasiermesser gute Dienste leisten. Der vorzüglichen Organisation der Banden und einzelner Umverteiler des Vermögens sollte sich niemand überlegen fühlen. Wer Schmuck und unnötig viel Geld bei sich trägt, wird rasch eines Besseren belehrt. . . auch von zahlreichen Taxi-Piraten am Flughafen.

Das Land in Stichworten

Geographische Lage: 12°31′ Nordbreite–4°13′ Südbreite, 66°51′–79°21′ westlicher Länge. Entfernung Frankfurt–Bogotá: 10 140 km.

Fläche: 1 138 914 qkm (viereinhalbmal so groß wie die Bundesrepublik).

Einwohner: 29 730 000; 21,6 je qkm.

Hauptstadt: Bogotá, 3 960 000 Einwohner.

Staatsform: Präsidiale Republik mit Parlament aus zwei Kammern (»Cámara de Representantes« und »Senado«). 23 Departamentos, 4 Intendencias, 5 Comisarías.

Nationalflagge: (doppelt breit) Gelb, Blau, Rot, waagerechte Streifen.

Städte: Medellín 2,07 Mill., Cali 1,39 Mill., Baranquilla 1,12 Mill. Einwohner. 18 Städte mit jeweils über 100 000 Einwohnern. 67 % städtische Bevölkerung.

Bevölkerung: 48 % Mestizen, 20 % Weiße (spanischer Herkunft), 20 % Mulatten, 7 % Indianer, 5 % Neger.

Religion: 95 % römisch-katholisch, 100 000 Protestanten, 12 000 Juden.

Landessprache: Spanisch. Daneben Chibcha u. a. indianische Idiome.

Zeitdifferenz: MEZ minus 6 Stunden. Gegenüber Bern, Bonn und Wien wird die Uhr 6 Stunden zurückgestellt.

Wichtiges von A bis Z

Anreise: Flugverbindungen zum Flughafen von Bogotá (»El Dorado«, 14 km zur Stadt, Taxi) fünfmal wöchentlich direkt mit Frankfurt, daneben mit Paris. Flughafengebühr wird für Ausland- und Inlandflüge erhoben.
Inlandflüge zu 23 Flughäfen mit guter Flugplandichte; insgesamt werden (Lufttaxi) 430 Flugplätze angeflogen, von denen 91 für Verkehrsflugzeuge geeignet sind. Platzreservierung dringend (2 Tage vorher) angeraten. Ausländer können bei der Fluggesellschaft AVIANCA preiswert einen 30-Tage-Flugschein (»Plan Conoza Colombia«) erwerben, mit dem jede Stadt allerdings nur einmal angeflogen werden darf (im Ausland zu kaufen).

Diplomatische Verbindungen: Deutsche Botschaft (Embajada Alemana), Cra. 4 No.72–35, Bogotá, Tel. (005 71) 2 12 05 11. Konsulate und Honorarkonsulate in Barranquilla, Bucaramanga, Cali, Cartagena, Cúcate, Manizales, Medellín.
Schweizerische Botschaft: Carrera 9a, No. 74–08, Bogotá, Tel. 2 55 39 45.
Österreichische Botschaft: Carrera 11, No. 75–29, Bogotá, Tel. 2 35 66 28.

Feiertage: 1. und 6. Januar, 19. März, Gründonnerstag, Karfreitag, Himmelfahrt, Fronleichnam, 29. Juni, 20 Juli (Nationalfeiertag), 12. Oktober, 1. und 11. November, 8., 25., 26. Dezember.

Gewichte: Metrisches System.

Informationen: Avianca, La Línea Aérea Colombiana, Poststr. 2–4, 6000 Frankfurt 1, Tel. (069) 23 02 31.

Impfungen: Eine Gelbfieberimpfung wird dringend empfohlen für den Südwesten des Landes und das Amazonasgebiet. Malariaschutz dringend angeraten für alle Gebiete unter 1500 m Höhenlage (Chloroquin-Resistenz vermutet). Keine Gefahr im Departemento Bogotá und in den Stadtgebieten sowie auf den Inseln San Andrés und Providencia.

Klima: Drei Klimazonen (tropisch): heiße Zone bis 1000 m mit 23–30° C im Jahresmittel; gemäßigte Zone bis 2000 m mit 20–23° C; kühle Zone bis 2800 m (mit Bogotá): 13–17° C.
Die Städte an der Golf- und Pazifikküste haben gleichbleibendes Klima mit 28° C und hoher Luftfeuchtigkeit. Medellín und Cali mit 20° C sehr angenehm. Große Hitze im Osten des Llano-Gebietes.
Hauptregenzeit: April und Oktober bis Anfang Dezember; im tropischen Regenwald November bis März.
In Bogotá ist mit Regen immer zu rechnen; am wenigsten im Januar und Februar. Beste Reisezeit: Dezember bis März (Schulferien in Kolumbien!)
Auf förmliche Kleidung wird in den Städten betont Wert gelegt. Leichte Kleidung (in den Höhengebieten: Wollsachen, Mantel), Regenschutz, feste Schuhe, Sonnenbrille!

Kriminalität: In den Städten große Diebstahlgefahr, vor allem durch Jugendliche. Bei Dunkelheit nur in Gruppen ausgehen, keinen wertvollen Schmuck und nur wenig Geld spazierentragen.

Maße: Metrisches System.

Öffnungszeiten: Banken Mo–Fr 9–15 Uhr, Ultimo 9–12 Uhr; Läden 9–12 und 14–19 Uhr.

Reisepapiere: Bis zu 3 Monaten Aufenthalt nur Reisepaß. Besucher müssen bei Einreise im Besitz von mindestens 20 US-Dollar (oder Gegenwert) pro Tag des Aufenthalts sein und Weiter- oder Rückreise-Dokumente vorweisen können.

Stromspannung: Vorwiegend 110 Volt; amerik. Blattstecker.

Trinkgelder: 10 % sind üblich.

Trinkwasser: Wassertrinken möglichst ganz vermeiden (Amöbengefahr). Benutzen Sie Mineralwasser.

Verkehr: (Schmalspur-)Eisenbahnen vorhanden, aber für Personenverkehr kaum genutzt. Das Straßennetz ist durchgehend befahrbar, z. T. nicht asphaltiert, Rechtsverkehr.
Überlandbusse: Vorausbuchung empfohlen; dichter Fahrplan. Keine Fernbusse z. B. für Bogotá – Barranquila. Man fliegt eben . . .
Regelmäßige Dampferverbindungen auf dem Amazonas von Leticia nach Manaus/Belem in Brasilien (18 Tage).

Währung: 1 kolumbianischer Peso (kol.$) = 100 centavos (c), 1 DM = ca. 195,54 kol.$. Hohe Inflationsrate.

Landeswährung bei Einreise und Ausreise bis 500 kol.$ erlaubt.
Fremdwährung beliebig, aber deklarieren. Bei Ausreise nicht mehr als bei Einreise (abzüglich umgetauschte Beträge; Belege aufbewahren) gestattet.

Zoll: Gebrauchsgegenstände frei, ebenso 1 Fotoapparat, 1 Filmkamera, 1 Fernglas, 1 Kofferradio. Wertvolle Gegenstände besser bei Einreise deklarieren!
Erlaubt ferner: 200 Zigaretten oder 50 Zigarren oder 250 g Tabak, 2 l alkoholische Getränke.

Der heilige Glaube vom hohen Acker: Bogotá

Bogotá, 2 645 m hoch gelegen und eigener Distrikt mit rund vier Millionen Einwohnern, hieß ursprünglich Santa Fé, »Heiliger Glaube«, und hatte mit dem spanischen Eroberer Quezada ihren eigenen Taufpaten (1538). Dank der intensiven Glaubensverbreitung durch die Spanier gab es Santa-Fé-Gründungen aber allerorten; so daß es allgemach zum Problem wurde, die Zeugen spanisch-christlicher Glaubensstärke auseinanderzuhalten. Da entsann man sich des alten Chibcha-Wortes *bacatá,* das dem höchstgelegenen Acker zukam und indianischer Name dieses später *La Sabana* genannten Hochplateaus war, und fand Santa Fé de Bogotá als passendes Identifikationsmerkmal. Nun ist christkatholischer Glaube zwar auch heute noch die Staatsreligion Kolumbiens, doch den Namen befand man schließlich ein Weniges zu lang für den täglichen Gebrauch und strich ihm nach Abzug der

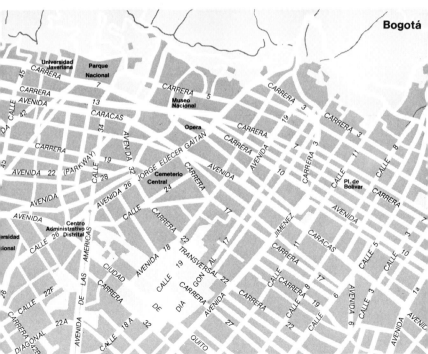

Kolumbien **53**

Spanier den heiligen Glauben auf der Visitenkarte. Am Bild der Stadt als einer der spanischsten Kolonialstädte änderte das nichts. Das taten allenfalls spätere Additionen von Hochhaustürmen, doch auch ihnen fällt es schwer, Bogotás Charakter zu verfälschen.

Ebensowenig gelingt es den wenigen Straßennamen, das System der Straßennumerierung zu durchlöchern, das Neuankömmlingen anfangs etwas Beschwer bereitet, wenn sie etwa das Touristikbüro mit der Adresse Cll 19 No. 6—68 suchen. »Cll« als Calle = Straße zu identifizieren, ist nicht problematisch. Die Calle 1 dividiert die Stadt in den Nord-Teil (Norte) und Süd-Teil (Sur) und verläuft wie alle Calles ostwestlich. Ab hier zählt man die Straßen, die rechtwinklig von den Carreras (»Cra«) in Nord-Süd-Richtung geschnitten werden. Das Adressen-Puzzle löst sich nun folgendermaßen: Haus No. 68 in der Calle 19, im Geviert westlich der Carrera 6. Kompliziert? Na ja, ein bißchen schon . . . aber nutzen Sie die notwenige Erholungszeit nach der Ankunft im Hotel (die Höhenlage Bogotás macht sich bemerkbar!) für das Studium des Stadtplans und die Planung, welchen Sehenswürdigkeiten der Stadt Sie einen Besuch machen wollen.

Man kann dazu im Zentrum der Stadt beginnen, an der *Plaza de Bolívar* mit dem Denkmal des Befreiers, dessen Landhaus *(Quinta de Bolívar)* am Fuß des Montserrate-Hügels liegt und besichtigt werden kann (Di—So, 10—18 Uhr). Im Mittelpunkt der Stadt präsentieren sich denn auch gleich eine Anzahl bemerkenswerter Gebäude: Der Nationalkongress tagt im *Capitolio Nacional,* das Rathaus *(Alcudia)* ist hier gelegen, und vor allem zieht die majestätische *Kathedrale* den Blick auf ihre klassizistische Fassade (1823 vollendet, wo 1538 ein bescheidener Vorläufer die Gläubigen zum Gebet lud). Hier, in der Kapelle der Heiligen Elisabeth von Ungarn, ruht neben dem Stadtgründer Quezada auch Kolumbiens Maler Nummer 1, Gregorio Vásquez de Arce y Ceballos. Seinen Gemälden begegnet man hier und in der neben der Kathedrale gelegenen *Capilla de Sagrario,* deren Säulen Sie ein wenig genauer betrachten sollten: Sie sehen richtig, sie sind mit Türkisen geschmückt. Das älteste Gotteshaus der Stadt heißt *La Concepción* (die Empfängnis), entstammt dem 16. Jahrhundert, liegt hinter der Alcudia und besticht mit einer Decke im spanisch-maurischen Mudejar-Stil. Im *Palacio de San Carlos* (16. Jh., hinter der Kathedrale) residierte einst Bolívar und residiert heute der Staatspräsident, der seine Gäste in einer imposanten Halle empfängt. Um 17 Uhr wird es vor dem Palast mächtig zackig: Wachablösung.

Vergessen Sie über diesen Bauten aber nicht, auch der kolonialspanischen Architektur der Bürgerhäuser aus dem 17. und 18. Jahrhundert mehr als einen Blick zu schenken. Sie geben diesem Viertel mit seinen engen, lebensdurchpulsten Gassen das unverkennbare spanische Gepräge.

Von den Kämpfen um die Unabhängigkeit von Spanien berichten die Dokumente und Sammlungen im *Museo 20 de Julio* in der *Casa del Florero* (Calle 11, No. 6—86). »Florero« heißt Blumenvase, und eine solche ist hier nicht nur als historisch-profane Reliquie zu sehen, sie hat gewissermaßen auch Revolutionsgeschichte gemacht, weil zwei Patrioten sich weigerten, sie zum Empfang des spanischen Vizekönigs herzugeben. Daraus ergab sich eine solide Prügelei, die nun wieder der Auftakt war, gegen die Besatzer gründlich vom Leder zu ziehen. So geschehen anno 1810. Vasenliebhaber können das gute Stück Dienstag bis Sonnabend von 10 bis 18 Uhr, feiertags von 10 bis 14 Uhr in Augenschein nehmen.

Zwei Jahre später, 1812, ernannte man den Christus der Kirche *San Agustín* (die, etwas protzig, 1637 geweiht wurde) zum Generalissimus, ein in spanischen Landen nicht ungewöhnlicher Vorgang. Beim Besuch der Kirche stramm zu salutieren, heißt allerdings den militärischen Rang überzubewerten.

Vásquez-Gemälde und eine prunkvolle Monstranz, an der Sie das »Grünfeuer« der

54 Kolumbien

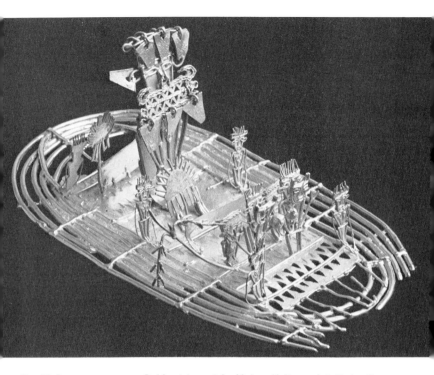

Das Floß aus gegossenem Gold entstammt der Muisca-Kultur und stellt eine Szene der Zeremonie des Hombre Dorado dar

Smaragde aus der Mine von Muzo blitzen sehen können, birgt die Jesuitenkirche *San Ignacio* (von 1604), die Sie zu Recht an Il Gesú in Rom erinnert.
Daneben (Carrera 6 a, No. 9—77) das *Museo del Arte Colonial* (Di—Sbd 10—12.30 und 15—18 Uhr, sonntags 9—12 Uhr) in einem Gebäude aus dem beginnenden 17. Jahrhundert. Die Inschrift »Sapientia Edificavit Sibi Domum« (»Das Wissen baute sich dies Haus«) erinnert daran, daß dieses Haus als Sitz der — privaten — Universidad Javeriana erbaut wurde. Das Ausstellungsgut dokumentiert die Zeit von 1550—1820, und natürlich sind Vásquez-Gemälde auch hier zu finden.
Ein Dorado (fast wörtlich) für Numismatiker ist die *Casa de la Moneda* (Calle 11, No. 4—93), einst staatliche Münze, jetzt mit beachtlichen Schätzen und reich an Informationen als Museum Montag bis Freitag von 8 bis 16 Uhr geöffnet.
An der Carrera 7 und der Avenida Jiménez wartet eine Kirchen-Schönheit auf Ihren Besuch: *San Francisco,* kurz nach der spanischen Eroberung erbaut. Ihren einzigartigen Schatz erhielt sie 1622: den sieben Meter hohen, voll vergoldeten Altar im Plateresken-Stil (nach Art der Silberschmiede), der den Mudejar-Stil um Spätgotische und Renaissance-Elemente bereicherte. Die Mudejar-Decke ist bemerkenswert wie die Gemälde von Vásquez und Figueroa. Ein weiterer höchst wertvoller Altar ist in der Franziskanerkirche *La Tercera* zu finden, phantastisch geschnitzt aus Eichen- und Zedernholz.
Wenn Sie zu Ostern der großen Prozession begegnen und den mitgeführten, wundertätigen Silber-Schildpatt-Schrein bewundern, so können Sie ihm zu seinem Do-

mizil folgen: der Kirche *La Vera Cruz* von 1904, die seit 1910 zugleich als »Pantéon Nacional» und »Iglesia de la República« Ruhestätte der Unabhängigkeitskämpfer ist und einen schönen Barockaltar besitzt.

Zur Bank der Republik gehört, am Parque Santander gelegenen (Calle 16, No. 5—41), das weltberühmte *Museo del Oro* (Di—Sbd. 9—17 Uhr, So 10—14 Uhr). Das zu zahlende Eintrittsgeld kommt karitativen Vorhaben zugute.

Wer noch Zweifel hatte, daß Kolumbien die Tierra del Oro, das märchenhafte Goldland ist, dem werden sie hier zerstreut: 8 000 indianische Goldarbeiten (und diese von der Bank geretteten Stücke dürften ein Bruchteil dessen sein, was wegen seines »Metallwertes« von privater Hand in zweieinhalb Jahrhunderten eingeschmolzen wurde!) zeugen dafür. Die Pracht ist umwerfend, die Bearbeitung von Gold und Smaragden — immerhin vor einem knappen halben Jahrtausend — bewunderungswürdig. Es ist schwer, sich von den Schätzen zu trennen, von Schmuck und Waffen, Kultrequisiten, Masken und Gefäßen, deren wertvollste Repräsentanten im Obergeschoß, im Tressorraum zu besichtigen sind.

Vielleicht nicht das wertvollste, gewiß aber eines der interessantesten Stücke ist »Balsa Muisca«, das Floß der Chibcha-Muisca, aus Golddraht und Goldplatten gebaut. Man fand es in der Lagune von Guatavita. Es ist nur 183 Millimeter groß, bei dieser minimalen Größe mit allen Einzelheiten — etwa der Crew — fabelhaft gearbeitet und stellt mit hoher Wahrscheinlichkeit jenes Schilffloß dar, das den sagenhaften *Hombre Dorado (El Dorado* heißt nichts anderes als »Der Goldene«) bei seiner Inthronisation als Kaziken (König) von Guatavita auf die Lagune hinausfuhr. Dort opferte der König dem heiligen See und den Göttern Schmuck und Goldgerät, ehe er selbst, in Öl und Goldstaub »gekleidet«, ins Wasser sprang und dort den Goldstaub als letztes Opfer abbadete. Flöte spielende und Räucherwerk verbrennende Häuptlinge und Priester begleiteten ihn auf dem Floß, und die ganze Zeremonie dürfte der Rohstoff jener Sage sein, die schon die beutelüsternen spanischen Invasoren nach »Eldorado« suchen ließ, worunter sie und spätere Zeiten ein Goldland verstanden. Einige Schlauberger allerdings gingen den Spuren der Überlieferung nach und bemühten sich, den Spiegel des heiligen Sees Guatavita abzusenken und in langer Kette den Schlamm nach Schätzen zu durchwühlen. Sie wurden auch fündig, vor allem die 8 000 Mann, mit denen der Spanier Antonio de Sepulveda Ende des 16. Jahrhunderts die Bergung in schier industriellem Maßstab anging, doch Erosion und der in der Sonne steinharte Schlamm machten den ganz großen Coup immer wieder unmöglich. Heute wacht Vater Staat über dem Gebiet, Solo-Touren sind unmöglich gemacht, aber vielleicht wird eines schönen Tages der Finanzminister zum Sturm auf den Seeboden blasen und — ebenso vielleicht — Erfolg für die Staatskasse haben. Sollte bis dahin Korruption wirklich zum Fremdwort geworden sein, mag der Welt ein Feuerwerk aus Gold und Smaragden präsentiert werden.

Das grüne Feuer strahlt für die Welt

Das es in Kolumbien jemals bedeutendere Goldminen gegeben hat, ist unwahrscheinlich. Das Gold, das hier so perfekt verarbeitet wurde, war bei Nachbarn eingetauscht — gegen Smaragde. Davon aber hatten schon die »Leute des Jaguar« vorspanischer Zeiten reichlich in den Minen von Chivor gefunden, wo sie in einer Qualität gebrochen wurden, die in ihrem feurigen Grün vieler Valeurs weltweit einsame Spitze war. Kein Wunder, daß die spanischen Conquistadoren versessen auf soviel Schönheit waren, nachdem Quezada (und das ist uns datengenau überliefert) am 12. März 1537 erstmals Proben dieses Edelsteins sah, der in seiner chemischen Zusammensetzung so enttäuschend simpel erscheint: Berylliumoxid, Aluminiumoxid, Siliziumdioxid und eine Spur von Chrom. . . Worüber sich die Spanier gewiß

keine Gedanken machten, als sie der Spur der Steine zu ihrem Fundort folgten: bei einem V-förmigen, von zwei Bergen der Kordillere gebildeten Einschnitt, durch den man »nach Osten hin die Ebenen (Llanos) sehen konnte«.
Bis auf permanentes Drängen des Papstes Clemens X. sich Carlos II. von Spanien anno 1675 entschloß, die Mine schließen zu lassen, wurden hier in den Stollen unter Aufsicht Indios verheizt, die, bis sie umfielen, für ihre mageren Tagesrationen mit Eisenstangen Gestein brachen, um den Smaragdhunger der Besatzer zu stillen.
Erst dreieinhalb Jahrhunderte später, 1896, gelingt es dem kolumbischen Bergbau-Ingenieur Francisco Restrepo, anhand der lückenhaften alten Beschreibung die Mine wiederzufinden, und nun beginnt hier — auf inzwischen privatem Gebiet — erneut der Abbau, während mit gleicher Intensität die staatlichen Minen von Muzo und Coscuez ausgebeutet werden. Karawanen bringen die Rohsteine nach Bogotá — kein leichter Weg über die Kordillere! —, und rund 20 000 Schleifer geben ihnen dort den Schliff, der ihnen das »Grüne Feuer« verleiht, das die Konkurrenz andernorts in dieser Reinheit nicht aufweisen kann. 90% der Weltproduktion an Smaragden stammen aus Kolumbien, sind überall begehrt, lassen sich in Bogotá z.B. in Edificio Bavaria, Carrera 10, No. 28—49 (W.F. Bronkie Cia) bewundern und — bei der Qualität entsprechenden Investitionen — geschmackvoll gefaßt erstehen.

Museales und Genüßliches

. . . womit wir wieder in der Landeshauptstadt sind. Dort Mineralien auch museal zu begegnen, ist möglich im *Museo de Minerales* (einer Ausstellung des Instituto Geofisico de los Andes Colombianes, Mo—Fr 7.30 bis 12 und 14—17 Uhr), gelegen an der Carrera 7 a, No. 40—42. Ein naturwissenschaftliches Museum birgt die Universidad Nacional, Historie Kolumbiens wird lebendig im *Museo Nacional* (Di—Sbd 9—17, So 10—17 Uhr; Cra 7 a, No. 28—66) — und über ein Dutzend weitere Museen informiert Sie »Bogotá internacional«, ein Heft, das Sie — vielleicht sogar aktuell — an der Reception Ihres Hotels finden.
Museal-touristisch ist, was das *Instituto Distrital de Turismo* an der Carrera 7 a, No. 26—62, in seinen Regalen zeigt: kunsthandwerkliche Mitbringsel unterschiedlicher Geschmacksrichtungen. Da hier zugleich das offizielle Bezirksbüro des Touristikamtes residiert, kann man das Angenehme mit dem Nützlichen verbinden und sich hier — mehrsprachig — beraten lassen.
Der typisch kolumbianischen Küche zu begegnen, ist nicht ganz einfach. Man setzt hier mehr auf international oder exotisch — und das ist bei einer Metropole auch vielleicht nicht so verwunderlich. Immerhin, versuchen Sie es mal in »La Hacienda«, in der »Paletara« (Calle 90, No. 14—10), in der »Casa Vieja« (Avenida Jimenez No. 3—73) oder bei »El Cachaco« (Calle 94, No. 13—94). Falls Sie im Hotel »Continental« wohnen, haben Sie Landesküche direkt im Hause — und auch quer über die Straße im »Arrayanes«.
Wer Show und Essen kombinieren will, kann das in der »Tierra Colombiana« (Carrera 10 a, No. 27—27). Im »Topsi« (Avenida Pepe Sierra/Cll 19), tauchen Sie gewissermaßen unter, hier herrscht U-Boot-Atmosphäre mit kleiner Kombüse für internationale Mini-Gerichte, und psychedelisch belichtet und discobeschallt können Sie sich nach U-Boot-Art vollaufen lassen: Die Bar ist international bestückt.

Start in Bogotá: Touren

Das Angebot an halb-, ganz- und mehrtägigen Ausflügen ab Bogotá ist umfassend. Hotelportier oder Verkehrsbüro, airtours-Reiseleitung und gegebenenfalls das Tour-Unternehmen Lowrie (Carrera 7, No. 19—29) vermitteln.

Minimalster Zeitaufwand: 3 ½ Stunden für eine Stadtrundfahrt, die sogar einen Besuch im Goldmuseum und die Seilbahnfahrt auf den Montserrate einschließt. Nicht länger dauert es, um ein spectaculum sehr eigener Art zu erleben: Die Salzkathedrale *Catedral del Sal*. 50 km nördlich der Hauptstadt liegt mit kolonialspanischem Air *Zipaquirá,* daneben auf 3 000 m Höhe ein gewaltiges Salzbergwerk, vieretagig sind die Stollen von rund einem Dutzend Kilometer Länge in den Berg vorgetrieben. Salzbergwerke mögen für viele keine Sensation sein, Reichenhall oder Hallein z.B. präsentieren durchaus auch viel Wunderbares. Hier indessen entstand etwas Einmaliges: Eine Kathedrale im Salz, in der 10 000 Gläubige eine Messe erleben können. Raffiniert angestrahlt, glitzern die Salzkristalle in dem 120 m langen vierschiffigen, 25 m hohen Gewölbe, das 14 aus dem Steinsalz gehauene Säulen tragen. Der — so berichtet der Führer — 18 tons schwere Altar besteht ebenso aus Salz wie die Statuen von Engeln und Heiligen. Gesang und Musik werden durch Hall und Widerhall in dieser Kathedrale zum Erlebnis. Von den Chibcha-Indios vorspanischer Zeit, die hier jahrhundertelang das kostbare Salz abbauten, dürfte niemand an diese, 1954 vollendete, phantastische »Zweckentfremdung« des Bergwerks gedacht haben...

Vier Stunden dauert eine Fahrt nach *Guatavita,* jenem Ort, wo einst der Hombre dorado in See stach, um das Gold abzuspülen. Das alte Dorf ist geflutet worden, auf dem Reißbrett entstand der neue Ort mit feinem Gespür für die Vergangenheit, Stolz der Regierung.
Sechs Stunden investiert man, um durch die Kaffee-Hochplantagen (die *fincas)* und das *Magdalena-Tal* über das pittoreske Bergdorf *Aguadita* nach Fusagasuga, 62 km südlich Bogotá, und zum *Jardin Luxemburgo* mit seiner Orchideenpracht zu gelangen. Die geleitete Tour schließt ein Mittagessen inmitten tropischer Blütenpracht ein und den Besuch einer Kaffeeplantage.
Den ganzen Tag (gut acht Stunden) setzt dran, wer sich das Schlachtfeld von *Puente de Boyacá* anschauen will, die Brücke, an der Bolívar 1819 die Spanier schlug und die Unabhängigkeit von sechs späteren Republiken erkämpfte. Auf dem Weg über das Plateau von Bogotá und die Ostkette der Anden gelangt man hierher, und weiter führt die Tour — noch weiter zurück in die Geschichte — zur 1539 gegründeten Stadt *Tunja,* in der koloniale Architektur und Anlage Altspanien in Perfektion widerspiegeln (auf die Innenhöfe, die Patios der Häuser achten!). In der Kirche *Santo Domingo* bezaubert die Schnitzkunst, in *Santa Bárbara* lassen sich die Stickereien (Altar) hochmögender Damen betrachten: Johanna die Wahnsinnige, Tochter der Königin Isabella von Spanien, und ihre Hofdamen waren die Verfertiger, ehe die Königin Johanna nach dem Tod ihres Gemahls, Philipps des Schönen (Sohn Kaiser Maximilians I.), in geistiger Nacht versank. Auf dem lebhaften Markt von Tunja ist gut handeln.
Eine Drei-Tage-Tour zum »Herz der Anden« läßt *Manizales* (auch in einer Flugstunde zu erreichen) erleben mit seiner europäisch-gotischen Kathedrale und den an die Hänge »geleimten« Häusern, Studienobjekte für Architekten. Über *Santa Rosa de Cabal* geht es weiter nach *Pereira* (eine Flugstunde von Bogotá), einem Zentrum des Kaffeehandels und bekannt durch das Patrioten auf die Barrikaden treibende Reiterstandbild des nackten Bolívars von Rodrigo A. Betancour (»Bolívar Desnudo«). Vom gleichen Bildhauer sind der »kreuzlose Christus« und das »Monument der Stadtgründer« Zeugnisse eigenwilliger künstlerischer Auffassungen. Nach reizvollen Panoramen erscheint als nächster Ort *Armenia,* wird Calarcá durchfahren und schließlich *Ibagué* erreicht. Die Zwillingsstädte *Flandes* und *Girardot* sind die nächsten Ziele am Magdalena-Strom zwischen der zentralen und östlichen Kordillere. Fischgerichte sind hier besonders lecker. Über die Orchideen-Stadt *Fusagasugá* zurück nach Bogotá.

Bogotá, Kolumbiens 2645 m hoch gelegene Hauptstadt, wurde 1538 vom spanischen Eroberer Quezada »Santa Fé de Bogotá« getauft

Sehenswertes — nur angetippt

Rund zwei Stunden dauert der Jet-Flug von Bogotá in den kolumbianischen Dschungel und zur Stadt *Leticia* am Amazonas. Ein Drittel Kolumbiens ist tropischer Regenwald, von Flüssen durchzogen und botanisch wie zoologisch aufregend interessant. Zahllose Affen, Jaguare, Tapire, Anacondas, Piranhas, tausende von lärmenden Fröschen, Vogelsang, Kautschukplantagen. . . nur wenige Kilometer über dem Strom, und die Touristenexpedition, von Leticia gestartet, landet mitten in dieser brodelnden Wildnis.
Eine halbe Flugstunde von Bogotá entfernt liegt *Popayán,* eine der eindrucksvollsten Städte Südamerikas, auf 1 800 m Höhe. Hier wohnt man als Tourist — im Kloster (Hotel »Monasterio«, ein ehemaliges Franziskanerkloster) und fühlt sich in den Straßen zwischen reichen Fassaden nach Andalusien versetzt. Großartige Herrenhäuser, Klöster, Stadtvillen (eher schon Paläste) zeugen vom kolonialen Reichtum der einst hier residierenden Spanier — und der Kirchenschatz in der Sakristei der Kirche *San Francisco* (18. Jahrhundert, interessante Kanzel in Form eines Kelches) wie die smaragdgeschmückte goldene Monstranz in *San Agustín* vertiefen diesen Eindruck noch, der in der Semana Santa, der Karwoche, bei der weitberühmten Prozession kulminiert. Daß nicht mehr alles Gold ist, was glänzt, ist Zeichen für die bebengeschüttelte Gegend zwischen drei Vulkanen: Verlorenes wurde

Kolumbien **59**

wie in einer Filmwerkstatt von Hollywood aus billigem Ersatzstoff nachgebildet — auch dies Erinnerungen an eine große Zeit.

Medellín, 1 500 m hoch am Hang über dem Rio Cauca gelegen, nennt sich »Welthauptstadt der Orchideen«, verbindet aber Flora mit Industrie und anderthalb Millionen Einwohnern und nagt fleißig an der Bedeutung der Landeshauptstadt. Wäre es nicht um die rund 300 Orchideenarten zu tun, von denen man bei einem Ausflug rund 50 000 Exemplare in der Plantage El Ranchito bewundern kann, die »größte Backstein-Kathedrale der Welt« in Medellín besäße kaum genügend Attraktivität. Ein Ausflug von hier führt ins *Rio-Negro-Tal* und damit in ein Gebiet sowohl tropischer (Blütenbäume, Orchideen, Bambus) als auch gemäßigter Pflanzenwelt.

San Augustín – ein archäologisches Wunder

360 km von Bogotá entfernt (unterschätzen sie die Strecke nicht, wenn Sie per Auto anfahren!) liegt *Neiva* (eine Flugstunde), von dort sind es noch 234 km nach *San Agustín,* einer archäologischen Sensation aus indianischer Zeit (Popayán-San Agustín: ca. 300 km durch bezaubernde Landschaft). Erstmals um 1750 scheinen neugierige Weiße das Gelände um San Agustín besucht und darauf beschrieben zu haben, erst 1914 hat die Expedition des Deutschen K. Th. Preuss — und nach ihm bis 1970 — detailliertere Kenntnis von dieser Nekropolis, diesem Toten-Areal gegeben. Was sich den Augen bietet, ist phantastisch: Sarkophage geschmückt mit Statuen, vermutlich Kaziken und Schamanen darstellend, die hier zur Ruhe gelegt wurden. Die Gestalten, drei bis fünf Meter hoch, sind aus Andesit gehauen, einem feinkörnigen, braun, purpurfarben, grau-grünlich oder schwarzen Eruptivgestein — ein Zeichen, daß die hier bearbeiteten Blöcke über beträchtliche Entfernungen herangeschleppt werden mußten. Bei aller Urtümlichkeit der Skulpturen sind sie von erstaunlich naturalistischer Ausdruckskraft, und selbst die ältesten Zeugnisse (vor etwa 2 000 Jahren von ackerbautreibenden Stämmen gemeißelt) sind in ihrer Einfachheit der Formen und Linienführung eindrucksvoll. *La Fuente de Lavapatas* (die Lava-Quelle) gilt mit ihren Felsreliefs von Schlangen, Salamandern, Affen und menschlichen Gestalten, von Wasser durchflossen, als das bedeutendste archäologische Werk dieser an Überraschungen reichen Region, für deren »touristische Erforschung« man kaum weniger als 2—3 Tage ansetzen kann (Hotel »Yaconia« in San Agustín, dort auch Auskünfte, Prospekte und Transportmöglichkeiten zu den über einen Radius von gut 25 km um San Agustín verstreuten Monumenten). Wenn Ihnen die kulturelle und zeitliche Zuordnung dieser präkolumbischen Kult- und Kunstwerke nicht gelingt: Trösten Sie sich, auch die Wissenschaft hat damit ihre Probleme!

Karibisches Kolumbien

Barranquilla, bedeutendster kolumbianischer Karibikhafen (18 km Revierfahrt auf dem Rio Magdalena bis zur Stadt), hat zwar mit seinem Zoo und dem Folklore-Museum zwei bemerkenswerte Akzente, aber sonst ist die Stadt reines Geschäftszentrum für den Überseehandel und erwacht nur im farbenprächtigen, mit Blumen und Alkohol (Anis-Schnaps, Rum) verschwenderisch ausgestatteten Karneval zu gesellschaftlichem Leben.

Von hier aus startet man mit einem Ganztags-Ausflug nach *Cartagena de Indias,* einer der ältesten spanischen Städte auf dem Kontinent (1533 gegründet), einst wichtiger Ausfuhrhafen für die geraubten Schätze auf ihrem Weg in europäische Schatzkammern und Ankunftshafen für die afrikanischen Sklaven auf ihrem Weg

Der Fruchtbarkeitsgott und die flankierenden Karyatiden von San Augustín entstanden im ersten vorchristlichen Jahrhundert.

ins Elend. Gewaltige Festungsanlagen und Mauern umschließen noch die Altstadt, auf der Mauer entlang umrundet man diesen Stadtteil und seine verwinkelten, engen Straßen mit Häusern im Kolonialstil. Was man nicht erkennt, ist die mit Blut geschriebene Geschichte Cartagenas, in der Piraten und Admiräle ganze Kapitel schrieben. Von Rachedurst erfüllt, fielen die Spanier 1815, nachdem sich die Kolumbianer schon frei und unabhängig glaubten, erneut über die Stadt her, belagerten sie fast ein halbes Jahr unter Pablo Morillo, der hier grausam wütete — und ließen Bolívar den überlebenden Resten den Ehrennamen »Ciudad Heróica« verleihen. Cartagena auch stellte den ersten Heiligen der neuen Welt, San Pedro Claver, den Mentor und Apostel der Negersklaven (1612—1654), der im nach ihm benannten Kloster lebte, in dessen Kirche sein gläserner Sarg zu sehen ist. Im alten *Inquisitionspalast* mit den Verliesen jener unrühmlichen Zeit hat heute ein *Museum* sein Domizil, in der Nähe der *Plaza de la Artillería* liegt die Kirche *Santo Domingo,* deren Turm, so will es die Legende, vom Teufel verdreht wurde, weil er sich schier teuflisch über dieses Gotteshaus wurmte. Gefängnisse waren auch die Gewölbe der *Plaza de las Bóvedas* in der Altstadt, Quartiere für gefangene Seeräuber. Vom Hügel und den Ruinen des alten Convents *La Popa* blickt man über die Stadt, die sich nach Südwesten hin, auf der Halbinsel *Bocagrande* mit schönen Stränden (Boca Grande und Boca Chica), ein Touristenzentrum schuf. Sonnenhunger, Fischwaid, Segeltouren, Segen des Meeres in den Küchen der Restaurants und das besonders

Kolumbien

lebhafte und blumenbunte Karnevalstreiben locken die Gäste an, die heute nicht mehr allein aus dem entfernten Bogotá hierherströmen.
Ein wenig eng wird es schon am Strand von *Santa Marta.* Kein Wunder: Das türkisfarbene, klare Karibische Meer vor dem palmengesäumten Strand ist verlockend, das Hintergrundpanorama landeinwärts mit dem 5 875 m hohen Schneegipfel des *Nevado de Colón* im blauesten aller blauen Himmel ist märchenhaft. Am Strand *El Rodadero,* es ist der schönste, recken sich die modernen Hotels empor — und mit dem weiteren Ausbau dieses Badeparadieses ist zu rechnen.
Zwei Fischerdörfer, *Villa Concha* und *Taganga,* reizen zum Besuch wie der *Nationalpark Tairona* (25 km) mit seiner Urwaldlandschaft, Buchten und einsamen Stränden. Auf dem Fels *Punta de Betín* steht nicht nur der Leuchtturm, hier macht das vor einem guten Jahrzehnt eingerichtete *Instituto Colombo-Alemán* seine naturwissenschaftlichen Studien (Sponsorer sind die Unis von Bogotá und Giessen), kann man das ausgezeichnete *Aquarium* besuchen.
Auf dem nahegelegenen Gut *San Pedro Alejandriao* starb, verarmt und lungenkrank, am 17. Dezember 1830 Simón Bolívar. Sein Sterbezimmer birgt die unbedeutende Habe des großen Nationalhelden. . .
Mit dem Flugzeug von Cartagena aus erreicht man die vor Nicaraguas Küste gelegene Insel *San Andrés,* Hauptinsel des kolumbianischen Archipels San Andrés y Providencia (2 Flugstunden, preiswerte Flüge). Jener Pirat der Krone, Sir Henry Morgan, der sein Handwerk in der Karibik und an deren Küsten trieb, wählte diese Insel als Zufluchtsort (die *Cueva de Morgan,* die Morganhöhle, erzählt noch davon) — und man muß sagen: der Mann hatte Geschmack! Dieses ist schon ein Traumparadies — und trotz aller Hotels — noch ein Platz für geruhsame Badeferien an herrlichem Strand. Die »Abwechslung« hält sich in Grenzen (Spielkasino, Restaurants), Spaziergänge auf 45 qkm sind hier eine Freude, etwa zum *Hoyo Soplador,* wo das Wasser sich unterirdisch unter den Kalkstein drückt, um dann mit hohem Strahl durch ein Loch die Freiheit zu suchen. Und niemand soll mir sagen, daß er hier nicht einen Strand nach seinem Gusto fände. Die Insel ist übrigens Freihafengebiet, was die Urlaubskasse dankend anerkennt.
Mit dem Boot (5 km Fahrt) in die Einsamkeit: *Johnny Cay,* das nahe gelegene Inselchen bietet sie unter Palmen und mit zauberhaftem Strand.
Erheblich weiter, schon an der venezolanischen Grenze, liegt *La Guajira* mit 150 km Strand, wo man als Mitmenschen nur die Angehörigen der alten Eingeborenenstämme hat, die ihre Tänze und ihre Künste in Reinheit bewahrt haben. Wer hier taucht und fischt, kann auf Sensationen rechnen: Das klare Meer birgt seltene Arten.
Und noch etwas anderes dürfte in nicht zu ferner Zukunft interessierte Reisende ins kolumbisch-venezolanische Grenzland locken: Im Santa-Marta-Massiv auf 900—1200 m Höhe wurde 1975 die »Ciudad perdida«, die Verlorene Stadt mit 2 qkm Steinterrassen und Anlagen der Megalithkultur entdeckt.
Die Steinterrassen-Stadt, Ring für Ring dem Dschungel entrissen, liegt nur 40 km von Santa Marta entfernt, Trekking-Touren werden dem Badevolk angeboten.
Noch wenig erschlossen ist ein anderes Ausgrabungsgebiet zu Füßen des Pico Simón Bolívar und des Pico Cristóbal Colón: »Ciudad Antigua« (Alte Stadt), aus präcolumbischer Zeit stammend und – so nimmt man an – einst Hauptstadt des indianischen Tayrona-Reiches. Die »touristische Erschließung« wird – und das ist nur gut und im Sinne der Archäologen – hier noch etwas auf sich warten lassen, obschon im nicht weit entfernten Santa Marta schon ungeduldig darauf gewartet wird.

PERÚ

República del Perú

Das Land, das seinen Namen dem längst vergessenen Kaziken Birú verdankt (wenn es nicht, wie z. B. Garcilasso meint, aus dem indischen Wort »Pelú« = Fluß mißverstanden wurde), hat bei allen Erstankömmlingen ein seltsam verschrobenes Image: Sie suchen das prähistorische und das geschichtsträchtige Land und ahnen kaum, daß sie eine so großartige wie vielschichtige Landschaft erwartet. Ob man nun das eine als Zugabe zum anderen betrachtet (oder umgekehrt): Das Erlebnis ist fesselnd.
Das Küstengebiet, die *Costa,* ist gelbbraune Wüste mit eigentümlich eindrucksvoller Vegetation. Vor allem breiten sich hier die stacheligen Teppiche von Bromelien aus, wurzellose, nur vom Tau lebende Blütenpflanzen, die zu den Ananasgewächsen gehören. Die extreme Trockenheit des bis zu anderthalb hundert Kilometern tiefen Küstengebietes läßt Wald nur spärlich und in der Nähe von Flußläufen wachsen, von denen sieben der insgesamt 15 ganzjährig Wasser führen und Oasen bilden. Die Regenmenge pendelt hier zwischen 0 und 10 mm, wobei der Ton mehr auf Null liegt. Kein Wunder, daß die frühesten Bewohner dieser Region nicht wie die Inkas die Sonne anbeteten, sondern sich für den taubringenden Mond und das Feuchtigkeit herüberwehende Meer als verehrungswürdig entschieden. Kultischmystisch las sich die Begründung natürlich anders (und das zeugte von guter Beobachtungsgabe!): Der Mond konnte zwar, nämlich bei einer Sonnenfinsternis, die Sonne bedecken, nicht aber die Sonne den Mond. Wer also, hieß die rhetorische Frage, war da wohl mächtiger? Außerdem hatten die weisen und naturnahen Männer jener frühen Tage bereits erkannt, daß Ebbe und Flut mit dem Mond zusammenhingen, eine Tatsache, die für den Fischfang nicht ohne Bedeutung war. Meer und Mond also standen hoch im Kurs.
Zumindest was den Mond anging, entschied sich Jahrtausende später die NASA für diesen Wüstenstreifen: Die für die Mondlandung auserlesenen Astronauten mußten in dieser Wüstenei das Überleben trainieren.
Recht unvermittelt geht es dann von der Costa aufwärts: Die zerklüfteten Porphyr- und Granitwände der *Kordilleren* schieben weiteren Ausdehnungsgelüsten einen Riegel vor. Die westliche Anden-Kordillere teilt der Rio Santo, dessen Wasser zum Pazifik strömen, noch einmal in zwei Teile: die Cordillera Negra zum Pazifik, die Cordillera Blanca den Osten gelegen. In die westliche, Weiße Kordillere graben Amazonas-Zuflüsse tiefe Längsfurchen: Ucuyali, Urumbamba, Marañón, Huallaga.
Am Ostabhang der Cordillera Blanca beginnt das östliche Andenvorland, die *Montaña,* die ihre Fortsetzung in den *Yungas,* dem enormen Dschungel des amazonischen Urwaldes findet, dessen peruanischer Teil von Brasilien, Kolumbien und Ecuador begrenzt wird. Ein Gebiet, in dem selbst Experten die Orientierung verlieren. Nur die hier noch hausenden etwa 100 000 Waldindianer, Nachfahren der Quetschua und anderer Stämme, scheinen sich in der Weltabgeschiedenheit wohl zu fühlen.
Lima schließlich, der Hauptstadt an der Küste, hat der Humboldtstrom so etwas wie eine permanente Klimaanlage gebaut: Ein gutes Dreivierteljahr lang liegen über der Stadt Dunst und eine Wolkendecke, die das Klima gleichmäßig halten.
Ein buntes Landschaftsbild also, das in Perú einen, viele Rahmen um die fantastischen Zeugen der Vergangenheit legt, Rahmen aus Gold, aus Silber, Blei, Zink, Wolfram, Wismut, Vanadium, Kupfer, Anthrazit und radioaktiven Mineralien ne-

ben Zuckerrohr, Olivenholz, Weinreben und anderem mehr. Selbst die Wüstenei der Costa konnte Jahrhunderte lang und bis ihr die Chemie den Rang ablief einen bedeutenden Beitrag zur Volkswirtschaft liefern: den Guano unzähliger Kormorane als Dünger für die Landwirtschaft in aller Welt.

Ein Produkt des Ackerbaus von Perú, Bolivien und Chile — (sich hier um das historische Erstrecht zu streiten, ist müßig) — hat weite Teile der Welt erobert. Bei den Indios hieß es »Papa«, und Pizarro fand es 1525, als er das Inkareich eroberte, im Hochland der Anden: Kartoffelkulturen, Bodenfrüchte, die den Bewohnern dieses Landes weit wertvoller erschienen als all ihr Gold. Die Kartoffel diente denn auch nicht nur als Nahrungsmittel und Weihegabe an die Götter, sondern auch als Motiv für künstlerische Darstellungen. Daß die Spanier, denen die Einwohner Perús Kartoffeln als wertvolles Gastgeschenk überreichten, hierfür kein Verständnis zeigten und Gold heischten, wird nur Kopfschütteln erzeugt haben.

Touristische Eroberer unserer Tage werden nicht unbedingt mit Gastgeschenken beglückt. Anfang 1989 begannen sich Überfälle auf touristische Ansammlungen in Urlauberhotels und auf der Bahnlinie hinauf nach Machu Picchu zu häufen.

Das Land in Stichworten

Geographische Lage: 0°–18°21′ Südbreite, 68°39′–81°20′ westliche Länge. Entfernung Frankfurt–Lima: 12 003 km.

Fläche: 1 285 216 qkm (davon 4˙996,28 qkm Anteil am Titicacasee). Fünfmal so groß wie die Bundesrepublik.

Einwohner: 20 730 000; 16,1 je qkm.

Hauptstadt: Lima, 5 331 000 Einwohner.

Staatsform: Präsidiale Republik mit Parlament (»Congreso«) aus 2 Kammern (»Cámara de Diputados« und »Senado«). Allgemeines Wahlrecht, Wahl der Deputierten auf fünf Jahre. 25 von Präfekten geleitete Departamentos.

Städte: Großstädte sind neben Lima: Arequipa, Chiclayo, Callao, Trujillo, Chimbote, Huancayo, Piura, Cuzco, Iquitos mit 190 000 bis 509 000 Einwohnern.

Bevölkerung: ca. 49 % Indianer, 33 % Mestizen; über 10 % Weiße (meist altspanischer Abstammung); Neger, Mulatten; Japaner, Chinesen.

Religion: 95 % römisch-katholisch; 1 % Protestanten, 5300 Juden; zahlreiche Anhänger indianischer Naturreligionen.

Landessprache: Spanisch und (seit 1975) Ketschua; 3–5 % sprechen Aymará.

Zeitdifferenz: MEZ minus 6 Stunden; 12 Uhr in Frankfurt = 6 Uhr hier (während europäischer Sommerzeit: minus 7 Stunden).

Wichtiges von A bis Z

Anreise: Dreimal wöchentlich direkt ab Frankfurt nach Lima (Flughafen Jorge Chavez, 16 km zur Stadt; Bus); täglich via Amsterdam, Madrid, Paris.
Bei Abreise wird eine Flughafengebühr erhoben. Nachbarschaftsflugverkehr (mehrmals wöchentlich bis täglich) mit Asunción, Bogotá (Kolumbien), Buenos Aires (Argentinien), Caracas (Venezuela), La Paz (Bolivien), Curaçao, Guayaquil, Quito, Rio de Janeiro, Santa Cruz (Bolivien), Santiago de Chile, São Paulo. Von Iquitos Verbindung nach Manaus, Brasilien.
Inlandflüge dreimal wöchentlich bis täglich zu 22 Flughäfen ab Lima; ferner Cusco–Quincemil; Chiclayo–Rio de Mendoza und Chapapoyas. Mit »Visit-Perú-Flugschein«: Ermäßigungen.
Auf Inlandflugpreise wird eine Steuer erhoben (10 %).

Diplomatische Verbindungen: Botschaft der Bundesrepublik Deutschland, Avenida Arequipa 4 202/10, Lima 18-Miraflores, Tel. 45 99 97. Honorarkonsulate in Arequipa, Cuzco, Piura. Schweizerische Botschaft: Avenida Salaverry 3240, San Isidro – Lima 27, Tel. 62 40 90.
Österreichische Botschaft: Avenida Central 643, piso 5, San Isidro – Lima 27, Tel. 42 88 51.

Feiertage: 1. Januar, Karfreitag, 1. Mai, 29. Juni, 28./29. Juli (Nationalfeiertag: Unabhängigkeit proklamiert 1821, effektiv ab 1824), 30. August, 1. November, 8. und 25. Dezember.

Gewichte: Metrisch.

Informationen: Fremdenverkehrsamt von Peru, c/o Generalkonsulat von Peru, Roßmarkt 14, 6000 Frankfurt/M. 1, Tel. (0 69) 29 29 96.

Impfungen: Gelbfieberimpfung vorgeschrieben bei Einreise aus Infektionsgebieten und bei Reisen in ländliche Gebiete. Das gilt auch für den Schutz gegen Malaria, die hier in leichterer

Spielart (Plasmodium vivax) auftritt, doch soll Resistenz gegenüber Chloroquin-Präparaten bestehen.

Klima: Klimabestimmend ist weitgehend der kalte Humboldtstrom. Die Küste (Costa) ist regenarm, Niederschlag nur 40 mm im Jahr (Lima 40–50 mm, Lobitos 10 mm, Tacua 30 mm). Nebel, Wolken, Nebelregen (»Garua«) von Mai bis November, sonst warmes, sonniges Wetter mit 23,5° C im Februar an der Costa und 16,1° C im August. Limas Durchschnittstemperatur ist 18° C, Maximum 31° C (Januar/Februar), Minimum 11° C (Juli bis September). In der Sierra gemäßigtes bis kaltes Gebirgsklima; mittlere Jahrestemperatur 11–14° C, erhebliche Temperaturunterschiede zwischen Tag und Nacht.
Gefahr der Höhenkrankheit für Europäer bei längerem Aufenthalt.
Das Becken des Titicacasees stellt eine klimatische Oase in diesem Gebiet dar.
In den Bergen häufigere Niederschläge, die – wärmste – Regenzeit dauert von Dezember bis April. Schneegrenze: 5000 m.
In der Amazonas-Ebene Niederschläge bis 3000 mm im Jahr, Regenzeit Oktober bis April. Feucht-tropisches Klima durch den fast undurchdringlichen Urwald.
Größte Stadt im Dschungel ist Iquitos.
Kleidung für Lima sommerlich, abends leichter Mantel. Hier wird großer Wert auf formelle Kleidung gelegt. Unbedingt gute Sonnenbrille! Der Winter in Lima erfordert mittelschwere Kleidung. Für das Gebirge ist wärmere Kleidung notwendig (Wollkleidung, Mantel); stabile Schuhe! Für das Amazonasgebiet: Tropenkleidung.

Maße: Metrisch.

Öffnungszeiten: Banken Mo–Fr 9–12 Uhr; Läden 10–20 Uhr (im Winter kürzer).

Post: Auf dem Postamt (Mo–Sa 8–20 Uhr) aufgeben, es gibt keine Briefkästen.

Reisepapiere: Bis zu 90 Tagen Aufenthalt Reisepaß, Weiter- oder Rückreisepapiere.

Stromspannung: 220 V Wechselstrom, amerikanische Stecker.

Trinkgelder: 10 % (neben Bedienungsgeld).

Trinkwasser: Besser Mineralwasser nehmen!

Verkehr: Es gibt diverse Eisenbahnlinien, die nicht immer miteinander verbunden sind: Lima–La Oroya–Huancayo über den 4830 m hohen Gebirgspaß führend (höchste Eisenbahn der Welt!), 359 km, ca. 8 Stunden Fahrzeit. Arequipa–Puno; Cuzco–Machu Picchu (Autorail). Platzvorausbuchungen empfohlen; auch Pauschalangebote.
Zahlreiche Omnibusverbindungen (privat) daneben Sammeltaxis (»Colectivos«) für 4–5 Personen (Preis 25–40 % über Bus-Fahrpreisen für dieselbe Strecke). Unter den Straßen ist die Carretera Panamericana (Panamerican Highway) von der Grenze Ecuadors (Tumba) über Lima nach Tacna an der chilenischen Grenze die wichtigste Nord-Süd-Verbindung. Von ihr zweigen Verbindungen ins Innere ab. Nicht alle Straßen sind asphaltiert (Staub!) oder gut beschildert, Rechtsverkehr.
Autotouristische Auskünfte: Touring y Automovil Club del Perú, César Vallejo 699, Lince, Lima, Tel. 40 32 70. Hier auch gute Straßenkarte!

Währung: 1 Inti = 100 Céntimos. 1 DM = ca. 300 Inti. Gleitende Abwertung! Landes- und Fremdwährung können bei Ein- und Ausreise unbeschränkt mitgeführt werden.

Zoll: Frei zum persönlichen Gebrauch sind ein Pelzmantel (nicht aber Mantel aus feinem Leder!), Fotoapparat und Filmkamera, Sportgerät, Geschenke bis zum Betrag von 300 US-$, 400 Zigaretten oder 50 Zigarren oder 500 g Tabak, bis 2,5 Liter alkoholische Getränke.
Bei der Ausreise darf Kunst- und Kulturgut des Landes nicht ohne besondere Ausfuhrgenehmigung ausgeführt werden. Mit Kontrollen ist zu rechnen.

Lima: Empfang durch Ikarus

Limas Flughafen trägt einen Eigennamen: Wo Rom seinen internationalen Flughafen nach einem Vorläufer der Luftfahrt Leonardo da Vinci nennt, hat die peruanische Metropole ihren Flugpionier Jorge Chavez zum Paten gebeten — und ihm ein Denkmal gesetzt, das ihn als Ikarus zeigt. In einem Land, in dem laut Däneken schon Götter als Astronauten landeten (Nasca), ist Legende so wahr wie Geschichte.
Geschichte ist, daß an der *Costa,* zu der ihrer Lage nach auch die Metropole gehört, einst die alten Reiche der Könige aus dem Geschlecht von Naymlap lagen. Er selbst soll mit einer Flotte von indianischen Balsa-Booten von Norden her gekommen

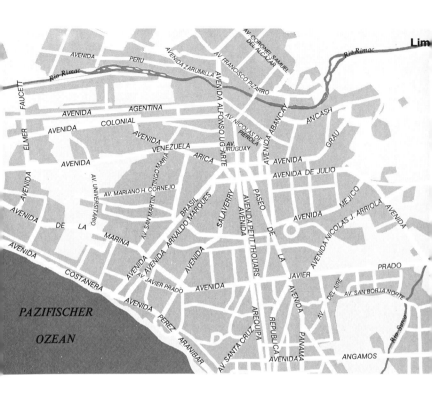

sein, im Gefolge seine Gattin Ceterni nebst Nebenfrauen, Kindern, Hofschranzen und Volk. Sehr kunstvolle Dinge habe er mitgebracht und weiter im Inneren des Landes die Stadt Lambayeque gegründet. Dort baute er einen Tempel namens Chot, in den er eine grüne steinerne Bildsäule stellte, Yampallec, die sein Ebenbild war und von allen verehrt wurde. Allseits geliebt, regierte er lange, und als er zu sterben kam, erzählt sich das Volk, habe er sich Flügel wachsen lassen und sei zum Himmel aufgestiegen. Ein Flugpionier auch er — und im Falle Nasca werden wir von weiteren zu reden haben.

Lima selbst, Zentrum des spanischen Kolonialimperiums, liegt ein halbes Dutzend Kilometer vom Pazifik entfernt und wurde 1535 bei der Oase gegründet, die der Rio Rimac grünen ließ. Schon 1551 entsteht hier eine, die erste (!) Universität auf amerikanischem Boden, bereits 1558 beginnt man mit beweglichen Lettern zu drucken (knapp 100 Jahre nach Gutenbergs Tod). Greifbare Geschichte — greifbarer jedenfalls als die Datierung der Überreste einer 50 km südlich gelegenen Ansiedlung, die der französische Archäologe Frédéric Engel Mitte der Sechzigerjahre unseres Jahrhunderts entdeckte und auf 6 300 Jahre Alters schätzte. Ein dort gefundenes rechteckiges Gebäude mit behauenen Mauern gilt Engel als das älteste Werk der Architektur in Amerika. Die Hochlandbewohner Perús und Boliviens, von denen man annehmen darf, daß sie ihre Kultur vor 10 000 Jahren entwickelten, würden protestieren, wenn sie noch in der Lage wären, das zu tun.

Protestieren müßten eigentlich auch – unisono und permanent – die Bewohner der *Barriadas,* der Elendsviertel um die Metropole mit ihren heute, einschließlich der Vororte, über fünf Millionen Einwohnern. Verbalkosmetisch nennt man diese Barriadas gern

»Pueblos jovenes«, junge Dörfer. Mit ihren Flechtmatten-Behausungen erinnern sie penetrant an Flüchtlingslager. Schon auf dem Weg vom Flughafen begegnet man ihnen – unzureichend getarnt, weiter wachsend. Der Magnet Lima mit Kultur, Handel, Industrie, Vergnügen hat die Menschen angezogen wie Licht die Motten. In den Slums, wo Hygiene ein Fremdwort ist, haben sie Warteposition bezogen. Vermutlich auf ewig, wenn »ewig« für ein kurzes, von Krankheit gezeichnetes Leben im Elend steht.
Die Stadt der Könige hat keinen Hermelinmantel um sich gelegt; an Stelle der Zacken der Königskrone ragt Beton in den niedrigen Himmel, und am Elend der Armen haben auch die protektionistischen Maßnahmen für die Wirtschaft nichts geändert.

Brandzeichen der Architekten: Das Zentrum von Lima

Wieviele Architekten auch immer den Bauten Limas ihr Brandzeichen aufgedrückt haben, wieviel Geschmack und Ungeschmack sich hier verwirklichen konnte: Das entstandene Potpourri, durchtost von Autos und Menschenmassen, ist nicht ohne Charme. An die »Ciudad de los Reyes«, die Königsstadt, die Stadt spanischer Vizekönige auf dem Scheitelpunkt ihrer Staatsdiener-Karriere, erinnern noch Akzente, die unübersehbar sind. Der architektonische Wildwuchs mag sie dschungelgleich umwuchern, verbergen lassen sie sich nicht. Vier Erdbeben haben im Laufe der Stadtgeschichte Trümmer hinterlassen und auch zahlreiche großbürgerliche Häuser mit herrlichen brunnen- und fontainengeschmückten Patios (Innenhöfen) in Schutt gelegt. Die verbliebenen sind Zeugnisse des erlesenen Geschmacks einer elitären Schicht der Kolonialherren und den Besuch wie die wenigen Intis Eintrittsgeld wert. Wie die Kirchen, die Paläste oder die Museen mit Schätzen der präkolumbianischen Epochen.
Das Zentrum bleibt überschaubar. Je vier Hauptadern durchkreuzen es von Nord nach Süd und West nach Ost. Von ihnen ausgehend, erreicht man, was sehenswert ist. Da ist der Hauptplatz der Stadt, die *Plaza de Armas,* mit dem Regierungsgebäude, der Kathedrale, dem Rathaus und dem kolonialzeitlichen Brunnen. Die Regierung im *Palacio de Gobierno* fußt mit diesem Gebäude auf geschichtlichem Boden: Hier, wo heute der neoklassizistische Bau sich erhebt, stand Pizarros Palast. Ein »Saal Pizarros« erinnert daran, der »Goldene Saal« prunkt wie das Gold der Helme, welche die Ehrenwache des Präsidenten trägt.
Pizarro legte auch den Grundstein zur *Kathedrale,* die 1746 in einem Erdbeben zusammenstürzte, und in einer Seitenkapelle des wuchtigen Barockbaus, neben dem sich das Erzbischöfliche Palais beinahe zierlich ausnimmt, kann man Pizarros Wappen als Mosaik-Arbeit finden. Es erzählt Taten und Geschichte des »Löwen Franciscos«: die Erdrosselung Atahualpas, des letzten Inka, die Inkas in Ketten . . . Auch der Eroberer ist hier zur Schau gestellt. Wie Schneewittchen im gläsernen Sarg. Er sei es, sagt man jedenfalls; Historiker sagen es nur zögernd. Sein Schicksal erfüllte sich am 26. Juni 1541: Seine Gefährten durchstachen ihm mit dem Degen die Kehle, der Fluch des Gottes Pachayochachi Huiracocha hatte sich erfüllt. Die Kathedrale, deren Chorgestühl eine vorzügliche Arbeit ist, kann von 9 bis 12 und 14.30 bis 17 Uhr besichtigt werden. Das benachbarte *Erzbischöfliche Palais* besticht vor allem durch das Schnitzwerk der Balkone, die auch am *Rathaus (Municipalidad)* bemerkenswert sind. Dazwischen reitet Pizarro für Spanien.
An der Straße 6, Jirón de La Unión, liegt die Kirche La Merced *(Iglesia de La Merced),* der Besichtigung offen von 8 bis 12.30 und 15 bis 19.30 Uhr. Mit ihrem Kloster zusammen wurde sie 1639 geweiht, reiner Kolonialstil zeichnet sie aus, der silberne Hauptaltar und die Wandkacheln beeindrucken. La Merced (die Gnade) erwies die Madonna de La Merced anno 1615 dem von Korsaren bestürmten Lima, den Helden der Unabhängigkeitskämpfe zeigte sie sich gewogen. Die dankbaren

Limeños, die Bürger der Stadt, verliehen ihr darauf den Rang eines Großmarschalls (1921), dessen Insignien (Band und Marschallstab) sie über dem kostbaren Brokatkleid trägt.

Ebenfalls Kloster und Kirche verbindet *Santo Domingo* an der Kreuzung Camaná / Conde de Superunda (durchgehend von 6 bis 20 Uhr geöffnet; geringes Entree für das Kloster). Von der 1590er Urfassung der Gebäude blieb wenig erhalten, der Neoklassizismus schob seine potemkinsche Fassade davor. Im Inneren die Urne mit der Asche der ersten Heiligen Iberoamerikas, Santa Rosa de Lima, und die sterblichen Überreste des heiligen Martín de Porras und des seligen Juan Masías. Im Kloster sind Konvent und Kapitelsaal interessant. Achten Sie auf die Deckentäfelung.

Reliquien der Santa Rosa werden im *Santuario de Santa Rosa de Lima* bewahrt (Straße 1 Avenida Tacha, Besuchszeit 8—12.45 und 15—19.30 Uhr), Ziel vieler Pilger, die dort beten möchten, wo die Schutzheilige der Neuen Welt einst in einer armseligen Hütte aus luftgetrockneten Lehmziegeln betete. In den tiefen Brunnen werfen sie ihre Bittgesuche.

In der Peterskirche *(Iglesia de San Pedro;* geöffnet 6—13 und 17—20 Uhr) an der Kreuzung Azángaro/Ucayali haben spanische Vizekönige letzte Ruhe gefunden. Die Glocke der von Erdbeben verschonten Kirche rief 1821 die Patrioten zum Kampf für die Unabhängigkeit. Der zärtliche Name der seit 1638 läutenden Ruferin zum Gebet: »La Abuelita«, das Großmütterchen. Die Altäre der Kirche sind reich vergoldet, Schnitzereien und Kacheln künstlerische Arbeiten.

Goldgefaßt sind auch Kanzel und Altar (Barock) der *Iglesia de Jesus María* an der Ecke Camaná und Jirón Moquegua, die in ihrer schlichten Einfachheit ein liebenswertes Zeugnis der Kolonialkultur darstellt.

Ganz anders *San Agustín* (Ecke Camaná/Ica) von 1720: Ihr Portal ist ein barocker Alptraum. Die Sakristei lohnt einen Besuch (6.30—12 und 15.30—19 Uhr).

Freunde von Horror stories kommen in den Katakomben unter der Klosterkirche *San Francisco* (Straße 3 Jirón Ancash; sommers 9—13 und 15.30—1830 Uhr, winters 10—11.45 und 15.30—17.45 Uhr; Eintrittspreis) voll auf ihre Rechnung: Hier sind nicht nur die unzähligen Opfer der Pestilenz begraben, »kunstsinnige« Mönche haben auch aus Gebein Wanddekorationen geschaffen und lassen in knöcherner Spruchweisheit über Leben und Tod nachdenken. Das Barock der 1674 geweihten Kirche ist eine maurisch-spanische Mischform, sehenswert im Inneren ist die kostbare Monstranz.

Schon im Grenzland des Zentrums an der Avenida Tacna gelegen: die mit imposanten Barocktürmen ausgestattete, sonst eher nüchtern wirkende Kirche »*Las Nazarenas*«. Seltsam oder nicht: Die offiziellen Prospekte widmen ihr keine Beschreibung, geben allenfalls ihre Lage an. Ein freigelassener Sklave malte (zunächst nicht für eine Kirche bestimmt) 1655 einen Christus, ein Wandbild, das inmitten eines Beben-Infernos allein erhalten blieb. Das Wunderbare dieser Rettung ließ die Limeños das gerettete Bild einer neuen Kirche applizieren — und bald bestätigte es erneut seine Wunderkraft: Als der Hafen Callao Gefahr lief, Opfer einer Sturmflut zu werden, trug man das Bild in einer Prozession zum Meer — und die Wasser verebbten. Nun gab es keinen Zweifel mehr, wurde das Bild »Nuestro Señor de los Milagros« (Unser lieber Herr der Wunder) Mittelpunkt kultischer Verehrung: Im Oktober trägt eine singende Menge unter Führung der *Hermandad* (Bruderschaft) *del Señor de los Milagros* das Bild durch die Straßen Limas.

Paläste und Museen in der Metropole

Auch Profanbauten widerstanden nicht immer den Beben und dem Zahn der Zeit. In der Straße Jirón Ancash steht als Nummer 390 (geöffnet 8—15 Uhr) das *Haus des Pilatus,* im 16. Jahrhundert erbaut, im 19. Jahrhundert wiedererrichtet und Domizil des Nationalen Kunstinstituts. Innenhof und Arkaden sind sehenswert. Bis 1820 und ab 1570 tagte im *Antiguo Tribunal de la Inquisición* (Plaza de la Inquisición, wo auch das Parlamentsgebäude des Congreso Nacional gelegen ist) das Ketzerabwehrgericht, das den Angeschuldigten wenig Überlebenschancen einräumte. Die Folterkammer kann montags bis freitags von 9 bis 19 Uhr, samstags bis 17 Uhr, sonntags bis 13 Uhr besichtigt werden.

Wo sich das Ministerium des Äußeren heute niedergelassen hat, wohnte ab 1735 eine wohlhabende Familie: im *Palacio Torre Tagle* (Straße 3 Jirón Ucayali; werktags für den Besuch von 14 bis 18 Uhr, wochenends von 9 bis 18 Uhr geöffnet). Kunst und Kunsthandwerk der Kolonialzeit ist in einer Reihe von Salonen zu besichtigen, das Barock der Fassade dieses zweifellos bekanntesten Bauwerks der Stadt zeigt andalusische, maurische und kreolische Additive. Schön: die vorgeschuhten Schnitzbalkone.

Weitere Adelspaläste, die Ihnen auffallen werden, sind die *Casa de Larriva* (Jirón Ica 426) und die *Casa de Oquendo* (Jirón Conde de Superunda 298).

Im Stil des limaischen Rokoko (18. Jahrhundert) erbaut ist eine Villa mit dem anziehenden Namen *Casa de las Trece Monedas* (Haus der 13 Münzen), in der Sie auch mehr als 13 Münzen loswerden können: Das Haus, dessen Eingang an der Jirón Ancash 536 eine köstliche alte Kutsche ziert, beherbergt ein *Restaurant,* in dem Service und Karte von einer der Umgebung entsprechenden Qualität sind.

Da wir grade von der Küche sprechen: Ein Küchenwunder hat die älteste Brücke über den Rio Rimac (seit 1610 überspannt sie den limaischen Hausstrom) Beben und Hochwasser mühelos überstehen lassen. Das Rezept: Man verrühre den Mörtel mit dem Eiweiß einiger hunderttausend Hühnerprodukte.

Die Parade der limaischen Museen bleibt überschaubar . . . der Zahl, nicht unbedingt dem Inhalt nach. An der Plaza Bolívar treffen Sie auf das *Museo Nacional de Antropología* (täglich außer montags 10—19 Uhr; Eintritt), in dem vor allem die Textilien aus der Nekropolis von Paracas zu den wertvollsten Zeugnissen der Zeit um 300 v. Chr. gehören: Totentücher (mantos) mit Dämonen bestickt. Daneben Keramik und trepanierte Schädel des 5. vorchristlichen Jahrhunderts, ein Modell von Machu Picchu und smaragdbesetzte Goldmasken. Wer alles sehen will, muß sich vormittags einfinden und hat fast hunderttausend Schaustücke zu bewundern. Im privaten *Museo Rafael Larco Herrera* (Avenida Bolívar 1515; Montag bis Sonnabend 9—13 und 15—18 Uhr; etwas höheres Entree als üblich), das in einer alten Farm allein ein halbes Hunderttausend tönerne Kunstwerke und Gebrauchsartikel zeigt, sind zwar auch Gold- und Webearbeiten zu sehen, drängen aber die »Kenner« zu jenem Raum, in dem Ton das Material für ausschweifende Sexphantasien darstellt: intimste Kulturgeschichte indianischer Erotica.

Nachhilfe mit Dokumenten zur besseren Kenntnis der Unabhängigkeitskämpfe erteilt das *Museo de la Historia Nacional* an der Plaza Bolívar, einem alten Palast der Vizekönige, den auch Bolívar und San Martín bewohnten (Montag bis Freitag 9—18 Uhr, Sonntag 9—12 und 15—18 Uhr).

Das *Kunst-Museum* im Paseo Colón 125 (Dienstag bis Sonntag 9—19 Uhr) wird nur aufsuchen, wer sehr speziell an den Niederschriften peruanischer Kunst in 3 000 Jahren interessiert ist.

Das *Museo de Oro del Perú* (Privat; Prolongación Primavera; Montag bis Freitag 15—19 Uhr, Samstag 9—13 und 15—19 Uhr; »gehobenes« Eintrittsgeld) ist in seinen Goldschätzen mit dem von Bogotá vielleicht nicht ganz vergleichbar, doch in Goldrausch kann man hier schon verfallen beim Anblick von gut 10 000 güldenen Fundstücken! Die Kulturen von Nasca, Moche, Chimu und Vicús sind mit Prachtstücken vertreten, und man fragt sich, wie die Jaguare, Schlangen, Fledermäuse, Schmuckstücke, Mumienmasken und anderes dem Goldhunger der Horden Pizarros entgehen konnten, die anno 1532 mit fast 8 000 Kilo Gold über den großen Teich gingen. Unter den Goldmasken, die den mumifizierten Zeitgenossen der Chimú-Kultur appliziert wurden, beeindruckt vor allem eine, der 14 Smaragde als Tränen aus den Augen quellen. Auch wer an Waffen interessiert ist, findet im Parterre des Hauses ein beachtliches Arsenal.

Meine Lieblinge peruanischer Keramik sind die Porträt-Vasen des Moche-Gebietes (Tiahuanaco-Kultur um das Jahr 1 000): Hier wird die Gefäßwand zu einem ausdrucksvollen, oft auch farblich angelegten und mit Ritzzeichnungen versehenen Indianergesicht oder der Gefäßhals zum Kopf, das Gefäß selbst zum Körper. Fast tritt die Funktion schon hinter der kunstvollen Gestaltung zurück . . . und aufmerksam suchend, werden Sie auch diese, fast schon als freie Plastik anzusprechenden Kultgeräte (Grabbeigaben) in den Museen finden. Allerdings: Vieles aus der unvorstellbaren Menge von Ausgrabungsgut ist in Privathand und damit allgemeiner Bewunderung entzogen, anderes haben Forscher in die Museen des Auslands verbracht (. . . so daß man selbst im Heimatmuseum von Detmold überraschend auf Keramik dieser Epoche stößt). Daß diese Kultur auch gewissermaßen in toto exportiert wurde, zeigen Ausgrabungen am Orinoco: Peruanische Figuren, deren Köpfe nach dem Stand des Porträtierten gestaltet wurden. Krieger z. B. zeigten sich als echte Dickschädel, Priester dieser rund 700 Jahre alten Funde erhielten tütenspitze Häupter.

Auch Lima badet und erholt sich

Auf guter Straße mal eben 40 km nach Norden zu fahren, um sich in die kühlen Wellen des Pazifik zu stürzen, ist den Limeños sommers ein Bedürfnis. Der geschützt liegende, schier schneeweiße Sandstrand von *Ancón* ist ebenso Anziehungspunkt wie das elegante Flair des Badeortes.

Von Juni bis September zieht es die Hauptstadtbewohner in eine andere Gegend: Oberhalb der Metropole und frei von den Garúas, den nässenden Küstennebeln, liegen im *Eulalia-Tal* die Kurorte *Chosica* (38 km) und *Chaclacayo*. In diesem Seitental des Rio Rímac kann man ganzjährig mit mildsommerlichem Klima rechnen. Daß jemand Lust bekäme, in Perús größtem Hafen, *Callao,* zu baden, halte ich für ein Gerücht. Die Halbmillionenstadt ist auch sonst — mit Lima schon fast zusammengewachsen — außer für Seelords nicht unbedingt bemerkenswert. Wer allerdings in der 1774 erbauten Festung San Felipe das »Museo Militar« besichtigen will, mag den halbstündigen Trip an die Küste in Kauf nehmen.

Exclusiver wird es in entgegengesetzter Richtung: 25 km Straße Richtung Anden trennen die Metropole vom exquisiten Ferienort *La Granja Azul* (»Der blaue Gutshof«) mit Golf- und Tennisanlagen, Reitsport, Vergnügungsbetrieben, Sauna, Pools und vorzüglicher Küche, zu schweigen vom Einfallsreichtum der Barkeeper, die hier Spezialitäten aus dem Shaker oder Rührglas zaubern, von denen Sie noch nie gehört haben. Haupthaus und Bungalowdorf sind denn auch ganzjährig gut gebucht, nicht zuletzt, weil der Wettergott dem Urlaubsgebiet ziemlich permanenten Sommer schenkt.

Zum Bahnhof über den Wolken

Empfindlich kühl kann es um den höchsten Bahnhof der Welt werden: In 4 780 m liegt *Galera,* von Lima mit der Bahn auf 157 km Schienen zu erreichen. Die Fahrt ist phantastisch, der Höhenunterschied von 4 630 m nicht für jedermann unbedenklich. Kreislauf und Atemproblemen kann man zwar ein wenig vorbeugen, in den Apotheken gibt es sogar Mittel gegen die Höhenkrankheit »Soroche« aber keine un-

bedingte Garantie zu kaufen. 68 Tunnel bis zu 5 km Länge, ungezählte Kehren, fabelhafte Brückenbauten . . . all das wie die oft romantische Landschaft ist hochinteressant. Bis zur Paßhöhe von Ticlio (4 884 m) durchfährt man (. . . und kann das auch, parallel zur Bahn, mit dem Auto machen) alle Vegetationsgebiete, die dieses vielseitige Land vorzeigen kann, steigert sich die Begeisterung nach jeder Kurve. Die nahegelegene Bergstadt *La Oroya* besitzt als einzige, wenn auch oft dringend besuchte Attraktion ein Krankenhaus — mit genügend Sauerstoff-Flaschen für vom Schwindel ergriffene Höhenkranke . . .
Noch 120 km weiter (3 261 m hoch, 330 km ab Lima) trifft man auf eine Kolonialstadt, in der nicht nur der sonntägliche Indiomarkt mit Wollstoffen und Fellen reizvoll ist: *Huancayo,* wo ein Touristhotel die wagemutigen Andenfahrer zur Nacht bettet. Eine Tagestour ab Lima ist solch ein Andenausflug in keinem Fall . . .

Dem Weltenschöpfer geweiht: Pachacamac

Im Archäologischen Museum von Lima gibt es aus der Mochica-Kultur (um 600 n. Chr.) eine Statue des Meeresgottes Viracocha (auch: Huiracocha) . . . und ein wenig verwirrend ist die Mythologie der Inkastaaten, denn ebenderselbe Viracocha erscheint im bolivianischen Tiahuanaco, steingeworden, als Sonnengott, wie er auch in der Inka-Metropole als solcher firmiert. An der Küste wiederum ist »Sohn der Sonne« jener, dessen Namen die Stadt Pachacamac trägt, der Schöpfer der Welt ist und identisch mit Cons oder Con oder Con-Tiki . . . oder dem inkanischen Inté . . . oder?
Pachacamac, über die Panamericana Sud nach 31 km zu erreichen, nannte sich vor 600 Jahren eine der berühmtesten Wallfahrtsstätten der Indianer, heute blieben von der Stadt des Weltenschöpfers und ihrem Tempel nur Reste, Mauerstücke aus getrockneten Lehmziegeln (»Adobes«), Reste der großen Pyramide auf dem das Gelände überschauenden Hügel . . . und dies und das an Tempeln, das restauriert wurde. Was heute noch Attraktion für den Tourismus ist, war einst Magnet für Pilger, die hier, ehe die Spanier kamen, das Tempelorakel befragten. Ob es den Indios die Inkas vorhersagte, ist nicht überliefert. Jedenfalls stahlen die Inkas dem Tempel im 15. Jahrhundert die Schau mit der Terrassenpyramide ihres berühmten Sonnentempels, ahnten aber wohl mehr als sie wußten, daß weite Kreise auch weiterhin ihren Tribut an den Pachacamac-Tempel ablieferten. Mit der Ankunft der Spanier war dann alles vorbei, begann der Tempel zu verfallen wie die Prachtstraßen, die einstmals die große alte Stadt durchkreuzten (im kleinen Museum kann man sich am Modell davon überzeugen; Besuchszeiten Dienstag bis Sonntag, 9—17 Uhr). Wie lange die Reste des Adebogemäuers noch der Erosion standhalten . . . kein Orakel vermag das verläßlich zu präcognoszieren.

Bebengeschüttelt: Trujillo

Was von der 1536 gegründeten Kolonialstadt Trujillo original erhalten blieb, ist wenig. Ihre Einwohner, heute sind es runde 400 000, sind leid- und bebengeprüft geworden durch die Jahrhunderte, und wer zwei Dutzend Jahre alt ist, erinnert das letzte Beben von 1970 gewiß noch. Seltsamerweise aber blieb der Stadt, die in einem bewässerten Ackerbaugebiet inmitten der Wüstenregion an der Küste liegt, die koloniale Atmosphäre erhalten: Vor allem rund um die *Plaza de Armas* ist das unübersehbar. Zurück in die altperuanische Kulturgeschichte führt das *Museo Arqueológico* (Calle Bolívar 446; Januar bis März 8—13, Rest des Jahres 8—12 und 15—18 Uhr geöffnet). Besonders die hier zusammengetragenen Keramiken sind an Zahl und Qualität der Mehrzahl anderer Museen überlegen.

Tribute für die Chimú-Herrscher: Chan-Chan

Als der Anthropologe Michael E. Moseley von der Harvard-Universität 1973 über seine Entdeckungen in Chan-Chan (6 km westlich Trujillo) berichtete, troff aus den Schlagzeilen der Boulevardpresse rotes Blut: »Indio-Könige nahmen viele hundert junge Mädchen mit ins Grab — als Gespielinnen für das zweite Leben«.
Es waren mächtige Könige, die vom nordperuanischen Moche-Tal aus, von Chan-Chan als Regierungssitz aus, das große Chimú-Reich von 1 000 km Küstenlinie regierten. Vergleicht man die »Königreiche« in Oasen und Flußtälern mit diesem Herrschaftsgebiet um das Jahr 1 000 n. Chr., so verfallen sie in Bedeutungslosigkeit. Kaum seltsam also, daß die Mächtigen verehrt wie gefürchtet wurden und sich allerlei auch bedenkliche Freiheiten herausnahmen, bis die Inkas im Jahre 1470 dieses Reich eroberten. 200, 500, ja vielleicht 1 000 Jungfrauen zu vergiften, um dem verstorbenen König das Ehrengeleit ins Totenreich zu geben, mag als Selbstverständlichkeit angesehen worden sein und als die Ehre für die davon Betroffenen, die aus dem ganzen Reich zusammengetrommelt wurden.
Moseley räumte mit einer Annahme auf, die fast als gesichert galt: Chan-Chan war keineswegs eine volkreiche Metropole von 250 000 Einwohnern, sondern auf 20 qkm Fläche mit Palästen, Pyramiden, bewässerten Gärten und einer Anzahl Wohnbauten bestückt, unter denen, zentral gelegen, sieben große Gebäudekomplexe auffallen, die mit Gewißheit — nacheinander — Sitz eines Monarchen gewesen sind. Größe und Zahl der Vorratskammern lassen darauf schließen, daß den König nur wenige Höflinge umgaben — die »Arbeitsameisen« wohnten außerhalb der Residenzen und leisteten ihren Tribut in Form von Arbeit für Herrscher und Allgemeinheit.
Wo einst vielleicht, rund 550 km von Lima entfernt, 20 000 Menschen lebten, fühlen sich die Relikte der alten Chimú-Stadt heute vereinsamt: Tempel mit Lehmreliefs von großer Ausdruckskraft bei aller Einfachheit der Formen. Ornamente, Götter und Getier präsentieren sich an den Wänden oft erstaunlich »frisch«, haben Jahrhunderte überdauert. Auf rund 30 qkm Chan-Chan kann man sich hiervon (und gelegentlich von geglückten oder weniger geglückten Restaurierungsarbeiten) überzeugen. Das »Regierungsviertel« *Ciudadela Tschudi* (rekonstruiert; Besichtigung täglich von 8—17 Uhr) ist nur ein Bruchteil des alten Chan-Chan...

Hier endete Atahualpa: Cajamarca

Mit Zwischenstopp in Trujillo braucht die Fokker 27 von Lima nach Cajamarca rund zwei Stunden, von Trujillo aus klettern die Autos über einen 3 200 m hohen Paß, ehe sie, wieder abwärts fahrend, die 40 000-Einwohner-Stadt auf 2 750 m Höhe erreichen. Von Dezember bis März ist der Besuch nicht so empfehlenswert: Dann regnet es Bindfäden. Sonst ist es tagsüber trocken, sonnig und mild (11—31 °C), nachts allerdings kann es auch empfindlich kalt werden. Mai bis Oktober sind die beste Reisezeit.
Die hübsche Kolonialstadt hat alte Vorläufer: Zwischen 500 und 1 000 n. Chr. siedelten hier die Namensgeber von Provinz und Provinzhauptstadt, der Stamm der Caxamarcas, um 1450 kassierten die Inkas Cajamarca ein — und im November 1532 ging hier das Inkareich endgültig zuende. Pizarro hatte den letzten Inka-Kaiser, Atahualpa, hier gefangengesetzt und ihm ein Gentleman-Agreement zugesichert: die Freiheit gegen Gold und Goldgerät im Wert von heute etwa 350 Millionen Mark. Das Angebot kam übrigens vom Kaiser selbst, der im 60 qm großen, heute »Zimmer des Lösegeldes« *(Cuarto del Rescate)* genannten und zu besichtigenden Raum (an der Straße Amalia Puga, nicht weit von der Präfektur) dem Eroberer

vorschlug, das Zimmer bis zur Höhe seiner ausgestreckten Rechten gülden füllen zu lassen als Gegengabe für die Freilassung. Pizarro stimmte zu — und brach sein Versprechen: An der heutigen *Plaza de Armes* wurde Atahualpa erdrosselt, nachdem der inkaische Adel zuvor in einer »Bartholomäusnacht« niedergemacht worden war.

An diesem zentralen Platz steht auch die *Kathedrale,* in der zweiten Hälfte des 17. Jahrhunderts begonnen, gut 50 Jahre später vollendet — bis auf die Türme, für deren Errichtung man an den spanischen König hätte Steuern zahlen müssen. Hier — wie bei anderen Kirchen — umging man diese Ausgabe, ließ man die Glocken dieser »leider ja unvollendet gebliebenen« Gotteshäuser aus Nischen der Fassaden läuten. Die aus Vulkangestein gehauene Fassade ist eindrucksvoll, der Hochaltar vergoldetes Schnitzwerk mit einer Heiligen, deren Gesicht wie eine Teepuppe strahlt.

Ebenfalls am Hauptplatz: die *Iglesia de San Francisco,* sogar mit Türmen ausgestattet und mit einer Prachtfassade in kolonialem Barock versehen. Sehenswert im Inneren: die unerhört feine Arbeit der Steinmetze in der angebauten Kapelle der Mater Dolorosa. Ein kleines Kunstmuseum erreicht man, wenn man die Sakristei durchquert.

Im Zentrum an der Straße *Belén* liegt die gleichnamige Anlage (Complejo Belén), mit Kirche und Altenheimen aus dem 18. Jahrhundert ein Komplex im Kolonialstil. Ostwärts auf der Straße *Inca* erreicht man nach 6 km die *Inka-Bäder* (Baños del Inca), wo mit über 70 °C das schwefelige Badewasser aus dem Boden kommt (Bus, Taxi). Fischzucht (Forellen) und Tierfarm (La Granja) liegen in der Nähe

Verläßt man die Stadt nach Nordost, Richtung Flughafen, trifft man nach 8 km auf die Nekropolis von *Otusco* (»Ventanillas« = schmale Fenster), die mit ihren verzierten Trachyt-Bauten an die Kultur der ältesten Talbewohner erinnert. 16 km südwestlich der Stadt wird es mit den *Cumbe Mayo*-Ruinen archäologisch interessant: Von der Chavin-Epoche beeinflußte Bauten (Aquädukt, Höhlen und das sogenannte Santuario) lohnen den Besuch, bei dem Sie über Stufen in den zur Höhle geweiteten Mund eines menschlichen Kopfes steigen können.

Jenseits des spitzen Berges: Arequipa

Die zweitgrößte Stadt Perús (509 000 Einwohner; 2335 m hoch gelegen; Flug ab Lima) liegt 1220 km von der Metropole entfernt, wurde 1540 inmitten einer Oasenlandschaft gegründet und bezieht ihren indianischen Namen von ihrer Lage »jenseits« des noch tätigen Vulkankegels *Misti* (5842 m). Ihre Lage ist einzigartig schön, ihre Kolonialbauten aus weißem Tuff (Sillar) – soweit sie Beben überstanden – beeindrucken. Die Jesuitenkirche *La Compañia* (17. Jahrh. mit Zufügungen) zeigt einen Grundstil, den man Indio-Barock nennen könnte, die alten einstöckigen Residencias (Wohnhäuser) gruppieren sich vor allem um die *Plaza de Armas.*

Magnet aber ist die alte Klosterstadt in der Stadt, das Kloster *Santa Catalina,* um 1640 entstanden. In den bunten, gut restaurierten und mit zeitgerechtem Mobiliar bestückten Häuschen im engen Gassengewirr wohnten einst 450 Nonnen neben rund 2 000 anderen Einwohnern. Heute stellt die kleine Stadt ein Museum (u.a. mit Gemäldesammlung) dar, das von 9—11 und 14—16.30 Uhr besucht werden kann.

Wo die Berge Götter waren: Cuzco

Das peruanische »Muß« hat fünf Buchstaben: Cuzco. 207 000 Einwohner leben hier auf 3400 m Höhe, tägliche Flüge verbinden die Andenstadt mit dem 1170 km entfernten Lima (50 Jet-Minuten). Von Mai bis November ist es hier kühl und trocken (tags 16°, nachts 6°), von Dezember bis März öffnet der Himmel die Schleusen, unterbrochen von sonnigen Tagen, die sonst häufig sind. Die umgebenden Berge Auzangate, Salcantay, Huanacaure, Pachatusán u. a. genossen einst göttliche Verehrung – und manche Zeremonien erinnern noch heute an diese mystisch-historische Tatsache. In der alten Inka-Metropole (bis zum Eintritt der Spanier anno 1533) entwickelten sich mit der Cuzco-Malerschule im 16. und 17. Jahrhundert und im Kunsthandwerk unter spanischer Ägide eigene Kunstformen, welche die präkolumbianische Kunst ablösten.

Cuzcos Name mag sich vom Quetschua-Begriff »Qhascco« (Herz, Mittelpunkt) herleiten, doch das ist ebenso ungewiß wie das Gründungsdatum, das man gern mit der Gründung des Inkareiches durch Manco Capac um 1200 n. Chr. kombiniert. Historisch ist die »Zweitgründung« um 1450, die erst einmal mit den alten Bauten tabula rasa machte, ehe 50 000 Bauarbeiter hier fronen durften, um ein inkagerechtes und durch die Festung Sacsayhuaman geschütztes schöneres Cusco zu errichten, das Zentrum der »Vier Länder« des Inkareiches »Tahuantinsuyo« wurde. Eine geistige und schöpferische Elite wurde in der hochgerühmten Stadt aus allen vier Himmelsrichtungen — qua order de Inka — zusammengezogen und ließ das Licht des Kaisers und der kaiserlichen Stadt noch heller erstrahlen.

Die einmarschierenden Spanier (15. November 1533) schien das weniger zu beeindrucken, und was sie übrig ließen, zerstörten zwei Jahre später eine Indio-Revolte und im Laufe der Zeiten Erdbeben, unter denen das von 1950 noch in frischer Erinnerung ist: 90% Einbuße entsprach schier dem Totalverlust. Erhalten blieben die mörtellos festgefügten Quadern der Fundamente aus inkaischer Zeit, auf ihnen entstand Cuzco, restauriert nach altem Vorbild, erneut.

Zentrum der Stadt ist (— und wie könnte es anders sein!) auch hier die *Plaza de Armas,* der Platz der Waffen, der in Quetschua »Platz der Freuden« (Haucaipata) heißt ... und Quetschua wird hier noch überall gesprochen. Wo einstmals der Palast der Inkas (Viracocha) stand, erhebt sich (nach 1950 neu errichtet) die *Kathedrale,* an deren Erstfassung fast ein Jahrhundert gebaut worden war. Silberne Säulen lenken den Blick auf den Hauptaltar am Ende des Mittelschiffs, auch er silbern und mit goldener Monstranz bestückt. Die Malerschule Cuzcos hat für die Bildausschmückung gesorgt, die Christusfigur (Señor de los Temblores, Herr der Beben) wird ostermontäglich zur Prozession geführt, ist ein Geschenk Karls V. und Schutzpatron der Stadt. Das Chorgestühl ist ein illustratives Beispiel für den churrigueresken Stil Spaniens.

Solide Basis der jesuitischen *Iglesia de la Compañía* (17. Jh., barocker Goldaltar) ist der inkaische Schlangentempel, auf den Grundmauern des einstigen Sonnentempels erhebt sich die *Iglesia de Santo Domingo,* deren Apsis einen halbkreisförmigen Raum des Inka-Heiligtums deutlich nachzeichnet.

In der zweiten Hälfte des 15. Jahrhunderts entstanden Kloster und Kirche *La Merced,* deren 44 Pfund schwere Goldmonstranz, mit hunderten Diamanten und Perlen verziert, am Nachmittag gezeigt wird (17 Uhr). Gemälde der Cuzco-Schule hängen im zwei-etagigen Klosterkreuzgang, spanisch-maurischen Mudejar-Stil repräsentiert die Kastendecke des Klosters.

Kaum zu fassen ist, was der — anonyme — Schnitzer der Kanzel in der Kirche *San Blas* an barocken Formen aus dem Holz herausgeholt hat, und der Altar der Kirche steht dieser Arbeit nicht nach. Wie man einen Dodekaeder höchster Präzision aus Stein heraushauen kann, haben Inkakünstler mit der *Piedra de doce ángulos* (Zwölfeckstein) bewiesen. Bestaunen Sie diese Kunstfertigkeit in der Calle Hatun Rumiyoc, in der auch das *Museo de Arte Religioso* im ehemaligen erzbischöflichen Palais zu finden ist. Sonst ist als Museum bemerkenswert das *Museo del Instituto Arqueológico de la Universidad* mit vorkolumbianischer Keramik, mit Mumien, Gold- und Türkisarbeiten.

Vor Cuzcos Toren

Zwei Kilometer vor der Stadt liegt auf einem Felsplateau die Ruine der Cuzco einst schützenden Festung *Sacsayhuaman:* gewaltige Quadern, fugenlos gefügt, eine herkulische Arbeit für 30 000 Arbeiter in 70 Jahren ohne 35-Stunden-Woche, die diese Steinkolosse von bis zu 9x5x4 m aus einem entfernten Steinbruch herangeschleppt haben. Auf dem Platz hinter den Wällen findet zur Sommersonnenwende das Sonnenfest statt, zu dem die Indios im Inkaschmuck bemüht sind, tanzend die Atmosphäre von Vorvorgestern ins Heute zu zaubern. Pittoreske Motive für Fotografen. Der Blick von den Wällen auf Stadt und Tal wird mitgeliefert.
Die Ruinen eines Amphitheaters, das vermutlich eher blutigen Zeremonien denn spaßigen Piècen diente, zeigt, drei Kilometer von Cuzco, der Platz *Kenco*. Auf einer Plattform das von den Spaniern als Ausgeburt der Hölle betrachtete und kräftig ramponierte Standbild eines Puma.
In der Nähe: *Chingana Grande,* ein Felsen mit drei Meter hohem Opferaltar, von dem die Fama erzählt, er habe sich beim Transport selbständig gemacht und 3 000 der 20 000 Transport-Sklaven erschlagen. Darunter ein Irrgarten von Felsgängen, Galerien, Nischen, Räumen, deren schlimmste Partien gesperrt wurden, nachdem erlebnishungrige Touristen dieses Erlebnis nicht überlebten.
Turmreste und eine Plattform zeugen — gleich nebenan, 6 km von Cuzco — in *Puca Pucara* von einer Festung.
34 km von der Inkastadt entfernt findet allsonntäglich (vormittags) in *Pisac* ein *Indio-Markt* statt mit Hausse in Souvenirs zu kleinem Aufpreis. Das gelegentlich angebotene wirklich Gute (. . . und Ältere) läßt dagegen den tieferen Griff in die Tasche berechtigt sein. Älter als alle Angebote: die archäologischen Reste an den Ufern des Flusses Vilcanota, darunter »Intihuatana«, eine Sonnenuhr. Noch heute zeigt Sonnengott Inti, was es geschlagen hat.
Wenn es zur Sonntagsmesse schlägt, stolzieren die Varayoc, die Indiobürgermeister, in voller Kriegsbemalung . . . pardon: Festkleidung zur Kirche, während die Kameras der Touristen unaufhörlich klicken.
Einen *Sonntagsmarkt* — vor allem für Indiobedarf — vor altem Inkagemäuer gibt es im reizenden kleinen Dörfchen *Chinchero* (28 km von Cuzco), dessen Kirche auf nischenreichen Stein- und Lehmmauern erbaut wurde, die einmal Tempelfundamente waren.

Mit »Boleto de Turismo« nach Machu Picchu

Im Foyer des »Hotel Turistas« in Cuzco hat man sie Ihnen gegen einen Obolus von rund 50 DM ausgehändigt: die rote Fahrkarte und die weiße Platzkarte mit Wagen- und Sitznummer. Nun können Sie (wie 150—180 andere Passagiere) zur Station »Sta. Ana« der »Ferrocarril«, der Eisenbahn, aufbrechen, Kamera und Marschverpflegung (!) umgehängt.
Der einzige Weg, die geheimnisvolle und bis 1911 verborgene, schier unsichtbare, übergrünte Inkastadt Machu Picchu (2 360 m hoch, 112 km bis Cuzco) zu erreichen, ist die Bahn. Sie bringt ihre vorgebuchten Fahrgäste (Abfahrt 07 Uhr) über einen 3 700 m Paß nach *Puente Ruinas* (1970 m, Ankunft mit Glück um kurz nach 10 Uhr, sonst eben später) mit Halt im 2 800 m Pachar (61 km von Cuzco) zum Obstkauf bei den anbrandenden Indiofrauen, und in Pampaccahua (93 km von Cuzco). Angelangt, nehmen VW-Busse die Touristen auf, die dem Versteck der vor den Spaniern geflüchteten Inkaner ihren Besuch machen wollen, das der amerikanische Yale-Professor Dr. Hiram Bingham 1911 entdeckte (. . . und das die Spanier nie fanden).

Der Anblick, den die Andenstadt der Inkas nach 20 Minuten Bustour vom Bahnhof bietet, ist erstaunlich modern, betrachtet man die Konzeption: Zu den Bädern, Wohnungen und Terrassen führen nicht nur Straßen, sondern auch Wasserleitungen, welche die Versorgung der 15 000 Einwohner garantierten.

Machu Picchu, im Quechua »Alter Gipfel«, entdeckt man am besten in der Süd-Nord-Richtung, den Huayna Picchu-Gipfel (»Junger Gipfel«) gradeaus im Visier. Dann versäumt man keines der Wohnviertel, keine der militärischen und kultischen Anlagen, der Treppen und Terrassen. Die Terrassen dürften als landwirtschaftliches Anbaugebiet (Mais) geschaffen worden sein, die Stufen sind bis zu vier Meter hoch, rund drei Meter mißt die durchschnittliche Tiefe. Die Mehrzahl liegt im Westen.

Mittelpunkt des Stadtgebietes ist die *Plaza Principal,* der Hauptplatz. Auf dem Weg dorthin passiert man *El Torreón,* den »Festungsturm«, halbkreisförmig auf phantastisch gefügten Quadern mit Späherausblick nach Osten und Westen. Nördlich: das *Tor der Schlangen* (»Amarus«), trapezförmig mit zwei Höhlungen, in denen Bingham Brutplätze für Schlangen vermutet. Die *Tumba Real,* das königliche Mausoleum, ist der nächste interessante Punkt: Ein gewaltiger Block mit Reliefarbeiten an den Wänden der unregelmäßigen, kleinen Kammer, die an einer Seite zwei Nischen aufweist. Zwei Stufen führen zu einem altarähnlichen Felsblock (Reliefs).

Der *Palacio Real* läßt noch als Ruine ahnen, daß hier in mehreren Räumen und einem Patio ein Inka-Fürst oder aber — man weiß es nicht genau — ein Hoherpriester residierte.

Wendet man sich nun nach rechts (Osten), so fallen die Brunnen und Aquädukte auf; einige von ihnen — mit besonders schönem und sorgfältigem bildhauerischen Schmuck (nahe beim Palast und dem Mausoleum) — mögen kultischen Zwecken gedient haben.

Überqueren wir den Hauptplatz wieder nach Westen, so zeigt sich über den Westterrassen die *Plaza Sagrada,* der Heilige Platz mit seinen Kultstätten. Im Norden des Platzes zählt man in der Mauer des Haupttempels über dem Stein-Altar sieben trapezförmige Öffnungen (der mystischen Zahl 7 kommt in vielen Religionen eine hohe Bedeutung zu), zum Platz ist der Tempel offen. Ebenfalls zum Heiligen Platz geöffnet ist der *Tempel der drei Fenster* (Templo de las tres Ventanas), dessen Rückwand zum Hauptplatz liegt und drei Fenster (heilige Zahl 3) aufweist. Gegenüber dem Hauptplatz hat der Tempel ein höheres Bodenniveau, so daß er von dort aus wie zweigeschossig wirkt. Gegenüber dem Haupttempel öffnet sich das *Haus des Priesters* (Casa del Sacerdote) mit zwei Eingängen zum Heiligen Platz, neun Fensternischen zeichnen es aus. Der Quetchua-Name des Priesters ist *Huillac Huma* und bedeutet »das Haupt, welches spricht und Rat erteilt«.

Gesprochen und Rat erteilt haben wird das geistliche Oberhaupt der Stadt auch bei den großen religiösen, städtischen und militärischen Zeremonien, die auf dem Hauptplatz stattfanden. Ob hierbei ein seltsames — und nicht unumstrittenes — Monument eine Rolle gespielt hat, das auf kleinem Hügel im Westen des Platzes errichtet wurde und *Intihuatana* heißt, ist ungewiß. Der Name bedeutet »Platz der Sonnenfesselung«, und das könnte mit dem Sonnenkult der Inkas durchaus in Zusammenhang gebracht werden. Auf dem unregelmäßigen Stein-Vieleck mit drei Stufen nach Osten erhebt sich eine prismenartige Säule (Pyramidenstumpf könnte man sagen), als deren Zweck aber ein astronomischer angenommen wird: Umlauf von Erde und Mond um die Sonne seien hier anhand des Schattenwurfs der Säule studiert worden. Einer so hoch entwickelten Kultur wäre das zuzutrauen.

Besuchen wir aber noch einmal die östliche Wohnzone! Von hier nämlich bietet sich das eindrucksvollste Panorama des Urumbamba-Cañon mit dem Blick auf den Huayna Picchu dar. Die engen Straßen dieser Zone (Nordost) und die kunstvollen

Bis 1911 verborgen blieb auf 2360 m Höhe die alte Inka-Stadt Machu Picchu, beliebtes Ausflugsziel aller Perú-Besucher

Steinmetzarbeiten an den Mauern der Gebäudereste sind reizvoll, interessant auch sind die »3 Türen« mit ihrem Öffnungsmechanismus und die *Sala de los Morteros* (Raum der Mörser) mit rotgemalten Mauern und den zwei Steinmörsern zur Maiszerkleinerung in der Mitte des Raumes.
360 m über Machu Picchu liegt der »junge Gipfel« *Huayna Picchu* (2 720 m) — und wer es sich zutraut, über den alten, gefährlichen Inka-Verbindungspfad dort hinaufzuklettern, wird mit einer grandiosen Aussicht belohnt: Ganz Machu Picchu, den Cañon zu Füßen und die Schneeriesen der Kordillere um und über sich — das ist ein Erlebnis neben den Ruinen der Inkagebäude, den Treppen, Terrassen und Bildhauerarbeiten, die auch hier zu finden sind. Von den Bewohnern dieser Fluchtburg weiß man wenig. Bingham fand nur 142 Mumien, alle nach der spanischen Invasion von 1531 mumifiziert, von denen 102 Frauenmumien waren. Wie die begleitenden Mediziner rekonstruierten: Frauen von außergewöhnlicher Schönheit, offenbar besonders ausgewählt — und möglicherweise »Sonnentöchter«, dem Inti-Kult geweiht. Wenig Zeugen also in einer Stadt von 500 noch erkennbaren Häusern und in einer Kultur, die Feuerbestattung nicht kannte. Ein Feuer aber, ein Waldbrand, zerstörte im Sommer 1988 rund um Machu Picchu mehr als 2000 Hektar Wald des Nationalparks.

Ein Meer in den Anden: Titicaca-See

In 3 800 m Höhe ein Meer anzutreffen, einen See, dreizehn Mal so groß wie der Bodensee. . . das ist gewiß etwas Besonderes und macht manche Strapazen, die man sich bei diesem Trip einhandelt, erträglicher.

Hat man sich in der Inkastadt *Cuzco* akklimatisiert — und dafür genügen nach dem Reise-Anflug auf 3 400 m zwei bis drei Tage als Minimum —, so steht der Fahrt mit der Andenbahn nach *Puno* nichts mehr im Wege. Daß man hierzulande, wo die oft unvorstellbare Armut vorzüglicher Nährboden für eine ideenreiche Diebstahlkriminalität ist, in Bahnen und Bussen alle bewegliche Habe an sich fesseln muß, Schmuck am besten nicht trägt und Geld im versteckten Brustbeutel unterbringt, lernen auch Optimisten und andere Unbelehrbare spätestens, nachdem sie erstmals Opfer solcher Umverteilung der Güter geworden sind. Selbst die »primera«, die Erste Klasse der Bahn, schützt nicht unbedingt davor, ist aber in jedem Fall anzuraten. Die Fahrt durch eine Märchenlandschaft nach Puno dauert immerhin 8—10 Stunden, und 385 km auf quadratisch wirkenden Rädern und bei permanent spürbarem Schienenstoß lassen sich auf bequemeren Sitzen besser ertragen. Und zum besseren Ertragen gehören für Höhenkrankheit-Anfällige auch die in Apotheken Perús erhältlichen Wunderpillen »Cormina Glucosa«.

Im Vilcanota-Tal, das sich mehr und mehr verengt, ist man noch guter Dinge, doch sobald der Sechstausender Ausangate im Vilcanota-Massiv deutlicher wird, beginnt man die Anstrengungen der Fahrt zu spüren. *Sicuani* ist die Station, von der man die Reste des *Tempels von Viracocha* zu besuchen pflegt (ein eigener Ausflug ab Cuzco), danach geht es auf die Paßhöhe von La Raya zu, mit 4 319 m der höchste Punkt der Fahrt, der einen fantastischen Ausblick auf heiße Quellen inmitten einer Almenlandschaft bietet, auf der Lamas und Alpakas grasen und man mit Glück auch einmal wild lebende Vicuñas sehen kann. An den Unterwegsstationen immer wieder das gleiche lebendige, farbige Bild: Indios suchen Blumen, Eier, Fleisch, Tortillas und allerlei kaum zu identifizierende Imbisse an den Mann, sprich: die Reisenden, zu bringen. Das gleiche gesunde Mißtrauen, das die Indios den von diesen Marktmotiven begeisterten Fotografen entgegenbringen (manche haben entschieden etwas gegen die Ablichtung!), sollten Sie ihren Produkten gegenüber haben, die selten aus hygienisch einwandfreier Produktion stammen.

Juliaca ist die letzte Station vor Puno, und hier entstand vor ein paar Jahren ein relativ komfortables Touristenhotel, dessen Küche so gut ist wie die dortigen Indios freundlich. Nur mit der Verständigung (es sei denn, Sie sprechen Aymara) hapert es etwas — Englisch und Spanisch sind hier Fremdsprachen. Das zwar staatliche aber wenig stattliche Hotel Turistas bei *Puno* am Titicaca-See ist da etwas weltoffener, doch hier darf man Komfort nicht erwarten. Puno selbst, Stadt mit ca. 30 000 Einwohnern, ist Perús Andenhafen und Startpunkt für Ausflüge über und um den Titicaca-See (900 km Uferlinie, bis 230 m tief). Die Kathedrale der Stadt (1774) besticht durch ihre Schlichtheit, das Angebot an Souvenirs auf den Märkten durch seine Vielfalt — weniger durch seine Preise, die jenseits des »Meeres« und der bolivianischen Grenze spürbar niedriger sind.

Mit Binsenbooten gehen die Fischer auf dem See ihrem Handwerk wie eh und je nach. Bootsbauer sind die »Seemenschen« *(Kot Suns)* vom Stamm der Urus, deren Vorfahren jene Aymaras waren, die hier am See aus einer Wildform unsere Kartoffel züchteten und Mais, Bohne, Tomate, Kürbis, Vanille, Sonnenblumen und Tabak kultivierten. Sie kannten und nutzten die Rinde des Chinabaums (»Chinin«) — und gewiß nicht weniger das Alkaloid der Kokastrauch-Blätter, Kokain. Die Namen Chinin und Kokain entstammen der Quechua-Sprache.

Die heutigen »Seemenschen« hausen in Binsenhütten auf künstlich-kunstvollen Binsen-Inseln, die in mehreren Metern Dicke auf dem See schwimmen (Islas flotantes de los Urus). Sie von Puno aus zu besuchen, gehört zum guten Touristenton — und zu dem gehört auch, daß man ihnen etwas Geld zusteckt, wenn sie sich als Fotomodelle für das Reisetagebuch bildlich festhalten lassen. Die Uru-Kinder freuen sich über Bonbons.

Beliebtester Tagesausflug (oder aber auch: Weiterreise nach Bolivien und zu dessen Hauptstadt La Paz) ist die Bus-Fahrt von Puno oder Juliaca (morgens 6 Uhr Start) um den See nach Copacabana, wo man zu Mittag ißt, um anschließend mit dem schnellen Tragflügelboot in See zu stechen: Rundfahrt durch den Ostteil des Sees, der zu Bolivien gehört. Zwei Inseln werden angelaufen, auf denen die Ruinen eines inkaischen Sonnen- und eines Mondtempels zu sehen sind. Der Blick vom Sonnentempel entschädigt für die Enttäuschung, hier nur so wenig »Ruinen« zu finden. In *Huatajata* setzt das Tragflügelboot wieder auf, begrüßt von Indios in etwas operettenhafter Inka-Tracht, die auf Schilfbooten angepaddelt kommen, Motive für die Kameras, Anfänge eines touristischen Highlife. Die Weiterfahrt mit Bussen führt dann nach *La Paz*. Darüber aber mehr im Bolivien gewidmeten Kapitel.

Kopfjäger im Ruhestand: Iquitos

Aus der Luft gesehen, ist das Gewirr der Flußläufe, die aus dem tropischen Urwald lehmgelb hervorlugen, wie Wege eines Irrgartens. Ein Beispiel, das einmal nicht hinkt; denn sich in diesem Gebiet von *Loreto* zu verirren, hat beste Chancen. Was hier dem Vater Amazonas zuströmt und sich flußaufwärts weiter verzweigt, ist kaum zu zählen. Mitten darin: Iquitos, von vielen als das Ende der Welt apostrophiert. Dieses finis terrae liegt 3 700 km vom Atlantik entfernt — und bleibt dennoch via Amazonas für 5 000-Tonner erreichbar. So gewaltig, so breit, so tief ist dieser Strom durch die Grüne Hölle.

Nur wenige Reisende wählen diese Route. Einige Mutige machen sich von Lima aus auf den Weg über die Anden, um über das 850 km entfernte *Pucallpa* (55 000 Einwohner) ins Loreto-Gebiet vorzustoßen. Erdölfunde haben das sonst verschlafene Urwaldnest in die Schlagzeilen gebracht — etwas, das der reizvolle, nahegelegene *Yarinacocha*-See nie erreichte. Dort kann man dann auf einfache Schiffe umsteigen, die den *Ucayali* abwärts schippern, vorwiegend »Hängematte-Schlafkomfort« bieten und eine Woche Fahrzeit bis Iquitos benötigen. Das Erlebnis ist nicht ohne Reiz — wie es nicht ohne Beschwer ist.

Schneller geht es durch die Luft von Lima nach Iquitos, und man muß schon völlig abgestumpft sein, um diesen Flug mit dem wechselnden Panorama nicht mit jeder Faser zu genießen: Küste, Hochgebirge, Täler, Urwald... das ist die Welt in der Nußschale! Über den Sümpfen brütet die Hitze, und wo am Zusammenfluß von Ucayali und Marañon zum Amazonas die Departamento-Capitale von Loreto liegt, Iquitos, fallen bis 40 Grad Hitze und nahezu absolute Luftfeuchtigkeit über die Ankömmlinge her.

Dieser Klima-Schock ist nicht unerwartet, doch Erstaunen erzeugt das Leben auf diesem Stapelplatz der Urwaldprodukte: Verkehr wie in einer Großstadt auf Straßen, die vielleicht ein Dutzend Kilometer tief nach allen Seiten ausstrahlen, um dann — wie Holzwege im Wald, plötzlich zu enden. Am Fluß, und schwitzend aber mühelos zu erreichen, liegt *Belén*... d.h. genau genommen liegt es zum Teil im Fluß: Auf Pfählen oder primitiven Pontons gebaute Hütten, gegen die über 10 m ansteigenden Fluten in der Regenzeit einigermaßen gefeit. Wo im Zentrum von Iquitos sich die Taxis jagen, hat dieses Armenviertel den Einbaum als einziges Verkehrsmittel, ersetzen klapprige Bohlenstege die Straßen.

Elf Kirchen kann die 201 000-Seelen-Stadt vorweisen, zwei Akademien und eine Universität. Bemerkenswerter sind die musealen Attraktionen. Das *Museo Amazónico* gibt einen guten Überblick über Landschaft und Kultur, das *Aquarium* ist bestückt mit Zierfischen, die Aquarienfreunde bei uns nur eben von Namen kennen, im *Tiergehege* adaptiert man die Urwaldfauna, ehe ihre Vertreter die weite Reise zu den Zoos in aller Welt antreten.

Vor wenigen Jahren berichtete die sowjetische Zeitung »Trud«, im Nordosten des peruanischen Urwalds seien »riesenhafte, im Amazonasgebiet beheimatete Ureinwohner Südamerikas« gesichtet worden. Sie hätten rötliches, welliges Haar und bräunliche Haut gehabt, seien mit Leopardenfellen gegürtet gewesen und hätten als Waffen Äxte und Hämmer besessen. Ihre Größe: Weit über zwei Meter. Rätselhafte Reste eines Stammes in völliger Verborgenheit?

Die Indios, denen man bei Tages-Excursionen von Iquitos aus, den Amazonas abwärts, begegnet, ähneln in nichts diesem Bild: Die *Jívaros,* einst gefürchtete Kopfjäger, die heute Schrumpfköpfe aus was auch immer herstellen und anbieten, sind heute Kopfjäger im Ruhestand — und für eine Schachtel Zigaretten beweisen sie ihre Schießkunst mit dem Blasrohr, dessen Pfeile nicht mehr mit Curare vergiftet sind. Und die Tracht, die sie tragen, wird zu Lust und Ehre der Touristen angelegt. Der Ausflug zur 80 km entfernten *Explorama-Lodge* oder anderen angebotenen Zielen im Regenwald ist dennoch lohnend: An der unheimlichen Atmosphäre der Grünen Hölle vermag kein Kommerzialismus etwas zu verändern, und Tukane, Tapire, Aras, bunte Schmetterlinge, Grillen und Ochsenfrösche scheinen sich an den Tourismus gewöhnt zu haben.

Traubenbrand und Schädelbohrer: Pisco und Paracas

Verläßt man Lima mit Südkurs, so erreicht man nach knapp zweieinhalbhundert Kilometern einen Ort, dessen Name Freunden härterer Getränke geläufig ist: *Pisco* im Weinbaugebiet Perús. Der Pisco (als *Pisco sour* besonders beliebt) wird Sie an den italienischen Grappa erinnern, beide sind klare Weinbrände (Trester), die von der bei uns üblichen Geschmacksrichtung beträchtlich abweichen, beide vermögen einen Espresso oder Café solo angenehm zu würzen. Als »Inca-Pisco« tritt der Branntwein seinen Exportweg auch zu uns an, die schwarze Keramikflasche ist der Porträtflaschenkeramik der Inkazeit nachgebildet.

Anregend aber ist auch ein Besuch auf der 15 km entfernten, eher öden Halbinsel *Paracas,* an deren Felsbuchten Flamingos nisten und Seelöwen dösen. Wichtiger ist der Besuch des kleinen Museums, das jüngste Ausgrabungen aus alter Zeit zur Schau stellt: überraschend kunstfertige und kostbare Gewebe (mantas), in welchen einst die Mumien ihre Reise aus der Zeit in die Ewigkeit antraten. An den Schädeln des Gräberfeldes, das Fischer per Zufall entdeckten, entdeckten Wissenschaftler Sensationelles: Die Spuren von Trepanationen (operativen Schädeleingriffen), mit Goldplatten abgedeckt, die — Jahrhunderte vor den Inkas — zwischen 700 v.Chr. und etwa 150 n.Chr. vorgenommen worden waren. Die Erinnerung an die »königlichen Schädelbohrer« der Pharaonen drängt sich zwangsläufig auf . . . und damit wieder einmal die vertrackte Frage nach dem Kontinent- und Kulturzusammenhang.

Inka, zur Freiheit, zur Sonne. . .

In diesem Land der Phantasie Grenzen zu setzen, fällt schwer: Die Anstöße zu fantastischen Gedankenflügen sind schier zu zahlreich. Folgen Sie Erich von Däniken nach *Nasca* (430 km südlich Lima), und er wird Sie in ein Weltraumabenteuer verstricken, gegen das Teleproduktionen wie »Barbarella« oder »Enterprise« verblas-

sen: Götter-Astronauten landeten auf der Nasca-Hochebene, inmitten der Scharrbilder lag ihr kosmischer Flugplatz.
Fest steht, daß diese Ebene der *Pampa colorada* mit ihren rund 5 000 qkm indianisches Wohngebiet schon vor anderthalb Jahrtausend war. Fest steht, daß man auf ihr kilometerlange Linien, Quadrate, Kreise, Rechtecke ebenso ausmachen kann wie Abbildungen von Kondoren, Affen, Spinnen, Kolibris und Menschen: Abgetragenes Geröll läßt die Linien im darunter liegenden Sand exakt erkennen.
Um die Deutung haben sich viele bemüht. Die deutsche Mathematikerin Maria Reiche z. B., die herausfand, es könne sich bei einer Reihe von Linien nur um die Festschreibung von exakt bestimmten Hinweisen zur Sommer- und Wintersonnenwende handeln, und die auch deren zeitlichen Ursprung datieren konnte: Zwischen 600 v. Chr. und 1400 n. Chr.
Der Vorwurf, den Wissenschaftlern unserer Tage gebräche es an Phantasie, trifft zumindest auf den Amerikaner Jim Woodman nicht zu: Der Pilot, Fotograf und Explorer-Club-Angehörige wurde durch einen Flug über Nasca zu einer phantasievollen Theorie angeregt, die in diesem Plateau keinen Landeplatz extraterristischer Intelligenzen, sondern den Startplatz für einen kultischen Flug in die Arme des Sonnengottes sieht, den er 1973 simuliert.
Schon die Story der vorbereitenden Arbeiten, die u. a. Maria Reiche und deren Erfahrungen einbeziehen, ist außerordentlich reizvoll. Auf einer brasilianischen Briefmarke entdeckt er ein Denkmal, das einem Pater Bartolomeu Gusmão gewidmet ist, auf einer anderen Gedenkmarke Brasiliens eine Szene, die Gusmão bei einem Experiment mit einem Heißluftballon vor höfischem Publikum anno 1709 zeigt. Ballon und Datum machen ihn und seine Mitarbeiter stutzig. Schließlich ließ Montgolfier seinen Ballon erst 1783 aufsteigen. Sollte hier ein früher Pionier der Ballonfahrt existiert haben? Die Recherchen führen zum Denkmal Gusmãos im brasilianischen Santos (siehe Seite 177), zu Dokumenten in der Schweiz und zu der Erkenntnis, daß der Jesuitenpater möglicherweise einen Akt nachvollzogen habe, der im Sonnenkult der Inkas gang und gebe und in Nasca zuhause war: Gestorbene Inkaherrscher wurden in einer Schilfgondel unter einem Heißluftballon von Nasca aus der Sonne entgegengesandt und verschwanden auf ihrem Weg zum Sonnengott über dem Meer den Blicken der Hinterbliebenen.
Steine, Tonscherben im kleinen *Museo Municipal* an der Plaza Central von Nasca bestärken Woodmans Ansicht: Darstellungen von Ballons sind unverkennbar. Die Keramik-Fragmente stammen aus den Gräberfeldern von Nasca und Paracas und geben den Anstoß für ein Unternehmen der experimentellen Archäologie: Woodman läßt eine Ballonhülle aus Textilien ähnlich der Inkazeit herstellen, läßt die Pfahlbürger vom Titicacasee eine Binsengondel flechten und startet seinen »Condor I«, über Nasca, nachdem der durch einen »Rauchtunnel« mit Heißluft gefüllt worden war, an Bord Woodman und Julian Nott, Weltrekordhalter im Heißballonsport. Das Experiment gelingt, die Schlußfolgerungen, die Hochrechnungen faßt Nott im Gespräch zusammen: »Weißt du, wie hoch wir eine leichtgewichtige Inkaleiche mit diesem Ballon senden könnten? Wir können sie ohne Mühe 1 500 m hoch befördern. Wenn wir das Gewebe schwarz färbten und den Ballon um Mittag aufsteigen ließen, würde die Sonnenenergie ihn außer Sichtweite tragen.«
Der erste, der den Flug zur Sonne machte, war nach der Legende Viracocha. Es war seine Rückkehr: »Er stieg in den Himmel hinauf, nachdem er alles gemacht hatte, was es im Lande gibt.«
Beim Besuch von Nasca an die alten Legenden und an die jungen Experimente und Forschungen zu denken, hilft über den tristen Anblick dieser Schädelstätte hinweg, auf der aus geräumten Gräbern einfach liegen blieb, wofür man durch das Überangebot an Schädeln und Gebein kein museales Interesse hatte. . .
Phantasiebeflügelt, nachdenklich verläßt man Nasca, und beim späteren Abflug

Perú **89**

von Lima, beim Anblick des Flugpionierdenkmals, drängen sich die Gedanken an eine endlose Reihe von Ikariern, von Söhnen des Dädalus in Ballons, Luftschiffen, Propeller-, Turboprop- und Jetflugzeugen auf und an Raumflüge eines Zeitalters, in das wir grade die ersten tastenden Schritte unternommen haben. Brüder, zur Freiheit, zur Sonne...

Zum Abschied: Ochsenherz

Eine Spezialität, die anderswo kaum anzutreffen ist, kann man — wie bei uns Würstchen — vom Straßen-Stand kaufen: *Anticuchos*. Dieses Ochsenherz-Gericht braucht eine Nacht lang Vorbereitungszeit, ehe es zu Röstkartoffeln oder Mais serviert werden kann: Die Ochsenherz-Würfel müssen diese Zeit über in einer Marinade aus Estragonessig, Chilipfeffer, Salz, Pfefferkörnern und Safran liegen, werden dann entnommen, müssen abtropfen und erhalten einen Oliven-Ölanstrich, ehe sie auf den Holzkohlerost kommen, wo sie während des Grillens immer wieder mit der Beize bestrichen werden.

Berühmtes Reststück einer Tempelstadt im bolivianischen Tiwanaku: das Sonnentor

BOLIVIEN
República de Bolivia

Seine Hauptstadt, die rechtens nicht seine Hauptstadt ist (das ist nämlich *Sucre*), ragt gewissermaßen in den Himmel und schmückt sich gern mit dem Beinamen »höchste Metropole der Welt«: *La Paz,* der Friede. Seit den Zeiten, da Simón Bolívar Bolivien die Unabhängigkeit erkämpfte (1825), sind nicht viele friedliche Jahre über das Land gegangen, dessen Umfang zuletzt nach dem pazifischen »Salpeterkrieg« von 1879—1883 wie eine Traube zur Rosine zusammenschrumpfte. Vom Meer verdrängt, kann seine Marine nur noch auf dem Titicacasee manövrieren — und so wird verständlich, daß der Drang zum verlorenen Meer ein Ceterum censeo der Bolivianos ist: Im übrigen bin ich der Meinung, daß wir wieder einen Hafen am Meer haben müssen.

Das ist so seit einem Jahrhundert, und bisher scheiterten alle Versuche, eine friedliche und alle befriedigende Lösung zu finden. Da hierfür drei Parteien zuständig sind, nämlich außer Bolivien auch Perú und Chile, und eine von diesen trotz gelegentlich freundschaftlich-ehrlicher Beteuerungen stets ein unüberhörbares »No« zu Protokoll zu geben pflegt (. . . und sei es aus innerpolitischen Erwägungen), ist das Patt permanent. In Bolivien aber hofft man weiter, obgleich die Gemeinsamkeiten des »Andenpaktes« sich mehr und mehr als Leerformeln erweisen.

Das Hin und Her im Innern, zwischen putschenden Juntas und zaghaften Ansätzen zur Demokratie, läßt politischen Ruhestand (außer für abgewählte oder verjagte Politiker) tunlichst gar nicht erst aufkommen.

Internationale Hilfsaktionen wie etwa Terre des Hommes, nationale Entwicklungshilfe wie durch die Konrad-Adenauer-Stiftung, weltweite wie die der UNO-Organisationen tun ihr Möglichstes — doch das ist wie Regentropfen auf glutflüssige Lava. Im Barrio Copacabana von La Paz z.B. vegetieren 60 000 Menschen der Zweimillionenstadt, unterernährt, krank durch unhygienische Verhältnisse, mit Kleinkindern, die geringe Chancen zu überleben haben. Auf der Weltkarte des Hungers nimmt Bolivien einen prominenten Platz ein.

»La Paz«, der Friede, scheint bei den Bolivianos allgemein und den Paceños der Elendsquartiere von La Paz keine Heimstatt zu haben.

Dabei spielen sich Volks- und Einzelschicksale vor einer grandiosen Szenerie ab, in deren Kulissen sich Schätze von Silber, Kupfer, Eisen, Zinn und Erdgas verbergen, in denen überreichlich Platz für grasende Herden wäre und für die Nutzung als Anbaugebiet. Von allerlei Silber befreiten die Spanier ab 1535 die eingeborenen Aymarás, doch es blieb genügend nach, das auszubeuten lohnend ist. Vorausgesetzt, man hat das Kapital für Investitionen. Daran aber hapert es, Bolivien ist eines der Schlußlichter Amerikas auf dem Weg zur Wohlhabenheit. Daß die seltsame Art seiner Besiedlung — riesige Urwald- und Chaco-Gebiete sind praktisch unberührt — Mangel an Kapital wie an Initiative verrät, mag richtig sein, fest steht, daß nördlich der Straße Cochabamba — Santa Cruz und östlich wie südlich Santa Cruz die Welt aufhört. Und nicht nur für Touristen, denen die majestätische Kulisse des Altoplano, das Plateau des Hochandengebiets, ohnehin der Anziehungspunkt Nummer Eins in Bolivien ist.

Die drei Viertel kaum bewohnte »Terra incognita« des Landes überlassen sie Forschern, Abenteurern und 0,3 Indios auf einen Quadratkilometer, runde 900 km Altiplano von 150 km Breite auf 3 800 m Höhe sind ihnen Abenteuer genug, und niemand kann ihnen das verdenken.

Das Land in Stichworten

Geographische Lage: Zwischen 10°20' und 23° südlicher Breite, 69° und 58° westlicher Länge, Entfernung von Frankfurt: 14 138 km.

Fläche: 1 098 581 qkm, 13mal so groß wie Österreich.

Einwohner: 6 550 000, 6,0 je qkm.

Hauptstadt: Sucre (Regierungssitz: La Paz, mit Vororten 2 Millionen Einwohner).

Staatsform: Präsidiale Republik, Parlament aus »Cámara de Diputados« und »Senado«. 9 Departamentos. Bei Wahlen 1985 erhielt kein Kandidat die absolute Mehrheit, 1989 spricht das Wahlgericht der MNR (Nationalisten) den Wahlsieg zu; die Opposition vermutet Wahlbetrug.

Nationalflagge: waagerecht Rot-Gelb-Grün.

Städte: 6 Großstädte mit rund 44 % der Gesamtbevölkerung.

Bevölkerung: über 50 % Indianer, 28–30 % Mestizen, ca. 20 % Weiße; einige Ostasiaten und Neger.

Religion: Staatskirche ist die römisch-katholische (93 %); ca. 45 000 Protestanten, 4000 Juden als Minderheiten.

Landessprache: Als Amtssprachen zählen Spanisch, Ketschua (40 %) und Aymará (über 30 %); im Tiefland: Guarani.

Zeitdifferenz: MEZ minus 5 Stunden. Gegenüber Frankfurt wird die Uhr um 5 Stunden zurückgestellt.

Wichtiges von A bis Z

Anreise: La Paz (Flughafen El Alto, 14 km zur Stadt, Bus und Taxi). Er wird 6mal wöchentlich von Frankfurt (mit Umsteigen) angeflogen. Für Ausland- und Inlandflüge wird eine Fluggastgebühr erhoben (außer Transit innerhalb 12 Stunden).
Nachbarschaftsflugverkehr 2–6mal wöchentlich nach Chile, Paraguay, Argentinien, Ecuador, Brasilien und Peru.
Inlandflüge zu 16 Flughäfen (Boeing 727, Fokker F-27), niedrige Tarife.

Diplomatische Verbindungen: Botschaft der Bundesrepublik Deutschland, Avenida Acre 2 395, La Paz, Tel. 35 19 80.
Honorarkonsulate in Santa Cruz und Sucre.
Schweizerische Botschaft: Avenida 16 de Julio No. 1616, La Paz, Tel. 35 30 91.
Österreichische Botschaft: siehe Peru. Generalkonsulat: Avenida 16 de Julio No. 1616, piso 7, La Paz, Tel. 32 66 01.

Feiertage: 1. Januar, Karfreitag, 1. Mai, Fronleichnam, 16. Juli (La Paz!), 6. August (Nationalfeiertag), 2. November, 25. Dezember.

Gewichte: Metrisches System.

Informationen: Bolivianisches Fremdenverkehrsamt, Einsteinstr. 34, 8000 München 80, Tel. (0 89) 4 70 44 61.

Impfungen: Wenn auch nicht gefordert, so wird eine Gelbfieber-Impfung dringend angeraten. Malaria-Prophylaxe erforderlich für Gebiete unter 2500 m (außer Stadtgebieten). Chloroquin-Resistenz möglich.

Klima: Tropisch bis subtropisch, stark beeinflußt durch Höhenlagen. Im Norden bis 2000 mm Niederschläge, im Gran Chaco trocken. Ostseite der Anden sehr feucht, Andengipfel über 5 300 m ewiger Schnee.
Kälteste Monate: Mai bis Juli; regenreich: Oktober bis März. Günstigste Reisezeit: April bis Oktober.
Die Umstellung auf die Höhenlage von La Paz (3500–4000 m) ist beschwerlich, für Herzkranke u. a. gefährlich. (Morgens und spätnachmittags kühl), Mantel.
Für die tropischen Gebiete: leichte Sommerkleidung (keine Synthetics!), für die Abende leichte Wollkleidung.

Maße: Metrisches System.

Öffnungszeiten: Banken: Mo–Fr 9–12, 14–16 Uhr; Läden: Mo–Fr 9–12, 14–19 Uhr, Sa 9–12 Uhr.

Reisepapiere: Reisepaß (bis 3 Monate Aufenthalt). Nachweis bezahlter Rück- und Weiterreise.

Stromspannung: 220 Volt Wechselstrom; in La Paz gelegentlich 110 V Wechselstrom.

Trinkgelder: Steht kein Bedienungszuschlag auf Rechnungen von Hotels und Restaurants, sind 10 % Trinkgeld üblich. Auch bei anderen Dienstleistungen.

Trinkwasser: Besser kein Leitungswasser, sondern nur Mineralwasser trinken.

Verkehr: Rund 22 000 km Landstraßen – zumeist in wenig verlockendem Zustand, staubig und mit geringer Beschilderung. Ausnahme: La Paz–Oruro und die Panamerika-Straße (teilweise).
Rechtsverkehr. Der internationale Führerschein muß in Bolivien abgestempelt werden. 3500 km Eisenbahnnetz, z. T. Schlaf- und Speisewagen eingesetzt, sonst Verpflegung auf den Stationen.
Autobusse mit unterschiedlichem Komfort auchentlich zum Titicacasee, täglich nach Tiwanacu, Sta. Cruz, Sucre u. a.
Schiffsverkehr auf dem Titicacasee mit Schnellboot (Huatajata–Juli) und Bus-Anschluß nach Puno (Perú). Von La Paz Bus-Zubringer. In Puno Bahnanschluß nach Cuzco.

Währung: 1 Boliviano (Bs) = 100 Centavos (cts), hohe Inflationsrate, 100 Bs = ca. 73 DM. Einfuhr von Landes- und Fremdwährung unbeschränkt; Deklaration erforderlich, Ausfuhr in Höhe der deklarierten Einfuhr, Umtauschbescheinigungen aufbewahren. Zumeist kann mit US-Dollars bezahlt werden (Hotels, größere Geschäfte).

Zoll: Reisende ab 18 Jahren: 100 Zigaretten, 25 Zigarren, 300 g Tabak, 2 l Alkohol. Getränke (*kein* Absinth!). Ferner Foto, Kamera, Tonbandgerät; Artikel bis 100 US-$ (einmal im Halbjahr).
Ausfuhr von Kunst- und archäologischen Gegenständen, die nicht dem 20. Jahrhundert entstammen, ist verboten. Für Export von Natur- oder Halbfertigprodukten bolivianischer Herkunft wird Zoll erhoben.

Auf dem Goldfeld: La Paz

Wenn die Düsenmaschine, die den Kabinendruck vorsichtig auf den Außendruck eingepegelt hat, in 4 100 m Höhe auf dem Flughafen *El Alto* (»der Hohe«) aufsetzt, geschieht das ein Dutzend Kilometer von dort entfernt, wo die Aymará-Indianer einst güldene Zeiten erlebten: Im geschützten Tal, 500 m tiefer, lag ihr Dorf Chuquiapú, dessen Name »Großes Goldfeld, goldenes Flußbett« und zugleich »Kartoffelsaat« bedeutet. (. . . die hohe Wertschätzung der Kartoffel macht das verständlich). Weniger das Dorf als die zu erwartende Ausbeute interessierte den spanischen Capitán Alonso de Mendoza, der hier 1548 zum leidenschaftlichen Goldsammler wurde, das Dorf als entbehrlich ansah und mit seinen Mannen einebnete, ehe er zu Ehren von »Nuestra Señora de la Paz« die Anfänge der Stadt La Paz entstehen ließ.

Da die Spanier indessen schon wenig später in bequemer erreichbaren und nicht so »atemberaubenden« Höhen der Nachbarländer edle Metalle oder deren Entdecker und Ausbeuter entdeckten, um sie rasch auszubeuten, legte sich über La Paz der Schleier des Vergessens . . . fortgerissen erst vom Sturmwind weltweiter Industrialisierung um die Mitte des letzten Jahrhunderts, als Zinn, Blei, Kupfer, Wismut und andere metallische Gaben des bolivianischen Hochlandes gefragt waren.

Inzwischen war zwar Sucre als Ehrung für den Freiheitshelden dieses Namens offiziell zur Hauptstadt aufgestiegen, doch das wiedererweckte, wirtschaftsstarke *La Paz de Ayacucho,* wie es sich nun nannte, wurde und blieb (Verfassungsauftrag hin, Verfassungswirklichkeit her) eigentliche Metropole. Heute ist es mit seinen zwei Millionen Einwohnern (vorwiegend indianischer Bronze-Hauttönung) Sitz der Regierung.

Sobald Sie mehr oder minder kräftige Anwandlungen der Höhenkrankheit (»soroche«; wer bleibt schon ganz verschont von diesem Unbehagen!) überwunden haben, können Sie sich — lieber ein bißchen wärmer gekleidet — zur Entdeckung der Plätze, Märkte und Sehenswürdigkeiten von La Paz aufmachen.

Fünf bedeutendere Plätze prägen das Gesicht der Stadt, zwischen denen sich der *Rio Chequejapú* und eine große Zahl selten grade verlaufender Straßen hindurchschlängeln. An der *Plaza Murillo,* die nicht an den spanischen Maler sondern einen Freiheitsheros erinnert (in der *Calle Jaén* steht sein Geburtshaus, heute Nationalmuseum), wird die Kathedrale Ihre Aufmerksamkeit weniger fesseln als der Regierungspalast, anno 1946 Ziel der Attacke einer Volksmeute, die den Präsidenten Villaroel Amt und Leben kostete.

Folgt man der *Calle Socabaya,* so gelangt man zum Palais der *Condes de Arana* und dem *Museo Nacional de Arte* mit Gemälden und anderen Erinnerungen an die Kolonialzeit, wie sie sonst hier selten geworden sind (Di bis Fr 9 — 11.45 Uhr und 14 — 17.45 Uhr, wochenends 10.30 — 13 Uhr).

Die *Plaza San Francisco* wird von der bemerkenswertesten Kirche der Stadt geschmückt: der kolonial-barocken *Basilica Menor de San Francisco* (1743 — 84) mit ihrem ungewöhnlichen Kuppelturm und einem Museum, in dem Sie die Schutzheilige der Stadt auf einem Gemälde eines anonymen Meisters des 17. Jahrhunderts betrachten können. Vor dem Portal der Basilica finden sonntägliche Indiomärkte

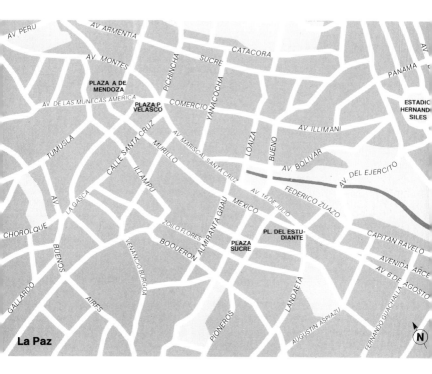

statt, bei denen nicht nur allerlei Abergläubisches und Abenteuerliches verkauft wird: Für die Indios ersetzt dieses Kommunikationszentrum Zeitung, Fernsehen und Rundfunk.

Achten Sie am Portal (sonnabends) darauf, ob dort eine Wolldecke drapiert ist, die den Glücksgott Ekkeko, Fisch und Puppe (Sinnbilder der Fruchtbarkeit) zeigt. Dann nämlich können Sie im Inneren eine Indio-Hochzeit erleben, die mit einem Konfettiregen endet — und Tage vorher mit endloser Fête für Trinkfeste begonnen hat.

Wenn die Gläubigen zur Fastenzeit dem Fleisch Valet sagen (Carneval), wird der Vorplatz zur Bühne: Die »Diablada« erlebt ihre zighundertste Aufführung, ein indianisches Mysterienspiel, in dem alle Arten von teuflischen Gestalten Stars tänzerischer Rollen sind.

Die *Plaza Venezuela* präsentiert Bolívars obligatorisches Denkmal, die *Plaza Roma* das des reitenden Generals Sucre. Zwischen beiden Plätzen: Die Rennbahn, der Korso, die Rambla der Stadt, die *Avenida 16 de Julio,* auch Prado genannt. Am Sonntag Flanierzentrum der Paceños bei trommelfellsprengender Blasmusik.

In der Nähe, an der Calle Tiwanacu: Das *Museo Arqueológico Tiwanacu,* äußerlich dem Tiahuanaco-Stil nachempfunden, im Inneren informative Sammlungen zur Tiahuanaco- (»Tiwanacu«-) Kultur, eine gute Vorbereitung auf den Besuch am Titicacasee (geöffnet Di bis Fr 10 — 12.30 und 15 — 19 Uhr, wochenends 10 — 12.30 Uhr). An Hand von Schädeln können Sie sich davon überzeugen, daß die Inkas die Trepanation, die Öffnung des Schädels, vorzüglich beherrschten.

Im Osten der Stadt liegt bei der *Plaza Arqueológica* das *Estadio Hernando Siles* (»Miraflores«) mit einem ebenfalls Tiwanacu gewidmeten *Freilichtmuseum* (ganztägiger Besuch), dessen Prachtstücke zwei Monolithe vom berühmten »Sonnentor« sind.
Bei Zeit und Interesse bieten sich weitere Museen an: das *Museo Minero* (ein gehaltvolles Bergbaumuseum im Gebäude der Banco Minero), das *Museo Murillo* (Mobiliar und Trachten der Kolonialzeit) und andere.

Es wird Abend in La Paz

In der höchstgelegenen Metropole der Welt ein wild wogendes Nachtleben à la Reeperbahn zu erwarten, heißt die Paceños zu überfordern. Hier wogt es gewissermaßen anders — mit echter, nicht aufgesetzter Lebensfreude. Das beginnt am Sonntagnachmittag schon (und ab 18 Uhr mit Gratis-Zugang) in der großen Halle des *Coliseo Cerrado* in der Calle Mexico, wo Sänger, Tänzer und Bands waschechte Folklore präsentieren, um von einer sachkundigen Jury und vor einheimischen Könnern mit Geldpreisen bedacht zu werden. Als »gringo« werden Sie sich dort ein wenig verlassen vorkommen, doch die kochende Volksseele reißt schließlich auch den stursten Stockfisch mit.
Nur am Freitag und Sonnabend geht es in den *Peñas Folclóricas* der Vorstädte gegen Mitternacht (ab 22 Uhr) hoch her: In der dichtgedrängten Menge meist junger Paceños werden Sie sich wundern, daß für Maskentänze noch Raum ist, und werden Sie Ihren Ohren einiges zumuten müssen. Doch allein das Instrumentarium der »Orchester« ist Besuch und Studium wert, auch wenn man sich nicht selbst mitwirkend in das Atemnot erzeugende Getümmel stürzt. Hier begegnet man der Sicu oder Antara genannten Panflöte, die in den Andenstaaten seit präkolumbischer Zeit verbreitet ist, erlebt man, wie die mit einem Fell bezogene Juancar oder die zweifellige Tinya-Trommel den Rhythmus geben, hört man den harten Klang der Tarka, einer Art Blockflöte, die Querflöte Pinkullo und die Ayariche, eine Art Okarina. Ob Sie auch einer der mehr im Dschungel gebräuchlichen bis zwei Meter langen Bajone, einer Superpanflöte, begegnen, ist Glückssache. Das Baßtöne erzeugende Instrument ist — von drei Jungen getragen — Requisit vieler Prozessionen. Das mit fünf Doppelsaiten bestückte Charango, eine Mandoline, kam erst nach der spanischen Invasion ins Orchester, sein Klangkörper ist die Schale des Gürteltiers. Die Chil-Chil-Rasseln und Guitarren vollenden das Klangbild, das lange im Ohr nachklingt. Im Club »Kori-Thika« (Calle Juan de la Riva No. 1435, nicht weit von der Plaza Venezuela) können Sie sich dieses Vergnügen machen, wenn Ihnen Ihr Taxifahrer nicht zu einer grade besonders gut bestückten Peña an anderer Stelle rät.
Natürlich gibt es Discotecas, amerikanisch-halbdunkel und allenfalls durch ein Prae lateinamerikanischer Tänze noch von den unseren unterschieden. Hier wie anderswo: Lassen Sie's ruhig angehen, in dieser Höhe wird Ihnen der Kreislauf dafür danken.
Mit dem so um 21 oder 22 Uhr beginnenden Abendessen (mittags tut es etwas Leichteres in einem Imbiß oder einer Pizzeria) öffnen sich kaum die Gefilde lukullischer Seligkeit. Wenn es nicht internationale Restaurants sind oder — etwa — Fernöstliches, liebt man es eher hausbacken und meist vom Grill. Gegen Qualität und Größe der Steaks läßt sich jedoch nichts einwenden, wie Sie z.B. im »Daiquirí« (No 1695 der Avenida 16 de Julio) inmitten grillgerechter Dekorationen bestätigt finden werden. Na ja, und nach zwei bis drei Daiquiris (Rum und Zitrone sind seine Hauptbestandteile) als liquides Hors d'oeuvre sind Ihnen auch die nicht sehr einfallsreichen Beilagen (wo auch immer Sie danach suchen) nicht mehr so

wichtig. In Nummer 1616 derselben Avenida können Sie, im elften Stock speisend, für den nicht kleinlichen Griff nach Ihrem Portefeuille auch noch »la noche de La Paz« erleben. Stadt und Nachthimmel aus der Vogelperspektive.
Doch vielleicht stoßen sie in privatem Kreis oder ländlichen Lokalitäten auch einmal auf Spezialitäten.

Aus bolivianischen Töpfen

Im hochgelegenen Anden-Staat muß deftige Kost gegen frostiges Klima und dessen Joule-Umsatz ankämpfen: die »Kalorien« werden schneller verbraucht. Dagegen haben die Bolivianos unter anderen Spezialitäten eine besondere Variante jener Gemüseknolle entwickelt, die im benachbarten Perú ihre Urheimat hat: *Chuños* sind Kartoffeln, die man mehrfach gefrieren läßt, dazwischen wieder auftaut, um mit diesem Verfahren eine Mini-Kartoffel zu erhalten, in der sich die süße Kartoffelstärke in starker Konzentration zusammengeballt hat. In den Eintopfgerichten des Landes sind die Chuños wesentliche Bestandteile der Komposition.
Im meerentlegenen Bolivien sollte man Fischgerichte nicht unbedingt vermuten, vergißt aber bei dieser Annahme den Titicacasee, einen der größten und höchstgelegenen Süßwasserseen der Welt, der die bolivianische Tafel delikat bereichert. *Gebratene Fischrouladen* sind zum Beispiel ein beliebtes Gericht, zu deren Füllung viel Butter, Zwiebeln, Weißbrot, geschlagenes Eigelb, Sahne, Salz, Pfeffer, geriebene Muskatnuß und ein kräftiger Schuß Sherry gehören. Die hiermit dick bestrichenen und geölten Fischfilets kommen mit zerlassener Butter in eine Auflaufform, erhalten noch einen Schluck Sherry und werden im Ofen bei hoher Temperatur, ständig übergossen, gebraten. Chuños und ein trockener Weißwein sind die Begleitung.
Boliviens »Nationalgericht« aber ist eine besonders delikate Variante des Schweinepfeffers, *Aji de carne*. Neben den Fleischwürfeln und Reis gehören Zwiebeln, zerdrückte Knoblauchzehen, zerschnittene Tomaten, viel Chilipfeffer, Nelken, Zimt, Salz, Pfeffer und Fleischbrühe dazu. Nachdem das Gericht eine halbe Stunde gedünstet ist, erhält es seine Sonderbehandlung: Gestückelte Chuños und grüne Bananen (geschält und geviertelt) werden beigegeben, dann läßt man alles eine Viertelstunde weiterdünsten, gibt Zuckersirup, Sahne und gehackte Erdnüsse darüber und kocht fertig. Schärfe und Süße vereinen sich in diesem Schweinepfeffer zu einem aparten Geschmack.
Da die meisten Braumeister des Landes ihre Ausbildung im bayerischen Weihenstephan absolviert haben, ist das hiesige Bier von europäischem Stil.
Frühstückgenießer sind die Bolivianer nicht, Kaffee und Gebäck werden als ausreichend angesehen. Der um 17.30 Uhr servierte Nachmittagstee überbrückt lediglich die Pause zwischen den Hauptmahlzeiten, die dann allerdings — mittags wie abends — besonders kräftig sind.

Mit der Stadtrundfahrt zum Mond

Ob Science fiction-Autoren sich hier ihre Anregungen für die Schilderung der Landschaft außergalaktischer Planeten holen, weiß ich nicht — doch es böte sich an: *La Valle de la Luna,* das Mondtal, vermag auch weniger ausgeprägte Phantasten zu beflügeln. Stinknüchterne Wissenschaftler werden sich etwas von Erosion in den Bart murmeln, und man kann ihnen nicht widersprechen: Ursache für das Märchenpanorama, das sich hier bietet, sind Wind und Regen, die sich Millionen Jahre Zeit nahmen, um in emsiger Schleifarbeit aus dem roten und dunkelgrauen Gestein (Riotit und Andesit) bizarre, skurrile, pittoreske Monolithe zu basteln. Ihr Formen- und Artenreichtum ist so gewaltig, daß auch progressive Skulpteure hier

noch lernen könnten und mit ähnlichen Produkten auf der Kasseler »Documenta« beifalls- und preisverdächtig wären. Felsen wurden zu zinnengetürmten Burgen, Felsnadeln tragen wie Pilze merkwürdige Hut-Kreationen, Sägen und andere Einsatzstücke für die elektrischen Bohrmaschinen scheinen hier, gewaltig vergrößert, zu Stein geworden zu sein.
Sich mit diesen Gebilden ausschweifender Wetterphantasie fotografieren zu lassen und darin, daran herumzuklettern, gehört zum guten Ton aller, die mit diesem Appendix der La Paz-Stadtrundfahrt das Mondtal besuchen. Ähnlichkeiten mit dem Mond, der guten alten Luna am Nachthimmel? Armstrong und andere Astronauten werden das kaum bestätigen . . . dem Eindruck, den das 15 km von der Stadt entfernte Naturspektakel hinterläßt, tut das keinen Abbruch.

Einundvierzig Meilen zum Sonnentor

Nach 72 km Fahrt erreicht man von La Paz dreitausend und mehr Jahre Vergangenheit: Tiahuanaco, 20 km vom Titicacasee entfernt, einst Hauptstadt des Reiches der Ayamarás, Wiege einer Kultur, die nach jüngsten Überlegungen um 1580 v. Chr. begann. Womit nicht ausgeschlossen ist, daß schon vor 1800 Jahren auf diesem Hochplateau Menschen lebten. Das meinen jedenfalls einige Archäologen, die hier Grabungen vornahmen und damit der ersten Anwesenheit von Menschen auf amerikanischem Boden ein neues Datum setzten. Ob sich die heute in repräsentativen Ruinen liegende Stadt Tiahuanaco Tiawanaco aussprach (das möchte ich vermuten) oder Tiwanaku . . . mischen Sie sich in diesen weiter schwelenden Disput nicht ein! Qua Order de Mufti . . . pardon: amtlicherseits hat man dem Philologenstreit ohnehin ein Ende gesetzt. Die offiziellen Verlautbarungen haben sich für Tiwanaku entschieden und schreiben auch so.
Der Weg hierhin berührt das Nest *Laja* (Silber-Altar in der Kirche), den Ort, an dem Mendoza 1548 La Paz gründete, und *Tambillo,* von dessen Höhen aus sich ein prachtvolles Panorama der Hochebene mit dem Titicaca-See (wenn es Ihnen lieber ist: Titikaka-See) und der Cordillera Real, der Königs-Nordkordillere bietet. Ausflugsbusse oder der billige (nicht nur im Preis!) Linienbus ab Plaza Kennedy in La Paz bringen die Ausflügler in die Welt der Vergangenheit von Tiahuanaco, die mit Zeugen der Kulturblüte des andinen Reiches (500 — 1000 n.Chr.) lebendig blieb. Sorgfältige Restaurierungsarbeiten haben das Ihre dazu beigetragen, auf den erosionsbedrohten 450 000 Quadratmetern zu erhalten, was noch möglich ist. Im übrigen waren es nicht nur Regen und Wind, die hier hausten und zerzausten, Jahrhundertelang ist hier gestohlen worden, was nicht niet- und nagelfest war, wurden ganze Gebäude zu Schotter verarbeitet und abgefahren. So hält Tiwanaku heute bei einer Bestandsaufnahme den Ruinen von Machu Picchu kaum stand, wenn auch einzelne Objekte so interessant wie eindrucksvoll sind.
Um die Mitte des ersten Jahrtausends unserer Zeitrechnung prunkte hier eine Tempelstadt, die ein von weither besuchtes Wallfahrtszentrum darstellte. Doch als die Inkas Mitte des 15. Jahrhunderts hier auftauchten, fanden sie bereits eine verlassene Stadt vor, deren Bewohner unbekannt verzogen waren, die einst so berühmten Kult-Anlagen zurücklassend.
Zwei prominente Bauwerke sind es vor allem, die inmitten des quaderübersäten Areals die Aufmerksamkeit auf sich ziehen: Sonnenwarte und Sonnentor. In der Mitte eines 130 mal 135 m großen, vertieften Platzes, der *Kalasasaya,* geben erhaltene Details den Archäologen weiterhin Rätsel auf. Weniger die steinernen Masken an den Wänden, eher schon die klobigen Statuen, weil sie Bärte tragen, die Aymarás aber — wie alle Indios — bartlos sind.
Das Portal zu dieser »Sonnenwarte« gilt als Schmuckstück Tiwanakus: das Son-

Bolivien **97**

nentor. Das Material, aus dem es gehauen wurde, ist ein einziger Block von Andesit-Gestein, 3 mal 3.75 m groß, sieben tons gewichtig, eine großartige Leistung. Der über die ganze Breite laufende Fries zeigt vier Reihen Reliefs (Bas-Reliefs), über deren Aussage und Bedeutung man mehr oder minder auf Vermutungen angewiesen ist. Im Kulminationspunkt steht die Sonne, durch ihr Gesicht als Gottheit personifiziert. Ihre Strahlen bilden formal abstrahierte Jaguarköpfe, die als Symbol der Macht angesehen werden. Daß die Sonne weint, hat mit Trauer nichts zu tun: Der Tränenfluß ist Sinnbild der Fruchtbarkeit. So weit meint man, eine korrekte Deutung gefunden zu haben. Als was man die Gestalten der Reliefs (es sind 148) ansehen muß, ist schon fraglicher. Sind es Genien, Menschen, Vögel mit Menschenköpfen? Ihr Blick ist zur Sonne gerichtet (zur steinernen des Tores oder aber zum lebenspendenden Fixstern unseres Sonnensystems). Hierin eine Anbetungsscene zu sehen, ist naheliegend.

Für die Wissenschaft interessant ist eine Tatsache, an der es nichts zu deuten gibt: Die Tiwanaku-Kultur mit ihren streng kubischen Erzeugnissen ist von der Höhe des Sonnentors bis an die Küste vorgedrungen und hat sich dort nord- wie südwärts verbreitet. Weit problematischer wird es bei den Reliefs der viele tons schweren Bodenplatten, die nebst den gut erhaltenen Eckpfeilern den Grundriß eines Bauwerks (als Mausoleum geplant?) erkennen lassen. Zu finden auf einem Hügel, stellt dieser *Puma Cuncu* den Steinmetzkünstlern der Menschen von Tiwanaku in der peniblen Art der Bearbeitung ein vorzügliches Zeugnis aus. Ob es einmal gelingt, eine Erklärung für die eingemeißelten Reliefs zu finden, steht in den Sternen . . .

Am heiligen See

Den höchsten schiffbaren See der Welt kann man von Perú aus wie von Bolivien ansteuern. Seinen Namen erhielt der Titicaca-See von den Aymarás ; genauer gesagt, war *Titi-kak* der Name eines Felsens auf der heiligen Sonneninsel »Isla del Sol« im See, des puma-Felsens, von dem herab der Gott Viracocha das All erschuf. Greifbarer als diese mystische Urlegende ist die vielfach vertretene Annahme, am heiligen See sei die Kultur der andinen Staaten erschaffen worden.

Zentrum der Ausflüge zum Titicaca-See (amtlich: Titikakasee) auf der bolivianischen Seite ist *Copacabana,* dessen Kirche aus dem 17. Jahrhundert Ziel vieler Wallfahrten ist. Hier residiert die wundertätige *Virgen de la Candelaria* (Candelaria — Lichtmeß), zu der vor allem am 2. Februar und 15. August (Mariä Reinigung und Mariä Himmelfahrt) die Gläubigen strömen. Das Gnadenbild wurde 1576 von einem Aymará gemalt. Andere Gemälde der Kirche und ihrer Kapellen stammen aus der Malerschule von Cuzco, der Hochaltar ist ein Traum aus Gold und Silber. Copacabana liegt 175 km von La Paz entfernt, hat 20 000 Einwohner und wird gewöhnlich von Tiwanaku aus via Guaqui und Desguadero besucht. Es liegt auf einer in den See ragenden Halbinsel, die auch Treffpunkt von Seglern und Fischern ist. Die hier stehenden Forellen sind eine Delikatesse und von ungewöhnlicher Größe. Im Restaurant des Hotels »Playa Azul« können Sie sich davon überzeugen.

Copacabana auf dem Wasserweg zu erreichen, ist eine weitere Möglichkeit: Per Bus geht es ab La Paz nach *Huatajata,* dort schifft man sich, morgens, auf einem Tragflügelboot ein und läßt sich über den See donnern. Unterwegs während der viereinhalbstündigen Seereise trifft man auf die »totoras«, die Schilfboote der indianischen Fischer, geht es an der Mondinsel Coatí (derzeit Straflager) vorüber und zur Sonneninsel *Isla del Sol* mit den Ruinen des Sonnentempels, einst höchstes Heiligtum, und des Klosters der Sonnenjungfrauen, ehe Copacabana erreicht wird, das man auch (preiswert!) ab La Paz anfliegen kann, wenn man den kurzen Flug mit einer Großmutter des Luftverkehrs nicht scheut.

Per Lift auf 5 570 Meter

Wem lumpige 3 657 m (La Paz) nicht genügen, um seine Kondition zu testen, kann sich samt Skiern aus der Stadt in gut einstündiger Fahrt mit dem Bus nach *Chacaltaya* kurven lassen, einem Wintersportzentrum par excellence am Hang des ewigen Schnee servierenden *Huayana Potosí*. Unterkunft findet man im Berghotel (5260 m) und kann sich dann bis zur 5 570 m hoch gelegenen Endstation des Skilifts emporliften lassen. Wenn in den tiefer gelegenen Regionen gelegentlich massiver Dauerregen den Winter dokumentiert, von Dezember bis Mai, sorgt der Club Andino in La Paz (No. 1473 in der Avenida 16 de Julio) auch für organisierte Ganztags-Skiausflüge, zu denen man nicht unbedingt die Skier mitnehmen muß, weil allein schon die Aussicht von hier oben über die Kordilleren und bis zum Titicacasee großartig ist und den Trip lohnt. Das Skigebiet ist nicht nur für Ski-Asse reizvoll, relativ sanfte Hänge kann auch befahren, wer noch keinen perfekten Riß-Christiania oder Telemark auf den Hang bringt . . . vorausgesetzt, die Höhenlage macht ihm nicht zu schaffen. Den Bolivianos, die hier in Schußfahrt abfahren, scheint solches Problem unbekannt zu sein. Sie genießen »die höchstgelegene Skipiste der Welt in der Königskordillere« mit Elan und der Unbekümmertheit der Gebirgler.

Zu Chacaltaya gehört übrigens eine Institution, deren Untersuchungen sehr nützlich sind: ein kosmophysikalisches »Strahlenobservatorium«, das sich mit Intensität und Wirkungen von UV-Strahlen beschäftigt, die zwar die beliebte »Gletscherbräune« von Winterurlaubern erzeugen, in der hier vorherrschenden Dosierung aber außerordentlich gefährlich werden können. Denken Sie, vor allem bei längerem Aufenthalt, daran und tragen Sie ihre Haut- und Sonnenschutzmittel doppelt und dreifach auf.

Landhäuser im Grünen: Cochabamba

Vielleicht erinnern Sie sich: Anno 1964 besuchte Charles de Gaulle Südamerika (. . . die Brasilianer widmeten diesem Ereignis sogar eine Sonderbriefmarke) und nächtigte auch in Cochabamba, der viertgrößten bolivianischen Stadt (2558 m hoch gelegen mit 317 000 Einwohnern), deren angenehmes Klima und hübsche Umgebung stets viel Bolivianos zu Ferien verlockt. Für den überlangen französischen General und Staatspräsidenten, der im Palacio Portales des Königs aller Zinnproduzenten, Patiño, domizilierte, mußte ein überlanges Bett gebastelt werden, wovon die Weltpresse pflichtschuldigst Kenntnis gab. Heute ist das Herrenhaus Patiños, der übrigens hier nie residierte, Museum und informiert so ein wenig über Wissenswertes aus dem Cochabamba-Areal.

Auch die anderen Landhäuser betuchter Familien sind verlassen und zeigen Spuren des Verfalls. Mit der Agrarreform von 1952 nämlich schüttelten die hier ansässigen Großagrarier den — geringen — Staub der Stadt von ihren Füßen und verlagerten ihre Aktivitäten nach anderwärts. Air und Flair des bezaubernden, grünen und fruchtbaren Cochabamba-Tales erlitten dadurch zwar eine Akzentverschiebung, doch der Blick vom Cerro San Sebastian oder gar dem 5 200 m Cerro Tunari (hier ist es kalt!) läßt den Reiz verständlich erscheinen, den dieses Tal auf die Besucher ausübt.

In der Stadt selbst können Sie einen Blick auf und in die *Kathedrale* an der *Plaza 14 de Septiembre* werfen, werden Sie das Regierungsgebäude und die San Simón-Universität bemerken und in den Schaufenstern ganz gewiß die nicht eben billigen aber schönen Textilien und Felle, deren Lieferanten Lama und Alpaka sind.

Ob Sie die rund 400 km von La Paz nach Cochabamba, das eine spanische Gründung von 1574 ist, per Eisenbahn, Auto oder Flugzeug überwinden, ob Sie im »Grand-Hotel« (mit Schwimmbad) übernachten oder »first class« im »Ambassador«, ist eine Frage des Geldbeutels.

Senkrechtstarter Santa Cruz

»Nur« 500 km trennen Cochabamba von Santa Cruz, der auf 445 m Höhe gelegenen, in mehrfacher Hinsicht kochenden Stadt am Rande der Llanos, der Ebenen. Die sommerlichen Temperaturen erreichen einige 30 Grad im Schatten, und die Bevölkerung dehnt sich aus wie Dampf über der Tülle des Teekessels. Wo einst Jesuiten (1561) die Indios Arbeit und Gottesfurcht lehren wollten (ein kaum als geglückt zu bezeichnendes Experiment, das mit der Vertreibung der Männer von der Societas Jesu endete), entstand Santa Cruz im Laufe der Vierziger- und frühen Fünfzigerjahre unseres Jahrhunderts. Zunächst waren es 25 000 Menschen, die am märchenhaft fruchtbaren und wasserreichen Llano siedelten, doch magnetartig zogen nicht nur die landwirtschaftlichen (Mais, Baumwolle, Zuckerrohr, Viehzucht) Qualitäten immer mehr Menschen an, zum Überfluß fanden sich auch Erdgas, Eisenerz und Magnesium in der Umgebung und ließen in zwei Dezennien sich die Einwohnerzahl vervielfachen (441 000). Eine Entwicklung, die weitergeht und heute bereits Weichen für morgen stellen läßt: Zu den Schätzen, die der Boden bietet, will man künftig auch das weiße Gold des Tourismus speichern. Die Voraussetzungen sind nicht schlecht: Santa Cruz liegt am Schienenweg, an guten Straßen und hat einen Flughafen, die Wälder sind wild-, die Flüsse fischreich, und zur Zeit des Karnevals ist schon heute highlife, macht der »Carnavalito« als musikalische und tänzerische, inzwischen weltweit bekannte, ausgelassene Bewegungstherapie auch aus Misanthropen Menschen im Freudentaumel. Die lokalstolzen Cruzeños, verstärkt um etwa die gleiche Anzahl in der engeren und weiteren Umgebung Wohnende, holen zum großen Schlag aus: Sie haben sich vorgenommen – La Paz hin, Sucre her – einst die alleinberechtigte Hauptstadt Boliviens zu werden.

Die Hauptstadt laut Verfassung: Sucre

José Antonio Sucre, dem Mitkämpen Bolívars, hat man mit der offiziellen Hauptstadt des Landes ein geographisches Denkmal gesetzt, zur bolivianischen Metropole aber hat sich die Stadt nicht profilieren können, sie ist und bleibt liebenswerte Provinz. Die Panamericana läßt sie konsequent links liegen, die 175 km Straße von Potosí hierher sind mit Frostaufbrüchen geziert wie eine Orchesterpartitur mit Noten. Der Ferrobus der Eisenbahn oder das Flugzeug sind so die besseren Kommunikationsmittel, um Sucre und seine 86 000 Einwohner auf 2970 m Andenhöhe zu erreichen.
Die Bevölkerung ist den Paceños nicht böse, daß La Paz der verfassungsmäßigen Hauptstadt den Rang abgelaufen hat. Man ist hier selbstgenügsam, ein bißchen phlegmatisch und eigentlich noch von kolonialzeitlicher Atmosphäre geprägt. Das spiegelt sich auch in den Bauten wieder, die sorgfältig unterhalten werden. Aus dem 16. Jahrhundert stammt die *Kathedrale,* in der vor allem die Kapelle der Madonna

Ein Magnet für Eroberer war der »Silberberg« von Potosí, 4830 m hoher »Reicher Berg«, von den Spaniern Cerro Rico getauft

von Guadelupe mit Kabinettstücken der Goldschmiedekunst im wahrsten Sinne des Wortes »glänzt«: Aus einer dicken Goldplatte ist das Bildnis der Muttergottes geschmiedet, deren Mantel mit Tausenden von Perlen »bestickt« ist, zwischen denen Diamanten und anderes edles Gestein glitzern. Gold, Silber und Edelsteine schmücken auch die Monstranz.

Vom Jahre 1538 datiert die älteste Kirche Südamerikas: *San Miguel* in Sucre, ein — vorzüglich restauriertes — Musterbeispiel reinen Kolonial-Stils, zwei Jahre später wurde *San Francisco* geweiht, deren Kassettendecke maurisch (17. Jahrhundert) ist.

Die kolonialen Reminiszenzen liegen am Wege: das Kloster *Santa Teresa* (Aussicht von der Dachterrasse!), das Haus der Unabhängigkeitsproklamation *(Casa de la Independencia),* das private *Museo* Dr. Alfredo Guiterrez Valenzuela als Demonstration kolonialen Protzdenkens und manches reizvolle Stück Vergangenheit, dem man beim Stadtbummel beiläufig begegnet.

Militaria-Fans werden dem *Militärhistorischen Museum* (Museo de la Historia Militar) einen Besuch machen und dürfen mit einem Schmunzeln den Bau zur Kenntnis nehmen, in dem es untergebracht wurde: Seine Architekten gaben einen Dash Stilmomente aus aller Welt in den Shaker, schüttelten kräftig und kreierten eine Mixtur von gewiß ungewollter Komik.

Kettensklaven im Silberberg: Potosí

Er steht da wie eine Pyramide: Der Silberberg von Potosí, der Cerro Rico (Reicher Berg) der Spanier, der 4 830 m hohe Sumac Orko, in dem Zinn, Blei und Kupfer zu finden sind. Für die spanischen Conquistadoren ein Magnet von enormer Anziehungskraft, zu dessen Füßen sie 1546 die Stadt Potosí gründeten, um von hier aus die Indios als Minensklaven in ungesicherte und oft nur von Kindern bekriechbare Stollen zu treiben, aus denen zahllose Mineure nicht zurückkehrten. Eine alte Legende des Inkareiches erzählt, daß Huayna Capac, Elfter Inka, die ersten Bergleute zum Silberberg sandte, aus dem aber, als sie ihn nur berührten, eine warnende Stimme ertönte: »Die Götter hüten die Schätze für einen, der später kommt!« Die Stimme, »potosí«, wurde der Name des Berges, den Juan de Villaroel 1545 erstmals besuchte, und Name der Stadt, in der ein Vierteljahrhundert nach der Gründung schon 120 000 Menschen lebten, Indios und spanische Abenteurer. Es schien, als seien die Spanier jene »Später Kommenden«, welche die Legende voraussagte: In der zweiten Hälfte des 16. Jahrhunderts brachte die spanische Silberflotte 7 175 223 Kilo Silber von Potosí nach Spanien, eine Menge, für deren Transport wir heute 359 Güterwagen verwenden müßten. Die Zahl der im Potosí-Bergbau verschütteten oder nach ihrer Freilassung aus dem Dasein angeketteter Bergleute an den Folgen der Sklavenarbeit Gestorbenen ist kaum zu schätzen. 800 kamen im ersten Jahr der Arbeiten ums Leben, 10 000 und mehr dürften der Gier der Eroberer nach edlen Metallen zum Opfer gefallen sein.

In der *Casa de Moneda* von Potosí, in der Münze, wurden die Silberdublonen mit dem Bildnis Philipps II. von Spanien geprägt: Hölzerne Prägemaschinen jener Zeit kann man heute hier noch betrachten. Nur ihre Matrizen waren aus Metall. Von den Prägemaschinen auf hohem Gerüst führen hölzerne Antriebswellen in einen unterirdischen Raum, die in Querbalken eingelassen sind, wie wir das etwa von Göpelwerken (Schöpfwerken) kennen, die durch die Kraft im Kreis gehender Tiere betrieben wurden. Statt Tieren waren es gefesselte Indios, die — im Kreis gehend, bis sie umfielen — die münzenspeiende Maschine bedienen mußten.

Ein Sklavenaufstand macht schließlich den Unmenschlichkeiten ein Ende, statt Silber fließt Blut ... doch man arrangiert sich: Bei Unmengen von

Chicha, dem heimischen Maisbier, wird so etwas wie ein Frieden geschlossen, der bessere Bedingungen bringen soll, und noch heute gedenken die Potosinos Jahr für Jahr dieses historischen Tages, dem sie den Namen: Chicha y sangre, Bier und Blut, applizierten.

Heute, obschon vorwiegend nur Zinn abgebaut wird, finden Sie in Potosís Haupteinkaufstraße, der *Calle Bustillis,* das fabelhafteste Silber-Angebot. Notabene zu den niedrigsten Preisen ganz Boliviens. Wer mit dem Besuch einer Zinnmine eine Bildungslücke schließen will, sollte im Hotel nach einer Führung in den Cerro Rico fragen, sich aber auf eine anstrengende Expedition gefaßt machen.

In der Stadt sind nicht grade Massen alten Baugutes erhalten oder von modernistischen Verschönerungen verschont geblieben. Hübsch sind die kolonialen, holzgeschnitzten Balkone, wuchtig zeigt sich die Jesuiten-*Kirche La Compañía* (1700) mit einem ungewöhnlichen Glockenstuhl und einer Skulptur an der Barockfassade, die einen Indio bravo, einen so wilden wie tapferen Indianer darstellt.

Mit dem Taxi in den Dschungel: Las Yungas

Jenseits der Königskordillere, an den Osthängen beginnend, ist das Revier des tropischen Regenwaldes, nur durch drei Stunden Fahrzeit im Auto und einen 4 725 m Paß (La Cumbre) von La Paz getrennt. Man kann, um nicht immer nur Ihrer Majestät der Bergwelt zu huldigen, diesen Ausflug als erholsame Abwechslung in wohligwarmes Klima mit den regulären Bussen der »Flota Yunguena« machen oder sich — bei vorher für den Tag auszuhandelndem Preis — ein Taxi nehmen. Die Strecke im Leihwagen zu fahren, ist nicht sehr ratsam, der Lastwagengegenverkehr ist rege und zeichnet sich mehr durch aufgewirbelten Staub als Rücksicht aus. Neben der Straße gähnt der Abgrund.

Der Weg, durch die Slumvorstädte von La Paz, ist eine Schotterstraße, die sich zur Paßhöhe hinaufwindet, von spärlichem Bewuchs und roter Erde begleitet. Erst jenseits des Passes wird es grün, zeigen sich die smaragdfarbenen Täler, die Yungas, vom dem Amazonas zuströmenden Schmelzwasser der gewaltigen Bergmassive fruchtbar gemacht.

In *Coroico* wird die Vegetation bereits verschwenderisch, der Dschungel neben der Schotterstraße undurchdringlich. Meterhohe Farne, Lianen. Doch das Tal des *Rui Coroico* ist der Obst- und Gemüselieferant der Paceños, Kaffee wächst, Bananenblätter rauschen, Kokasträucher warten auf die Ernte — und die warme Luft ist richtig angenehm. Die hier angesiedelten Europäer wissen, warum sie dieses Tal schätzen.

Sie mögen auch *Caranavi,* wo sie Hotels und Landwirtschaft betreiben, wo Edelhölzer und Zitrusfrüchte angebaut werden. Nebenbei: Kein Klima für die Indios, denen — sie sind an die leichte Luft der Berge gewöhnt — die Luft hier unten wie dicke Suppe vorkommt. Es ist selten, daß man einem Indio begegnet, Mestizen beherrschen die Ansiedlungen und das Geschäft: Am Rio Beni als Fährleute und Proviantmeister für Durchreisende, als Schipper zwischen meterhohem Schilf am Flußufer.

Mit dem Schiff kann man — falls man nicht zum Ausgangspunkt zurückkehren will — den Rio Beni abwärts in die Grüne Hölle, das »infierno verde« fahren, vorausgesetzt, das die Flüsse kontrollierende Auge des Gesetzes — der Boß der Capitania, des Marinestützpunktes von Caranavi — hat nichts dagegen. Dschungel ohne Durchblick, geheimnisvoll, endlos, begleitet den Fluß, und vielleicht gelingt es der Bootscrew, ein Gürteltier zu erwischen, das die »Bordküche« um eine Delikatesse bereichert.

CHILE

República de Chile

Die Meldung vom Dezember 1978 ist winzig, drei Zeilen lang, einspaltig: »Indianersiedlung entdeckt. Reste einer 12 000 Jahre alten indianischen Siedlung haben einheimische Archäologen in Nordchile entdeckt«. Eine Sensation, die untergeht in der Bleiwüste der Zeitungen: Ferner liefen . . . Kultur, Schönheit des Landes, Geschichte . . .

Mit und ohne Schlagzeilen

Nur jüngste Geschichte macht Schlagzeilen. Am 11. September 1973 zum Beispiel, als die Oberkommandierenden der chilenischen Streitmacht und Polizei ihr Ultimatum verkündigen, Salvador Allende Gossens habe zurückzutreten oder werde gestürzt werden. Allendes Regierung, sein Experiment »Sozialismus in Freiheit« hat, zwanzig Tage zuvor, das Abgeordnetenhaus mit 81 zu 47 Stimmen als illegal abgelehnt und zugleich an die Oberkommandierenden appelliert, sich für die Rückkehr zur Verfassung einzusetzen. Allende, legal gewählt, sieht die Folgen fraglos voraus. Die Alternative »Vertrauensfrage« gibt es nicht mehr, Flucht und Exil erwägt er nicht, er will ein Zeichen setzen: Mit der Maschinenpistole verteidigt er den Sitz des Staatspräsidenten, die einstige Münze des Landes, den Palacio de la Moneda. Bomben sind die Antwort, hinter dem Vorhang von Schutt, Qualm und Staub endet sein Leben. Ungewiß bleibt, ob er letztlich Hand an sich legte oder eindringende Soldaten ihn töteten. Nun ist Chile in den Schlagzeilen. . .

Als der Spanier Pedro de Valdivia anno 1554 das Gebiet des heutigen Chile bis zur Insel Chiloé erobert und die Städte Valdivia, Valparaiso und Santiago gegründet hat, gibt es noch keine Zeitungsschlagzeilen. Auch von seinem Tod im Kampf gegen die südchilenischen Araukano-Indios (deren Gebiet sich die Freiheit bis 1883 erhält) singen allenfalls die Moritatensänger auf den Märkten. Chile ist Teil des spanischen Vizekönigreichs Perú, bis José San Martín und Bernardo O'Higgins 1818 die Unabhängigkeit erkämpfen. Doch Ruhe und Frieden ziehen nicht ein. Im Inneren kommt es zu politischen Auseinandersetzungen, deren Radikalität mit der zunehmenden Bedeutung des chilenischen Bergbaus ebenfalls zunimmt, den Salpeterkrieg gegen Perú und Bolivien bestehen die Chilenos zwar siegreich, doch das belastet die nachbarlichen Beziehungen; Bolivien, durch Vertrag vom Meer abgeschnitten, will den freien Zugang wieder erreichen. Mit Argentinien hadern Politiker und Diplomaten um drei kleine Inseln, am Beagle-Kanal, dem südlichsten Feuerland vorgelagert: Isla Nueva, Lennox und Pictón, Fußrasten auf dem Weg zur Ausbeutung antarktischer Gebiete. Ende 1978 wird das Säbelrasseln unüberhörbar, schwillt aber wieder ab. Innerpolitisch hat man in Santiago genügend Arbeit und Stoff zum Nachdenken: Dem Diktator wird vom Volk eine Verfassung abgetrotzt, Wahlen bereiten 1989 Pinochets Regime eine Ende. Die bunt gemischte Bevölkerung des Landes, in dem man das reinste Spanisch spricht, verwirklicht einen Begriff, ein Erbe der Araucanos aus der Inca-Sprache, mit dem diese sich und ihre Ziele benannten: »Auca« wurde zum Synonym für »Freies Volk der Araucaner«.

Sie, die Araucaner, und die Pehuenches waren die größten Stämme der 600 000 Indios, der Urbewohner Südchiles, die in Sippendörfern — unter ihren Kaziken als

Chile 105

Dorfälteste — wohnten. Ihren Namen verdienten sie sich: Im Kampf gegen die Incas wie gegen die Spanier wahren sie ihre Unabhängigkeit, die sie erst gegen Ende des letzten Jahrhunderts zugunsten eines einigen Chile aufgaben. Bereits im 17. Jahrhundert (nachdem die Spanier ein Jahrhundert im Lande waren) wanderten Basken ein, bei Beginn des 19. Jahrhunderts bestand die 800 000 Köpfe zählende chilenische Bevölkerung aus 600 000 Spaniern und Kreolen, 50 000 Mestizen und 150 000 Indios. 1846 kamen 15 000 Deutsche, vor allem Handwerker, hinzu, immer wieder wanderten Spanier nach, und nach dem 2. Weltkrieg wurde 100 000 Immigranten der Zuzug gestattet: Deutschen, Spaniern, Jugoslawen, Italienern, Franzosen, Nordamerikanern und Russen. Ein bunt zusammengesetztes Staatsvolk, in dem heute mit 55 % die Mestizen die Liste der Einwohner anführen.

Chile als Spätentwickler ohne eigene Schuld anzusehen, hat eine gewisse Berechtigung. Weltweite Verbindungen waren bis zur Eröffnung des Panamá-Kanals und der Andenbahn (Buenos Aires — Santiago) problematisch: Von Europa wie dem Osten der Vereinigten Staaten oder der Ostküste des südamerikanischen Kontinents mußte man durch die Magalhãesstraße schippern, um das Land mit seinen 4 330 km Küstenlinie am Pazifik zu erreichen, das an seiner schmalsten Stelle 90 km, an seiner breitesten 500 km breit ist. Andenkordillere und Küstenkordillere bedecken fast 50% Chiles, sind aber nicht etwa nutzloses Terrain, sondern ihres Erzreichtums wegen ein wirtschaftlich bedeutsames Gebiet. Das hatten schon die Quetschua-Indios erkannt, die dem Gebirge den Namen »Antafuyu« gaben, »Heimat der Metalle«. Ein Wort, das die Spanier später in »Andes« verbalhornten. An den vegetationsarmen Hängen der Gebirge trifft man auf Herden von Lamas und Alpakas, nur die Zahl der Vicuñas, der Lieferanten einer fantastisch weichen Wolle, ist enorm zurückgegangen. Im Staatswappen und auch hier im Bergland anzutreffen ist der Huemul (Cervus chilensis), »Chile-Hirsch«, im Gebirgsland zuhause der Pudo (Cervus humilis) eine andere Hirschart, und hier wie im Staatswappen sieht man den Kondor. Die Andenkordillere, feuchter und grüner als die Küstenkordillere, ist auch Heimat des Chinchilla und der Viscacha, Nagern und berühmten Pelzlieferanten.

Die von den Kordilleren zum Meer strömenden Wasserläufe bilden — etwa mit dem Copiapó-, dem Elqui- und dem Aconcagua-Tal — fruchtbare Anbaugebiete für Obst und Wein, zwischen den Kordilleren-Ketten in der Mitte Chiles wächst neben Eichen, Palmen, Eukalyptus, Pappeln und Weißdorn der »Quillay« (Quillaria saponaria), dessen Rinde zur Herstellung von Seife benutzt wird. Obst- und Olivenplantagen begegnet man, Weingärten, vielen Füchsen, Kaninchen, Hasen, dem Adler und dem Kondor — und seltener dem Puma. Was es überhaupt nicht gibt, sind Giftschlangen. Echsen und Schlangen, denen man begegnet, sind ungefährlich wie die Insekten des Landes.

Südlich 37 ° Südbreite beginnen schier undurchdringliche Wälder, Zimtbäume, Lorbeerbäume beliefern die Küche, Pinienkerne den Bar-Tresen. Zypressen züngeln in den blauen Himmel wie Fackeln, die chilenische Nationalblume Cophihue (Lapageria rosea) erinnert uns an die Zaunwinde unserer Gegend.
In Patagonien und südlicher sind Strauße, Nutria, Seehunde, Robben, Wale und Pinguine daheim. Fischreich ist die Küste, sind die Flüsse im Landesinneren. Selbst die Küstenwüste, vom Azapa-Tal im Norden bis zum Copiapó-Tal im Süden ausgestreckt und bis zum Loa-Fluß »Atacama-Wüste« genannt, birgt noch Reichtümer: Salpeter, Borax, Kupfer, Gold, Eisen, Silber und anderes mehr. Interessante Nebenwirkung des Salpeters: Er hat die hier gefundenen Mumien regelrecht verledern lassen und die roten Haare hell gebeizt. Der kalte Humboldtstrom läßt das Klima der tropischen Region zwischen Arica und Antofagasta mit 20 °C Jahresdurchschnitt angenehm sein, weiter südlich wird es kälter, an der Magalhãesstraße liegt

der Jahresdurchschnitt nur noch bei 6 °C. Der Winter in den Anden läßt bei trockener Luft die Quecksilbersäule um 0 °C pendeln.
Mit und ohne Schlagzeilen: ein ungeheuer vielseitiges Land, dem zwei berühmte Inseln, Juan Fernandez (Robinson-Insel) und Isla de Pascua (Osterinsel) auch Eingang in die Weltliteratur verschafften.

Das Land in Stichworten

Geographische Lage: 17°15′–56° südlicher Breite, 67°–76° westlicher Länge, Entfernung Frankfurt–Santiago: 12 710 km.

Fläche: 756 626 qkm; Chile erhebt Anspruch auf 1 250 000 qkm Antarktis-Sektor (53°–90° westl. Länge). Achtzehnmal so groß wie die Schweiz.
Zu Chile gehörige pazifische Inseln: Oster-Insel (Isla de Pascua; Rapanui), Juan-Fernández-Inseln, Islas Desaventuradas, Sala y Gomez.

Einwohner: 12 540 000, 16,6 Einwohner je qkm.

Hauptstadt: Santiago de Chile; 4 318 305 Einwohner.

Staatsform: Bis 1973 Präsidiale Republik, dann Militärjunta. 1989 Volksbefragung, freie Wahlen, bei denen die Opposition siegt. Pinochet bleibt Armeechef.

Nationalflagge: Oben links Blau-Weiß, unten Rot mit weißem Stern in blauem Feld.

Städte: 8 Großstädte mit 83 % der Gesamtbevölkerung.

Bevölkerung: Ca. 60 % Mestizen, ca. 40 % Weiße, ca. 2 % Indianer (Araukaner, Feuerländer u. a.).

Religion: 89 % römisch-katholisch, ca. 6 % Protestanten, ca. 25 000 Juden.

Landessprache: Spanisch.

Zeitdifferenz: MEZ minus 5 Stunden (Mitte März bis Oktober), MEZ minus 4 Stunden (November bis Mitte März). Gegenüber Bern, Bonn und Wien also die Uhren um 5 bzw. 4 Stunden zurückstellen.

Wichtiges von A bis Z

Anreise: Santiago de Chile (Flughafen Arturo Marino Benitez, 26 km zur Stadt, Zubringer). Im Liniendienst verbunden mit Frankfurt (direkt), Paris, Genf, Flughafengebühr bei Abflug. Weiterflug oder Rückflug gleich bei Ankunft bestätigen lassen!
Inlandflüge zu 11 Flughäfen (einmal wöchentlich bis täglich); zur Oster-Insel zweimal wöchentlich (5 Flugstunden) von Santiago.
Flugpreisvergünstigungen mit »Visit Chile Paß« beim IATA-Reisebüro erfragen.

Diplomatische Verbindungen: Botschaft der Bundesrepublik Deutschland, Calle Agustina 758/VII, Santiago de Chile, Tel. (00 56 2) 33 50 31.
Konsulate und Honorarkonsulate in Antofagasta, Arica, Concepción, Osorno, Puerto Montt, Punta Arenas, Temuco, Valdivia, Valparaiso.
Schweizerische Botschaft: Providencia 2653, piso 16, Santiago de Chile, Tel. 2 32 26 93.
Österreichische Botschaft: Barros Errazuris 1968, piso 3, Santiago de Chile, Tel. 2 23 47 74.

Feiertage: 1. Januar, Karfreitag, Ostersonnabend, Ostermontag, 1. Mai, Himmelfahrt, 21. Mai, Fronleichnam, 15. August, 18/19. September (Nationalfeiertag), 12. Oktober, 1. November, 8. Dezember, 24./25. Dezember.
Bankfeiertage ferner: 30. Juni und 31. Dezember.

Gewichte: Metrisches System.

Informationen: Über Chilenische Botschaft, Kronprinzenstraße 20, 5300 Bonn 2, Tel. (02 28) 36 30 89.

Impfungen: derzeit keine, Malaria-Prophylaxe nicht notwendig.

Klima: Unterschiedlich wegen der großen Nord-Süd-Ausdehnung des Landes. Der kalte Humboldt-Strom läßt die Küsten kühler sein und verursacht Küstennebel.
Lange Winter im Süden (Winterregen), im Zentrum milde während des ganzen Jahres, im Norden meist warm und trocken, im Südosten kurze, kühle Sommer.
Santiago hat ganzjährig mildes Klima, Oktober bis März 10°–30° C, Januar–Februar mittags um 35° C, Juni–Juli morgens Frost, Mittagswärme 10°–14° C. Regenzeit Mai bis September, Höhepunkt Juni. Luftfeuchtigkeit im Sommer 40–86 %, winters 58–93 %.

Januar/Februar sind in Chile die Ferienmonate (Betriebsferien).
Kleidung: In Nord- und Mittelchile sommerliche bis Übergangskleidung, in Höhenlagen und im äußersten Süden warme Kleidung.
Freizeitkleidung in Städten nicht angebracht.

Maße: Metrisches System.

Öffnungszeiten: Banken Mo–Fr 9–14 Uhr, Geschäfte Mo–Sa 10–20 Uhr und länger, oft auch sonntags.

Reisepapiere: Bis 90 Tage: Reisepaß, Passagebescheinigung für Rück- und Weiterreise muß

Chile

vorgelegt werden. Eine Touristenkarte (im Flugzeug verteilt) ist zweifach auszufüllen.

Stromspannung: 220 V Wechselstrom, normale Stecker.

Trinkgelder: In Hotels zuzüglich zum 20%igen Bedienungsgeld: kleines Trinkgeld. In Restaurants: 10–15 %. Taxifahrer erwarten kein Trinkgeld.

Trinkwasser: Leitungswasser überall einwandfrei.

Verkehr: 67 000 km Straßennetz, 37 000 km unterschiedlicher Qualität sind ständig befahrbar. Rechtsverkehr, kaum abweichende Regeln.
3300 km lange Eisenbahnstrecke von Pisagúal (südlich Arica über Santiago, Valparaiso nach Puerto Montt; Seitenlinien zur Küste und in die Berge. Santiago–Valparaiso–Viña del Mar ist elektrifiziert.
Überlandbusse mit gut ausgebautem Netz. In Santiago: Stadtbusse, Sammeltaxis (Colectivos), Taxis mit Taxameter (sonst ohne Uhr; dann Preise aushandeln!).

Währung: 1 Chil. peso (chil.$) = 100 Centavos. 1 DM = ca. 140 chil.$. Hohe Inflationsrate. Ein- und Ausfuhr von Landeswährung unbegrenzt, ebenfalls Fremdwährung (deklarieren!).

Zoll: Zollfreie Einfuhr für persönlichen Gebrauch: 1 Filmkamera, 1 Fotoapparat, 1 Fernglas; für Erwachsene 400 Zigaretten oder 25 Zigarren oder 50 Zigarillos oder 500 g Tabak, 2½ l alkoholische Getränke.

Eine Frühlingsstadt: Santiago de Chile

Das Klima meint es gut mit Chiles Hauptstadt. Das Thermometer hier auf 550 m Höhe kann zwar schon mal den Nullpunkt ansteuern, doch von den 300 Sonnentagen pro Jahr gibt es dann gewiß einige auch zu dieser Zeit. Wird es sommers heißer, und zur Zeit der Schulferien (drei Monate! Von Dezember bis Februar. Beneidenswert!) kann das schon mal geschehen, stülpt sich eine Dunstglocke über die betriebsame Stadt, unter der die Autoabgase sich unangenehm bemerkbar machen. Im großen und ganzen aber zeichnet eine Art permanenter Frühling die Stadt am *Mapoche,* einem Nebenfluß des *Maipo,* aus.
Am 12. Februar 1541 wurde Santiago geboren. Vater der Stadt ist Pedro de Valdivia, der 3 000 km von Norden her herbeizog, um einen angenehmen Platz zur Ansiedlung und zum Aufpflanzen der spanischen Flagge im Gebiet der Araucas, der eingeborenen Indios zu finden. Er fand ihn hier am Fuß der Kordillere: Ein Hügel, von den Indios »Huelén« genannt, in *Cerro Santa Lucía* umgetauft, wird Festung und Keimzelle der Stadt. Ein merkwürdiger »Hügel« — ein Monolith von 60 m Höhe und rund 200 000 qm Fläche, dem man heute seine einstige Funktion nicht mehr ansieht. Zur Seite einer Hauptverkehrsader gelegen, hat Menschenhand den Felsklotz für den Aufstieg bearbeitet und »verparkt«. Freitreppen, Gartenanlagen auf dem Naturgestein, monumentale Architektur. . . hier und da ahnt man Vorbilder zu diesem spectaculum im Zentrum der Metropole, fühlt man sich an Rom und andere Plätze erinnert. Unbestritten: Der Ausblick von hier ist fesselnd, auch wenn die hier im Park parkenden Pärchen, dank wichtigerer Beschäftigung, das nicht merken.
Zu Füßen des Hügels präsentiert das *Museo de Arte Popular Americano* Volkskunst von der Inka-Zeit bis heute, liegt eine bescheidene, kleine Kapelle.
Grün regiert auch die *Plaza de Armas,* auf deren Bänken die Santiaguinos der umliegenden Büros ihre Mittagspause verbringen. Den zentralen Platz säumen Rathaus, einstiges Regierungsgebäude und die *Kathedrale,* 1619 erbaut, 1647 von einem Erdbeben stark geschüttelt, 1748 erneut geweiht, 1769 total ausgebrannt. Wieder ging man daran, sie neu zu bauen — doch vom ursprünglichen Gesicht blieb kaum etwas erhalten. Die Fassade ist schlicht, das 105 m lange und 32 m breite Schiff aber beeindruckend. Das durch ein Fenster einfallende Licht bildet über dem Hauptaltar eine Art Lichtkuppel. Bemerkenswert ist, links vom Eingang, ein silberner Nebenaltar. Hauptsächliches Objekt der Verehrung ist die Statue des heiligen Franz Xaver.

Urzelle der chilenischen Hauptstadt Santiago de Chile ist, mitten in der Stadt, der Cerro Santa Lucia

Ganz in der Nähe das *Hauptpostamt,* in dem stets lange Schlangen vor den Schaltern auf Abfertigung warten. Ist man dran, so lohnt sich die Frage nach Sondermarken für Philatelisten.
Das Leben pulsiert rund um diesen Platz: Einkaufsstraßen und »Galerias« (Laden-Arkaden, Passagen) laden ein, hier wie überall staunt man über die Unzahl von kleinen Kiosken, über die laut schreienden fliegenden Händler, über Bettler. Rührend: Händler, die auf einem Hocker »hierbas medicinales«, frisch gesammelte Heilkräuter anbieten. . . und auch verkaufen.
Hauptschlagader der Stadt ist die *Alameda* (die eigentlich Alameda Bernardo O'Higgins heißt; aber wer sagt diesen Bandwurm schon auf!), allein 6 km lang, mit ihren Verlängerungen (z.B. der Avenida Providencia) 22 km durch Stadt und Vorstadt führend. An ihr liegt die älteste Kirche Santiagos, *San Francisco,* 1547 im stark gegliederten spanischen Kolonialbarock erbaut. Ein Museum der Kirche zeigt Gemälde.
An den ersten Präsidenten Chiles erinnert auch der *Parque O' Higgins,* den man von allen vier Seiten befahren oder betreten kann. Am 19. September wird es hier vor zahllosen Zuschauern militant: Auf dem in der Mitte gelegenen betonierten Ellipsoid findet die große Militärparade statt. Sonst spielt man hier auf rund einem Dutzend »Hartplätzen« Tennis. Spielplätze, Schwimmbad, Gärten gehören zum Park und »El Pueblito«, einem früh-chilenischen Missionsdörfchen nachgebautes

Areal, in dem aus Buden und Häuschen Kunsthandwerk verkauft wird: Keramik, Cloisson-Arbeiten, Holzschnitzereien, Kupfer und allerlei Schmückendes aus dem Nationalstein Chiles, dem Lapislazuli. In einem Patio kann man Kunsthandwerkern bei der Arbeit zusehen, Restaurants und Diskotheken sind gut besucht.

Nicht nur gut, sondern sehr gut besucht sind an Sonn- und Feiertagen die Galopprennen im *Club Hipico,* 1869 an der Avenida Blanco Encalada installiert und einer der größten Rennplätze Südamerikas, auf den die Santiaguinos besonders stolz sind. Ich finde die Hintergrundkulisse (. . . es sind die Anden) imposanter, doch hat die Gesamtanlage mit gratis zu nutzenden Basketball-, Fußball-, Kinderspiel-, Tennisplätzen, Schwimmbad und Picknickplätzen fraglos einen hohen Freizeitwert.

Ein weiterer Park, der *Parque Metropolitano,* beginnt am Fuße des *Cerro San Cristóbal,* und hier startet auch der *Funicular,* eine Zahnradbahn zum 288 m hohen Gipfel. Es liegt am Nordufer des die Stadt teilenden, schnell strömenden und dreckiggelben *Mapocho.* Gegen eine Gebühr kann man den Hügel per Auto erklimmen, die Straße endet zu Füßen der Madonna de la Concepción Immaculada zwischen Eisbuden, Fotografen und uralten Vorläufern der Polaroid-Kameras zur Sofortentwicklung unter schwarzem Tuch, Souvenirkiosken u. v. m. Entzückend ländlich: Für den fantastischen Blick auf Stadt und Anden kann man an einen Draht gekettete Feldstecher mieten (5 Minuten für ein paar Pesos), die sonst üblichen Teleskope kennt man hier oben noch nicht.

Nicht ganz zu Unrecht trägt das hübsche, von kunstvoll drapierter Landschaft umgebene Natur-Schwimmbad den indianischen Namen Tupáhué = Ort Gottes. Es ist nicht groß (82x25 m), doch wer dort nicht badet oder plantscht, wird zumindest mit Vergnügen und Bewunderung diese Anlage betrachten.

Ein Relikt aus der Kolonialzeit ist hier in Tupáhué ebenfalls noch zu finden: ein turmartiges Festungsbauwerk, in dem heute Lapislazuli-Arbeiten zu sehen sind. Ein moderner Bau enthält »La Enoteca«, das sogenannte »Wein-Museum« (Enología = Weinbaukunde). Hier kann man die auf Flaschen gezogene Parade chilenischer Weine abnehmen: blancos, tintos, rosados, nicht zu vergessen die Traubenschnäpse (wie den *Pisco)* und die Sekte. In Vitrinen wohlverwahrte konsumanregende Heerschau des Bacchus. Eine Degustation beendet den Besuch (geöffnet ist von 9.30—21.30 Uhr), bei deren Umfang (ein Glas sortiert) Weinfreunde nur milde lächeln werden.

Wen das Geld im Beutel drückt, sollte aber abends über dem Lichtermeer der Stadt im »Restaurant Enoteca« speisen (. . . oder darf man trotz rustikaler Einrichtung »tafeln« sagen?) und wird von den kreolischen und anderen Spezialitäten ebensowenig enttäuscht werden, wie von der Palette der Weine (täglich geöffnet ab 12.30 Uhr; Vorbestellungen unter 49 04 49).

Deutlich sichtbar von hier oben wird, wie grün diese Stadt ist. Fällt der Blick nicht grade auf das noch unter Allende zu Füßen des Cerro entstandene große Viertel der arabischen Kolonie (die Bewohner leben recht und schlecht vom Kleinhandel), so schimmern Parks, Alleen, grüne Plätze und Balkone zwischen den Häusern hervor. Fährt man mit dem Funicular, so ist auf halber Höhe des Cerro die Haltestelle für den *Zoo* (die Bahn hält *nur* aufwärts!): Über 2 000 Arten heimischer Tiere von Lama bis Kondor lassen sich hier von 8—20 Uhr bewundern.

Zurück aus der Höhe: Am Mapoche zieht sich der *Parque Forestal* hin, darin zeigt das *Museo de Belles Artes* Skulpturen und Gemälde chilenischer Künstler, hat aber auch Rembrandt, van Dyck und Murillo zu bieten. Wie alle Museen in Santiago geöffnet: Di—Sbd 10—13 und 15—18 Uhr, So 9—12 und 15—18 Uhr.

Historisch und prähistorisch wird es, in der Nähe des Cerro Santa Lucia (Alameda/Miraflores), im *Museo Histórico Nacional:* Chiles Vergangenheit wird in ehrwürdigem Gemäuer lebendig. Daneben enthält die *Biblioteca Nacional* mit mehr als einer Million Bänden Südamerikas größte Bibliothek.

Natürlich gibt es auch in Santiago Stadtrundfahrten, welche die hauptsächlichsten Sehenswürdigkeiten besuchen lassen. Hotelportiers und Reisebüros (z.B. Turavion) vermitteln aber auch geräumige Privatwagen mit Fahrer und Führer, die für Flughafentransport, Stadtrundfahrt und Ausflüge keine überteuerten Preise verlangen. Daß Taxifahrer stets erst eine Tabelle zu Rat ziehen müssen, um den Taxameter-Preis der Inflationsrate anzupassen, wird Ihnen nicht nur in Chile auffallen; es ist keine Ausnahme.

Santiago baut an einer U-Bahn, die irgendwann (so genau weiß man das nicht) komplett sein soll, zur Zeit aber nur eine Teilstrecke mit ruhigen, sauberen französischen Wagen befährt. Ein billiges Transportmittel, aber in anderer Hinsicht teuer: Erhebliche Häuserabrisse lassen und ließen reizvolle Fassaden der Jahrhundertwende an der Alameda, Providencia und anderswo verschwinden.

Irgendwann wird Ihnen der Sinn nach einem gedeckten Tisch stehen. Ihr Hotel hat eventuell ein Restaurant, sonst aber lassen Sie sich ruhig durch die Straßen im Zentrum treiben, wo Sie *Snackbars* und *Restaurants* kaum übersehen können. Die kleinen Imbiß-Bars (sie müssen nicht »American Bar« oder ähnlich heißen) haben meist ein ganz ordentliches Angebot an Bocadillos (Sandwiches) und Beilagen, zumindest tagsüber ist das ein hinreichendes und ordentliches Angebot. Bier und Wein oder Soft Drinks, die es dazu gibt, sind gut. Hähnchenbrutzler gibt es ebenfalls reichlich, was an nationaler und Fischküche geboten wird, ist schon seltener zu finden. Suchen macht sich aber bezahlt.

Runde 35 Mark kostet ein abendliches Dinner mit Programm in »La Ermita« (Monjitas 1143). In diesem Touristentreff trifft man so gegen 22 Uhr ein (und trifft alle Touristengruppen wieder, denen man tagsüber im Dunstkreis der Sehenswürdigkeiten schon mehrfach begegnete) und findet Platz, falls man ihn vorbestellt hat (Portier, Reisebüro). Eine flotte Band unterhält und bläst Ihnen Samba oder Carioca ins Menü, das im Preis eingeschlossen ist und gemeinhin die gleiche Zusammenstellung besitzt: Vorab ein Cocktail, dem Mariscos (große Seemuscheln) folgen und ein Steak; als Nachtisch gibt es Früchte oder Eis. Der gratis mitservierte Tischwein (1/2 Literflasche) ist trinkbar. Der Rote ist dabei ein halbtrockener »Undurraga« von einem der größten Weingüter Chiles, er ist süffig, seinen Gehalt an Tannin merkt man erst spät...

Während des Essens wird eine Show abgezogen, deren zweiter Teil später serviert wird. Im Allgemeinen ist darin auch das mehrfache Auftreten einer Folkloregruppe enthalten, die in unterschiedlichen Regionalkostümen auftritt, singt und die Volkstänze der einzelnen chilenischen Regionen vorführt. Vielleicht der sympatischste Teil des Programms, das insgesamt aber gut und vielseitig ist. Sonst wird getanzt — und dabei wird eigentlich die Tanzfläche zur Bühne: Die ganze natürliche Bewegungsfreude der Südamerikaner kommt hier zur Geltung, von versnobten oder diskothekgeschädigten Europäern fasziniert zur Kenntnis genommen. Mischen Sie mit! Anonym bleiben Sie hier ohnehin nicht, denn auf Ihrem Tisch prangt Ihre Landesflagge, und der Ansager wird Sie mit Applausbegleitung begrüßen, die Band Ihnen zu Ehren etwas spielen, was deutsch, österreichisch oder schwyzerisch zu sein vorgibt. Im Zweifel einigt man sich aufs »Gsuffa im Hofbräuhaus«.

Chiles Küche: Segen des Meeres

Wer als Repräsentanten chilenischer Gastlichkeit bisher nur »Chile-Rotwein: (... und das unter Umständen in minderer Qualität) kannte, muß im langgestreckten Land am Pazifik zulernen: Der kalte Humboldtstrom wird von prachtvollen Langusten als Heimat bevorzugt. Daneben: andere Krustentiere, Muscheln und Fische, welche die Menükarte der Hotels und der Privathaushalte abwechslungsreich beleben. Daß man jedoch hier auch scharf gewürzte und mächtige Suppen und Eintöpfe schätzt, Ragouts und Fleischspeisen liebt und zu allem gute Biere und vorzügliche (auch in die USA und nach Übersee exportierte) Weine trinkt, ist mühelos erkennbar. Dem Frühstück — außer in internationalen Hotels — lukullische Seiten abzugewinnen, dürfte schwer fallen, und auch der traditionelle Five-o'clock-tea ist mit Beilagen nur andeutungsweise angereichert. Schwerpunkte sind *almuerzo* (Lunch, Mittagessen) und das sehr späte Dinner, die *cena,* die in jeder Beziehung kultiviert werden.

Scharf gewürzt und sättigend ist ein maritimer Eintopf aus Muscheln und *Gambas* (Garnelen, Krabben), die — peinlich gesäubert — durch den Wolf gejagt werden, nachdem sie in Weißwein kurze Zeit gekocht haben. Zwiebeln, Paprika, Weißbrot, Salz, Chilipfeffer, Sahne werden vor dem endgültigen Kochen untergemischt, dann kommt alles in eine Auflaufform, wird mit Muscheln, hartgekochten Eiern und Garnelen garniert und heiß (Rechaud) auf den Tisch gebracht.

Wenn *Caldillo de pescado* auf der Karte steht, soll man zugreifen. Diese chilenische Fischsuppe mit dem dezenten Majoran-Hauch und diversen Zutaten zu Schellfisch- und Rotbarsch-Würfeln ist vorzüglich.

Die Kugel rollt in Viña del Mar

Trifft man sommers — also zur Zeit, wo in unseren Breiten tiefster Winter herrscht — in Santiago keinen Gesprächspartner an (und das ist die Regel), so darf man davon ausgehen, ihn 120 km nordwestlich der Hauptstadt in seinem Feriendomizil zu finden: in Viña del Mar oder den anderen Badeorten. Das mit dem »Baden« allerdings sollte man nicht so wörtlich nehmen. Die Kühle des Humboldtstroms (auch im Sommer nur 15 °C) macht einen gewissen Heroismus zur Voraussetzung für das Badevergnügen. Die wohlhabenden Santiaguinos finden denn auch abseits solcher Heldentat genügend andere Möglichkeiten, ihren Urlaub zu genießen. Von Roulette bis zum Folklore-Festival. Da auch die nicht so sehr aufs Geld sehen müssenden Bewohner von Valparaiso den nur 2 km entfernten Urlaubsort schätzen, wird es hier im Sommer etwas gedrängt (Einwohnerzahl Valparaisos plus Viña del Mars winters 300 000, sommers rund 700 000).

Den Trip von Santiago nach »Viña« (so die gängige Kurzform) kann man mit der Bahn unternehmen, die allerdings 4 $^1/_2$ Stunden von Santiago zur Küste benötigt, mit dem in 15-Minuten-Abstand verkehrenden Linienbus oder dem (Leih-) Wagen. Auch geführte Bus-Ausflüge gibt es reichlich.

Auf der Autobahn-ähnlichen Straße von Santiago nach Viña wird die Einhaltung der Höchstgeschwindigkeit von 90 km/h gelegentlich kontrolliert; von Zeit zu Zeit ist sie weiter herabgesetzt (in den 3 bzw. 1 km langen Tunneln z. B., wo – unter Fernsehbeobachtung – nur 60 km/h gefahren werden darf). An zwei Stellen der Strecke werden bescheidene Gebühren kassiert. Hinter Tunnel No. 1 beginnt das sogenannte »Früchte-Tal«, von den Indios *Caracavi-Tal* genannt, »Wasser vom Stein«. Es ist außerordentlich fruchtbar, Wein, Äpfel, Birnen, Zitronen, Apfelsinen, Pfirsiche, Erdbeeren, Melonen und Wassermelonen reifen hier. Aus den geernteten Äpfeln oder Trauben wird ein Most bereitet, den man dann 6 Tage lang zu *Chicha* vergären läßt, einem sehr beliebten Getränk, das vor allem auch die Chile-Deutschen im Süden des Landes bevorzugen. Vielleicht, weil es ein wenig an Äppelwoi erinnert.

Zahlreiche Erfrischungsstände und Obstbuden begleiten die Straße und bieten Säfte, Wein, Landbrot und Käse, Obst und Chicha an. Auf Touristen zugeschnitten ist die Superausgabe eines solchen Unternehmens, etwa auf der halben Strecke gelegen und natürlich Pflicht-Stop der Ausflugbusse: *Los Hornitos* (»Backöfchen«), eine große, schilfgedeckte Hütte, rustikal-gemütlich möbliert. Hin und wieder wird die allgegenwärtige Konservenmusik durch eine Folklore-Band abgelöst, Flaschenwein, Souvenirs, Spirituosen (Liköre aus München!) werden verkauft. Hier probiert man natürlich die Chicha, deren Alkoholgehalt man bei Sonne und Hitze nicht unterschätzen sollte, ißt man Landbrot mit Käse oder aber die »Empanadas«: Hackfleisch mit Ei, Kräutern, Zwiebeln, Gewürzen und Rosinen in Brotteig gebackene Spezialität Chiles. Wer Kaffee bestellt, erhält ihn — wie überall in den Städten Südamerikas — in Form einer Pulverkaffee-Dose zur beliebigen Selbstbedienung auf den Tisch gestellt, Zucker, heißes Wasser oder heiße bzw. kalte Milch werden serviert. Wer hier bei Halbzeit den gewissen Ort aufsucht, wird ihn sauber und ordentlich finden; das ist mitnichten überall selbstverständlich.

Viña del Mar Anfang Februar (also im Spätsommer) zu besuchen, wenn dort im großen Park — in dem auch ein *Kunstmuseum* liegt — das »Festival de Canción«, ein international bestücktes Sängerfest, stattfindet, bedeutet, daß man sich vor den großen Hotels durch Schlangen autogrammheischender Fans wühlen muß. Der Verkehr bricht dann ohnehin am Wochenende mit schöner Regelmäßigkeit zusammen, das Hupenkonzert bildet den Kontrapunkt zu den Songs und Arien des Festivals.

Wo einst die namengebenden Weinberge lagen (»Viña«), stehen heute Privat- und Apartmenthäuser, Hotels, Pensionen und die niedrige Wolkendecke kratzende Hochhäuser. Hübsch gelegen: das *Spielcasino* — aber gespielt, wenngleich nur Kartenspiele, wird auch im »Club«, wo sich die Herrenwelt (Damen haben keinen Zutritt) zu Tee oder Drink trifft. Um 17 Uhr ist — nicht nur hier — die korrekte Zeit für die »Onces«, die »Elf«, womit keine Uhrzeit sondern die elf Buchstaben von Aguardiente, dem Traubenschnaps à la Trester, gemeint sind.

Die malerischen Kutschen, denen Sie begegnen, heißen »Victorias«, Corso des Ortes ist die Strandpromenade, an deren Feldsteinmole Sie sich von der Gläubigkeit der 85% Katholiken (oder aber der Opposition) überzeugen können. Mit Pinsel und Sprühdose geschrieben, rufen Mementos Ihnen zu: »Lies die Bibel«, »Es gibt nur einen Gott — Deinen Gott« und andere Aufrufe zum Nachdenken. Davor stehen Spieltische (Tischfußball etc) in langen Reihen.

Blickt man aufs Meer, so sieht man linkerhand auf einem Berg die Sommervilla des Staatspräsidenten, zu ihren Füßen ein *Marinemuseum*. Hier wie überall in Chile ist das Militär allgegenwärtig: Kasernen, Schulen, Übungsplätze prägen das Bild der Städte. Der Strand ist nur selten von Felspartien unterbrochen und zeichnet sich durch feinen weißen Sand aus: 22 km lang erstreckt er sich gen Norden.

Sieben Kilometer nördlich Viña del Mar liegt das erheblich exclusive *Reñaca* mit dem anerkannt besten Strand und einer Bebauung, die fast ausschließlich Privatbesitz ist. Ein Hotel und ein Motel existieren zwar, sind aber stets ausgebucht. Die Topsy-Topsy-Diskothek auf dem Hügel kann über mangelhaften Besuch nicht klagen — und über mangelnde Aufmerksamkeit wird sich eine Architektin nicht grämen müssen, die an der Strandstraße ihr Haus (»Shangri-La«) von skurriler Schiffsform in den Hang baute.

Hinter dem Ort. . . ein Marinemuseum, danach beginnen die gewaltigen Dünen-Berge, die schon zum Badeort *Concon* gehören und mühsam daran gehindert werden, über die Küstenstraße meerwärts zu wandern. Auf den Felsen im Meer sieht man — mit etwas Glück — Seehunde.

Im Vorbeifahren: Valparaiso

Chiles größtem Hafen und zweitgrößter Stadt einen Urlaub zu widmen. . .dazu gehören schon persönliche Gründe. Der schmückende Name »Paradiestal« entbehrt denn doch in der augenblicklichen Wirklichkeit etwas an Beweiskraft. Gewiß, von

Chile

See aus betrachtet, baut sich die 40-Hügel-Stadt recht reizvoll auf, die schon fast nahtlos in das nur 2 km entfernte Viña del Mar übergeht. Landratten werden auch den Blick vom *Cerro Polanco* über den Hafen interessant finden — aber Vorsicht mit der Kamera: Sobald Sie Kriegsschiffe im Sucher oder auf der Mattscheibe haben, lassen Sie das Fotografieren lieber bleiben; man hat dafür auch nicht den Anflug von Verständnis.

Ganz lustig allerdings ist es, den Versuch zu machen, sich durch das Gassen-Chaos auf den Hügeln treiben zu lassen, wobei man nicht umhin kann, immer wieder auf die in Ehren ergrauten Aufzüge zurückzugreifen. Neben den fleißigen Mulis sind sie die einzigen Verbindungsmöglichkeiten zwischen den an die Hügel geklebten Stadt-Etagen. Die Viertelmillion Einwohner müssen eigentlich im Laufe der Jahre fabelhafte Wadenmuskeln entwickelt haben; denn auch die Steigungen innerhalb der Wohnviertel vom Hafen aufwärts sind beachtlich.

Mit Blick über einen Teil des Hafens liegt ein Restaurant, in das Touristen per Bus zu Hunderten gekarrt werden, »Markoa«. Eine Art Vollsichtkanzel, wo man Ihnen zum Essen musikalisch in die Suppe bläst, während chilenische Reisegruppen über Steak oder Bratfisch Lungenfülle beim Gesang zur Band-Musik demonstrieren. Vielleicht mögen Sie das und verzichten gern auf einen funktionierenden Service. . . dann können Sie sich hierher verfrachten lassen.

In Valparaiso nach Zeugen der Vergangenheit zu forschen, ist mühselig. Nicht nur Piraten und das Gefolge des Gottes Mars machten zu Zeit und Unzeit ihre zerstörenden Besuche, das Erdbeben von 1906 räumte mit verbliebenen Reminiszenzen der Geschichte gründlich auf. Tanken Sie also ein wenig romantisches Air im Hafenviertel und wundern Sie sich darüber, daß gewissermaßen »in der *Kathedrale*« (nämlich in deren seitlichen Parterres) Restaurants und Läden untergebracht sind — als hätte der Nazarener nicht vor knappen 2 000 Jahren die Händler aus dem Tempel gejagt.

Im italienischen Park können Sie die lupa romana, die römische Wölfin, betrachten, eine der — hierzulande üblichen — Schenkungen der ausländischen Kolonien, und werden beeindruckt sein von einfallsreichen Souvenir-Angeboten einer Budenreihe, die auch Ungewöhnlicheres preiswert feilhält.

Mit Sonderzug zur Piste: Portillo

Rund drei Stunden Fahrzeit brauchen die in Santiago startenden Sport-Sonderzüge, um Chiles Wintersportparadies auf 2 850 m Höhe zu erreichen: Portillo, in der Hochsaison von Juli bis September Treffpunkt chilenischer Skifans. 1966 kam der Andenort auch zu Weltruf: Die andinen-alpinen Skiweltmeisterschaften wurden hier ausgetragen. Natürlich ist Portillo »voll erschlossen« mit Skiliften, Sessellifts, einer 15 km langen Abfahrtstrecke und zahlreichen Pisten und einem nahe beim *Lago del Inca* (Inca-See) gelegenen de luxe-Hotel (»Portillo«). Hier in der Nähe tummeln sich Skihasen und männliche Anfänger, auf dem zugefrorenen See die Eissegler. All das geschieht vor der majestätischen Kulisse der Berge — und wer über den Wolken nach Argentinien hineinsehen will, kann das per Ausflug erreichen: Über dem *Bermejo-Paß* zwischen den beiden Ländern steht in 4 060 m Höhe die Kolossalstatue des Erlösers (»Cristo Redentor«), aus eingeschmolzenen Kanonenrohren gegossen, ein bronzener Schwur, Frieden halten zu wollen. »Eher werden die Berge vergehen, als daß Argentinier und Chilenen den Frieden brechen, den sie sich zu Füßen dieses Erlösers geschworen haben«, liest man auf dem Sockel der Statue und hofft, daß auch Querelen um die Beagle-Inseln den Schwur nicht brechen lassen.

Viña del Mar ist die populäre pazifische Badewanne der Bevölkerung von Santiago de Chile und Valparaiso

Um mal eben zum Wochenende die Skier unterschnallen zu können und nicht gleich ein Monatsgehalt auszugeben, wählen die Santiaguinos andere Skigebiete: 50 km östlich der Hauptstadt liegt, am Anden-Fuß, *Farallones,* eine handvoll Kilometer weiter *La Parva*. Winterliche Schneesicherheit wird hier auf 2 400 m garantiert, Pisten und Abfahrten für alle Schwierigkeitsgrade sind vorhanden. Allerdings: Hier kann es in der Saison schon mal etwas Gedrängel auf den Hängen geben.

Cowboys, Kupfer und Corvinas

Die Stadt heißt *Rancagua,* liegt 82 km Südost von Santiago und ist Zentrum des zentralen und fruchtbaren Tales. Klima, Landschaft und Anbau erinnern an mediterrane Gebiete, Wein, Weizen und Mais werden auf den »Fundos«, den Gütern, angebaut. Hier und in den umliegenden Dörfern sind die *Rodeos* Treffpunkt der »huasos«, der chilenischen Cowboys, locken diese männlich-sportlichen Geschicklichkeitsturniere viele Gäste an. Vor allem beim herbstlichen Fest der »Media Luna«, der Landesmeisterschaft in diesem Sport.
Nur 48 km weiter: Auf 2 800 m stößt man auf etwas ganz Gegensätzliches, die zweitgrößte Kupfermine des Landes, *El Teniente,* größte unterirdische Mine der

Welt. Ein Blick auf Arbeit und Lebensverhältnisse zeigt ein anderes Chile als das des staatlich geförderten Tourismus.

Wem es nicht genügt, Fische im Restaurant zu speisen oder auf den Märkten zu bewundern, hat in Chile gute Gelegenheit, selbst auf Fischwaid zu ziehen. Die *Corvina* (Cilus montii) z.B. ist überall an den Küsten anzutreffen und kann — ausgewachsen — bis zu einem Meter lang und stolze 20 Kilo schwer werden. Mit Spinner in der Brandung zu angeln, mit der »chispa« (Fliege), oder aber mit Netzen vom Boot aus: einer von zahlreichen schmackhaften Meeresbewohnern. *Arica* und *Iquique* im milden Norden sind die angenehmsten Angelreviere (ganzjährig), im Süden und im zentralen Chile stehen die Forellen in den Flüssen, in tropischer und subtropischer Meeresströmung kann man dem Thunfisch wieder begegnen, Schwertfischen erst bei 200 Seemeilen vor der Küste. Alles Wissenswerte für Sportfischer hat der Servicio Nacional de Turismo in einer Farbbild-Broschüre zusammengefaßt: »Anleitung zum Angelsport in Chile«.

Nördliches und Südliches: Ein Querschnitt

Wer über die Panamericana, von Norden kommend, nach Chile reist, wird in *Arica* auf ein pittoreskes Gebäude stoßen: Der Erbauer des Eiffel-Turms versuchte sich hier am Bau einer neugotischen Kirche in Stahlkonstruktion, der *Catedral de San Marco*. Sonst ist der Weg zu den gewaltigen Dünen reizvoll, laden Badestrände ein, kann man im Casino sein Geld vermehren und vor allem Ausflüge unternehmen: Zum *Valle de Azapa* etwa (auf dem Weg dahin das *Archäologische Museum)* mit Resten von Indio-Siedlungen, zum *Lauca-Nationalpark* (Zeit mitbringen!) und zum großen *Chungara-See* (4 500 m hoch gelegen) mit dem fantastischen Panorama (Vulkan Guallatiri, 6 060 m). Im Spätherbst ist der Chungara-See Ziel einer Hochzeitsreise: Zahllose Flamingos fallen ein, um hier Hochzeit zu feiern.

Badeort im Norden des Landes ist auch *Antofagasta*, chilenischer Exporthafen mit 176 000 Einwohnern für das Kupfer aus der Mine *Chuciquamata* (größte Tagebau-Kupfermine der Welt, 400 m tiefe Grube, 221 km von Antofagasta entfernt; Tagesausflüge). Das *Geologische Museum* der Stadt ist mindestens so sehenswert wie die berühmte »Portada«, der 30 m hohe Felsbogen, den die Brandung in Billionen Arbeitsstunden konstruiert hat, ein wahrer Triumphbogen.

Etwas gespenstisch wird es bei der Oase *San Pedro de Atacama,* wo man erst in jüngster Zeit tausende, vom trockenen Wüstenstaub vorzüglich konservierte Mumien eines Alters bis zu 15 000 Jahren gefunden hat. Das achteckige *Museum* hat sich bereits mit Mumien und Schädeln, Schmuck und Gerätschaften gefüllt, die zwar vom belgischen Padre Le Paige nicht gerade nach modernen didaktischen Gesichtspunkten geordnet sind, deren Menge und Zustand jedoch auch Besucher nachdenklich machen. Viel nachgedacht hat auch der Padre: Nach seiner Meinung, die ihm keiner so recht abkaufen will, hat es hier vor 50 000 Jahren schon Menschen gegeben. Die Ausgrabungen finden selbstverständlich unter staatlicher Oberhoheit statt. Privatarchäologen zarten Jugendalters lassen sich den Schneid dafür aber nicht abkaufen, eher schon die gefundenen Schätze an schlichtem Schmuck oder Gerät, deren Ausfuhr zwar verboten ist, aber...

Daß man rund zehn Kilometer vor San Pedro auch sein nationales »Valle de la Luna«, sein *Mondtal* hat, verwundert nicht. Erosion ist eben vielfältig tätig und hat hier als begabter Skulpteur gewirkt: Mit etwas Phantasie erkennt man die Konturen in der Sonne glitzernder Gestalten aus Salzgestein, während die Luna am Himmel der Einbildungskraft zu noch größerer Effizienz verhilft, Madonnen, Kinder, Tiere und Türme erkennen läßt.

Morgens um sieben ist der Geysir in Ordnung. Davon können sich Frühaufsteher nach Geländefahrt ab San Pedro (80 km) in *El Tatio* überzeugen: Auf der 4 000 m hoch gelegenen Ebene erwachen zu just diesem Zeitpunkt die Geysire zu sprudelndem Leben, ein faszinierendes Schauspiel, ein Wasser-, Dampf- und Schlamm-Ballett von furioser Choreographie. Das läßt das Aufstehen (bald nach Mitternacht) und das für den Leih-Jeep ausgepowerte Portemonnaie wie die blauen Flecken in der Steißbeingegend vergessen. Spätkommer haben das Nachsehen; denn sobald Gott Inti vom Himmbel lacht, fällt der Spuk schier zusammen. Ob ein energiehungriges Jahrhundert wie das unsere diese Kraftquellen noch lange ungeschmälert läßt, ist fraglich. In den Schubladen gibt es schon Pläne, das Naturphänomen per Röhren zu nutzvollerer Existenz anzuhalten. . .

Überspringen wir das Zentral-Chile, in dem wir uns ja schon umgesehen haben (Santiago, Bäderküste, Rancagua), und nehmen Südkurs wieder in *Talca* auf, das im berühmtesten Weingarten Chiles liegt. Bus und Bahn bringen uns — wie die Panamericana — über 285 km von der Hauptstadt hierher. Kunstfreunde lassen es sich nicht nehmen, von hier nach *Vichunquén* mit seinem See und den Bauten der Kolonialzeit auszufliegen, Angler zieht es zur *Laguna del Maule* an der argentinischen Grenze. Petri Heil!

405 km trennen *Chillan* von der Hauptstadt, per Bahn oder Bus bequem zu überwinden. Hier auf dem Markt dem Souvenir-Gepäck beträchtlich zu Übergewicht zu verhelfen, ist leicht: Keramik, Textilien (Weberei), Bastartikel, naive Malerei und vieles mehr sind doch sehr verlockend in diesem Zentrum chilenischer Handwerkskunst.

Am längsten der chilenischen Flüsse, dem Bio-Bio, liegt *Concepción,* Universitätsstadt, Industriezentrum und drittgrößte Stadt des Landes; zumindest zu einer Bootsfahrt auf dem Bio-Bio-Fluß verlockt die 580 km südlich Santiago (Bahn, Bus) gelegene Stadt, die 1561 gegründet wurde.

Sollten Sie in Chillan versäumt haben, sich mit Mitbringseln einzudecken: *Temuco,* 700 km südlich Santiago, kann mit seiner Markthalle Abhilfe schaffen. Hier verkaufen die Arauco-Indios ihre »Mapuche«: Silberschmuck, Teppiche, Decken. Was da, 80 km entfernt, leise vor sich hin raucht, ist der 3 050 m hohe Llaima-Vulkan, dessen Hänge im Winter mit Skiläufern übersät sind wie gelbe Tücher im Frühjahr mit Rapskäfern.

Sein vulkanischer Kollege *Villarica* gab zugleich einem See und einem Erholungsort den Namen. Der Ort, 70 km westlich Temuco (Bahn) ist Startpunkt für See-Ausflüge und Start zur Fischwaid auf diesem tiefblauen Berg-Auge wie dessen Nachbarn *Caburga* und *Colico. Pucon* am Südufer des Sees lockt von November bis März den Jet-Set zu Golf, Wasserski und erholsamem Luxus, ist aber noch nicht so versnobt, um nicht auch weniger Finanzstarken Bleibe und Mahl (Fischküche!) zu dezentem Preis zu bieten.

Den Namen des Eroberers Pedro de Valdivia trägt 18 km landeinwärts vom Meer und 820 km südlich Santiago die 1588 gegründete Stadt *Valdivia,* die vielleicht am meisten europäisch unter den chilenischen Städten wirkt. Nicht zuletzt, weil hier im 18. Jahrhundert einige tausend Bauern aus dem deutschen Mittelgebirge siedelten und dem Gebiet zwischen Valdivia und *Osorno* (950 km südlich Santiago) das Gesicht gaben. Auf dem *Rio-Calle-Calle* einen Bootstrip zu machen, in den klaren Flüssen und Bächen zu angeln, ist ein Vergnügen. In Osorno startet man zu Ausflügen in die Welt der chilenischen Seenplatte, so eine Art von Schweiz, kann man das spanische Fort Maria Luisa und zwei bescheidene Museen besuchen — und Erdbeertorte wie bei Muttern essen, eine deutsche Besonderheit, die hier ebenso Eingang fand wie das Wort Kuchen, das nun auch im hier gesprochenen Spanisch »kuchen« heißt.

Das Waldgebiet des *Puyehue-Nationalparks* mit dem gleichnamigen See birgt auch

die Puyehue-Thermen (Trink- und Badekuren) und den *Rupanco-See.* Die Seen sind fischreich und von Valdivia aus bequem zu erreichen.
Am größten See Chiles, dem *Llanquihue-See,* gelegen ist *Puerto Varas,* bekannt als eine Stadt der Rosen, mit Seestrand, Casino und z. B. auch einem hübsch gelegenen Motel am See (Bungalows). Zugverbindung über 1 041 km nach Santiago. Von Puerto Varas startet man auch zu Land- und Wasser-Ausflügen über den *Todos los Santos-See* nach Argentinien. Am Westufer des Allerheiligen-Sees liegt *Petrohue,* ein winziges Fischernest von 150 Einwohnern mit einer Hotel-Pension. Dort kann wohnen, wer diesem »Lago Esmeralda« (Smaragd-See) zubenannten schönsten See dieser chilenischen Schweiz einen Besuch machen will.
Wo alle Züge enden, heißt der Ort *Puerto Montt* (1 080 km südlich Santiago). Der Hafen liegt an der Reloncavi-Bucht, und der kleine Fischerhafen Angelmó zieht die Touristen an: Strick- und Webarbeiten aus Natur-Schafswolle haben niedrige Preise, die man mit Geschick noch niedriger machen kann. Wer zur Insel *Tenglo* übersetzt, kann dort *die* Spezialität der Gegend verkosten, den *Curanto,* einen Eintopf aus Fleisch, Gemüse und allerlei Meeresfrüchten, dessen vorher gereichte Suppe enorm »lendenstärkend« sein soll.
Eine Seefahrt gleich en bloc zu buchen, ist schon in Santiago möglich. Die Reisebüros vermitteln den zweistündigen Flug oder die nächtliche Bahnfahrt nach *Puerto Montt* (auch die LAN-Chile-Niederlassungen in Europa nehmen Buchungen an), von dort aus geht es am zweiten Tag nach Angelmó (Curanto und Fischspezialitäten!), übernachtet wird in *Puerto Varas.* Am nächsten Tag nimmt ein Bus Kurs längs des Llanquihue-Sees nach *Petrohue* und von dort geht es per Boot über den *Todos-los-Santos-See* nach Peulla (Mittagessen). Nachmittags dann zurück nach Puerto Montt.

Am Ende der Welt: Feuerland

Es mag sein, daß aus diesem verwunschenen, wildromantischen, einsamen Paradies im südlichsten Süden des Kontinents bald ein verlorenes Paradies wird: Öl im Boden hat das noch an allen Ecken und Kanten der Welt fertiggebracht. Bis das offensichtlich wird, bleibt Zeit für einen Besuch in einem atemberaubenden großartigen Gebiet. Schon der Flug ab Puerto Montt (1 700 km; ab Santiago 2 760 km) ist faszinierend: Gletscherfelder, Buchten, Archipele, Fjorde, Schneefelder und die ersten arktischen Vorboten, Eisberge, stimmen auf das Erlebnis ein. Ein Drittel des langgestreckten chilenischen Territoriums liegt hier, zerfleddert in Landbrocken, doch kaum 3 % der Chilenen sind hier zuhause. . . und auch das meist nur für zwei bis drei Jahre; die Fluktuation ist groß.
Mit Ausflugsbooten ab *Puerto Montt* kann man bis an die Schwelle dieser Region gelangen, nach Puerto *Aysen* und *Coyhaique,* durch die Lagune San Rafael und vorüber an märchenhafter Landschaft aus Eis, Wäldern und kalbenden Gletschern. Unterkunft gibt es in beiden Orten – und natürlich auch dort, wo man, in der südlichsten Stadt der Welt, in *Punta Arenas* (105 000 Einwohner), Touristen schon länger auf der Rechnung hat. Vor allem im Sommer, wenn die Sonne bei 20 °C bis zu 20 Stunden am Tage scheint. Der kalte Winter ist stürmisch und dunkel, die Niederschläge aber halten sich das Jahr über dezent zurück, mehr als 55 mm im Jahresdurchschnitt sind es nicht (München: 900 mm). Am trockensten: Oktober bis Januar. Die Stadt am Nordufer der Magalhães-Straße ist auch sonst nicht ohne Attraktionen: Zwei Museen machen mit der Welt Patagoniens bekannt (im *Instituto de Patagonia* wird auch Kunsthandwerkliches verkauft), Tennisplätze, Golfplatz und Reitställe sind sommers gut besucht, im Winter (und länger) locken die Skipisten des Mirador-Hügels die Läufer.

Im übrigen ist Punta Arenas Ausgangspunkt für Ausflüge, zu denen sich viele Touristen verlocken lassen. Der eine führt über die patagonische Steppe nach *Puerto Natales,* in die Welt der Berge und Gletscher, läßt die durch einen Saurier-Fund bekannt gewordene Höhle von Milodón besuchen und schenkt das Erleben eines großartigen Naturschauspiels mit dem *Payne Nationalpark:* Seltsame Felsformationen, Seen, unzählige Tiere, Wasserfälle. Am Serrano-Fluß werden Angler kribbelig: Nur hier gibt es die braune Forelle. Übernachtet wird in einer Hosteria, dann startet man zum Mini-Hafen *Port Bories* und von dort zu neunstündiger Fahrt nordwärts, zu den Gletschern von Serrano und Balmaceda und zur Bucht der letzten Hoffnung (»Seno de ultima Esperanza«) mit schwarzen Kormoranen, Seelöwen, Flamingos. Die Rückfahrt nach Punta Arenas dauert einen weiteren Tag.
Vier Tage (mit Start in *Puerto Montt)* dauert eine Seereise um die Insel *Chiloe* herum und durch den *Corcovada-Kanal* zum offenen Meer und weiter über *Puerto Eden* und durch die *Straße von Concepción* nach *Punta Arenas* (am besten: November bis März). Die Fahrt ist so beliebt, daß man tunlichst Monate im voraus buchen muß. In drei Flugstunden erreicht man von Punta Arenas aus mit kleinen Chartermühlen *Kap Horn* — ein Flug durch die Welt des Eises, über weite Tundren und tiefe Fjorde. Vier-Tage-Kreuzfahrten beginnen in Punta Arenas und lassen die Küste Feuerlands und das Gebiet der Magelhães-Straße erleben... Von dieser südlichsten Stadt der Welt nimmt man, was immer man tut, Kurs auf das Abenteuer einer schweigenden Welt.
Den Ureinwohnern dieses Gebietes, den *Ona-Indianern,* begegnen Sie heute nur noch im Kreuzworträtsel: Vor wenigen Jahren ist der letzte reinblütige Ona gestorben, letzter Repräsentant eines Stammes, der um 1530 (zu Magelhaes'Zeit) noch 2 000 Seelen stark war. Seelen? Nun, mit dem Christentum haben die Onas, denen Darwin attestierte, sie seien menschenjagende Wilde, die den Namen Mensch nicht verdienten, nichts im Sinn gehabt... Grund genug, sie wie Wild abzuschießen. Auch die *Alacalufe-Indios* der Südspitze Feuerlands hielten nichts von Christentum, Zivilisation und Rassenmischung, doch leben nach chilenischen Berichten noch etwa 100 Indios dieses Stammes auf den Inseln der Magelhães-Straße.

Robinsons Insel: Juan Fernández

»Als ich nach dem gestrandeten Fahrzeug blickte, das durch die Stärke der Brandung meinem Auge fast entzogen worden war, rief ich unwillkürlich aus: Mein Gott, wie ist es möglich gewesen, daß ich das Land erreichen konnte«.
Die Szenerie für diesen dramatischen Ausruf liegt 100 km vor der chilenischen Küste entfernt, die nach ihrem Entdecker aus dem Gefolge Pizarros benannt wurde: Juan Fernandez. Daniel Defoe hat die Geschichte des Alexander Selkirk in seinem »Robinson Crusoe« aufgeschrieben. Es ist die Story eines Matrosen, der es nach seiner Aufsässigkeit gegen seinen Kapitän vorzog, mit einem Minimum an Ausrüstung auf eine einsame Insel verbannt zu werden anstatt in der Rah zu hängen. Daß Defoe sie umdichtet, macht sie nicht schlechter, daß er sie vor die Orinoko-Mündung verlegte, war ebenso dichterische Freiheit wie die der Touristikbehörden von Tobago, die ihre Insel mit dem Namen Robinsons schmücken. Defoes Buch jedenfalls wurde und blieb ein Weltbestseller — und an den originalen »Robinson« Selkirk erinnern Zeugnisse in aller Welt: Er besuchte später Hamburg, auf Juan Fernandez wird seine Wohnhöhle gezeigt und schmückt eine Bronzetafel englischer Stiftung seinen Ausguck, sein handgeschnitzter Trinkbecher steht im Museum zu Edinburgh, und in seiner schottischen Heimat wird sein Andenken auch sonst gepflegt. Nur sein Grab kann man nicht zeigen: Es liegt, ein Seemannsgrab, irgendwo vor der Küste Westafrikas.

Chile

Wo Selkirk einst landete (1704), macht heute alle vier Wochen das Postschiff fest, einzige Verbindung zum Mutterland Chile, das auch Kartoffeln und Gemüse mitbringt für die hier lebenden 800 Chilenen, die zumeist Angehörige einer Fischer-Kooperative sind und anspruchslos in ihren Holzhäusern wohnen. Neben ihnen leben private Lebenskünstler auf der auch »Ma a Tierra« genannten Hauptinsel des Archipels, die ohne Fernsehen und Kino versuchen, eine moderne Robinsonade zu erleben, umgeben von subtropischem Immergrün, von Seelöwen auf unzugänglichen Felsen und von einem Meer, dessen Reichtum an Meeresfrüchten fabelhaft ist. Große Langusten sind die Spezialität der Insel. In den während der Saison (Oktober bis April) stets ausgebuchten Hotels erhält man als Gast zu jeder Mahlzeit erst einmal eine halbe Languste als Vorspeise: naturel oder gegrillt, mit Majonnaise oder wie auch immer.

Wo man heute bemüht ist, sich Touristen angenehm zu machen, gab es vorübergehend reichlich unfreiwillige Robinsons, Strafgefangene, stehen aus dem ersten Weltkrieg noch Kanonen, liegen die Gräber der Besatzung des Kreuzers »Dresden«, der sich hier selbst versenkte und auf 70 m Tiefe langsam verrostet.

Was die Galápagos-Inseln für die Fauna, war (und ist fast wieder) der Juan-Fernandez-Archipel für die Flora. Baumhohe Farne erinnern an die alte Zeit, mit Eukalyptus, Palmen und Sandelholzbäumen suchen die Förster das historische Bild der Robinson-Insel wiederherzustellen.

»Salas y Gomez raget aus den Fluten. . .«, beginnt Rückerts Gedicht. Die Insel ist eine der weiteren chilenischen Eilande neben San Félix, San Ambrosio und der südwestlich Kap Horn gelegenen Diego-Ramirez-Gruppe. Nicht zu vergessen: Isla de Pascua, die Osterinsel.

OSTERINSEL

Isla de Pascua · Rapa Nui · Te · pito · te · henua

Das Land in Stichworten

Geographische Lage: 109°26′ westliche Länge, 27°10′ südliche Breite, 3600 km westlich der chilenischen Küste.

Fläche: 162,5 qkm.

Einwohner: 1800.

Hauptort: Mataveri/Hanga Roa.

Impfungen: wie Chile.

Staatsform: Die Osterinsel ist Teil der Republik Chile.

Sprache: Polynesischer Dialekt, Spanisch. Andere Sprachen werden sehr wenig verstanden.

Klima: subtropisch, windig. Keine ausgeprägten Jahreszeiten, Regen kurz, aber heftig. Temperaturen ganzjährig von 12° C Minimum bis 30° C Maximum. Wärmster Monat: Februar, kühlster: Juli (17,9°).

Kleidung: Sommerkleidung, leichte Wollsachen, in der Sonne unbedingt Kopfbedeckung und gute Sonnenbrille, für Ausflüge feste Schuhe, Regenschutz, Staubmantel.

Flughafen: Mataveri. Zweimal wöchentliche Verbindung mit Santiago de Chile und Papete/Tahiti. Rückflug bei LAN-Chile unbedingt 72 Stunden vorher bestätigen lassen. – Übrigens: Das »Visit-Chile-Ticket« von LAN (Kauf im Ausland) schließt die Osterinsel ein!

Trinkwasser: einwandfrei.

Trinkgeld: ist zwar unüblich, wird aber genommen.

Stromspannung: 220 Volt.

Zeitdifferenz: Gegenüber Frankfurt wird die Uhr um 7 Stunden zurückgestellt (MEZ minus 7 Stunden).

Zoll- und Einreisebestimmungen: wie Chile.

Die Insel, die Ostern entdeckt wurde

Das Schiff unter der Flagge Oraniens dümpelt in der alten Dünung, die auf die bergige Insel zuläuft. In seiner Kammer legt der mecklenburgische Milizsergeant Carl Friedrich Behrens den Federkiel aus der Hand und streut Sand aus der Zinnbüchse auf die Zeilen seines Tagebuchs, das die Erlebnisse dieser Reise im Pazifik festhält: ». . . bis wir endlich eine Insul entdeckten, nämlich den 6. April, als am ersten Ostertag, welches uns herzlich erfreuete, weilen es auf den Tag von der triumphierenden Auferstehung unseres Herren sich zeigete, nennten es auch sogleich Paasch-Eiland oder Oster-Land, ungefähr acht Meilen in dem Umkreis«. Man schreibt das Jahr 1722.

Mit diesem Datum beginnen zwei Jahrhunderte weltweiten Rätselratens, das weder der biedere Sergeant Behrens noch sein Admiral Jakob Roggeveen voraussehen konnten, als sie am 10. April 1722 an Land gingen. Ihr Aufenthalt und der Kontakt mit den Insulanern waren auch nur kurz, und vielleicht wüßten wir heute mehr und Genaueres über die Osterinsel und die Sitten ihrer damaligen Bewohner, wenn die Crew des Holländers in der Lage gewesen wäre, Beobachtungen über eine längere Zeit zu machen und die Ergebnisse in Wort und Zeichnung festzuhalten.

Knapp 50 Jahre später, 1770: Spanier unter Don Felipe Gonzales beehren die Insel mit ihrem Besuch, errichten an ihrer Nordostecke Kreuze, lassen die Stücke ihres Schiffes Salut donnern und teilen den Eingeborenen mit, sie seien nun Untertanen Seiner Katholischen Majestät Carlos von Spanien, weshalb denn auch ihre Heimat fürderhin Isla San Carlos hieße. Dann üben sie mit den Insulanern, die an dem Geschrei ihren Spaß haben, den königlichen Toast: »Que viva el rey! Es lebe der König!« Als das zufriedenstellend klappt, verlassen sie befriedigt die Osterinsel . . . um nie wieder zurückzukehren.

Die nächste Stipvisite macht Cook 1774, ihm folgen 1786 Franzosen und Anfang des 19. Jahrhunderts amerikanische Schoner auf Suche nach »Gastarbeitern« für

den Robbenschlag auf der Insel Juan Fernandez. Recht ungastlich kassieren die Yankees wen sie erwischen können — und ihr Beispiel scheint Schule zu machen: 1862 kreuzen sieben peruanische Windjammer vor Rapa Nui auf und verschleppen tausend Einwohner als Sklaven zur Guano-Ernte an ihrer Küste. Nur hundert überleben den Job, von denen 85 den Rücktransport nicht überstehen. Der glücklich wieder auf der Insel gelandete Rest schleppt Seuchen ein, auf 111 Seelen schmilzt die Bevölkerung im letzten Viertel des vorigen Jahrhunderts zusammen. 1888 dann hißt der chilenische Fregattenkapitän Policarpo Toro die chilenische Flagge und gemeindet die vier Inseln *Rapa Nui* (= Große Insel; Osterinsel), *Motu Kao Kao, Motu Iti* (Klein-Motu) und *Motu Nui* (Groß-Motu) nach Chile ein. Seitdem gibt es hier Gouverneur, Militär und zum Andenken an Toro ein Bronzeporträt.

Geheimnisvolles auf 12 mal 20 Kilometer

In die Augen der Okkultisten kommt ein Glitzern, wenn sie den Text eines offiziellen Prospektes der chilenischen Luftverkehrsgesellschaft LAN über die *Moais,* die Steinfiguren der Osterinsel, lesen: »Mehr als 800 dieser Steinkolosse, die wahrscheinlich zu Ehren der Toten errichtet wurden, sind über die ganze Insel verstreut. Sie sind Ebenbilder der letzten lemurischen praeadamischen Unterrasse«. Das ist, was die Theosophin Helena Petrowna Blavatsky von der Dritten Rasse sagt, die auf

Lemuria lebte, einem Erdteil, der vor 6 Millionen Jahren versunken ist und unter anderen weite Teile des Pazifik bedeckt haben soll. Wissenschaftler sehen röter als das Rot der Tuffstein-Moais, wenn sie das hören. Sie sind zwar herzlich uneinig in ihren Theorien zur Osterinsel, doch hat sich mehr oder minder die Auffassung durchgesetzt, daß die Bevölkerung der Insel im 12. Jahrhundert nach Christo aus Polynesien – Melanesien einwanderte. Die Sage erzählt vom heiligen Häuptling (ariki mau) Hotu-motua, der von Westen kommend am Strand von Anakena landete und Te-pito-te-henua, »Himmelsblick«, mit seinem Gefolge besiedelte. Nicht ausgeschlossen ist, daß Rapa-nui zwei oder drei Besiedlungen erlebte.

Noch vor Roggeveens Landung muß ein wahrhaft »umstürzendes« Ereignis gelegen haben: Der sagenhafte Krieg der Langohren gegen die Kurzohren. Die Langohren — schwerer Ohrschmuck längte ihre Ohren — seien die weisen und religiösen Insulaner gewesen, die auch die *Ahus,* die Gräber an den Stränden, errichteten, diese Arbeiten aber von kurzohrigen Sklaven ausführen ließen. Die nun widersetzten sich eines Tages den Befehlen, und das war Grund genug für die Rasse der Herren, die Sklaven nach einem sorgfältigen Plan umbringen zu wollen. Der Plan aber wird ruchbar, ein Kurzohren-Aufstand bricht los und bringt Tod und Verderben über die Langohren, von denen nur einer überlebt.

Historisch ist, daß Stammeskämpfe um die Mitte des 18. Jahrhunderts stattfanden, bei denen die jeweiligen Sieger die Familiengräber und die Moais der Unterlegenen zerstörten. Die lange Trümmerkette an der Südküste scheint deutlich dafür zu sprechen.

Ja·o·rana und Willkommen!

Noch nicht lange setzen die Boeing 707 der LAN-Chile auf dem Flughafen *Mataveri* der Osterinsel auf, noch vor einer handvoll Jahren kamen nur die »Cruise Liner« mit ihren Kreuzfahrtpassagieren in den Genuß eines kurzbemessenen Aufenthalts. Erwarten Sie aber außer guter technischer Ausstattung hier keinen Weltflughafen, eher einen Feldflughafen des ersten Weltkriegs: Das Empfangsgebäude ist im Barack-Stil erbaut, davor sieht es unter Reisigdächern aus wie auf einem südlichen Dorfmarkt. Sämtliche Inselsouvenirs präsentieren sich hier — zu kleinem Aufpreis — und lassen erste Begegnungen mit Makemake-Masken, steinernen und geschnitzten Mini-Moais zu. Daneben hängen Ketten, die gern als Abschiedsgeschenke gekauft werden, Anhänger und vieles mehr.

Machen Sie sich um Ihr Gepäck keine Sorge. Irgendwo wird es über den Zaun des Flughafengeländes gehoben, während die Transitpassagiere (die zweimal wöchentlich ab Santiago verkehrende Maschine fliegt weiter nach Tahiti) noch im Halbkreis um eine zwischenlandungfüllende Folkloregruppe stehen. Da hier ohnehin fast halb Mataveri und Hanga-roa herumsteht, haben Gäste, die noch kein Hotelquartier gebucht haben, sogar Gelegenheit, noch mit dem Besitzer einer »Residencia«, eines möblierten Privatzimmers mit Vollpension, ins Gespräch zu kommen. Das gute, von einem Kieler Deutschen geführte Hangaroa-Hotel (120 Betten) und ein in Flughafennähe gelegenes 60-Betten-Unternehmen sind oft besetzt, und dann ist dieses eine erträgliche Alternative. Restaurants gängiger Art dürfen Sie auf der Insel nicht erwarten. Die Hotels sind damit ausgestattet und geben sich Mühe, ihre Gäste zufrieden zu stellen (...das gelingt nicht immer), sonst verhilft ein Markt und »Supermarkt« zu Lebensnotwendigem. Der eine oder andere »Imbiß« mag sich künftig hinzugesellen, aber ausufern wird die gastronomische Betreuung kaum. Für die üblichen drei Tage Touristen-Aufenthalt kann man schon mit dem Vorhandenen leben. Längere Aufenthalte strapazieren den Geldbeutel. Der Gin-Tonic (... und ewig hat man Durst) im Hotel kostet stolze dreizehn Mark, ein Bier deren vier. Das

Osterinsel

darf aber nicht wundernehmen: Nur dreimal im Jahr läuft ein Versorgungsschiff die Insel mit »Massengut« von Diesel bis Kartoffeln an, und Luftfracht — falls man darauf ausweichen muß – verbilligt keinen Whisky. Außer reichem Fischfang und ein wenig Obstanbau ist die Insel auf Importe angewiesen. Was Rapa Nui sonst zu bieten hat, wiegt alles auf. Ja-o-rana (»Djaorana«), guten Tag, und schöne Tage auf Tepito-te-henua, der »Insel, die den Himmel sieht«.

Ahus und Moais

Ausflüge über die Insel (im allgemeinen zwei Halbtags- und einen Ganztagsausflug) kann man vorab oder im Hotel buchen. Ein vierradgetriebener Wagen unterschiedlicher Herkunft und Bequemlichkeit bringt die Ausflügler unter Leitung eines spanisch — und ein bißchen englischsprechenden Führers zu den interessantesten Plätzen. Das aber bedeutet: Zu den Ahus und Moais wie zum Orongo-Krater mit den Startlöchern der »Vogelmenschen«. Die steinernen Zeugen vergangener Tage sind fast so zahlreich wie die Fliegen, die einem bald den »Tropengruß« zur Gewohnheit werden lassen: Mit der Hand am Gesicht vorbeiwinken.
Beginnen wir unsere erste Tour beim *Ahu Tahai* an der Westküste. Die Ahus sind Familiengräber, 260 davon sind bekannt. Hier wurden die Toten in Rinden- und Schilfmatten gehüllt und der Seeluft und Sonne ausgesetzt, bis das Fleisch zersetzt war. Dann wurde das Gebein begraben (Sekundärbestattung). Bei den Ahus hielten in diesem Zeitraum die Familien Wache, der Platz war bis zum Ende der Trauerriten tabu, Feuer und Rauch waren verboten. Erst wenn nach dem Gebeinbegräbnis die Seelen der gestorbenen Insulaner über die Westküste Rapa Nuis gen »Po« (= Nacht) ins Land gezogen waren, aus dem die Väter kamen, wurde das tabu aufgehoben. Von Westen, nimmt man heute an, kamen im 12. Jahrhundert die Inselbewohner unter der Führung ihres heiligen Häuptlings Hotumotua, der mit seinem Stamm von Polynesien übers Meer fuhr, die Insel entdeckte, am Strand von *Anakena* (im Norden) landete und die Besiedelung begann. Andere Theorien gelten eher als fantastisch, obwohl z.B. Thor Heyerdahl bei seinen Grabungen in Verteidigungsgraben der Hanau-eepe (Langohren) gegen die Hanau-momoko (Kurzohren) Feuerstellen fand, die eine Besiedelung um 400 n.Chr. anzeigen.
Hier beim Ahu Tahai findet sich noch das Fundament eines sogenannten *Kanu-Hauses,* über dem Wände und Dach aus Bambus konstruiert wurden. Der Eingang befand sich an einer der Längsseiten. Die schmückenden Gestalten auf dem Ahu blicken ins Land, die sie Verehrenden anschauend. Die plump wirkenden, quadratschädeligen *Moais* mit ihren tiefen Augenhöhlen mußten stabile, dicke Köpfe haben als Unterlage für den Tuffstein-Aufbau (bis 2,70 m hoch und 2 m Durchmesser): kein »Hut«, sondern die Wiedergabe der Frisur (*pukao* = Haarschopf), eines Haarknotens, der Weisheit dokumentierte und genau über der Fontanelle saß, in der (Zirbeldrüse) auch in Asien und Afrika Eingeweihte den Sitz göttlicher Weisheit vermuteten.
Während das Grundgestein der Ahu-Anlagen Basalt ist, stammt das Gestein der Moai-Figuren aus dem Krater Rano Raraku, und nur die erodierte Oberfläche läßt es »weich« erscheinen. Darunter ist es hart und schwer zu bearbeiten gewesen. Als Werkzeuge wurden Obsidian-Beile und -meißel benutzt, Obsidian (auch zu Pfeilspitzen bearbeitet) findet man noch heute reichlich auf der Osterinsel: der schwarze, vulkanische »Glasfluß« glitzert wie Gletscher in der Sonne. Die Ausfuhr großer Obsidianstücke ist untersagt (sie können bei der wegen des Pflanzenausfuhrverbots bei Abreise erfolgenden biologischen Kontrolle gefunden werden), gegen die Mitnahme kleiner Stücke bestehen keine Einwände.
Manche der Moai-Figuren waren übrigens ursprünglich rot-schwarz bemalt. Weiß

und rot scheint nur jene Statue bemalt gewesen zu sein, die heute im Londoner Britischen Museum steht, »Hoa-haka-hana-ia« heißt und einen Teil des Vogelmann-Kults repräsentiert: Sie genoß göttliche Ehren. Umstritten bei diesem Unikat ist die Rücken-Ritzung, von der Spuren auch noch bei einigen Moais zu finden sind: Einige meinen, sie stelle lediglich Tätowierung und Gürtel dar; H.P. Blavatsky vermeint darin das Henkelkreuz der Ägypter zu erkennen. Einleuchtender ist die Überlieferung, daß den in Orongo im Vogelkult initiierten Kindern ähnliche Zeichen zum Einweihungsvorgang aufgemalt wurden, die Regen, Regenbogen, Sonne und Mond und Vogelmänner darstellen. Warum in die Ferne schweifen...

Am Ahu Tahai pflegte der »ariki«, der König zu landen, wo er von seinem Volk erwartet wurde.

In der Nähe liegt das *Museo Arqueológico,* ein Einraummuseum, das aber gut und aufschlußreich bestückt ist: Was zu Geologie, Fauna, Flora, Kultur, Lebensweise und Riten der Insel zu sagen ist, macht man hier deutlich. Leider sind die Beschriftungen nur spanisch bzw. polynesisch.

Beschließen wir den ersten Ausflug mit einem Besuch des überdachten *Mercado,* des Marktes von Hanga Roa, wo neben etwas Obst und Gemüse vor allem die ganze Skala der Touristensouvenirs vertreten ist . . . zu Preisen, die man nur zahlt, wenn man weiß, wie arm diese Bevölkerung ist.

Der zweite Trip pflegt am Nachmittag zu starten und begegnet als erstem einem der steinernen Kameraden, der sich durch vier eingeritzte Hände nebst Fingern auszeichnet, dem Moai von *Ahu Vaiteka* (vielleicht nennt ihn Ihr Führer auch »Wai-Guri«, so ganz sicher ist man sich hier nicht mit der verwirrenden Fülle von Bezeichnungen). Zu seinen Füßen: Guava-Büsche, die im hiesigen Sommer ihre schmackhaften Früchte tragen (der Saft ist vorzüglich!).

Auch im weiteren Verlauf der Rundfahrt begegnen Sie Guavpflanzungen, Taroplantagen, Ananaskulturen . . . alles aber mehr oder weniger in Mini-Ausgabe und ein wenig planlos wirkend. Was die Natur hier auf der Insel recht planvoll eingesetzt hat, sind Abermillionen von Binsen, die selbst dem Vieh zu sauer und zur Verarbeitung nur bedingt tauglich sind. Gerade sie aber geben mit ihrem Gelb-Grün-Bräunlich der Inselpalette, vor allem im Sonnenschein, die unverwechselbare Grundtönung. Durchbrochen nur vom Schwarz der Lavafelder und Lavabrocken. Die Hauptattraktion des Ausflugs ist der *Ahu Akivi.* Die sieben Jungs hier blicken in Richtung Polynesien, woher der König kam, und stellten damit, zum Meer gewandt, eine Ausnahme dar. Sie repräsentieren, sagt man, die ersten sieben Einwanderer — und der Zahl sieben darf man getrost symbolische, magische Bedeutung zuschreiben.

Die freilebenden 3 000 Pferde auf der Insel sind eine Realität, der Sie immer wieder begegnen. 500–600 vom Nachwuchs werden Jahr um Jahr nach Chile exportiert, vom Rest greift sich, wer immer Lust dazu hat, ein Tier leihweise als Verkehrsmittel. Selbst Kinder sieht man – oft zu zweit – ohne Sattel über die spärlichen Wege traben und galoppieren, eine Staubfahne hinter sich. Pferdefreunde werden hier jubeln . . .

Nicht weit von dieser Ahu-Galerie liegt eine der unzähligen, die ganze Insel unterkellernden *Höhlen,* vor deren Eingang Bananen wachsen: 160 m lang ist sie und vermutlich wie alle anderen ursprünglich ein Familien-Toten-Tabu. Heyerdahl weiß davon recht spannend und ausführlich zu berichten. Der Küste zu und nahe gelegen ist — offenbar — Opferhöhle, *Te Peu.* Man kann sie betreten (Bücken! Stein, selbst Lava, ist hart!). Die Atmosphäre in der totenstillen Höhle ist geheimnisvoll mystisch, nicht bedrückend aber unheimlich dicht . . . es ist schwer zu beschreiben. Fraglos aber ist dies ein großartiges Meditationszentrum.

Auf dem Rückweg in das Hotel begegnen Sie gewiß, wie überall auf der Insel, ohne Pause Raubvögeln. Es sind vor allem Sperber, die hier zu Hause sind.

Wenn Sie Glück haben, findet am Abend auf dem Festplatz bei Hanga Roa eine Folklore-Fête statt, die von 21—23 Uhr gewöhnlich zwei oder drei Tanzgruppen auftreten läßt, danach tanzt alles, was Beine hat, und das können ein paar hundert-Gäste sein, die hier barfuß (Schuhe sind kostbar) auf nicht vorhandenem Parkett fröhlich schwofen.
Anschließend werden die Grillen Sie zu untermalendem Meeresrauschen in den Schlaf singen.

Die Werkstatt der Bildhauer: Ein Vulkan

Die große Ganztags-Tour beginnt am Morgen und führt zunächst an die südliche Küste, wo sich, etwa zwischen *Hanga tee* und über *Aka hanga* bis *Hanga tui hata* die umgestürzten und teils zertrümmerten Riesenstatuen häufen: wie ein Wall am Meer. Die Reste sind numeriert (. . . Sie können sie ohnehin nicht abschleppen), und hinter ihnen sprüht und gischtet die Brandung über das tiefblaue bis türkisfarbene Wasser.
Halt am Fuße des *Rano Raraku* — dann beginnt der in der Sonne schweißtreibende Aufstieg (unbedingt Kopfbedeckung tragen; stabiles Schuhzeug!) zu dieser gewaltigen Werkstatt der Bildner, die ihre Moais direkt aus dem Gestein des Vulkans geschlagen haben. 193 Moais hat man am Rano Raraku gezählt, darunter solche von 15 und 20 Meter Länge. Der größte, ein unvollendeter, hat die Höhe von 22 m und damit die eines siebenstöckigen Hauses.
Bei den im Hang stehenden Figuren ist die verfeinerte Form gegenüber den gedrungen-plumpen Moais auf den Ahus auffällig. Die von der Stirn überragte Einkerbung der Augenhöhlen (die keinen unteren Rand besitzen) erzeugt den »Wächterblick« dieser gewaltigen Köpfe, die meerwärts blicken, als warteten sie auf irgendetwas. In ihrer unmittelbaren Nähe stand das Haus des »Vogelmannes« (vgl. den übernächsten Abschnitt »Die Vogelmenschen von Orongo«), und man muß sich fragen, ob sie mit diesem Kult in Zusammenhang stehen, ob sie gar Porträts der Vogelmenschen darstellen. Rätsel über Rätsel . . . und ein weiteres hält jener Jakob Roggeveen fest, der Ostern 1722 ins Bordtagebuch schrieb:

»Diese Steinfiguren erfüllen uns mit Staunen; denn wir können nicht begreifen, wie Menschen ohne feste Hebebäume und ohne Tauwerk imstande gewesen sind, sie zu errichten. . .«

Die Insulaner hatten (. . . haben?) ihre eigene Theorie: Die Statuen seien durch »Mana« (Magie) an ihre Standorte verbracht worden, seien gewissermaßen (auch ohne Beine) dorthin marschiert, geschwebt, teleportiert worden. Später dann hätten sie ihre magische Kraft verloren, und so sei es auch erklärlich, daß sie zu Ende des 18. und Beginn des 19. Jahrhunderts von den Siegern in den Kriegen der Stämme gestürzt werden konnten, ohne sich zu wehren. Wer auf dem Gebiet der Gruselliteratur oder der Science Fiction zu Hause ist, erinnert sich an den Golem oder — sehr gezielt — an jenen Teil von Krafts »Loke Klingsor«-Roman, der auf der Osterinsel spielt und diese Gestalten ebenfalls sich bewegen läßt. Heyerdahl, bemüht, allem Mystizismus den Garaus zu machen, hat bei seiner Kon Tiki-Expedition mit Hilfe von Insulanern einen umgestürzten Moai auf einen Ahu-Platz *(Anakena)* gebracht und berichtet in seinem Buch recht spannend, wie es dabei zugegangen ist . . . im übrigen auch nicht ohne »magische« Vorbereitung für die achtzehntägige Strapaze des Transportes und Aufrichtens. Daß es sich um eine kleinere Statue handelt, macht das Experiment nicht weniger dramatisch.
Rätselhaft auch ist, daß einige wenige Statuen, z.B. ein knieender Mann, an die Tiwanaku-Kultur (vgl. Perú und Bolivien) erinnern. Zusammenhänge lassen sich

Am Vulkan Rano Raraku auf der Osterinsel bezeugen 193 Moais, daß hier die Bildhauerwerkstatt der Leute von Rapa Nui lag

schwerlich ausschließen, doch wie, wo und wann diese verbindenden Fäden einmal existierten, bleibt eine offene Frage, die auch Heyerdahl nicht befriedigend beantworten kann.
Ein letztes Rätsel schließlich vermachten die Bildhauer vom Rano Raraku der Nachwelt zur Lösung: Es scheint, als hätten sie ihre Werkstatt in heilloser Flucht verlassen, halbvollendete Statuen und unzähliges Werkzeug zurücklassend. . .
Der Blick vom Kraterrand in den Kraterschlund ist großartig: Ein Schilfmeer, um das Pferdetrupps alle Gangarten vorführen.

Baden, wo Hotu Matua landete: Anakena

Die Ausflügler erreichen gegen 12 Uhr mittags den Strand von Anakena an der Nordküste der Insel. Von der Straße führt der Weg durch einen Palmenhain zu den Dünen und dem feinen, weißen Sand des Strandes. Eine Picknick-Hütte steht hier, um den mitgebrachten Lunch im Schatten einnehmen zu können. Die Pause läßt Zeit zum Baden, wobei die Strömungsverhältnisse (Sog) auch gute Schwimmer warnen sollten, nicht weiter als bis zum Nabel ins Wasser zu gehen.
Hier am Strand liegt auch der Ahu, der heilige Platz, an dem der polynesische König landete: Archäologen haben sich bemüht, den Platz zu rekonstruieren, auf dem sieben Moais (zwei sind Torsos, einem dritten fehlt der Haarschmuck) dem

Meer den Rücken zukehren. Etwas rechts, seitab, steht der Moai, den Heyerdahl 1956 hierher schaffte und aufrichtete. Eine Tafel erinnert an das gelungene Experiment.
Wieder im Hotel, können Sie Sonnenbrand und Muskelkater pflegen, bis Sie am nächsten Tag zur letzten der üblichen Excursionen aufbrechen: zum Rano Kao-Krater und dem Naturpark von Orongo.

Die Vogelmenschen von Orongo

Im Anfang war Legende: Um das Gelege des Manu Taro, der Seeschwalbe, vor den Menschen zu schützen, die sich dessen magische Kräfte gern einverleibt hätten, jagten die Götter Makemake und Haua die Vögel vor sich her und auf die kleinen, *Rapa Nui* vorgelagerten Inseln *Motu Nui* und *Motu Iti*. Das erste abgelegte Ei der Seeschwalbe nämlich ist der wiederverkörperte Makemake, Gott der die Luft Bewohnenden, und verleiht dem, der es findet, religiöse Kraft und politische Macht. Verständlich, daß die Osterinsulaner bemüht waren, sich diese Macht und Stärke zu sichern. So entstand der Vogelkult an und vor der Steilküste von *Orongo,* auf dem Kraterring des Vulkans *Rano Kao:* Wer das erste Ei des Manu Taro auf der Insel Motu Nui findet und zur Hauptinsel schwimmend zurückbringt, ist der Größte. Zumindest für ein Jahr.
Bewerber um den Ruhm und Titel des »Tangata Manu«, des Vogelmenschen, waren die Kriegshäuptlinge der Insel-Sippen. Nicht, daß sie sich unbedingt immer selbst der Gefahr ausgesetzt hätten, beim Schwimmen Beute von Haien zu werden oder an den Klippen zu zerschellen! Schließlich hatte man seine Leute. So sandten die hohen Herren denn ihre Diener aus, auf dem Inselchen das erste Ei zu erspähen. Nachdem in Orongo, wo dürftige Reste noch an die 46 Schieferplatten-Häuser jener Tage erinnern, im Juli das große Fest mit Federschmuck und Tanz (von hier stammen die vielfach als Souvenir nachgebildeten »Tanzruder«), Opferspenden und rhythmischen Singsang begonnen hatte, wurden die Späher der Herren Häuptlinge ausgeschickt, neben sich ein kleines Binsenfloß mit Proviant für die Wartezeit, nach Motu Nui zu schwimmen. Manchmal schickten die Häuptlinge auch einen zweiten Diener mit, falls der erste »verlustig gehen« sollte.
Anfang September dann — in Orongo ist niemandem die Zeit lang geworden, wurden vermutlich Initiationszeremonien für jugendliche Insulaner veranstaltet — begann auf der Vogelinsel die Zeit höchster Wachsamkeit, und irgendwann dann sprang der glückliche Finder dort auf den »Felsen des Vogelschreis« (Tangi te manu) und schrie den Namen seines Herrn und Meisters über das Meer und ermahnte ihn: Rasiere dein Haupt! War das geschehen, so sprang er ins Wasser, das kostbare Ei vor die Stirn gebunden, und schwamm zur Osterinsel zurück, das Machtsymbol seinem Herrn auszuliefern. Der war inzwischen rasiert, hatte sein Gesicht schwarz-rot angemalt und setzte sich, im Besitz des Eis, nun an die Spitze eines langen Pilgerzuges, der nach Mataveri führte. Dort verabschiedete er sich von der Menge und zog sich in kultische Einsamkeit zurück, eine abgelegene Hütte. Ein Jahr lang ernährten ihn die anderen, ein Jahr lang verkörpert der neue Vogelmensch Make Make, hat er — auch persönlich genutzte — politische und soziale Gewalt, dann verliert das Ei seine magische Kraft, tritt er ins Glied zurück, beginnt die Suche nach dem neuen Vogelmenschen.
Der Ausflug zur Südwestspitze der Osterinsel, zum *Parque Nacional* mit dem Rano Kao, hat dieses Geschehen zum Hintergrund. Greifbar wird es allenfalls durch 151 Felsbilder auf den großen Steinen an der Orongo-Steilküste, durch den Make Make-Kopf (ein wenig weiter am Weg stehend), durch den Blick auf die Vogelinsel Motu Nui. Irgendwo hier oben hat auch jener Moai gestanden, der heute am Lon-

doner Britischen Museum durch seine Rückentätowierung Rätsel aufgibt. Die Bilder der Vogelmenschen, halb Vogel, halb Mensch, sind vielgesichtig, das Vogel-Ei ist erkennbar, andere kultische Figuren sind schwerer einzuordnen. Dazwischen, in den Fels geritzt, auch der Kopf des Make Make.
Auch wer sich besonders von der Magie des Vogelkults einfangen läßt, der nirgendwo auf der Welt eine Parallele hat (!), wird dem großen Krater des Rano Kao seine Aufmerksamkeit schenken: An seinen geschützten Wänden reifen Wein, Bananen, Ananas und andere Wildaussaaten, die von schmalen Pfaden aus geerntet werden. Der Blick ins tropische Grün des Kraters fesselt.
Nicht weit von hier glänzt es in der Sonne: ganze Obsidianfelder mit prächtigen Brocken. Dann folgt die letzte Station dieser Excursion, *Ana Kai Tangata,* an der Küste bei Mataveri gelegen. Eine große, meerseitig offene Höhle mit einigen, erstaunlich farbstarken Deckenmalereien, zu denen sich der hier einst Hausende durch die gewaltige Winterbrandung hatte inspirieren lassen. Beim Weg abwärts zur Höhle: Vorsicht, es gibt lose Steine!

Abschied von den Aku Akus

Alle übernatürlichen Wesenheiten — wie etwa Make Make — werden Aku Aku genannt; das schließt nicht aus, daß die einzelnen sehr genau zugeordnete Wirkungsbereiche haben und auch individuelle Namen tragen. Eine ganze Gruppe unbeliebter Störenfriede stellen die »Moai Kava Kava« dar, böse Geister, an die heute holzgeschnitzte Souvenir-Figuren erinnern: hagere, wie mumifiziert wirkende Ahnen-Gestalten mit dünnen Lippen und vorspringendem Brustkorb, dessen Rippen man zählen kann. Vielleicht sind sie es gewesen, die uns die Inselgeschichte so schwer deutbar gemacht haben, echte diabolos, Durcheinanderwerfer, die Verwirrung stifteten. Vor dem 16., 17. Jahrhundert sei hier überhaupt nichts los gewesen, meinen Inselinterpreten. »Die Überreste auf der Osterinsel . . . sind die erstaunlichsten und beredtesten Denkmale der ursprünglichen Riesen«, schreibt H.P. Blavatsky (»Geheimlehre«, Band II/234) und verlegt deren Typus nach Atlantis oder in die »früheste Zivilisation der dritten Rasse« (ebendort, Seite 342), die auf Lemuria (Mu) lebte. Die einen lassen die Besiedelung von Polynesien her erfolgen, der norwegische Zoologe Thor Heyerdahl in umgekehrter Richtung — und versucht das deutlich zu machen: Mit seinem »Kon Tiki«, einem Balsa-Floß, überquert er in hundertundeinem Tag 5 000 Seemeilen Pazifik zwischen Perú und Polynesien und findet im übrigen verblüffende Übereinstimmungen einzelner Momente in der Kultur der Osterinsel mit der Tiwanaku-Kultur Perús. Und wieder in der Gegenrichtung: Auf Alfred Métraux' Buch »Osterinsel« fußend, meint Werner Helwig: »Wahrscheinlich sind sie (die Moais) Denkmale eines Totenkultes polynesischer Seehelden, deren Leichname man von weither zu der Osterinsel als einem Gefilde der Seligen brachte« (Die Welt, 5. 4. 1958). . .
Wie dem auch sei: Für den Besucher der Osterinsel ist das Erscheinungsbild der Ahus und Moais, der Höhlen und Zeugen des Vogelkults von der großen Faszination, die gerade Rätselhaftes, Geheimnisvolles zu erzeugen pflegt . . . und nicht wenige werden, heimgekehrt, versuchen, sich in die so widersprüchlichen Theorien hineinzuknien, die ihnen eine umfangreiche Literatur zu dieser geheimnisvollen Insel bietet.

PARAGUAY

República del Paraguay

Es ist zwar so groß wie das 1937er Deutsche Reich, aber nur 4 Millionen Menschen bevölkern es. Ein Drittel des Landes nimmt das 300–400 m hoch gelegene Amambay-Plateau ein, die im Osten gelegene, einzige Hochfläche. Sonst ist Paraguay platt wie eine Scholle: mit Sümpfen am Paraguayfluß, der das Land teilt, mit dem grasigen Chaco im Westen und hochwachsendem, teils immergrünem Wald weiter östlich.

Das subtropische Klima ließe eigentlich eine intensivere Landwirtschaft zu, aber selbst die Hilfe deutscher Siedler hat die geringe Bevölkerung nicht wesentlich geneigter hierzu machen und zu mehr Wohlstand führen können. Der Baumwoll-Export allein schafft es auch nicht, der Anbau von Mais, Maniok, Süßkartoffeln, Reis, Zuckerrohr, Tabak, Yerba-Mate und die schwache Viehzucht für die Häute-Ausfuhr ändern nichts an der Tatsache: Paraguay ist ein armes Land. Es muß sich schon allerlei einfallen lassen, um nicht nur von Entwicklungshilfe zu leben. Die Superproduktion an Briefmarken (die schon kaum mehr in Katalogen bewertet werden) kann da kaum helfen; irgendwann passen auch die Sammler von Motivbildchen. Immerhin produziert man in Paraguay 70% der Welterzeugung an Neroli-Essenz, des aus destillierten bitteren Orangen gewonnenen Parfümrohstoffs, gewinnt man am Westufer des Paraguayflusses den Gerbstoff Tannin aus Quebracho-Holz und hat zudem den Vorteil, ein Freihafengebiet im brasilianischen Santos exclusiv zu nutzen. . . aber all das macht offenbar den Kohl nicht fett, und das weise Wort, daß Armut nicht schände, bringt auch keine Butter in die Maisgrütze.

Nach Versagern und Schuldigen zu suchen, ist müßig, und mancher Grund für heutige Spätschäden mag schon früh gelegt worden sein. Ein Land, das — wie Paraguay — an allen Ecken und Kanten mit seinem Territorium an das eines anderen Landes stößt, hat es leicht, anzuecken. Vor allem, wenn die mehr gedachten als natürlichen Grenzlinien ein gutes Jahrhundert lang so fantasievoll wie unterschiedlich interpretiert wurden.

Das Land zwischen Brasilien, Bolivien, Chile, Uruguay und Argentinien, also von fast 50% aller autonomen Staaten Südamerikas eingekreist, tat nach seiner Befreiung aus spanischer Kolonialherrschaft (1811) ein übriges, sich einzuigeln: Volksheld und Despot José Gaspar Rodriguez, zubenannt Francia, selbst ernannt zu El Supremo, dem Höchsten, machte die Schotten totaliter dicht, um seine Idee totaler Autonomie im Schutz der Grenzbataillone verwirklichen zu können. Der einstige Anwalt, verehrt auf den Schild gehoben, lehrt die Seinen das Fürchten, die Arbeit, die geistige Anspruchslosigkeit und eine seltene Variante des Rassismus: Er befiehlt die Ehe zwischen Spaniern und Guaraní-Indios, verbietet sie zwischen Angehörigen gleicher Rasse. Solcherart im Bett integriert, gebären ihm die Frauen einer Generation das neue Staatsvolk der Paraguayos.

Als er 1840 stirbt, öffnet sein Nachfolger Lopez zwar die Grenzen, doch dessen Sohn und Nachfolger sucht auch sogleich, darüber hinaus zu marschieren, Richtung Meer, und vergrätzt sowohl die argentinischen wie die brasilianischen Nachbarn und die Uruguayos. Die liefern ihm denn auch von 1865 bis 1870 einen bösen Krieg, erobern die Hauptstadt Asunción und dezimieren das Staatsvolk. Der Wiederaufbau ist mühsam, und als es Anfang der dreißiger Jahre etwas lichter aussieht, zieht Paraguay in den Chaco-Krieg gegen den nächsten Nachbarn, Bolivien. Diesmal mit mehr Erfolg: Im Frieden von Buenos Aires (1938) werden wenigstens die Grenzen, nun auch den Chaco Boreal umgreifend, endlich festgeschrieben. Von innerer Festigung indessen kann nicht die Rede sein, das ausgepowerte Land schreit nach dem Retter, und das heißt in diesen Breiten zumeist: nach der Militärdiktatur. 1954 übernimmt der Sohn eines bayerischen Einwanderers und einer Guaraní-Mestizin, General Alfredo Stroessner, das Steuer des Staatsschiffs, macht rein Schiff unter den politischen Parteien und erfindet die südamerikanische Variante des Stalin-Kults, nur daß das Objekt der Anbetung nicht Josef Wissarionowich heißt, sondern Alfredo. Das geht 35 Jahre lang so »absolut« wie willkürlich, und auch 1988 siegt Stroessner bei den Wahlen mit den (gängigen) 89 Prozent, die ihm das Wahlgesetz garantiert. Dann passiert's: Der Schwiegervater seines Jüngsten kippt den 76jährigen vom Sessel, der General Andres Rodríguez übernimmt im Februar 1989 die Macht, und am 1. Mai finden bei mieser Wahlbeteiligung von 23 Prozent erste demokratische Wahlen statt. Rodríguez erhält mit seiner Colorado-Partei die absolute Mehrheit. Wie es weitergeht? Vamos a ver, warten wir's ab . . .

Mit dem Nachbarn Brasilien hat Paraguay ein Projekt ausgehandelt, das an der Grenze zwischen beiden Ländern einen Weltrekord der Energieerzeugung darstellen wird: Der aufgestaute Rio Alto Paraná läßt mit dem Wasserkraftwerk Itaipú (Singender Stein) eine Energiemenge von 12 870 Megawatt (mehr als 17 Millionen PS) verfügbar machen (Assuan in Ägypten nur 2100 Megawatt). Ein mit Argentinien gemeinsames Projekt (Kraftwerk Yaciretá) wird den rundum gar nicht zu verbrauchenden Stromanfall weiter erhöhen, und vom Stromexport, der zwar noch von der Lösung einiger Probleme abhängt, hofft man auf Wohlstand . . .

Das Land in Stichworten

Geographische Lage: 19°14′–27°36′ Südbreite, 54°16′–62°38′ westlicher Länge, Entfernung Frankfurt–Asunción: 11 330 km.

Fläche: 406 752 qkm, 10mal so groß wie die Schweiz.

Einwohner: 3 920 000; 9,6 je qkm.

Hauptstadt: Asunción, 730 000 Einwohner.

Staatsform: Demokratische Republik mit Zweikammer-Parlament. 20 Departamentos neben der Hauptstadt.

Nationalflagge: Vorderseite Rot-Weiß-Blau mit Staatswappen im Mittelstreifen; Rückseite Rot-Weiß-Blau mit heraldischem Löwen und Inschrift.

Städte: Sechs mit 25 000 bis 110 000 Einwohnern.

Bevölkerung: 95 % Mestizen, knapp 2 % Indianer, ca. 3 % Weiße, ferner Japaner, Koreaner.

Religion: Etwa 90 % römisch-katholisch, 2 % Protestanten, 1 200 Juden, 13 000 Mennoniten.

Landessprache: Spanisch und Guarani.

Zeitdifferenz: MEZ minus 4 Stunden (12 Uhr in Frankfurt = 8 Uhr hier), vom 1. 4. bis 30. 9. MEZ minus 6 Stunden.

Wichtiges von A bis Z

Anreise: Zweimal wöchentlich direkt ab Frankfurt nach Asunción (Flughafen Campo Grande; (19 km zur Stadt), Taxi, Preis vereinbaren, (etwa 10 US-$), täglich mit Umsteigen via Madrid oder Rio de Janeiro.
Beim Abflug werden Flughafengebühren erhoben.

Diplomatische Vertretungen: Botschaft der Bundesrepublik Deutschland, Avda. Venezuela 241, Asunción, Tel. (005 92 21) 2 40 06.
Schweizerische Botschaft: Juan E. O'Leary 409, piso 4, Tel. 4 80 22.
Österreich. Gen.-Kons.: Nuestra Señora de la Asunción No. 764, Asunción, Tel. 2 55 67.

Feiertage: 1. Januar, 3. Februar, 1. März, 1. Mai, 14./15. Mai (Nationalfeiertag; unabhängig seit 1811), 17. Juni, 15. Juli, 25. August, 29. September, 12. Oktober, 1. November, 8. und 25. Dezember.

Gewichte: Metrisch.

Informationen: Dirección General de Turismo, Calle Alberdi esq. Oliva, Asunción.
Fremdenverkehrsbüro der Republik Paraguay, Albrecht-Dürer-Str. 12, 8500 Nürnberg 1, Tel. (09 11) 22 67 60.

Impfungen: Malariaschutz ist generell von Oktober bis Mai anzuraten, in einigen ländlichen Gebieten der Departements Amambay, Canendiyu, Caaguazú und Alto Paraná zu dieser Zeit erforderlich.

Klima: Ausgeprägt subtropisch. Starke Temperaturschwankungen: Sommer (Mitte Dezember bis Mitte März) bis über 40° C; Winter bis unter 0° C. Asunción ist am wärmsten von November bis März (32–35° C; nachts 21–21,5° C), am kühlsten im Juni (17° C); höchste Luftfeuchtigkeit von Dezember bis April. Kleidung sommerlich von Dezember bis März, Übergangs- und Regenkleidung für Frühjahr und Herbst; wärmere Kleidung von Juni bis September.

Maße: Metrisch.

Öffnungszeiten: Läden Mo–Fr 7–11.30, 15–19 Uhr, Sa 7–12 Uhr; Banken Mo–Fr 7.30–11 Uhr.

Reisepapiere: Bis 3 Monate Aufenthalt: Reisepaß. Gebührenpflichtige Touristenkarte bei Einreise.

Stromversorgung: In den größeren Städten 220 V Wechselstrom. Meist Zwei- oder Dreipolstecker.

Trinkgelder: 10 % sind üblich.

Trinkwasser: Keine Bedenken in Asunción.

Verkehr: Überlandbusse zweimal täglich Asunción–Encarnación in 6 Stunden, dreimal wöchentlich über Pastoreo sogar nach Rio de Janeiro in 26 Stunden. Asunción–Iguassu zweimal täglich, 7 Stunden.

Eisenbahn: Asunción–Encarnación (12 Stunden, dreimal wöchentlich). International: zweimal wöchentlich Bahnverbindung Asunción–Buenos Aires (2–3 Tage).

Gute Straßen von Asunción nach Osten und Südosten, sonst unbefestigt (bei Regen problematisch!). Rechtsverkehr.

Kleine Flugzeuge verbinden die Hauptstadt mit dem Landesinneren.

Währung: 1 Guarani (G̶) = 100 Centimos. 1 DM = ca. 490 G̶. Frei fluktuierender Devisenmarkt; Umtauschgebühr!

Zoll: Zollfrei zum persönlichen Gebrauch sind 1 Fotoapparat mit Filmen, 1 Schmalfilmkamera mit Filmen, 1 Fernglas, 200 Zigaretten oder 50 Zigarren oder 250 g Tabak, 1 Flasche Spirituosen.

Das Schachbrett heißt Himmelfahrt: Asunción

Am »Vatertag« 1537 legte der Vater der paraguayischen Hauptstadt den Grundstein zu einer Festung, in deren schützendem Schatten sich die spätere Metropole aus einer etwas wilden Siedlung entwickeln sollte: Juan de Salazar taufte das militante Bauwerk gegen die Indios auf den atemverschwendenden Namen *Nuestra Señora de la Asunción.* Unsere liebe Fraue von der Himmelfahrt. Als offizielles Datum der Stadtgründung allerdings gilt 1541, und erst 270 Jahre später, 1811, erhält die Stadt mit 8 000 Einwohnern am Rio Paraguay den Rang einer Landeshauptstadt. Rund 19 Jahre später schon schlägt die Todesstunde für Alt-Asunción: Francia, auf der Suche nach Regimegegnern, läßt das verwinkelte Häuser-, Hof- und Straßengewirr flach legen und legt auf der eingeebneten Geschichte seine Stadt der Zukunft an, ein Häuser- und Straßen-Schachbrett, übersichtlich, kontrollierbar, transparent zumindest im klar gegliederten Zentrum. Hier also nach Zeugen der Vergangenheit zu suchen, ist müßig, das 19. Jahrhundert setzt die baulichen Akzente.

An der *Plaza de la Constitución* blickt der *Palacio Legislativo* (Haus des Kongresses) auf einen Panzer, Relikt des Chaco-Krieges gegen Bolivien. Die senffarbene *Kathedrale* mußte nach dem Motto »Kanonen statt Glocken« ihr Geläut in die Schmelzöfen liefern, als das Vaterland zu den Waffen rief. Erst seit den Fünfzigerjahren rufen neue Glocken die Gläubigen zum Gebet vor dem grünsilbernen Hauptaltar.

Folgt man der Straße *El Paraguayo Independiente,* so gelangt man zum *Palacio de Gobierno,* dem Regierungssitz, der — von Alejandro Ravizza 1854 erbaut — aufdringlich an den Pariser Louvre erinnert, auf kleineres Format transponiert. Sonntags zwischen 8 und 11 Uhr öffnet er seine Tore allen, die den Drang verspüren, ihn zu besichtigen. Der Blick von ihm über den Hafen mag Ihnen reizvoller erscheinen. Ravizza ist ebenfalls der Schöpfer eines Bauwerks, dessen Grundidee auch von der Seine stammt: Was dort als Invalidendom weltberühmt ist, war hier zunächst als Kapelle der Santa Maria de la Asunción gedacht, wurde aber 1936 zum *Panteón*

Nacional de los Héroes (Pantheon der Helden) umfunktioniert. Auch der Platz, an dem es steht, ist den Helden der Nation gewidmet: *Plaza de los Héroes*. Die Besichtigung des Pantheons und der Gräber ist täglich von 6—18 Uhr möglich.
Italienische Vorbilder vermutet man rechtens beim Anblick eines Wahrzeichens der Stadt, der im Nordwesten gelegenen *Iglesia de la Encarnación* (an der Kreuzung der Straßen 14 de Mayo und Eduardo Victor Haedo). Sie wurde im vorigen Jahrhundert erbaut, die Kupferkuppel ist weithin erkennbar.
An der *Calle Palma* ist das Haus der Unabhängigkeit *(Casa de la Independencia),* in dem anno 1811 die Verschwörer gegen Kastiliens Monarchen die Befreiung vorbereiteten, heute ein bescheidenes Museum. Von hier aus per Straßenbahn-Veteran zum Hafen zu fahren, ist lustig. Unübersehbar dort: das Flaggschiff der Marine. Unübersehbar auch das Billigangebot an Alkoholika, Tabakwaren und Parfüms . . .
Sonst ist man beim Bummel über die *Calle Colón,* die an Kolumbus erinnert, aufgerufen, wie dieser eine neue Welt zu entdecken: Souvenirs von den fabelhaften Spinnwebspitzen (in der Sprache der Guaraní: nandutí) über Gaucho-Akzessoirs, Ponchos, Puppen, Holzgeschnitztes, Mate-Pötte, gewaltige Strohhüte und anderes mehr. Nicht zu vergessen: die Federbesen, für deren Produktion die Pampas-Strauße ihr Leben lassen müssen.
Eisenbahn-Fans werden nicht versäumen, dem neugotischen *Bahnhof* an der *Plaza Uruguaya* einen Besuch zu machen, der seit 1850 brav, aber zunehmend weniger gefragt, seine Funktion erfüllt: Auf Perron Nummer 2 können Sie die älteste, 1850 importierte, Lok Iberoamerikas bewundern, die hier als Schiffsladung gelöscht wurde, ehe noch die Schienen für ihren Einsatz gelegt waren. Eine vorausschauende Maßnahme des Präsidenten Lopez. . .
Heute haben in weitem Umfang Autobusse die Kommunikation in Stadt und Land übernommen. Ihre Büros sind hier ebenfalls zu finden. Ausflugsfahrten allerdings bucht man — wenn nicht im Hotel — vor allem an der Straße *Nuestra Señora de la Asunción,* wo »Inter-Express« auch die routinierte amerikanische Gesellschaft »Gray Line« vertritt.

Per Bus durch die Gegend

Das Gray-Line-Programm ist denn auch nach bewährtem US-Muster aufgebaut mit Rundfahrt- und Besichtigungsangeboten zwischen 2½ und 7 Stunden Dauer. Sich mit Hilfe dieser Organisation auf Asunción und »Umgebung« einstimmen zu lassen, ist sinnvoll, die Ticketpreise halten sich in vernünftigen Grenzen.
Die *Stadtrundfahrt* dauert 2½ Stunden, läuft alle wichtigen Sehenswürdigkeiten an und bietet auch etwas Zeit für den Souvenirkauf (Kunsthandwerker-Markt »La Recoba« im Hafenviertel).
Die gleiche Dauer hat auch ein Nachmittags-Trip zur *Isla de los Indios* und zum *Jardín Botánico.* Der Botanische Garten (7 km entfernt) im Vorort Trinidad gibt einen recht guten Überblick über die Flora Paraguays, ein Mini-Zoo ist der regionalen Fauna gewidmet, ein kleines Museum zeigt indianische Kunst. Das Ganze in einem gewaltigen Park mit der Sommerresidenz von Lopez (heute im Haupthaus ein Naturkunde-Museum, das Bildungsbeflissenen vielleicht etwas sagt, anderen allenfalls eine Gänsehaut beschert) gelegen, der wochenends überquillt von Picknickern, Spaziergängern, Reitern, Golfern und halb Asunción zu Gast hat. Höhepunkt touristischer Attraktionen ist aber allerdings die Insel der Indios, Reservat von etwa 600 Ma Ká-Indios, per Motorboot angesteuert. Anders als die Guaraní waren die Maká ausgesprochene Weißenfresser, gegen die Anfang des 17. Jahrhunderts die Spanier den ersten biologischen Ausrottungsfeldzug unternahmen: Eine mit Versöhnungsgeschenken beladene Delegation Spanier schleppte bewußt die Pocken in

den Chaco, die in Kürze die Zahl der Indios um eine halbe Million verringerten. Die Indios, die uns heute hier im Hüttendorf der Insel begegnen, exerzieren Sitten und Gebräuche längst vergangener Tage vor, wobei sie sich hüten, ein Grinsen über die Neugier der anbrandenden Touristen zu zeigen. Sie zeigen dafür anderes: die Männer den Wickelrock und den Kopfschmuck, die Frauen Ketten über »oben ohne« und bunte Röcke. Daß sie eine eigene Stammes-Hierarchie besitzen, in welcher der Medizinmann immer noch eine bedeutende (und bei Versagen: lebensgefährliche) Rolle spielt, wird den Touristen nicht so offenbar wie das Angebot an farbfrohen Ponchos, Pfeil und Bogen und anderen Handarbeiten, deren Preis zur Erhöhung der Lebensqualität hinter den Kulissen der Touristen-Show beitragen... wie der Obolus, der von ihnen fürs Ablichten kassiert wird und nicht im Pauschalpreis enthalten ist.

Folklore im Glamour-Stil bietet eine Night-Tour von drei Stunden Dauer, die um 20.30 Uhr beginnt und ihre Teilnehmer bei den Stadthotels abholt. Hierbei sind ein Abendessen wie die musikalische und tänzerische Unterhaltung im Preis mit eingeschlossen, für die Drinks muß man selbst in die Tasche greifen. Ob Sie »Asunción de noche« besonders aufregend finden oder mehr als Typicum des »american way of life« ansehen, hierher exportiert, müssen Sie selbst entscheiden...

Vier Stunden Fahrt für runde 30.— DM bringen Sie mit der *Lago Ypacarai-Tour* zurück in historische Zeiten. Nachmittags wird gestartet zum Besuch von Dörfern, die in der Geschichte des Landes eine Rolle spielten: *Capiata* (1640 gegründet) zeigt seine Kolonialzeit-Kirche und die unter Franziskaner-Anleitung entstandenen Holzarbeiten der Indios; in *Itaugua* (1728 entstanden) sind die »Spinnweb-Spitzen« der Guaraní verlockender Mittelpunkt; im 1770 gegründeten *Caacupe* treffen sich am 8. Dezember jeden Jahres Tausende Paraguayos zum Fest der Landesschutzheiligen am Heiligtum *Santuario de la Virgen de Caacupe*. In *San Bernadino* schließlich, einer alten deutschen Kolonie, wird der Ypacarai-See erreicht, Wassersportparadies und Urlaubszentrum mit bezaubernden Gärten.

Eine Sieben-Stunden Rundfahrt nennt sich *Excursión Gran Circuito,* beginnt morgens mit Hotelabholung und führt zunächst über *San Lorenzo* in das älteste landwirtschaftliche Gebiet Paraguays mit seinen Rohrzucker-Mühlen, nach *Ita*, dem Zentrum der »Ton-Bäcker«, der primitiven Keramiker, und schließlich nach *Yaguarón* mit seiner von Franziskanern betreuten Mission. Die äußerlich eher schmucklose Kirche mit dem abseits stehenden Campanile beeindruckt mit dem Schnitzwerk ihres Inneren: Rund 50 Jahre lang, zwischen 1670 und 1720, haben kunstfertige Guaraní-Indios Säulen, Kanzel, Altäre und Chorgestühl in Hartholz geschnitzt und damit das fraglos Großartigste zustande gebracht, was Paraguay an Kunst zu bieten hat. Die Originalfarben haben die Zeiten überdauert, das vorherrschende Grün ist aus Mate-Blättern extrahiert worden. Der Name Yaguarón (»Großer Jaguar«) erinnert an ein gruseliges Memento Mori, das die Patres den Indios beim Gottesdienst unter die Nase rieben: Ein hölzerner Jaguar erschien plötzlich im Gotteshaus... und ich bin mir nicht ganz sicher, ob hiermit nur an die Vergänglichkeit gemahnt werden sollte und nicht mit dieser Horror-Vorstellung auch zurückgegriffen wurde auf die Zeit, da der Jaguar göttliche Ehren genoß... Über den Paraguari-Hügel und *Chololo* (mit schönem Panorama des fruchtbaren Tals zu Füßen) geht es nach *Caacupe,* von wo die Tour dann dem Weg der Vier-Stunden-Tour zum *Ypacarai-See* folgt.

Angeboten wird ebenfalls eine zwei Tage und eine Nacht dauernde Fahrt zu den Katarakten von *Iguazú* mit der Möglichkeit, die Fälle auch von der brasilianischen und argentinischen Seite dieses Drei-Länder-Wunders zu betrachten. Unterbringung erfolgt gewöhnlich im »Hotel das Cataratas«, die Rückfahrt nach Asunción beginnt – per Linien-Bus – um 17.30 Uhr des zweiten Reisetages. Während die reine Busfahrt etwa 7 Stunden währt, fliegt man von Asunción 45 Minuten.

Auf einer Insel im Rio Paraguay demonstrierten die letzten etwa 600 Ma-Ká-Indios den Touristen Leben und Sitten von vorgestern

Tirol im Urwald

370 km muß überwinden, wer Paraguays zweitgrößte Stadt, *Encarnación,* 1615 als Missionsort gegründet, besuchen will. Ein Bus bringt ihn in acht Stunden über die Nationalstraße 1 von Asunción hierhin, wo 50 000 meist europäische oder von Europäern abstammende Einwohner — darunter zahlreiche Deutsche — leben, die selbst (oder deren Vorfahren) hier den Urwald gerodet und Plantagen angelegt haben: Mate, Apfelsinen, Baumwolle. Die Stadt am Ufer des *Río Paraná* bezirzt niemanden durch Schönheit oder Großartigkeit, doch 20 km weiter kann man im »El Tirol del Paraguay« deutsche Küche und aus dem Fels gehauene Schwimmbäder erleben — umgeben von einem kräftigen touch Urwald, ein Platz für erholsame Ferien. 12 km entfernt ist der Besuch der Ruinen einer Jesuitenmission mit den Resten der einst größten Kirche des Landes (1744 erbaut) reizvoll: *Reducción Trinidad.* Hier haben die Guaraní-Skulpteure gezeigt, daß sie nicht nur Holz, sondern gleichermaßen kunstvoll roten Sandstein bearbeiten konnten: Die steingewordene himmlische Banda musical meint man schier spielen zu hören. Die Restaurierungsarbeiten an der Kirche schreiten fort — und in der kleinen Kapelle wird Ihnen der von Guaraní-Hand geschaffene Christus unter anderen Werken tiefen Eindruck machen.

Daß Ihnen die deutschen Einwanderer im nahen *Hohenau* am Stammtisch viel aus der Zeit ihrer Anfänge nach 1945 erzählen können, versteht sich am Rande.
Geradezu urtümlich deutsch aber wird es im *Chaco,* der rund zwei Drittel des gesamten Paraguayischen Gebiets umfaßt, aber nur von weniger als 150 000 Menschen bewohnt wird. Nicht bei den Resten der Indio-Stämme, die sich hierher in die Weite geflüchtet haben, aber in den Dörfern der deutschen Mennoniten, die — ab 1927 aus Ostfriesland kommend — hier siedelten. Es sind rund 10 000 in rund fünf Dutzend Dörfern, unter denen *Halbstadt, Loma Plata* und *Filadelfia* die Zentren darstellen. Deutschsprechend: Hier heißt das Friesenplatt, und selbst die von den Mennoniten in aufopfernder Weise umsorgten Indianer haben schon gelernt, was »dre Kopjes met Kluntjes un Rohm« bedeutet. Mehr als das: Plattdeutsch scheint sich zur Verkehrssprache zu entwickeln. Die Regierung des Landes, die den Mennoniten alle denkbaren Freiheiten gab und viel Unterstützung gibt, weiß, warum sie ihnen die überkommene Ordnung und Kultur beläßt: Die so tüchtigen wie gottesfürchtigen Siedler sind Musterbeispiele für Bildungspolitik und vorzügliche Katalysatoren für ein besseres Verhältnis von Weißen und Indianern.

URUGUAY

República Oriental del Uruguay

Wer nach Uruguay kommt, besucht eines der kleinsten Länder des Kontinents, dessen Bewohner ihr Land gern liebevoll spöttelnd selbst als Hauptstadt mit Hintergarten bezeichnen. Der »Hintergarten« aber, die ausgedehnten Pampas, sind nicht ohne wirtschaftliche Bedeutung: Zu 87% landwirtschaftlich genutzt, lassen sie hier 12 Millionen Rinder und 15 Millionen Schafe weiden. Das erklärt, warum hierzulande bei modesten Preisen Steaks und Koteletts Supergröße haben, auch wenn sie heute nicht mehr gratis als Hors d'oeuvre verabfolgt werden. Eine solide Basis für ein gutes Exportgeschäft, sollte man meinen, aber der Eindruck täuscht: Importrestriktionen zugunsten der eigenen Landwirtschaft haben in Europa die Tore der EG-Staaten praktisch abgeschottet gegen Fleisch aus Südamerika, und das hat in Uruguay erheblich zur Verschlechterung der Bilanzen beigetragen. Bei monatlichen Lebenshaltungskosten von 500 DM und einem durchschnittlichen Pro-Kopf-Einkommen von 300 DM ist die Kostenschere nicht zu schließen.

Höherenorts hat man das erkannt und bereits unter der Militärjunta der siebziger Jahre auf das »Weiße Gold« gesetzt: El ley de Turismo, ein Gesetz zur Förderung touristischer Aktivitäten, erklärte 1974 den Tourismus zu einer öffentlichen Aufgabe nationalen Interesses, und die Exekutive sorgte stramm dafür, daß im Interesse der Touristen hiernach auch verfahren wurde. Die Besucher der mit Priorität geförderten Gebiete haben ihr Gutes davon, ob sie nun spät nachts in Montevideo noch Geld umwechseln wollen, zuverlässige Führer suchen, preiswerte Rundfahrten und Ausflüge wünschen oder ein hygienisch einwandfreies und freundlich dienstbereites Hotel garantiert haben möchten. Da auch die Natur in weitem Umfang bei dieser Förderung mitspielt, ist die Zunahme des Fremdenverkehrs verständlich, dem von Europa aus auch Billigflüge via Brüssel (Sobelair, eine Sabena-Tochter) zur Verfügung stehen.

Wann auf diesem Wege — und durch weitere Maßnahmen — einmal die beachtlich hohen Staatsschulden abgetragen sein werden, bleibt abzuwarten. Der höchste Berg des Landes mit seinen 513 m wirkt niedlich, verglichen mit dem Schuldenberg. Probleme wirtschaftlicher und politischer Natur kennzeichnen den Weg des Landes durch die Zeiten. Man ist noch kaum die Spanier los, zu deren Vizekönigreich La Plata auch Uruguay zählte, da greifen die Portugiesen über die La Plata-Mündung, um das Land Brasilien einzuverleiben. Dem uruguayischen Gaucho-Boß Artigas, geliebtem Nationalheld Nummer eins, gelingt der Zug in die Freiheit nur mit Maßen, die »Treinta y Tres«, die 33 Freiheitskämpfer Lavallejas bringen den endgültigen Erfolg zustande: 1828 ist Uruguays Unabhängigkeit von Brasilien wie Argentinien garantiert. Nachdem nun außen Ruhe ist, brechen innere Kämpfe aus, in die gelegentlich auch liebe Nachbarn eingreifen: Zwischen der Partei der Blancos (Konservativen) und jener der »Colorados« (vorwiegend liberale Intellektuelle) sind nicht nur Haarspaltereien um Programme, sondern auch reelle Kopfspaltereien an der Tagesordnung. Ein Diktator bemüht sich schließlich um Ruhe, doch erst der viermalige Präsident (zuletzt von 1919—1923) José Battle y Ordoñez hat Erfolg: Mit Hilfe von im letzten Jahrhundert zugewanderten 800 000 Fremden aus Europa, denen um Ruhe und Ordnung für den Aufbau der eigenen Existenz zu tun ist, zaubert er einen Wohlfahrtsstaat aus dem Hut, regiert von einem neunköpfigen Nationalrat à la Schweiz, der aber — wie sich bald zeigt — nicht in der Lage ist, mit der von internationalen Krisen um die Wende der Zwanziger- und Dreißigerjahre beeinflußten nationalen Wirtschaftkrise fertigzuwerden. Der Ruf nach dem »starken Mann« manifestiert sich in einer Volksabstimmung, und Oscar Gestidos steigt 1966 auf den Präsidentensessel. Das ruft die bislang kaum gefragte Linke auf den Plan, und die Schwierigkeiten werden größer. Ein Herzinfarkt zieht Gestidos aus dem Spiel, sein Nachfolger Areco ist von der harten Art, verbietet alles, was links ist, friert die Preise ein, wertet den Peso ab, macht die Redaktionen dicht. . . und schafft neue Probleme: Die Tupamaros, die Stadtguerillas treten auf den Plan, um »im Namen des Volkes« eben dieses Volk von Despotie und Abhängigkeit zu befreien. Ausnahmezustand und harte Gegenschläge sind die Quittung, und von 1968-1973 wird es turbulent, kann keine Seite der anderen ein zu hohes Maß an Menschlichkeit vorwerfen. 1973–1985 unterdrückt eine Militär-Junta jede oppositionelle Regung, und als dann bei Wahlen ein liberaler »Colorado«, Anwalt und Journalist, Präsident wird, sieht man hierin – vor allem im Ausland – positive Vorzeichen. Anfang 1989 kommen wieder Zweifel auf: Bei einer Volksabstimmung entscheidet sich eine Mehrheit dafür, Menschenrechtsverletzungen der Diktatur-Epoche zu amnestieren. Der Präsident gibt die Begründung: Die rund 200 des Mordes und anderer Kapital-Verbrechen angeklagten Militärs sollen freigelassen werden, damit Ruhe herrsche und die Demokratie überhaupt am Leben bleibe. Eine Logik, die sich nicht jedem erschließt.

Das Land in Stichworten

Geographische Lage: 30°05'–34°58' Südbreite, 53°07'–58°28' westlicher Länge, Entfernung Frankfurt–Montevideo: 11 550 km.

Fläche: 177 508 qkm (halb so groß wie die Bundesrepublik).

Einwohner: 2 983 000; 17 je qkm.

Hauptstadt: Montevideo, 1 247 920 Einwohner.

Staatsform: Präsidiale Republik mit Parlament (»Asamblea General«) aus zwei Kammern (»Cámara de Diputados« und »Cámara de Senadores«). Als Konstituante arbeitet das Parlament seit 1. Juli 1986 eine Verfassung aus.

Nationalflagge: Fünf weiße, vier blaue waagerechte Streifen; Gösch: weißes Feld mit goldener Sonne.

Städte: Neben der Hauptstadt nur Städte mit 27 000 bis 80 000 Einwohnern.

Bevölkerung: Europäisch (meist spanischer und italienischer Abstammung), etwa 10 % Mestizen, Mulatten, Neger.

Religion: Vorwiegend römisch-katholisch, etwa 75 000 Protestanten und 50 000 Juden.

Landessprache: Spanisch

Zeitdifferenz: MEZ minus 4 (3) Stunden. 12 Uhr in Frankfurt = 8 Uhr hier (bei Sommerzeit in Uruguay = 9 Uhr).

Wichtiges von A bis Z

Anreise: Einmal wöchentlich direkt ab Frankfurt nach Montevideo (Flughafen Carrasco, 20 km zur Stadt, Taxi), sonst täglich via Madrid, Kopenhagen, Buenos Aires, Rio de Janeiro. Es werden Flughafengebühren erhoben. Inlandflüge nach sieben Flughäfen werktäglich bis einmal wöchentlich. Im Sommer (ab 8. Dezember) täglich mehrere Flüge nach Punta del Este.

Diplomatische Verbindungen: Deutsche Botschaft in Uruguay, Calle La Cumparsita 1417/35, Montevideo, Tel. 90 80 41.
Schweizerische Botschaft: Calle F. H. Abadie 2936/40, Montevideo, Tel. 70 43 15.
Österreichische Botschaft: Calle Maldonado 1193, piso 2, Montevideo, Tel. 91 40 00.

Feiertage: 1. und 6. Januar, Rosenmontag, Fastnachtsdienstag, Ostern, 19. April, 1. und 18. Mai, 19. Juni, 25. August (Nationalfeiertag; unabhängig 1825; von Argentinien und Brasilien 1828 anerkannt), 12. Oktober, 2. November, 8. und 25. Dezember neben kath.-kirchlichen Feiertagen.

Gewichte: Metrisch

Informationen: Ministerio Nacional de Turismo, Av. Lib. Brig. General Lavalleja 1409, Montevideo.

Impfungen: Im internationalen Reiseverkehr werden keine Impfungen gefordert. Malaria-Vorbeugung nicht notwendig.

Klima: Gemäßigt; wechselhaft, mäßig warm, keine ausgeprägte Regenzeit, aber im Winter

regenreicher.
Jahreszeiten den europäischen entgegengesetzt.
Temperaturen im Sommer (Dezember bis Februar) 30° C und mehr, im Winter (Mai bis September) durchschnittlich 10° C.
Starke Temperaturschwankungen und kalte Südwestwinde.
In Montevideo durchschnittliche Sommertemperatur 23–28° C, im Winter um 15° C. Morgens relative Luftfeuchtigkeit 73–89 %, mittags 52–69 %. Beste Reisezeit November bis April.
Im uruguayanischen Sommer leichte Kleidung, im dortigen Winter Übergangskleidung und warmer Mantel. Immer den Regenmantel und ein paar Wollsachen im Gepäck haben.
Gute Hotels und Restaurants erfordern Jackett und Krawatte.

Maße: Metrisch

Öffnungszeiten: Läden Mo–Fr 9–18, Sa 9–12.30 Uhr (Abweichungen!); Banken Mo–Fr 13–17 Uhr.

Reisepapiere: Bis zu drei Monaten Aufenthalt: Reisepaß, Weiter- oder Rückreisedokumente.

Stromspannung: 220 V Wechselstrom, Normalstecker; in einigen Hotels 110 V.

Trinkgelder: 10 % sind üblich, auch bei Taxifahrern.

Trinkwasser: Weitgehend einwandfrei.

Verkehr: Nachbarschaftsflugverkehr besteht in dichter Form mit Buenos Aires (Stadtflughafen Jorge Newbery); täglich mit São Paulo, Rio de Janeiro und Porto Alegre; mehrfach in der Woche mit Lima, Santiago de Chile und Asunción (Paraguay).
Luftkissenboot (45 Minuten) und Autofähre täglich zwischen Colonia (Uruguay) und Buenos Aires. Überlandbusse zu 19 Orten in Uruguay, zweimal bis 15mal täglich. Nach Punta del Este: 25mal täglich (2 Stunden Fahrzeit).
3000 km Eisenbahnnetz, seit 1988 lediglich für Frachtbeförderung.
50 000 km Straßennetz im ordentlichen Zustand (5000 km asphaltiert). Rechtsverkehr. Internationaler Führerschein.

Währung: 1 Uruguayischer Neuer Peso (urug N$) = 100 Centesimos. 1 DM = 200 urug N$. Starke Schwankungen.
Keine Beschränkung bei der Ein- und Ausreise für das Mitführen von Landes- oder Fremdwährung.

Zoll: Zollfrei sind alle Gegenstände des persönlichen Bedarfs, ebenso 1 Fotoapparat mit Filmen, 1 Filmkamera mit Filmen, 1 Tonbandgerät, ein Fernglas; 400 Zigaretten oder 50 Zigarren oder 500 g Tabak, 2 Liter Spirituosen (Jugendliche unter 18 Jahren nur die Hälfte). Einfuhr von Waffen, Drogen, »Untergrund-Literatur« und von Pornographie ist streng verboten.

Nördlich des La Plata: Los Uruguayos

Als die Alte Welt aufbrach, die Neue Welt liebevoll kräftig zu umarmen und auszupressen wie eine Zitrone, bewohnte das heutige Uruguay ein den Guarani-Indios verwandter Stamm, die Charrúas. In ihren Märchen, wie dem von den Zwillingen, lebt die gute, alte und schmackhafte Zeit weiter. Einst, so heißt es, irrte eine schwangere Frau auf der Suche nach ihrem Mann durch die Wälder und kam zur Wohnung des Jaguare, in der nur die alte Jaguarin daheim war und die Frau mit Wildbret speiste, um sie dann vor den heimkehrenden Söhnen zu verbergen. Die Jaguar-Junioren allerdings schnupperten und rochen den versteckten Braten, den sie sich sofort zwischen die Zähne wünschten. Die alte Jaguarin bat, sie sollten ihr wenigstens das Ungeborene überlassen, das doch wohl zarter für sie sei, da sie keine Zähne mehr hätte. Die Jaguare fraßen die Mutter und überließen der Alten die Zwillinge, die sie im Leib der Mutter fanden. Die alte Jaguarin wollte die Zwillinge gleich auf den Bratrost legen, doch die gewitzten Kleinen entwischten ihr. . .
So viel Glück hatte ein Landgänger beim östlichsten Punkt des Landes, bei *Punta del Este,* nicht. Vom Schiff kommend, marschierte Solís munter auf eine Schar Charrúas zu, die ihn freudig begrüßten, um ihn sogleich auf dem Bratrost zu grillen. So geschehen ist das schließlich schon lange her. Die Nachfahren in diesem La Plata-Land mögen zwar im Umgang mit der Umwelt zu Zeiten gewisse Jaguar-Instinkte beibehalten haben, die allgemeine Geschmacksrichtung aber entwickelte sich mehr in Richtung auf ein saftiges Rindersteak und fand für

Uruguay **139**

dessen »Aufzucht« im Innern des Landes ideale Voraussetzungen: Saftgrüne Ebenen, durch Flüsse natürlich bewässert. Hier entstanden die *Estancias,* Güter schier unermeßlicher Ausdehnung, deren Besitzer Mühe hatten, den Gewinn aus dem Schlachthof-Auftrieb ihrer Herden im Kasino von Punta del Este zu verspielen. Dort zeugen Traumvillen auch heute noch davon, daß die millionenschweren Granden nicht ausgestorben sind. Doch ihr einst Schlagzeilen machendes Auftreten, das an Pußta-Barone vergangener Zeiten erinnerte, ist dezenter Zurückhaltung gewichen, man bleibt unter sich und überläßt dem nachgewachsenen Mittelstand den Kampf an der (Inflations-) Front der Öffentlichkeit.
Auch anderes hat sich geändert. Zwillinge gelten nicht mehr unbedingt als Zeichen mütterlicher Seitensprünge wie bei den Charrúas gängig, und selbst die Reichen, die es sich leisten könnten, pflegen nicht mehr die »Couvade« à la Guaranis: Damals nämlich legte sich der soeben zum Vater avancierte Ehemann ins »Männerkindbett«, blieb mit dem Sprößling tagelang bei strenger Wöchnerinnennahrung im Geburtszimmer, während die Frau und Mutter sogleich wieder an die Arbeit gehen durfte.
An die Arbeit zu gehen, versuchen auch heute viele Familien, die das zauberhaft weite Hinterland fliehen, um das große, mühelose Geld in der Stadt zu machen. Eine Flucht, die gemeinhin im Elend endet, in den Barriadas, den Slums im Dunstkreis der Metropole.

Monte video, ich sehe einen Berg

139 m über dem Meeresspiegel. . . Älpler würden das einen Maulwurfshügel nennen. Die Historie aber berichtet, daß aus der Crew des Magelhães, der just auf dem Weg war, die nach ihm benannte Straße zwischen Fest- und Feuerland zu entdecken, ein Seemann im Vorbeifahren an der La Plata-Mündung ausrief: *Monte vide eu* — ich sehe einen Berg! Das war im Jahre 1519 — und seitdem hat die uruguayische Metropole, die sich am 139er-Hügel *Cerro* ausbreitet, ihren Namen: Montevideo.
Ein rundes Drittel der Gesamtbevölkerung Uruguays ist hier versammelt, in einer denkmalfreudigen Stadt. Kaum hat man den Flughafen Carrasco verlassen, begrüßt einen Denkmal Nummer eins. . . und dann folgen in dichter Folge weitere: Freiheitshelden, historische Erinnerungen, Symbole nationalen Stolzes. Zahlreich wie das Grün dieser Stadt, das mit australischen Eukalypten auf dem Weg stadteinwärts in Carrasco beginnt, Platanen als Lieblingsbaum bevorzugt und in großen Parks und kleinen Grünanlagen Oasen für die Großstädter schafft.
Beherrscht indessen wird das Bild der Stadt vom *Rio de la Plata,* dessen Mündung hier 200 km breit ist, in der sich Süß- und Salzwasser mischen. Den »Silberfluß« (Plata = Silber) weiß der Strom geschickt zu verbergen, seine braunrötliche Farbe entstammt der roten Erde, die seine Zuflüsse aus dem Landesinneren mitschleppen. Die Tönung hat nicht verhindert, daß seine Ufer ein einziger Strand sind: Meist feinsandig, nur gelegentlich von Felsbrocken unterbrochen. Die Strände sind sauber und z.T. mit Badekabinen bestückt, die man mieten kann. Verschiedentlich zeigen sich Dünen, läßt sich eine kräftig schäumende Brandung sehen. Die Strandtiefe ist unterschiedlich, doch bei so großem Areal verläuft sich sogar das zahlreiche Sommerferien-Publikum, sieht man von jenem Teil ab, der im Schatten der Hochhaus-Apartments liegt, *Playa Pocitos* heißt und von den Montevideos als ihre ureigene »Copacabana« bezeichnet wird.
Mit dem Nachbarn im Norden, der seine Copacabana vor die Atlántica-Straße legte, Brasilien, hatte man hierorts nicht viel im Sinn. Stadtgründer Bruno Mauricio de Zabala (1726), spanischer Gouverneur von Buenos Aires, dachte sich diese

Montevideo präsentiert »Denkmäler satt«. An die Erschließung Uruguays erinnert »La Diligencia«, die Postkutsche

Gründung am nördlichen La Plata-Ufer als nichts anderes denn eine Festung gegen die Portugiesen, die ihr brasilianisches Reich gern südwärts ausgedehnt hätten und bereits klammheimlich anno 1680 mit dem 177 km von Montevideo entfernten *Colonia* einen Fuß nach Süden gesetzt hatten. Auf der *Plaza Zabala* in der Altstadt sitzt Gründer Zabala hoch zu Roß, Flugstützpunkt für fröhlich Kalk verspritzende Tauben. Details am Denkmal erzählen aus der Gründerzeit.
Zwei weitere Plätze bestimmen die Achse der Stadt: die *Plaza Constitución* und die *Plaza Independencia* im Zentrum. Am Platz der Unabhängigkeit beginnt die Altstadt; der Punkt ist kenntlich gemacht durch ein kleines, ein bißchen verloren dastehendes Tor, die »Puerta de la antigua Ciudadela«. Blickt man hindurch, so fällt der Blick auf die beachtliche Kruppe eines bronzenen Pferdes und den Rücken des berittenen Staatsgründers José Artigas, ein Denkmal aus der Werkstatt des Bildhauers Angelo Zavelli (1923). An der Plaza Independencia liegen das Naturwissenschaftliche Museum *(Museo de la História Natural),* der Regierungspalast und der *Palacio Salvo,* 1923—1928 erbautes erstes Hochhaus (26 Etagen) der Stadt, ein architektonisches Unikum, das Sie getrost belächeln dürfen; Sie befinden sich damit in bester Gesellschaft. Vor der *Biblioteca Nacional* (Avenida 18 de Julio) wacht auf eckiger Säule Dante, ein Präsent der italienischen Kolonie. Im Theater »Solis« am Platz: Das empfehlenswerte Restaurant »El Aquila«.
Mitte 1977 wurde an diesem Platz der Weg ins Souterrain erschlossen: Im unterirdischen *Mausoleum* ruhen die sterblichen Reste von Artigas in einer goldenen Urne

zwischen Marmorwänden und antik uniformierten Soldaten.

An der *Plaza Constitución* (auch *Plaza Matriz* genannt) treffen Sie auf das *Museo Histórico Nacional,* in dem Sie Nachhilfeunterricht zur Geschichte des Landes nehmen können (wie alle Museen geöffnet: sommers von 15 bis 19 Uhr, winters von 13.30 bis 18.30 Uhr). An diesem Hauptplatz der Stadt liegt auch die 1804 erbaute, ein wenig klobig wirkende *Kathedrale,* deren Kachelboden bemerkenswert ist, und sehen Sie mit dem *Cabildo,* dem einstigen — restaurierten — Rathaus der Stadt, einen reizvollen Zeugen kolonialer Stilgeschichte. Im »Antiguo Cabildo«: das Stadtmuseum und wechselnde Ausstellungen.

Dem »Wasserwerfer« in der Mitte des Platzes brauchen Sie keinen zweiten Blick zu schenken.

Lebensader der Neustadt ist die *Avenida 18 de Julio,* nördlich der Plaza Independencia beginnend. Von ihr zweigt die *Avenida Agraciada* ab, die zum 1925 vollendeten *Palacio Legislativo* (Parlament) führt, von Gaetano Moretti und Victor Meano erbaut. Unleugbar dem Anklang an die italienische Renaissance, klassizistisch nachempfunden. Zahlreiche heimische Marmorarten bilden das Baumaterial dieses außerordentlich repräsentativen Palastes. Gleich in der Eingangshalle wird man mit zwei *Fresken* in die Historie Uruguays eingeführt — aber wahrhaft imposant ist die große Halle »*Salon de los pasos perdides*« (Salon der verlorenen Schritte, nämlich aller, die hier einmal wandelten): Von ihr führen handgeschnitzte Türen zu den Sälen für Senado und Deputados, die Decke ist teils Renaissance-Kastendecke, teils Oberlicht. *Mosaiken* wirken wie Gemälde — und dasselbe muß man von gerahmten *Marmortafeln* sagen, deren Strukturen abstrakte Kompositionen sein könnten. Sie verdienen Beachtung.

Weiter über die Agraciada, und man gelangt zum *Parque Prado.* Hier erinnert das *Monumento a los Charrúas* an die ausgestorbenen Urbewohner, deren vier letzte vor etwa zwanzig Jahren nach Europa ausgesiedelt wurden und dort inzwischen verblichen. Als es sie noch gab, reiste man mit der Postkutsche — und an diese Zeit erinnert das *Monumento a la Diligencia,* ein großartig bewegtes, realistisches Denkmal des Uruguayo José Belloni. Hier auch können Sie die Stadtgeschichte im *Museo Histórico Municipal* verfolgen und den *Museos Botanico* und *Belles Artes* einen Besuch machen. Der Park selbst ist reizvoll durch seine Bepflanzung.

Folgt man der *Avenida 18 de Julio* ohne auf die Agraciada abzubiegen, passiert man das *Palacio Municipal,* das heutige Rathaus, und erreicht die *Plazuela Lorenzo Justianiano Peréz* mit dem außergewöhnlich eindrucksvollen *Monumento El Gaucho* von José Zorilla de San Martín, den Viehhirten der Pampas gewidmet. Die Avenida mündet schließlich in den *Parque José Battle y Ordóñez,* wo Bellonis lebensechtes *Monumento a la Carreta* einen Treck der ersten Siedler Uruguays aus der Vergangenheit in die Gegenwart transportierte: ausdrucksstark und voller reizvoller Details, denen nachzuspüren sich lohnt.

Vergessen wir zwei andere Attraktionen nicht über der Revue der Monumente! Zum einen ist Montevideo ja auch Hafenstadt, und zumindest ein Besuch auf dem *Mercado del Puerto,* dem Hafenmarkt und Haupteinkaufsplatz der Bevölkerung sollte nicht fehlen. Die Markthalle als Bauwerk ist kaum attraktiv, das Leben darin und drumherum aber samstags und sonntags durchaus. Besonders lebhaft wird es hier beim Karneval, wenn die »Colorados« von heute (sie sind in der Minderzahl) hier im Festzug den »Doctor« und die »Mamá Vieja«, die alte Mutter, verkörpern und bekanntgeben, daß ein neues Sklavenschiff angekommen sei. Mit dem fröhlichen Treiben der Sambaschulen, um im Zuge auch den wilden kultischen *Candomblé* tanzen, verbindet sich die Erinnerung an die Zeit der Sklavenjäger.

Militaria-Fans übrigens werden hier im Hafen ein Denkmal entdecken, an dem der Anker des deutschen Kreuzers »Graf Spee« an die Versenkung vor Uruguays Küste erinnert.

Der zweite Punkt für einen Besuch: Der *Cerro,* jener Hügel, der dem Seelord anno 1519 den bewußten Ausruf entlockte. Der Blick von hier auf die Stadt und die Bucht ist umfassend, das hier gelegene *Museo Militar José Artigas* präsentiert Uniformen und Waffen: für die Fortaleza del Cerro de Montevideo, die alte Festung mit der dräuenden Bronzekanone davor, ein naheliegendes Anliegen.

Ein leicht militärisches Aussehen haben auch die Schulkinder. Ihre Uniform ist ein weißer Kittel, der ihnen allerdings als Ausweis Vorteile bringt: Sie fahren in ganz Uruguay zum Nulltarif. Alle Schulen — die Universität ausgenommen — sind schulgeldfrei, und beides hat sich als erfolgreiches Kampfmittel gegen ein hohes Analphabetentum erwiesen: Nur noch 4 % der Bevölkerung können nicht lesen und schreiben.

Kaufrausch und Speisenkarte

Rechnen und handeln können sie alle; spätestens beim *Einkauf* und bei der Suche nach *Souvenirs* wird Ihnen das auffallen. Die reichlich angebotenen Woll-Textilien entsprechen in Form und Dessin sehr selten europäischem Geschmack, Arbeiten aus Halbedelsteinen wie Schmuck, Zier- und Gebrauchsstücke sind relativ preiswert, sofern nicht Silber mitverarbeitet wurde. Das Angebot an Lederwaren füllt zahllose Schaufenster und Vitrinen, und manches davon erscheint auf den ersten Blick sehr billig. Hier muß man aber unbedingt auf Qualität achten — und selbst für Lederlaien kündet sie sich schon dadurch an, daß gute Stücke in den Auslagen nicht ausgepreist sind. In den zahlreichen »Ausverkäufen« allerdings kann es gelingen, auch einmal ein Qualitätsstück zu günstigem Preis zu ergattern. Das gilt für »cuero de vaca«, Rindleder, und »becerro«, Kalbleder, ebenso wie für »potrillo«, Fohlen, und »cuero de oveja«, Schafleder. Auch Schaffell wird verarbeitet, und das kostbarste Rohmaterial stammt von ungeborenen Kälbern: Es heißt »nonato«, ist superweich und läßt den Preis leicht astronomisch werden.

Ledern sind auch die Souvenirs, die aus Ihnen einen nahezu perfekten Gaucho machen, wenigstens was dessen Akzessoirs anlangt: Zaumzeug, dekorative Sättel, Messer in gepunzter Lederscheide, kurzstielige Peitschen. Vom Horn der Rinder stammen kleine Mitbringsel, die gelegentlich an Urgroßvaters Zeiten erinnern, als Rinderhorn (hier »guampa« genannt) bei uns noch so gängig wie Schildpatt war. Mate-Kalebassen, ausgehöhlte Minikürbisse zum Genuß des Yerba-Tees, der mittels einer »bombilla« genannten Saugröhre getrunken wird, kann man in allerlei verzierten Exemplaren zu unterschiedlichsten Preisen erwerben: meist silberstrotzend und entsprechend teuer. Die Yerba-Mate-Blätter (es gibt sie in jedem Supermarkt) werden mit heißem, nicht kochendem Wasser in der Kalebasse aufgegossen und sind kurz darauf saugfertiger Mate.

Eine Superflohmarktrevue findet sonntags in der *Calle Tristan Narvaja* statt, die gegenüber der Nationalbibliothek an der Avenida 18 de Julio beginnt. Hier einen ganzen Tag lang zu bummeln und zu feilschen, kann Schatzgräber aller Kategorien begeistern. Es gibt weniges, das es nicht gibt. . . und auch Ihre Kamera wird kaum zur Ruhe kommen. Geld und Papiere allerdings sollten Sie für diesen Sturz in eine wildwogende Menge besonders sorgfältig verstauen.

Probleme, sich zu verpflegen, hat man in Montevideo kaum. Auch für das schmalere Portemonnaie kann man in einer Pizzeria oder Confiteria ein Gewaltsandwich (Chivito; mit Beilagen: *Chivito al plato)* bekommen, und das den ganzen Tag über. Die *cena,* das abendliche Dinner, beginnt nicht vor 21 Uhr – und da gibt es keine Ausnahmen. Wer in Ferienstimmung einmal tiefer in die Tasche greifen will, kann sich per Taxi zur Estanica »La Redención« fahren lassen, einem außerhalb gelegenen, einem Hotel gehörenden Grundbesitz, und sich von Pseudogauchos in

rustikal-feudaler Atmosphäre auftischen lassen. Einmal Haziendero sein...
Wundern wird Sie, aber das ist nun einmal so, daß Fisch auf der Speisenkarte der zahlreichen Restaurants in der Stadt so schwach vertreten ist. Allenfalls gibt es ihn mal vom Grill, aber das ist nicht besonders einfallsreich. Die Steaks allerdings haben bei kleinen Preisen Dimensionen, von denen man in unseren Breiten nur träumt, und da kann man getrost jedes Restaurant in der Stadt aufsuchen, um das zu erproben. In Ihrem Hotel — auch wenn es kein Restaurant betreibt, gibt es in der Bar meist eine preiswerte »kleine Karte«, deren Portionen nicht klein, sondern für Normalverbraucher sättigend sind. Fragen Sie nur danach, machmal hat man ja keine Lust, abends noch das Hotel zu verlassen.
Um sich ins *Nachtleben* zu stürzen, bleibt Ihnen diese Wahl nicht. Aber: das lohnt nur mit Maßen und eigentlich nur am Wochenende und so gegen Mitternacht. Dann ist das »Dominó« an der Plaza de Independencia vielleicht nach Ihrem Geschmack. An den Stränden ist mit Diskotheken im »american style« eine reichere Auswahl geboten. Daß in den zwei Kasinos von Montevideo (eines liegt in Carrasco) auch nächtens die Kugel rollt, bedarf kaum der Erwähnung. Hier ist übrigens mit der *Playa Carrasco* der schönste Strand Montevideos zu finden — auch was das Hinterland des feinsandigen Badeparadieses anlangt.

Punta del Este: Nicht nur für Millionäre

Wer Punta del Este, den östlichsten Punkt Uruguays, nicht für seine Badeferien wählt (was Tausende Argentinier und Brasilianer neben den Uruguayos tun!), wird zumindest von Montevideo aus einmal einen Ausflug hierher machen. 145 km trennen die Hauptstadt von dieser Landzunge, und der Bus darf sie mit 80 km/h und über zwei Departementsgrenzen hinweg bewältigen. An jeder der Grenzen wird eine Mautgebühr erhoben für die Benutzung der im großen und ganzen guten Autobahn.
Die vorbeiziehende Landschaft ist abwechslungsreich, wenngleich eine Art von Waldheide mit feinem Sandboden, Macchia, Eukalyptus und Nadelhölzern vorherrscht. Dazwischen aber zeigen sich Anbaugebiete: Mais, Zuckerrohr, Sonnenblumen, etwas Wein fallen auf. Dann wieder saure Wiesen in der Nähe von Flüssen. Pampasgras, bei uns nur als Gartenschmuck bekannt, wächst in hohen, weißlichen Büscheln. An mehreren Stellen haben Waldbrände beträchtlichen Schaden angerichtet.
Vom Ort *Atlántida* ab nennt sich die Straße »Interbalnearica«, Bäderstraße — und die mündet auf der schmalen Halbinsel, welche — wenigstens dem Namen nach — Atlantik und Rio de la Plata trennt und von Punta del Este okkupiert ist. Die Charaktere der beiden Gewässer allerdings machen sich bemerkbar: Die *Costa Brava* des Atlantik ist zwar im Strand flach auslaufend, läßt aber eine harte Brandung rollen, die partiell an den Stränden zu Badeverbot führt (rote Flagge, roter Ballon; gelb signalisiert Vorsicht, und niemand geht weiter als bauchtief ins Wasser). Die Plata-Küste *(Playa Mansa u. a.)* ist sanft und ruhig, wie es einer Lagune zukommt. Alle Strände sind feinsandig und kilometerlang, zum Teil von großer Tiefe.
Phantastisch ist, wie vor und in Punta del Este einheimische Architekten mit meist nicht einheimischem Kapital private Sommervillen gebaut haben: eine märchenhafte Vielzahl oft genialischer Einfälle. Generationen von Architekten haben sich hier ausgetobt, ihre Reißbrett-Phantasien realisiert und so etwas wie eine permanente internationale Bauausstellung geschaffen, Stück für Stück eingebettet in traumhafte Gartenanlagen. Die Besitzer wohnen hier nur sommers (etwa November bis März), das Personal ganzjährig, um alles in Schuß zu halten. Die Dezember-Temperatur ist immerhin 30° im Schatten. In diesem Großkopfeten-Viertel darf

Eines der berühmtesten Seebäder am Atlantik ist Punta del Este; an seiner Costa Brava zeigt das Meer oft seine Wildheit

maximal drei Geschosse hoch gebaut werden (. . . wer tut das schon bei einer Villa!) — doch sonst klettern die Apartmentklötze steil in die Höhe zwischen den Straßen, die lediglich Nummern tragen; die geometrische Anlage erlaubt das Rechnen nach »Blocks« wie in Manhattan. Ist es im Millionärsviertel ruhig trotz der Schaulustigen, so herrscht im Dunstkreis der Wolkenkratzer ein ausgeprägter Badeortbetrieb auf den Straßen: Man geht, wie man will, im Badezeug oder Strandanzug; Mode und Eleganz allerdings sind nicht ganz up to date.

Der Verkehr ist ziemlich stark, die Strände zeigen sich im Sommer dicht besiedelt, vor den Cafés ist Platz knapp, und das gilt auch für die Mehrzahl der meist einfachen Restaurants und Imbißlokale. Viele Sommergäste speisen in den eigenen Apartments und gehen allenfalls im »Hotel San Rafael« dinieren, wenn ihnen das notwendige Kleingeld zugewachsen ist. Punta del Este ist nicht billig, doch das hindert die Mehrzahl der Sommergäste nicht, ihr Hotelbett unter den nur vorhandenen 10 000 schon bei Abreise für das nächste Jahr zu buchen. Das vergleichsweise knappe Bettenangebot ist gewöhnlich schon dreiviertel Jahre im voraus ausgebucht. Chance für Spätkommer: In einem Vermittlerbüro gleich bei Ankunft sich ein Apartment andienen zu lassen. Meistens glückt das — zu kleinem Aufpreis.

Wer nicht grade auf prototypische Landeskost wert legt, sollte im »Bungalow Suizo« essen, einem zentral gelegenen, rustikalen und recht hübschen Lokal mit südschweizerischem Kücheneinschlag: Die Menüs haben mit Hors d'oeures und »Pasta« italienisches Timbre, die Portionen sind groß, das einheimische Bier

Uruguay

(»Norteña«) ist gut. Als Bier gibt es auch ein »Pilsner« genanntes, das aber vom wirklichen Pilsener etwa so weit entfernt ist wie Pilsen von Montevideo; es ist eher vom »Urtyp«-Charakter. Nach Muscheln und anderem Meeresgetier sucht man indessen erfolgreicher anderswo.

Wassersportler und Sportbegeisterte anderer Disziplinen haben weite Reviere. In der Lagune (Westseite) dümpeln fabelhafte Yachten, Tauchsport, Hochseefischwaid, Wellenreiten, Wasserski sind gängig, Polo-, Tennis- und Golfspieler finden hervorragende Anlagen, Reitpferde kann man mieten.

Die Croupiers von zwei Spielkasinos (»Nogaro« und »Hotel San Rafael«) warten darauf, mit ihrem Rechen Ihre Einsätze einzuharken, sonstige Abendunterhaltung findet vorwiegend in Diskotheken statt.

Eine handvoll Kilometer landeinwärts, aber dennoch am Wasser gelegen und mit einem Swimmingpool (Salz-, Süßwasser- und Chlorgemisch) über dem Meer ausgestattet, liegt eine Attraktion für Punta-Badegäste: die Diskothek »Las Grutas«, die sich in einer Felsgrotte etabliert hat. Geheimnisvolles Dreivierteldunkel muß Sie darauf achten lassen, daß Sie sich hier keine Knochen brechen. Im Hochsommer wird zu Musik und Drinks angenehme Kühle mitserviert, und man sollte sich nichts daraus machen, wenn es gelegentlich von der Decke tropft; zu Stalagmiten gewordene Gäste hat es bislang nicht gegeben. Kleinbusse verbinden Punta del Este mit dieser Attraktion.

Auch wem Strandleben und Bummel in Punta del Este die gegebene Beschäftigung sind (nach Historischem braucht man in diesem modernen und als mondän geltenden Badeort nicht zu suchen), sollte zwei Bootstrips zu den vorgelagerten Inseln nicht versäumen.

Auf der bewaldeten *Isla Gorriti* mit schönen Stränden herrscht noch die verträumte Ruhe, die es in »La Punta« allenfalls zur Zeit der Charrúas gab, dräut als historische Reminiszenz der Rest einer alten Festung mit obligaten Kanonen. Auf der *Isla de los Lobos* kann man einer besonderen Art von Fischern begegnen: etwa 300 000 Seelöwen haben dort (. . . ich habe sie nicht gezählt) ihre Heimat und vor der Tür gute Fischgründe. Sie sind friedfertig und kein bißchen kamerascheu.

Stipvisite an atlantischen Stränden

Die Strände von Montevideo und Punta del Este sind bei weitem nicht die einzigen oder einzig-beliebten Uruguays. Auch *Piriapolis* zum Beispiel hat seinen großen, zum La Plata gelegenen Strand und wartet daneben mit einer Attraktion auf, die vor allem Kindern imponiert: einem Sessellift, der vom Hafen auf den Berg mit der Kapelle des heiligen Antonius führt. Auch die Ausflugsbusse machen hier einen Pflichtstop, um ihren Fahrgästen Gelegenheit zu geben, sich liften zu lassen. Wer das nicht will, kann im Restaurent auf dem Hügel Café solo, einen Drink oder sonstige Erfrischungen haben, in den Souvenirshops grasen oder seine jubelnden Kinder einen von Ziegen gezogenen Wagen lenken lassen.

In Richtung Montevideo setzen sich die Strände fort: *Costa Azul, La Floresta, Parque del Plata, Atlántida* (schon fast ein erwachsener Badeort mit dem Vorort Casino, in dem, an der Autobahn gelegen, auch gespielt wird), *Carrasco,* schon im Umfeld der Hauptstadt, beim Flughafen.

Die andere Richtung, brasilienwärts, hat als Hauptbadestrände *La Paloma* (239 km von Montevideo). *La Coronilla* (am Rande des *Nationalparks Santa Teresa)* mit besonders reichem Fischrevier, 315 km von der Hauptstadt entfernt, und *San Miguel* (350 km), nahe der brasilianischen Grenze und noch so ein wenig ein — internationaler — Geheimtip für ruhige Ferien. Wer einem Sportfischer von der *Punta del Diabolo* spricht, wird glänzende Augen sehen: Rochen- und Hai-Angeln sind von diesem felsigen Teufelspunkt (280 km von Montevideo entfernt) ein Erlebnis, das Kenner (und Könner) begeistert.

Halbmast für die »Graf Spee«

Es bleibt uns, eines Geschehens zu gedenken, das am 17. Dezember 1939 die Welt den Atem anhalten ließ, vor diesem östlichsten Punkt Uruguays stattfand und das tragische Finale der ersten großen Seeschlacht des Zweiten Weltkriegs darstellt: Mit zwanzig schweren Treffern hat sich der deutsche Panzerkreuzer »Admiral Graf Spee« aus dem Gefecht mit dem schweren britischen Kreuzer »Exeter« und den leichten Kreuzern »Achilles« und »Ajax« in künstlichem Nebel retten können, um den neutralen Hafen Montevideo anzulaufen. Dort gab man Kapitän zur See Langsdorff 48 Stunden Zeit, die Wunden seines Schiffs zu flicken und dann wieder abzudampfen.
Inzwischen haben die Engländer weitere Einheiten herangefunkt, die nun auf der Lauer liegen. Die »Graf Spee« verläßt den Hafen am 17. Dezember gegen Abend. Vor Punta del Este kommt von der Brücke das Kommando: Alle Maschinen stop! Langsdorff läßt ausbooten und das Schiff in die Luft sprengen, das keine Aussicht zu entkommen hat. Die Mannschaft geht an Land, der Kapitän verabschiedet sich von seinen Offizieren und Mannschaften mit einer Ansprache — und greift zur Pistole.
Noch 30, 40 Jahre später erzählen die Uruguayos von Punta del Este jedem, der es hören will, von diesem Tag, der den Namen des damals noch kaum bekannten kleinen Ortes in die Weltpresse brachte.

ARGENTINIEN
República Argentina

Argentum — das Silber, haben wir in der Schule gelernt. Argentinien hat seinen Namen dem Silber entliehen (wie der Rio de la Plata; »plata« im Spanischen heißt ebenfalls Silber) — zu einer Zeit, als es das hier noch so reichlich gab, daß man es exportieren konnte. Das ist ziemlich lange her, und inzwischen hat man sich daran gewöhnt, es in geprägter Form fleißig unter die Leute zu bringen; denn: Sich einen Spaß zu leisten, ist mehr wert, als sechs Pfennig in der Tasche zu behalten, sagt ein argentinisches Sprichwort. Es ist offensichtlich: Die Argentinier sind Lebenskünstler, für die Geld etwas höchst Unwichtiges ist, das man großspurig ausstreut.

Die Argentinier, los Argentinos . . . das sagt sich so leicht. Als Nation, en gros, ist das auch ein griffiger Begriff; en detail wird es erheblich undurchsichtiger: Die Landeshauptstadt Buenos Aires (in Kürze soll die südlichere Stadt Viedma die Stadt am Río de la Plata als Hauptstadt ablösen, doch die »alte« mag hier noch für das ganze Land stehen) ist ein Mixbecher, in dem die Völkerschaften zu einem Cocktail geschüttelt wurden, den allenfalls der Cocktail New York an Buntheit noch übertrifft. Das heißt: So bunt ist es hierzulande doch auch wieder nicht, wo 95 Prozent der Bevölkerung stolz darauf sind, von Spaniern oder früh zugewanderten Italienern abzustammen; von der beträchtlichen Zahl Deutscher zu schweigen, die hier mit dem »Argentinischen Tageblatt« die einzige deutschsprachige Tageszeitung von ganz Amerika besitzen. Mestizen und Indios sind in diesem Cocktail allenfalls der Dash Angostura. Probleme mit schwarzer Hautfarbe hat man ohnehin nicht, und so gibt sich die Nation denn puristisch und zeigt wenig Verständnis für den »Mischmasch« beim Nachbarn Brasilien.

Auch landschaftlich zeigt sich Argentinien signiert von Vielfalt. Im Westen beherrschen Teile der Hoch-Kordilleren das Bild, die Mitte nehmen die Pampas, die Ebenen, ein, die atlantische Küste ist buchten- und häfenreich. Das Klima des langgestreckten Landes ist kaum unter einen Hut oder Regenschirm zu bringen: Fallen im nördlichen *Salta* im Januar 170 mm Nässe vom Himmel, so sind es in *Buenos Aires* nur 78 mm, in *Mendoza* gar nur 22 mm; im April strömen über die Hauptstadt 122 mm Regen, über *Salta* nur 30 mm, über *Mendoza* 12 mm, und in der *Pampa Seca*, auf dem Plateau der trockenen Pampa, holt man sich selten nasse Füße, eher, schwitzend, eine nasse Stirn. Wer auf *Feuerland* (im Teil von *Tierra del Fuego,* der zu Argentinien gehört) naß wird, muß schon ein Pechvogel sein. Daß er hier, an der »kalten Fußspitze eines Tropenkontinents« zwischen Gletschern kalte Füße bekommt, steht auf einem anderen Blatt; daß die gewaltige Großartigkeit dieser Welt atemberaubend ist, hat sich herumgesprochen. Atemberaubend in zweifacher Hinsicht ist auch die Überquerung des *Chorillos-Papas* (4 453 m) in den Anden auf dem Weg nach Chile, und mancher atmet schon schwer, wenn er auf 3 823 m Höhe bei *Puerto de la Cumbre* die argentinisch-chilenische Grenze passiert, über sich den fast 7 000 m hohen *Aconcagua*.

Berge, Steppe, Badeleben, Urwald, Flüsse, Seen, alte Missionsorte, merkwürdige Fauna und Flora, Häfen und eine buntscheckige Hauptstadt, Gletscher und Wasserfälle. . . es gibt fast nichts, was es in diesem Land nicht gibt: von B wie Borracho (der *Palo Borracho* ist ein seltsamer Baum) bis T wie *Tango argentino.*

Das Land in Stichworten

Geographische Lage: 22°–50° südlicher Breite, 56°20'–70°20' westlicher Länge, Entfernung Frankfurt–Buenos Aires: 11 525 km.

Fläche: 2 767 889 qkm (elfmal so groß wie die Bundesrepublik); mit dem von Argentinien erhobenen Anspruch auf einen Sektor der Antarktis sowie atlantische Inseln: 4 027 024 qkm.

Einwohner: 31 500 000; 11,4 Einwohner auf 1 qkm.

Hauptstadt: (noch) Buenos Aires, als »Groß-Buenos Aires« 12 500 000 Einwohner.

Staatsform: Bundesrepublik und Präsidialdemokratie, Kongreß aus zwei Kammern (Senat und Abgeordnetenhaus); 5 Regionen mit 22 Provinzen, ferner ein Bundesdistrikt und das Nationalterritorium Feuerland.

Nationalflagge: Hellblau-Weiß-Hellblau (quer), im weißen Feld: aufgehende Sonne.

Städte: 20 Großstädte mit 84 % der Gesamtbevölkerung.

Bevölkerung: 95 % Weiße spanischer und italienischer Abstammung, 1,9 Mio. Mestizen, 25 000 Indianer, über 200 000 deutschstämmige Einwohner.

Landessprache: Spanisch.

Religion: 90 % Katholiken, 4,2 % Protestanten und a. Bekenntnisse.

Zeitdifferenz: MEZ minus 4 Stunden; gegenüber Frankfurt wird die Uhr um 4 Stunden zurückgestellt.

Wichtiges von A bis Z

Anreise: Flugverbindungen nach Buenos Aires (Flughafen Ezeiza, 52 km zur Stadt, Zubringerbus) 6mal wöchentlich direkt ab Frankfurt mit Aerolineas Argentinas und ausländischen Gesellschaften, Flughafengebühr wird für Flüge ins Ausland und bei Inlandflügen erhoben. Inlandflüge zu 28 Flughäfen. Verbilligtes Touristen-Flugticket für beliebig viele Flüge innerhalb 30 Tagen (nur ein Anflug je Ort!)

Diplomatische Verbindungen: Botschaft der Bundesrepublik Deutschland (Embajada Alemana), Villanueva 1055, 1426 Buenos Aires, Tel. 7 71-50 54.
Schweizerische Botschaft: Avenida Santa Fe 846, piso 12, Buenos Aires, Tel. 3 11 64 91.
Österreichische Botschaft: Calle French 3671, Buenos Aires, Tel. 8 02 71 95.

Feiertage: 1. und 6. Januar, Rosenmontag, Fastnachtsdienstag, Gründonnerstag, Karfreitag, 1. Mai, Fronleichnam, 20. Juni, 8. und 25. Dezember – und der Nationalfeiertag am 25. Mai.

Gewichte: Metrisches System.

Informationen: Dirección Nacional de Turismo, Suipacha 1111, Buenos Aires. Keine Vertretung in der Bundesrepublik Deutschland, Österreich oder der Schweiz.

Impfungen: Im internationalen Reiseverkehr werden zur Zeit keine Impfungen gefordert. Malariaschutz ist erforderlich in den Monaten Oktober bis Mai in den Gebieten unter 1200 m Höhe der Salta-Provinz (Dep. Orán, Iruya und San Martin). Stadtgebiete sind in keinem Fall betroffen.

Klima: Vielfältig. Im Norden subtropisch, in der Pampa gemäßigt, in Patagonien kalt. Jahreszeiten umgekehrt wie in Europa. Januar und Februar sind die heißesten Monate (Buenos Aires 17–38° C). Sonst in der Hauptstadt durchschnittlich im Sommer 25° C bei hoher Luftfeuchtigkeit, im Winter 12° C, im Frühling und Herbst 17° C.
Leichtere Kleidung und Wäsche mitnehmen. Regenschutz empfehlenswert.

Mahlzeiten: Die Hauptmahlzeit (Abendessen) in aller Regel ab 21 Uhr.

Maße: Metrisches System.

Öffnungszeiten: Banken Mo–Fr 10–15 Uhr. Läden 9–19 Uhr.

Reisepapiere: Bis zu drei Monaten Aufenthalt nur Reisepaß.

Stromspannung: 220 Volt Wechselstrom. Oft für amerikan. Flachstecker.

Trinkgelder: Neben dem Aufschlag für Bedienung und Mehrwertsteuer in Hotels und Restaurants, Snackbars etc. wird ein Trinkgeld von 5–10 % erwartet. Taxifahrer erhalten 15 %.

Trinkwasser: Außerhalb der Großstädte besser Mineralwasser trinken.

Verkehr: Straßenverkehrsregeln generell wie in Europa. Es gibt keine Haftpflichtversicherung. 46 000 km befestigte Nationalstraße, 81 240 km Provinzialstraßen (ein Drittel befestigt). Zwei Bahnlinien führen über die Andenpässe Uspallata (3900 m) und Planchon (3000 m). Die Bahn ist staatlich und bedient 44 000 Schienenkilometer. Es gibt klimatisierte 1.-Klasse-Pullmanwagen und Schlafwagen.

Währung: 1 Austral (A) = 100 Centavos; 1 DM = ca. 2,6 Austral. Ein- und Ausfuhr von Landes- und Fremdwährung unbeschränkt, für hohe Beträge Deklaration empfohlen. Günstig: US-Reiseschecks. Hohe Inflationsrate.

Zoll: Zollfreie Einfuhr von Waren bis 1500 US-$, darunter 2 Liter alkoholische Getränke, 400 Zigaretten und 50 Zigarren, 4 kg konservierte Lebensmittel (Jugendliche unter 18 Jahre von allem nur die Hälfte), Reiseandenken, Geschenkartikel. Die Einfuhr von Handelswaren, Waffen, leicht entzündlichen Stoffen, Alkaloiden und Pornographie ist verboten.
Unter Verpflichtung zur Wiederausfuhr darf ein Reisender mit sich führen: 1 Fotoapparat, 1 Filmapparat, 1 Fernglas, 1 Tonbandgerät, 1 Kofferradio.

Der Entdecker endet im Kochtopf: Geschichte

Man schreibt das Jahr 1516, in Italien vollendet Raffael seine Sixtinische Madonna, Michelangelo den Moses, als Schiffe des Spaniers Juan Diaz de Solis in die *La Plata*-Mündung einfahren. Ein großartiges Gebiet, meinen die Spanier, vorzüglich geeignet, am Ufer eine Hafenstadt anzulegen. Man wirft Anker, und Juan läßt sich an Land rudern, um das nach dem Vertrag von Tordesillas (1494) den »Spaniern zustehende« Gebiet in Besitz zu nehmen. Es kommt anders: Die Indios bravos der Pampa nehmen Juan Diaz in Besitz und verfrühstücken ihn im Guaraní-Stammeskreise vor den Augen der Matrosen. Dem hinterbliebenen Schiffsvolk macht das wenig Lust, hier weiter tätig zu bleiben, sie hieven die Anker auf und vergeben die Chance, Buenos Aires zu gründen. Weiter binnenlands entsteht so als erstes *Asunción* (1538) als Zentrum von Ackerbau und Viehzucht, erst 1580 faßt Juan de Ayola dort Fuß, wo es auch schon Pedro de Mendoza (1525) versucht hatte, kann an der La Plata-Mündung die Stadt der *Nuestra Señora de los Buenos Aires* entstehen, gewissermaßen eine Tochterstadt von Asunción.
Im 18. Jahrhundert haben Spanier und Portugiesen alle Hände voll zu tun, Ordnung in die Verhältnisse ihrer Kolonien zu bringen, von denen Argentinien gemeinsam mit Paraguay und Uruguay zum Vizekönigreich La Plata gehört (1776). Am 9. Juli 1816 wird Argentinien de facto unabhängig von Spanien, doch dieser Federstrich unter drei Jahrhunderte Kolonialherrschaft läßt die nationalen Bäume keineswegs gleich in den Himmel wachsen: Innere Unruhen, Rivalenkämpfe und separatistische Bestrebungen zerrütten den jungen Staat. Unter den nach Macht Strebenden jener Tage zeichnet sich der Provinzler Manuel Rosas besonders aus, der wie die Axt im Walde um sich schlägt — ob gegen Indios oder Konkurrenten — und sich hiermit die lautstarke Zustimmung des begeisterungsfähigen Volkes erobert, das ihn zum Präsidenten macht. Nun hat er freie Bahn (und den Henker griffbereit), um die lästige Konkurrenz murrender Provinz-Caudillos zur Ruhe zu bringen und die Gewalt auf sich und in Buenos Aires zu konzentrieren. Nach dem Prinzip: Was geht mich mein Gerede von gestern an, — läßt er alle Pläne einer Föderation fahren und etabliert sich als Diktator, dessen rüden Umgangsformen (seine Opfer können zu Tausenden gebündelt werden) letztlich aber Argentinien die nationale Einheit verdankt. Eine Tatsache, die man — anders als die begleitenden Umstände — nicht vergessen hat. So ein bißchen verdrängt hat man auch, was dann geschah: Sein Griff nach den Sternen internationalen Ruhmes beunruhigt Franzosen und Engländer, die sein aktives Liebäugeln mit dem Gebiet des Nachbarn Uruguay mit einem Flottenaufmarsch vor dem Rio de la Plata beantworten und ihm so den Hahn für Im- und Export zudrehen. Das ruft die Gruppe der Unitarier auf den Plan, die sich mit Brasilien verbinden und Rosas nebst Privatarmee bei Caseros (1852) in die Flucht schlagen. Rosas persönliche Flucht ist raumgreifend: Der Präsident läßt sich entschuldigen, er ist zu Schiff nach England.
Sein Nachfolger, wie er ein Pampa-Haziendero, hat nicht mehr Glück. Sein Hauptquartier im Norden des Landes ist zu entfernt, um Buenos Aires und die dort gärende Volkshefe unter Kontrolle zu halten. General Mitre tritt mit einer Armee gegen den Präsidenten an, schlägt dessen Streitkräfte und wird 1861 von den »Porteños«, wie sich das Volk von Buenos Aires ob seines Hafens nennt, auf den Präsidentensessel gehoben (1862).

Es geht auch fürderhin nicht ganz ohne Reibungen, aber die Jahrzehnte unter Mitre und seinem Nachfolger Sarmiento dienen dem Aufbau und der Konsolidierung, forcierter Bildungspolitik — und all das macht Argentinien auch für Einwanderer interessant: Sie kommen, gerufen, in Scharen.

Erst im ersten Weltkrieg (das Land bleibt neutral) rumort es wieder im Untergrund, gewinnt schließlich die »Radikale Bürger-Union« an Bedeutung, die 1916 den Präsidenten stellt. Sein Pech ist die weltweite Wirtschaftskrise nach dem Schwarzen Freitag, die auch Argentinien in Schwulitäten bringt und die Militärs eingreifen läßt, wie das nicht nur hier am La Plata gängig ist.

Überspringen wir die Zeit des mit Hoffnungen begleiteten Juan Domingo Perón, der sich zum Diktator mausert, 1955 gestürzt, 1973 als Redemptor, als Retter, aus dem Exil in Spanien zurückgeholt wird, lassen wir die Aktivitäten der Evita Perón geb. Duarte außer Acht, die 1952 an Leukämie starb und von vielen betrauert wurde. Der wiedererweckte Perón stirbt 1974 im Alter von 79 Jahren und im Bewußtsein, dem unruhigen Land nicht helfen zu können, in dem sich nun auch blutige Flügelkämpfe zwischen den Peronisten abspielen, mit denen auch seine Witwe und Nachfolgerin Isabelita nicht fertig wird. 1976 jedenfalls ist es wieder so weit: Die Militärs übernehmen die Macht zu einem Zeitpunkt, wo Auslandsschulden des einst reichen Landes, Arbeitslose und Inflationsrate schier astronomische Höhen erreicht haben. Die Rückkehr zur Demokratie – ab 1983 – allein schafft die Probleme nicht aus der Welt, aber die Junta-Bonzen in die Kerker. 1988 grummelt es wieder: Generalstreiks, Meuterei, Aufstand; Regierungstruppen schaffen Ordnung, verhaften 300 aufständische Soldaten und sehen zu, wie Mitte des Jahres die Verfahren eingestellt werden, welche den ehemaligen Staatschef und drei weitere Generäle wegen Verbrechens gegen die Menschlichkeit zur Verantwortung ziehen sollten. Bei den Wahlen 1989 erhält ein Regierungsgegner, ein Peronist, 47 Prozent der Stimmen, die Opposition muß sich mit 37 Prozent begnügen.

Wo sind die guten Lüfte: Buenos Aires?

Die Sache mit den »guten Lüften« muß sich in der Tat vor Jahrhunderten abgespielt haben. Im *Taxi,* das Sie vom *Flughafen Ezeiza* über 52 km Autobahn für runde 70 DM (der Bus kostet 1/5 des Preises) in die Stadt bringt, ist der Benzinmief bei Hitze und trotz (oder wegen) weit geöffneter Fenster kaum zu ertragen — und in der Innenstadt ist es damit nicht besser, wenn der Sommer einige 40 Grad und 98 % Luftfeuchtigkeit beschert. Smog ohne Warnung.

Als Verkehrsteilnehmer in der Landeshauptstadt fühlt man sich in ein Aquarium voller Wasserflöhe versetzt, so schießen die Autos, fahrbahnwechselnd, durcheinander. Am Ende der Fahrt ist man erstaunt, überlebt zu haben. Europäern hilft hier nur ein Maximum an Defensive und eine permanente, nervenzerfetzende Aufmerksamkeit. Daß Taxifahrer ein Lieblingsspiel haben, sei ihnen unbenommen, aber muß es grade dieses sein: Rennen mit den Kollegen zu fahren, ihnen beim Wegabschneiden freundlich grinsend zuzuwinken, ihnen dann Raum zum Überholen lassen, um gleich wieder voll aufs Gas zu treten?

Mustergültig, wenn auch — wie alles hierzulande — sehr bürokratisch, ist die Taxivermittlung am Flughafen: Ein Taxi-Counter teilt den Fahrern die Gäste zu, nachdem man seinen Fixpreis-Obolus bezahlt und eine Quittung dafür erhalten hat. Daß im Flughafenbereich auch wilde Schlepper auf Kundenfang gehen, ist nicht auszuschließen. Man wende sich daher (auch in anderen Fragen) stets an das mit angeheftetem Lichtbildausweis gekennzeichnete Personal. Das vermeidet in jedem Fall den Zeitverlust, der zwangsläufig entsteht, wenn man in Auseinandersetzungen zwischen Organisierten und Nichtorganisierten gerät. Bezahlt werden am Taxi-Tresen

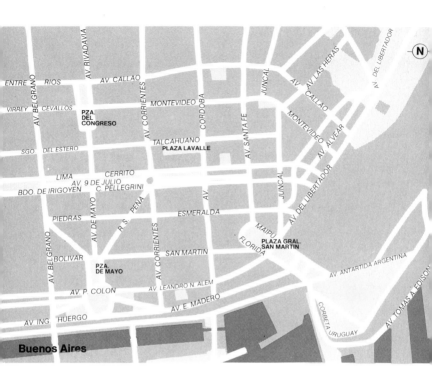

Buenos Aires

darf nur in argentinischem Geld, wechseln Sie also am besten gleich bei der Flughafen-Wechselstube Devisen ein, falls Sie das nicht bereits in der Heimat getan und im übrigen daran gedacht haben, daß man hierorts im Prinzip eine besondere Vorliebe für amerikanische Reiseschecks in Dollar-Währung hat.

Inlandflüge und Flüge im Nachbarverkehr werden im *Stadtflughafen Aeroparque* abgewickelt (Montevideo, Punta del Este), zu dem die Taxi-Anfahrt aus der Innenstadt »nur« etwa 25 DM kostet. Dort beginnt dann St. Bürokraz zu rotieren, offenbart sich in der kombinierten Flug-, Zoll- und Fluggastgebührenabfertigung an unterschiedlichen Schaltern die überorganisierte Desorganisation leidvoller Staaten in ihrem Sicherheitsbedürfnis. Es ist in jedem Fall weise, sehr rechtzeitig aufzukreuzen. Achten Sie hier wie überall auf Ihre Papiere! Vor der Polizeidirektion in Buenos Aires stehen täglich riesige Schlangen Wartender, die neue *Ausweise* brauchen, da ihnen die alten gestohlen wurden, weil offenbar in gewissen Kreisen ein beträchtlicher Bedarf an solchen Papieren besteht. Papiere gehören im Hotel ins Schließfach, zur evtl. Identifikation unterwegs genügen der Hotelausweis oder Fotokopien der Ausweispapiere.

Lassen Sie sich von diesen gutgemeinten Tips nicht das Vergnügen nehmen, die Ciudad de Nuestra Señora Santa Maria de los Buenos Aires (. . . Atempause!) zu durchforschen. Sollten Sie es zu Fuß versuchen, dann aber bitte nicht als Hans-Guck-in-die-Luft! Die Bürgersteige nämlich bestehen vorwiegend aus Löchern. Eine Stadtrundfahrt von 2 1/2 Stunden Dauer vermittelt Ihnen einen ganz guten Eindruck; ein Privatwagen mit Fahrer und deutschsprachiger Führerin ist natürlich noch besser (z.B. von Viajes Verger, Tel. 31-6581-89), Ihr Hotel kann das vermitteln.

Quer durch die Stadt, den Nord- und Südhauptbahnhof verbindend, führt die *Ave-*

nida 9 de Julio, sozusagen die Straße der Unabhängigkeit, 144 m breit. . . und lediglich ausgerechnet das Ministerium für Bauwesen engt die Avenida ein, von der die Porteños, die Metropolen-Bewohner, sagen, sie sei die breiteste der Welt. Neuerdings tun sie das mit einem Augenblinzeln über die Grenze nach Norden. In Brasilia nämlich könnte vielleicht schon eine noch. . . aber das liegt schließlich weit weg.
Das Zäpfchen, »el suppositorio«. . . pardon, gemeint ist natürlich der 40 m hohe, 1936 errichtete *Obelisk* auf der zentralen *Plaza de la República* inmitten der Prachtallee, der — provinzwappengeschmückt — an die allererste Gründung der Stadt erinnert. . . diesen Obelisk und die damit verbundenenErinnerungen kann den Porteños niemand streitig machen.
Nicht weit von hier übrigens liegt, sinnigerweise an der Calle Toscanini, das *Teatro Colón,* die samten und goldbronzen ausstaffierte Oper von — zumindest einstigem — Weltruf, in einem Atem mit Scala und Met genannt. Ein Mini-Museum am Entree zur *Plaza Lavalle* ruft das bewegte Leben des Kunsttempels in seiner Hochblüte an kleinen Details in die Erinnerung zurück *(Museo del Teatro Colón,* Mo—Fr 12—18 Uhr).

Die *Avenida de Mayo* verbindet Regierungssitz und Kongreßgebäude. An der *Plaza de Mayo,* ihrem östlichen Endpunkt, bringt der Palast des Präsidenten Farbe in die Umgebung: Wie stark sodaverdünnter Campari oder Pink-Gin ist die Farbe der Bauklötze und gab dem Gebäude den Namen *Casa Rosada.*

Die *Kathedrale,* Catedral Metropolitana, 1755—1823 entstanden, überrascht durch einen nur sanft kaschierten Anbau, der offensichtlich beim Bau nicht eingeplant war: eine Kapelle, in der die Gebeine des Befreiers San Martín zur letzten Ruhe fanden. Eine Pikanterie der National- und Kirchenhistorie, von zwei Soldaten in Traditionsuniformen bewacht. Der General und Nationalheld nämlich war Freimaurer und durfte nach dem strengen kirchlichen Reglement nicht *in* der Kirche beigesetzt werden. Auf der anderen Seite aber konnte auch die Una Sancta Ecclesia den Volksheros in Anbetracht seiner Verdienste nicht einfach aussperren, und so verfiel man auf eine salomonische Lösung: Man baute an das Seitenschiff der Kathedrale eine nach innen offene, aber außerhalb des eigentlichen Gotteshauses gelegene »Capelle« an, in der sein Sarkophag Platz finden durfte. Das Ei des Columbus! San Martín ruht hier in Schräglage, Füße und Rücken sollen symbolisch der Erdanziehung entzogen werden. Hinter dem Sarkophag: die Originalflagge Argentiniens, in der Symbole der Freimaurer mühelos zu entdecken sind. Die Farben blau und weiß gehören dazu (offizielle Auslegung: Himmel über Argentinien), die 32-strahlige Sonne (Grade der Freimaurer-Hierarchie), die Bruderschaftshände. Die Jakobinermütze ist Wahrzeichen der befreienden Revolution, die Basis des Wappens stellt die Anden dar, die San Martín 1817 überquerte.
Bemerkenswert in der Kathedrale ist der sehr schöne, etwa von 1850 stammende Mosaikfußboden, sonst allenfalls die Bilder der Kalvarienstationen an den Pfeilern.
Rechts neben der Kathedrale steht das Erzbischöfliche Palais, an der westlichen Seite des Platzes das 1711 erbaute, schlichte alte *Rathaus, Cabildo,* in dem am 25. Mai 1810 die Unabhängigkeit ausgerufen wurde, die dann am 9. Juli 1816 endgültig beginnen sollte. An die Tage San Martíns und die nationale Geschichte erinnern die Ausstellungstücke des nun hier zu besichtigenden Museums (geöffnet Mi—Fr und So 14—17 Uhr).
Wer die große Akazie gegenüber der Kathedrale an der Plaza de Mayo genau betrachtet, findet an einem dicken Ast das Nest eines *Töpfervogels,* das man sonst nur auf dem Lande sieht. Der Baumeister aus der Familie der Baumsteiger (Furnarius rufus), knapp 20 cm langer Spatzenverwandter, speichelt aus Zweigen und

Lehm sein backofenartiges Nest zusammen, das — vornehm! — aus Vorzimmer und Hauptraum besteht und einen seitlichen Eingang besitzt.
Marschiert man von hier zehn Blocks westwärts über die Avenida de Mayo, so gelangt man zum *Kongreß-Platz* (Plaza del Congreso), wo gleich vornean Rodins »Denker« (ein Originalabguß der Skulptur) darüber nachzusinnen scheint, ob der Kongreßpalast im Stil der Neorenaissance nicht doch das Capitol von Washington zum Vorbild gehabt hat. Stören Sie nicht die Schläfer, die im Schatten des Denkers auf dem Piedestal ihre Siesta halten.

Hübsch bunt: La Boca

Er ist heute nicht viel mehr als ein Schiffsfriedhof, der alte historische Hafen von Buenos Aires. Er heißt — und mit ihm der Stadtteil —»La Boca«, die Mündung, und eigentlich sollte man das italienisch »bocca« schreiben, denn Italiener machten seine Geschichte und italienischstämmige Porteños sind die Bewohner dieses Viertels. Ihre Vorfahren kamen als arme Einwanderer an die Mündung des Riachuelo in den Rio de la Plata, durften hier auf sumpfigem Gelände siedeln und versuchen, das Beste draus zu machen. Ihre Häuser errichteten sie aus Wellblech, und damit sie nicht so trist aussahen, gaben sie ihnen knallbunte Anstriche. Die Farben dafür fielen sozusagen bei ihrer Arbeit als Schiffsanstreicher ab: Mit den Resten der zum Pönen der Pötte benutzten Farben, Eimerchen für Eimerchen nach Hause verlagert, pönten sie ihre Hütten, und so entstand das farbenfröhlichste Quartier der Metropole. Die bunte Tradition hat sich am Leben erhalten — und sei es nur zur Freude der Touristen und der Colorfilmindustrie.
Kein Besucher der Stadt versäumt es, wenigstens dem Gäßchen »*Caminito*« seine Aufwartung zu machen, dem sogar ein berühmt gewordener Tango gewidmet ist, den ein Italo-Porteño schrieb. Auf Tonband fixiert, kann man den Hit dort erstehen, wo man zu kleinem Aufpreis alles erhält, was Touristenherzen als Souvenir begehren, im Laden »Articulos Regionales« per Adresse Caminito No. 2. Hier gibt es von der Ansichtskarte über Tütchen mit abgewetzten Münzen, Peitschen, Bolas, Mate-Kalebassen und Bombillas bis zu Sporen und Ponchos so ziemlich alles, was anderswo meist etwas billiger ist. Zumindest in der Quantität des Angebots ist der vollgestopfte Laden unschlagbar.
Das »Gäßchen« (nichts anderes heißt Caminito) muß man in Ruhe durchschlendern, einmal auf-, einmal abwärts, um die an die Häuser gemalten Scenen aus Leben und Historie von La Boca zu betrachten. Ihr Schöpfer ist Benito Quinquela Martín, der mit diesem reizvollen Wandschmuck die Straße zur Attraktion machte. Buntes in Aquarell und Öl wird wie — ganz hübsche — Metallplastiken tagtäglich »direkt vom Künstler« an improvisierten Ständen verkauft, und an Sommerabenden zeigt das Teatro Caminito im Gäßchen seine Kunst unter freiem Himmel.
Zwischen den Straßen *Brasil* und *Cabote* zieht sich so etwas wie eine italienische Mini-Reeperbahn hin, die *Necochea*. In den Lokalen wird rings um die Eßtische getanzt, lauthals gesungen und bemüht man sich, auch Lieder in der Sprache gerade anwesender ausländischer Gäste zu intonieren. Zum Besuch raten möchte ich nicht uneingeschränkt, zumal die einst hier so beliebte italienische Küche erheblich an Qualität verloren hat.

Kniefall vor dem Gestern: Plaza Dorrego

Der Stadtteil heißt *San Telmo,* beginnt wenige hundert Meter östlich der Plaza de Mayo, birst vor Tradition und Verfall und schwingt sich allsonntäglich zum Wallfahrtsort für Antiquitäten-Fans empor, zum Mekka für Kunst- und Gebrauchs-

Auf der Plaza del Congreso von Buenos Aires zerbricht sich Rodins »Denker« den Kopf, wie denn Washingtons Capitol hierher gelangte

kunstkenner. Dann nämlich überzieht sich die Plaza Dorrego mit einer Budenstadt, in der noch viel feilgeboten wird, was man andernorts, etwa auf europäischen Flohmärkten, schon seit vielen Jahren nicht mehr sieht. Als die Lebenshaltungskosten mit dem inflationären Verfall des argentinischen Peso begannen in die Höhe zu klettern, kletterten auch die Einwohner der traditionsreichen Bürgerhäuser in die Höhe: auf die Dachböden, wo das pensionierte Gestern sein Altenteil gefunden hatte. Dort standen, lagen, hingen sie, die Truhen, das ausrangierte Familiensilber, die Porzellane, die Jugendstilvasen, die Lüster, die Schaukelstühle, die Nähmaschinen mit Handrad, die Spiegelkonsolen, die Wandschränkchen, die ausrangierten Bilder, Fotoalben, Laternas Magicas, die Likörkaraffen und langstieligen Schnapsgläser, der . . . die . . . das . . . alles, von dem die Nostalgiewelle den Staub des Vergessens gespült hat, das plötzlich wieder gesucht wird, um Akzente auf modisch-kühles Design zu setzen. Nun wird es die Bodentreppe herabgehievt, aus der Kellerverbannung erlöst, erscheint es auf dem Antiquitätenmarkt der Plaza Dorrego und überrascht durch modeste Preise, von denen wir zwischen Lissabon und der Berliner »Nolle« nur träumen können.

Stundenlang kann man hier Air und Flair des Gestern tanken, vor Prachtstücken in die Knie sinken, mit der Hand zur Brieftasche greifen . . . um sie, jäh erwachend, rasch wieder zurückzuziehen; denn wo im interkontinentalen Jet wollte man dieses köstliche Trumeau oder diesen edisonschen Phonographen wohl unterbringen!

Argentinien

Da ist der Gang über die *Calle Defensa* zum *Parque Lezama* ein realistischerer Weg zu Strandgut von alten Ufern. Was die Bouquinisten hier ausbreiten an antiquarischen Büchern, grafischen Blättern und anderem, was Sammler an liebenswerten Stücken zu bieten haben, läßt den Transport weniger zum Problem werden und fesselt im Schatten der uralten Bäume die Liebhaber solcher Köstlichkeiten weit über die Zeit, die Sie für dieses ebenfalls sonntägliche Erleben eingeplant hatten.

Zweihundert Hektar Palermo

Wer die U-Bahn von Buenos Aires erleben will, kann sie — bzw. eine ihrer fünf Linien, die nach Santa Fé führt — bis zur Station *Plaza Italia* benutzen, um den größten Park der Stadt zu erreichen, auf den im Norden die *Avenida del Libertador* zusteuert. Das tun am Wochenende einige tausend Porteños, die keine Villa auf dem Lande ihr Eigen nennen. Das Sonntagsrefugium bietet genügend Platz und Abwechslung auf 200 ha Fläche mit Sportplätzen, zoologischem und botanischem Garten, Planetarium, überbrückten Seen, Liegewiesen, schattenspendenden Bäumen, hübschen Wegen und ein paar für die Städter diskutable Badestrände am Ufer des Rio de la Plata. Bei den Galopprennen auf dem Geläuf in der Westecke des Parks kocht die Volksseele wie die Wettleidenschaft. An der Radrennbahn geht es vergleichsweise gesitteter zu.
Die Tiere im Zoo sind nicht besonders artenreich, doch was der Botanische Garten bietet, ist für Baum- und Pflanzenfreunde reizvoll. Hier wie gelegentlich anderswo (stets aber nur in Wassernähe) wächst auch der Baum, den Argentinien wie Uruguay zu ihrem Nationalbaum erklärt haben, der rotblühende Ceibo. Er hat seine eigene Legende: Eine Kazikentochter, die sich nicht mit den Ländereien ihres Vaters von den Eroberern gleich mitübernehmen lassen wollte, ließ sich an den Stamm eines vertrockneten Baums binden und verbrennen. Nach wenigen Tagen schlug der Baumstrunk aus, bekam grüne Blätter und schließlich blutstropfenähnliche Blüten... der Ceibo war geboren.
Ein anderer seltsamer Vertreter der Flora ist der Palo Borracho (»Saufbold«) oder Flaschenbaum, dessen Früchte, aufplatzend, Kapok liefern. Einer dieser Matratzenfüllungen liefernden Saufbolde steht auch in einem kleinen Park des Palermo-Wohnviertels und läßt zur Reifezeit Kapokschnee auf einen peruanischen Marschall regnen, der sich um die Befreiung verdient machte, auf das Denkmal von Don Ramon Castilla.
In der Nähe, Richtung Bahnhof Retiro, liegt an der *Calle Junín* die Kirche *El Pilar,* im Missionsstil der Benediktiner erbaut, äußerlich schlicht, im Innern jedoch mit einem Meisterwerk der Silberschmiedekunst ausgestattet, dem Hochaltar. Die 1711 erbaute Kirche besitzt — außen rechts — eine englische Uhr mit stark gewölbtem Zifferblatt, die rund 100 Jahre alt ist und von einem Werk angetrieben wird, das im Geschoß unter dem Uhrentürmchen liegt. Eine interessante Art der Kraftübertragung.
Werfen Sie an der Wand links vor der Kirche einen Blick auf das *Kachelbild!* Es zeigt den alten Hafen von Buenos Aires und läßt, hinten rechts im Bild, auch die Kirche El Pilar erkennen.
Eine Phantasie in Marmor ist der nebenan gelegene Friedhof der Nabobs: *Cementerio de la Recoleta.* Das Wort »Recoleta« bedeutet Ernte, und gut geerntet haben die dort ruhenden Familien generationenlang. Alle Stile und Varianten monumentalen Charakters sind vertreten in den Mausoleen, die sich teils mehr, teils minder geschmackvoll präsentieren. Sogar reinem Jugendstil von 1908 begegnet man. Viel Geld steckt auch in den oft sehr schönen Bleiglasfenstern, und gelegentlich bietet

auch die begleitende, sparsame Bepflanzung dieser Gräberfestung einmal eine interessantere Species.
Frische Blumen schmücken täglich das Torgitter des Familiengrabs der Familie Duarte. Sie gelten der unvergessenen Evita Perón, geb. Duarte. Man munkelt, daß sie gar nicht im eigentlichen Mausoleum beigesetzt, sondern draußen vor der Tür begraben wurde. Damals nämlich wurde in aller Stille vor dem Eingang Erde ausgehoben. Kein Hinweis jedenfalls nennt ihren Namen. . .

Bummel über die Florida

Wenn Sie dieser Nobel-Shop-Straße den Ton nicht auf die zweite Silbe legen, wird man Sie nicht verstehen, falls Sie danach fragen. Zu verfehlen allerdings ist sie kaum, ihr Sog zieht schier zu viele in ihren Bann und auf die zwei Kilometer Fußgängerstraße *Calle Florida* zwischen der Plaza San Martín und der Plaza de Mayo. Hier wird es leicht gemacht, Geld auszugeben. Kein Autoverkehr behindert den Blick oder das legere Bummeln, Geschäft reiht sich an Laden, Läden drängen sich zusätzlich in den blocktiefen Passagen und Galerien. Vom Vicuña-Pelz bis zum »Spiegel« am Zeitungskiosk ist fast alles zu haben, doch auch die üblichen Ausverkäufe (»Liquidación«) lassen die Preise nicht stürzen, die allenfalls bei »Kunstleder« und einigen Textilien unter den unseren liegen. Leder, in einem Land, wo es vierbeinig auf der Pampa wächst, ist meist zu teuer.
Es lohnt sich aber, in das Gewirr der Passagen (Galerias) vorzudringen. In der »Galeria del Oste« z.B. gibt es auch einfaches Geschirr für den grünen Hierba-Tee: Mate y bombilla, den Pott und das Saugrohr, zum Niedrigpreis. Die silbergezierten Exemplare schwingen sich stets zu größeren bis indiskutablen Höhen empor. Die Galeria del Oste liegt in den 800er-Nummern (jeder Block zwischen zwei Querstraßen hat deren hundert). In den 900ern liegt »Harrods« mit zwar mehreren Etagen aber relativ geringem Angebot.
Natürlich sind die »Großen der Welt« vor allem unter den Parfümerien vertreten, man meint, an der Seine zu sein. Lederwaren, Moden und Schuhe prägen vor allem das Bild der Straße und der Auslagen. Merkwürdig rar sind gastronomische Oasen in diesem Zentrum des Lustwandelns. Immerhin hat das »Richmond« in den oberen 400ern etwas auf den Tisch zu stellen — und im Keller auf den grünen Tisch zu legen: Billardbälle, mit denen Asse dieses Sports Doppelquart, Nach- und Rückläufer demonstrieren.
Geht man durch »Harrods« hindurch zur Calle Martín, so gelangt man bald (linkerhand auf der rechten Seite) zur Kirche *Sanctisimo Sacramento,* einer dreischiffigen Basilica mit hübschen Bodenfliesen und vor allem hervorragenden Holzschnitzereien. Türen, Kanzel und Beichtstühle verlangen mehr als einen flüchtigen Blick. Der ausladende, golddurchsetzte Marmoraltar gibt den Rahmen ab für eine gewaltige, goldene Monstranz.
Vielleicht mögen Sie Ihren Bummel unten beim Hafen beschließen. An der *Plaza Britanica* liegt das Sheraton-Hotel, und ehe Sie sich vielleicht zum Tee im Ersten Stock in die Snackbar der Pool-Terrasse begeben, sollten Sie mit dem Lift zum 24. Geschoß fahren und von dort die Aussicht über die Stadt und den bräunlichgelbroten Rio de la Plata genießen. Die Bar mit dem köstlichen Panorama öffnet allerdings erst abends, doch den Blick vom Vorflur haben Sie tagsüber gratis.

Oh, Max, wenn du den Tango tanzt. . .

Beim Stichwort Tango Argentino verdrehen nicht nur rüstige Endsechziger die Augen, außer in bummvollen Diskotheken hat er sich auch bei jüngeren Verehrern der

Argentinien

Terpsichore ein gutes Image bewahrt. Platz auf dem Parkett allerdings braucht man schon dazu.

Der Tango ist ein Tanz der Porteños und hat keinerlei folkloristische Quellen, es sei denn, man wolle ihn etwas gewaltsam auf westindische Vorläufer zurückführen. Er entstand nach der Jahrhundertwende und war alles andere als ein »Gesellschaftstanz«. Im Gegenteil, die »Society« lehnte ihn seiner Spreizschritte im langsamen Zweiviertel- oder Vierachteltakt wegen als unsittlich ab. Im Parque Palermo allerdings gab es schon damals ein Etablissement (»Hansen«), in dem Tanzdamen für derlei unzüchtige Bewegung auf dem Parkett verfügbar waren. Bei Nahen einer Polizeirazzia spielte die Kapelle einen bestimmten Tusch, und die Damen verflüchtigten sich. Selbst hohe und höchste Herrschaften, erzählt man sich, hätten damals im Hansen, streng incognito, dem Tango gefröhnt. In Europa hieß es »Mach rotes Licht, wir wollen Tango tanzen« erst so ab 1910, 1911, und auch hier dürften es zunächst die Apachen von Montmartre gewesen sein, die in Perfektion argentinisch übers Parkett grätschten.

Dem Tango an seinem Geburtsort zu begegnen, hat etwas Sensationelles. »Tango en Buenos Aires« heißt ein Nachtprogramm, das fesselnd ist und inclusive Transfer und Drink gebucht werden kann (z. B. im Hotel). Viele Jahre hindurch fand es auf der kleinen Bühne von *El viejo Almacén* statt, an der Ecke Independencia/Balcarce, das aber wohl in absehbarer Zeit einer Straßenerweiterung zum Opfer fallen wird. Das gleiche Schicksal blüht der gegenüber gelegenen »Bar Unión«, einem stimmungsvollen Schuppen mit emsigem Pianeur.

Das nur sparsam dekorierte »Alte Warenhaus« (Viejo Almacén), eine Art Lagerhalle mit Geschichte, wird schwer zu ersetzen sein, und es bleibt nur zu hoffen, daß sein großartiges Programm erhalten bleibt, wo immer man es künftig erleben wird. Das »Nationale Gesetz No. 19.787 zum Schutz der argentinischen Musik« sollte in jedem Fall dazu beitragen, wenn es seinem Auftrag gerecht werden will.

Der Programm-Schwerpunkt liegt in der Zeit von 23—01 Uhr und ist fast ausschließlich dem Tango-Rhythmus gewidmet. Unterschiedlich instrumentiert, werden Tangos konzertant und in betontem Tanzrhythmus von verschiedenen Bands geboten, das gute alte Tangoklavier, das Bandonium, fehlt dabei selten. Es mag sein, daß Ihnen das Tanz-Show-Element zu kurz gekommen erscheint, doch man vermißt es eigentlich nicht ernsthaft, weil bei den instrumentalen und vokalen Darbietungen auch so schon viel optisches Erlebnis, von Kostümen bis Bewegung, über die nicht vorhandene Rampe kommt. Man langweilt sich keine Minute bei den Evergreens und Tango-Bravourstücken aller Dekaden unseres Jahrhunderts, von Meistern ihrer Instrumente dargeboten. Unvergeßlich für mich aus einer der Vorführungen bleibt das Vokal-Septett, nur vom Schlagbaß begleitet, das moderne argentinische Musik fast wie eine Motette skandierte.

Wenn es Ihnen bei all dem Temperament zu heiß wird: Der auf Mundeis servierte »Screw Driver« (Wodka mit Orangensaft) hilft kühlen.

Tango satt — das ist einen Abend bei den Porteños wert!

Tips für Trips ab Buenos Aires

Wenn Sie sich an den Grillgerichten in den Nobelrestaurants der Metropole (etwa in »La Cabana«, Entre Rios 438, oder »La Chacra«, Córdoba 941) noch nicht satt gelabt haben, können Sie ein ordentliches Stück Rind von der Parilla, dem Grill, auch bei den vielfach angebotenen Ausflügen zu den Estancias der nahen Pampa erwarten. Dazu serviert in Goucho-Tracht freundliches Landvolk süffigen Rotwein, und in oder bei den Herrenhäusern können Sie sich mit Blick auf die Weite der Pampa wie ein Grande der Ganadería, der Viehzucht, fühlen.

Im Gäßchen »Caminito« des Hafenviertels »La Boca« von Buenos Aires schmücken Reliefs und Skulpturen die bunten Häuserwände

Über die exclusiven Vororte *Olivos* und *San Isidro,* wo die Crème residiert, bringt die Bahn ab Bahnhof Retiro die zahllosen Ausflügler nach *Tigre.* Von der Hauptstadt 35 km entfernt, vermehren sich die 35 000 Einwohner sonn- und feiertags auf rund die doppelte Anzahl, doch die temporär Zugereisten verkrümeln sich rasch zwischen den Inseln des Flußdeltas von Rio Paraná, Rio Uruguay und Rio Luján, um von Bord der Ausflugsboote das Leben der »Großen Welt« an den Ufern zu erleben und, durch blumige und mit Gemüse nahrhafte Gärten und Felder schippernd, sich den richtigen Appetit für ein Mahl in einem der zahllosen Restaurants zu holen. Für Freunde des Wassersports ist das hier Eden — mit dem feinen Unterschied, daß hier nicht nur ein Menschenpaar sondern deren hunderte auf den zwar stillen aber von Lärm überzogenen Wassern mit Motorbooten, Segelyachten, Kanus und Ruderbooten in die Quere kommen und gelegentlich auch einmal einen der ruhigen und nervenstarken Angler zu kräftigem Protest anregen. Ob es im Paradies allerdings so viele blutgierige Mücken gab wie hier, wage ich zu bezweifeln.
Wer am 21. Mai das 65 km westlich der Hauptstadt gelegene, 31 000 Seelen zählende *Luján* besucht, kommt ins Gedränge. Wallfahrer aus ganz Argentinien strömen dann zur *Basilica de Nuestra Señora de Luján,* der neugotischen Kathedrale, und vielleicht erinnern sich manche der Legende, die diesen Wallfahrtsort auf himmlische Order entstehen ließ. 1630 versanken hier die Räder eines Ochsenkarrens, auf

Argentinien **159**

dem eine Madonna transportiert wurde, ein Ereignis, das man als Omen betrachtete: Hier und nirgendwo anders wollte die Statue der Muttergottes postiert werden. Gegenüber der Kathedrale kann man im *Muséo Histórico* argentinisch-spanische Kolonialgeschichte studieren.

Ein Museum mit Weltruf besitzt *La Plata,* Halbmillionenstadt am gleichnamigen Rio, 55 km südöstlich Buenos Aires. Die Stadt, 1882 à la Schachbrett angelegt, hat den ihr von 1952—1955 zudiktierten Namen »Eva Perón« inzwischen vergessen, nicht aber die Vorgeschichte der Weltfauna: Das *Naturhistorische Museum* kann stolz sein auf seine einzigartigen Sammlungen zur Paläontologie. Mammuts und Saurier sehen uns an.

Die großen Städte

Vergessen Sie *Rosario,* mit 954 000 Einwohnern Paraná-aufwärts gelegen (310 km von der nächstgrößeren Stadt, der Hauptstadt), wenn Sie nicht spezielle Interessen an Flußschiffahrt oder Industrie und Handel haben. Die relativ junge Stadt (Stadtrechte erst 1852) mit dem Namen, der »Rosenkranz« bedeutet, hat nicht wie dieser schmucke Perlen zu bieten, sondern kann eher als Musterbeispiel wuchernden Wachstums gelten.

Anders *Córdoba,* zweitgrößte im Bunde der Großen und an den Ausläufern der *Sierra de Córdoba* gelegen! In der 1573 von den Spaniern gegründeten, malerischen Stadt errichteten Jesuiten 1613 eine Universität, deren Ausstrahlung bald das ganze südliche Südamerika beeinflußte. Im Zentrum blieb die Atmosphäre der Kolonialzeit spürbar erhalten, erzählen alte Kirchen und Häuser Kolonial-Geschichte. 1677 begann man mit dem Bau der Kathedrale; der Mischform der Stile sieht man an, daß ein rundes Jahrhundert verging, ehe sie geweiht werden konnte. Ihre Kuppel übrigens — und vielleicht ist das im Lande der Viehzüchter nicht einmal so seltsam — ist innen mit Leder tapeziert. Paraguay lieferte das Zedernholz für Kuppel und Balken der Jesuitenkirche »La Compañía«, sehenswert sind weiter der Cabildo (das Rathaus), die Residenz der Vizekönige und das Kloster Santa Teresa.

In der Sierra de Córdoba gelegene Luftkurorte, z.B. *Carlos Paz,* aber auch zahlreiche kleinere, sind beliebt wegen der bildhübschen Landschaft, in die sie gebettet sind. Die zu Seen gestauten Flüsse verlocken Angler und Wassersportler, den größten Stausee, den der Rio Primero speist, staut der größte Staudamm Südamerikas, der Dique San Roque.

Tucumán heißt eigentlich San Miguel de Tucumán, wurde 1565 gegründet und hat es auf 499 000 Einwohner gebracht, die mehr oder minder vom Zuckerrohranbau leben. Bis Tucumán reichte der Einfluß des Inkareiches, und in der Stadt markiert ein Kreuz die Stelle, wo der inkanische Königsweg endete. Folkloristisches und Vorzeitliches kann im Museum der Stadt etwa vorhandenen Nachholbedarf decken, der nach dem 9. Juli benannte Park schmückt die sonst touristisch nicht gerade ergiebige Stadt.

Salta mit 266 000 Bewohnern auf 1200 m Andenhöhe ist da schon interessanter, vor allem als koloniale Reminiszenz (wer heute im Kolonialstil baut, erhält Steuerermäßigung!) und weil hier noch die Indio-Kultur erhalten blieb, die man in reicheren Gegenden vergeblich sucht. Wo etwas zu holen war, hielten die Eroberer Indios für eine unnötige Behinderung, mit der auf schnellstem Wege fertig zu werden eine nationale Pflicht bedeutete.

Der Vierwaldstätter See in den Anden

Gute vier Flugstunden und knappe 2 000 km südwestlich von Buenos Aires entfernt, meint man, sogleich den Ton des Alphorns zu hören, so bilderbuchhaft schweizerisch wirken Siedlungen, Hänge und Felder in dem beliebten Urlaubsgebiet um *San Carlos de Bariloche*. Ehe Eidgenossen und Deutsche hier siedelten, war an das friedliche Geläut der Kuhglocken nicht zu denken. Im Stammgebiet der Araukaner war der Marterpfahl gängiger als christliche Marterln, eine Tatsache, von der sich Pater Mascardi noch anno 1876 eigenleibig überzeugen konnte: Die Indos eröffneten ihm am Marterpfahl den Weg in eine bessere Welt.

Eine schönere, romantischere, friedlichere Welt als die des *Nationalparks Nahuel Huapi* ist schwer vorstellbar. Riesige Wälder, zahlreiche Seen von tiefstem Blau, großartige Berge ziehen sommers wie winters die Argentinier in dieses Ferienparadies zum Wandern, Skilaufen, Erholen, Luftschnappen. Daran verdienen die vielen Hotels ebenso wie die Bergführer, die andine Kletterer auf den Touren minderer und mittlerer Schwierigkeitsgrade bis in 3 000 m Höhe begleiten.

Bequemer sind die sommerlichen Bootstouren auf dem *Lago Nahuel Huapi,* der wie ein norwegischer Fjord zwischen den Endmoränen leuchtet, eigentlich mit »Insel des Tigers« zu übersetzen ist und von den Landeskindern gern als Vierwaldstätter See Argentiniens benannt wird. Inmitten seiner einhalb Tausend Quadratkilometer Fläche liegt auf der *Victoria-Insel* ein Wildreservat, auf einer Halbinsel der Myrtenwald *Bosque de los Arrayanes.* Im Indianersommer, dem Herbst, scheint der Laubwald in Flammen zu stehen, trifft man an den Seen die Petrijünger mit der Lachsangel. Daß von hier bis in den tiefen Süden die Araukarien mit das Bild der Landschaft bestimmen, sei nur am Rande vermerkt. Ihre Zahl ist so groß, daß auch der Einschlag zur Papierherstellung sich noch nicht bemerkbar macht.

La Pampa

Die argentinische *Pampa* hat ihren Namen aus der Quetschua-Sprache übernommen. Er besagt nichts Anderes als »Ebene«, und für die zum größten Teil baum- und strauchlose Grasebene zwischen 30° und 39° südlicher Breite, die vom Unterlauf des Paraná bis zu den Osthängen der Anden reicht, ist das auch das auffälligste Kennzeichen. Ganz gerecht wird der Name diesem wirtschaftlichen Kerngebiet Argentiniens allerdings nicht. Im östlichen Teil liefert der Ackerbau Weizen, Mais und Leinsaat, im Süden und Westen wird Schafzucht betrieben.

Das Reich der 20 Millionen Schafe, deren Zucht Wolle und schnellen Gewinn bringt, ist *Patagonien.* Das weite Land allerdings wäre auch als Ackerland nutzbar, wenn es gelänge, Wasser aus dem Largo Argentino mit seinen Gletschern und schwimmenden Eisbergen in die trockene Pampa »nebenan« zu bringen. Noch aber wagt sich kein Kopf an dieses Problem, rührt sich keine Hand im wasserreichsten Kontinent, und so wird wohl eines unschönen Tages die von Millionen Schafen zertrampelte Erde weiter erodieren und eines Tages Wüste sein.

Einen Gruß der Pampa sieht man häufig als Schmuck in unseren Gärten: das Pampasgras oder Silbergras (Gynerium argenteum). Es wächst als bis zu 6 m hohes Gras in den feuchteren Gebieten Argentiniens und des südlichen Brasilien und hat silberweiße bis rötliche Rispen.

Aus Kreuzworträtseln und Tierparks unserer Breiten geläufig ist die Mara, der Pampashase. Das hochbeinige Nagetier sieht zwar auf den ersten Blick wie ein Hase aus, gehört aber zu den Meerschweinchen. Sein zoologischer Name *Cavia patagonica* nennt zugleich seine bevorzugte Heimat, Patagonien. Das oberseitig graubraun gefärbte und weiß gesprenkelte, bis zu 50 cm lange Tier ist scheu und so klug, sich möglichst nicht in buschigem Gelände zu verbergen, um nicht von Büschen aus beschlichen zu werden. »Die Barbaren und unsere gemeinen Leute«, schrieb Don Felix Azara Ende des 18. Jahrhunderts in seiner naturwissenschaftlichen Reisebeschreibung Südamerikas, »essen sein weiches Fleisch, achten es aber viel weniger als das der Gürteltiere... Ein Freund schickte mir zwei, welche er in seinem Hause großgezogen hatte. Sie waren außerordentlich zahm und nett; leider aber wurden sie mir, als sie mein Haus verließen, von den Straßenhunden totgebissen.«

Zur Gattung der Sprossenhirsche (Blastocerus) gehört der *Pampashirsch* oder Guazuy, dessen Heimat Nordargentinien, Paraguay und Uruguay ist, dort, wo auf trockenen und offenen Ebenen wenig Bevölkerung lebt. Er lebt in kleinen Rudeln, hält sich tagsüber im hohen Gras mäuschenstill und zieht erst nach Sonnenuntergang zum Äsen aus. Verfolgt, entwickelt er ein enormes Tempo und kann, hat er etwas Vorsprung, vom besten Galopper nicht eingeholt werden. Treibjagden sind die einzige Waidart, ihm nahezukommen. Einziger Feind — neben dem Menschen — ist für den Guazuy der Puma. Nur das Fleisch junger Tiere ist für unseren Geschmack genießbar.

Das frühe Zeugnis eines prominenten Pampa-Reisenden mag, auszugsweise, einen Eindruck von Trocken- und Regenzeiten der Tiefebenen Patagoniens und des La Plata-Stromes geben. Alexander v. Humboldt lieferte es 1799 in seiner »Reise in die Aequinoctial-Gegenden des neuen Continents«. Dort heißt es:

»Wenn aber unter dem senkrechten Strahl der nie bewölkten Sonne die verkohlte Grasdecke in Staub zerfallen ist, klafft der erhärtete Boden auf, als wäre er von mächtigen Erdstößen erschüttert. Gleich rauschenden Wasserhosen wirbeln entgegengesetzte Lüfte Staubwolken trichterförmig empor. Ein trübes, strohfarbiges Halblicht wirft die nur scheinbar niedrigere Himmelsdecke auf die verödete Flur. — Der Horizont tritt plötzlich näher. Er verengt die Steppe, wie das Gemüt des Wanderers. Die heiße, staubige Erde, die in nebelartig verschleiertem Dunstkreise schwebt, vermehrt die stickende Luftwärme...

Folgt auch auf die brennende Hitze des Tages die Kühlung der gleichlangen Nacht, so können Rinder und Pferde selbst dann nicht der Ruhe sich erfreuen. Ungeheuere Fledermäuse saugen ihnen während des Schlafes vampyrartig das Blut aus, und hängen sich auf dem Rücken fest, wo sie eiternde Wunden erregen, in welche eine Schar stechender Insekten sich einnistet.

Tritt endlich nach langer Dürre die wohltätige Regenzeit ein, so verändert sich plötzlich die Szene. Das tiefe Blau des bis dahin nie bewölkten Himmels wird lichter. Kaum erkennt man bei Nacht den schwachen Raum im Sternbild des südlichen Kreuzes. Der sanfte phosphorartige Schimmer der magellanischen Wolken verlischt. Selbst die scheitelgerechten Gestirne des Adlers und des Schlangenträgers leuchten mit zitterndem Lichte. Wie ein entlegenes Gebirge, erscheint einzelnes Gewölk im Süden. Nebelartig breiten die Dünste sich über dem Zenit aus. Ferner Donner verkündet den belebenden Regen.

Kaum ist die Oberfläche der Erde benetzt, überzieht sich die duftende Steppe mit den mannigfaltigsten Gräsern. Vom Lichte gereizt, entfalten krautartige Mimosen die schlummernden Blätter, und begrüßen die aufgehende Sonne, wie der Frühgesang der Vögel, und die sich öffnenden Blüten der Wasserpflanzen. Pferde und Rinder weiden nun im frohen Genuß des Lebens. Im hochaufschießenden Grase versteckt sich der schöngefleckte Jaguar, und erhascht die vorüberziehenden Tiere im leichten Sprunge, katzenartig wie der asiatische Tiger...

Schwellen nun allmählig die Flüsse, so zwingt die Natur dieselben Tiere, welche in der ersten Jahreshälfte auf dem wasserleeren staubigen Boden vor Durst verschmachteten, als Amphibien zu leben. Ein Teil der Steppe erscheint nun wie ein unermeßliches Binnenwasser. Die Mutterpferde ziehen sich mit den Füllen auf die höheren Bänke zurück, welche inselförmig über dem Seespiegel hervorragen. Mit jedem Tage verengt sich der trockne Raum. Aus Mangel an Weide schwimmen die zusammengedrängten Tiere stundenlang umher, und nähren sich kärglich von dem blühenden Grase, das sich über dem braungefärbten, gährenden Wasser erhebt. Viele Füllen ertrinken, viele werden von den Krokodilen erhascht, mit dem zacki-

Ushuaia im argentinischen Feuerland ist die südlichste Stadt der Welt und Startpunkt auch für antarktische Ausflüge

gen Schwanze zerschmettert und verschlungen. Nicht selten bemerkt man Pferde und Rinder, die, dem Rachen dieser blutgierigen Eidechsen entschlüpft, noch die Spur ihres spitzigen Zahnes am Schenkel tragen.
Wenn aber in der Steppe Tiger und Krokodile mit Pferden und Rindern kämpfen, so sehen wir auch in einzelnen Teilen dieser Wildnisse ewig den Menschen gegen den Menschen gerüstet. Mit unnatürlicher Begier trinken die Völker das Blut ihrer Feinde; andere würgen ihn, scheinbar waffenlos und doch zum Morde vorbereitet, mit vergiftetem Daum-Nagel. Die schwächeren Horden, wenn sie das sandige Ufer betreten, vertilgen sorgsam mit den Händen die Spur ihrer schüchternen Tritte...«

Der südlichste Süden: Feuerland

Magelhães gab ihm den Namen: Tierra dos Fuegos, Land der Feuer. Damals mit Recht. Mit Aufmerksamkeit und Sorgfalt unterhielten die Indianerfrauen der Ona und Yamana die einmal entzündeten Feuer, denn Feuermachen war schwer. Das war 1520, als der Portugiese mit vier spanischen Schiffen auf seiner im Vorjahr begonnenen Weltreise von zwei Jahren und 352 Tagen sich drei Wochen lang durch das Insel- und Fjordgewirr der nach ihm benannten Straße tastete. Die 600 km lange Straße durchfährt ein heutiges Handelsschiff in 24 Stunden und erspart sich dank Magelhães 500 km Umweg ums sturmreiche Kap Horn.

Argentinien **163**

Heute brennen hier keine Feuer mehr, setzen eher Bohrtürme die Akzente; denn im äußersten Süden ist Öl gefunden worden. Grund genug für Argentinien und Chile, sich um die Beagle-Inseln am Ende der Welt zu streiten. Darwin meinte einst: Dieses Land gehört dem Teufel. Sowohl Chile als Argentinien sind da anderer Ansicht. Die Eingeborenen Feuerlands, die älteste Bevölkerung Südamerikas, wie man meint, können ohnehin nicht mitreden. Der letzte Yamana starb 1974 im Krankenhaus von *Ushuaia,* der südlichsten Stadt der Welt. Noch in der ersten Hälfte des 19. Jahrhunderts dürften es 10 000 Indianer gewesen sein, die auf Feuerland lebten, die Yamana als Wassernomaden auf Kanus mit »ewigem Feuer«, die Ona an Land. Sie glaubten an einen Gott im Himmel, dessen Augen die funkelnden Sterne der Nacht waren.

In den Augen der Eroberer und Einwanderer funkelte anderes: Man hatte Gold gefunden, klumpenweise. Das war 1870. Schon zehn Jahre später begann für die Indianer der Endspurt zum Tode: Gejagt, vertrieben, verseucht, erschlagen. . . das Ende zeichnete sich ab. Um die Jahrhundertwende lebten noch rund 2 000 Ona, 1925 knapp 100, 1938 drei Dutzend. Sie wurden nun zwar nicht mehr gejagt, doch Schafzüchter und Fellhändler hatten ihnen den Lebensraum entzogen. 1933 lebten noch 40 Yamana, 41 Jahre später erlischt der Stamm. Touristen sind hier noch selten. Eine Fähre verbindet Festland und Feuerland über die Magalhães-Straße hinweg, sie nimmt auch die Ausflugsbusse auf, die vom chilenischen Punta Arenas kommen oder vom argentinischen Rio Gallegos. Eine Fahrt ins Abenteuer, zu schneebedeckten Bergen, Gletschern, Fjorden, zu einer rauhen Welt mit rauhen Winden, mit Stürmen und oft haushohen Wellen an der Küste, mit mehr Schafen als Menschen auf endloser Pampa. Der Sommer ist kurz, die Einsamkeit lang. 11 000 Einwohner hat *Ushauaia* am Beagle-Kanal, an dem Darwin seinen Teufelsstoßseufzer hören ließ. Eine wachsende Stadt hier am Hemdzipfel der Welt, Ausgangspunkt auch für die Kreuzfahrten der »Libertad« durchs Treibeis jenseits von Kap Horn zu jenem 580 Seemeilen entfernten Stück Antarktis, das Argentinien beansprucht: Auf einer blau-braunen Briefmarke zu einem Peso hat Argentinien der Welt diesen Anspruch auf das 1,2 Millionen qkm große Segment 1951/1952 kundgetan (Michel-Nummer 583).

Neuerdings kann die argentinische Luftfahrtgesellschaft »Aerolineas« ihren Passagieren ein neues Erlebnis bescheren: Flüge über den Südpol zu Zielen der südlichen Hemisphäre, die viele Flugstunden einsparen.

Steaks großgeschrieben

Mutter der argentinischen Küche ist — und in den meisten Ländern des Semikontinents ist das, historisch bedingt, nicht anders — die Küche Spaniens. Natürlich bedingen aber andere Rohprodukte, klimatische Verhältnisse, Einflüsse der Indios und der — vor allem italienischen — Einwanderer Abwandlungen. So entstand schließlich doch so etwas wie eine spezifische Speisen- und Getränkekarte, auf der jedoch unübersehbar eines der Hauptprodukte des Landes an der Spitze liegt: Rindfleisch. Die Qualität argentinischer Steaks vom Holzkohlengrill ist denn auch unschlagbar und hat ja auch in Europa zum Entstehen ganzer Restaurantketten argentinischen Stils geführt.

Auf den Einfluß der Einwanderer aus dem Apennin-Stiefel Südeuropas gehen die beliebten Eintopfgerichte zurück, als deren Großmutter die italienische Minestra erkennbar bleibt.

Getrunken wird bevorzugt Wein, obschon es auch einheimische und importierte Biere gibt, und natürlich ist Maté aus den jungen Blättern des Matéstrauches (er grünt das ganze Jahr hindurch) Volksgetränk Nummer eins. Diesen ein wenig bitteren, anregenden Tee trinkt man schon zum — eher bescheidenen — Frühstück, wenn man nicht auf Kaffee eingeschworen ist. Das Mittagessen — so um 12 Uhr herum — ist kräftig und leitet die Siesta ein, der man sich bis etwa 17 Uhr hingibt. Dann ist es Zeit für eine Jause: Tee, Brot und kaltes Fleisch sind die üblichen Bestandteile. Ob gesund oder nicht: Der Argentinier zieht es vor, sein Abendessen nicht vor 22—23 Uhr einzunehmen — und es ist um diese späte Stunde nicht gerade eine leichte Kost, die hierbei geboten wird. Die Fremden allerdings halten sich nicht so unbedingt an diese Regel, und selbstverständlich kommen ihnen Hotels und Restaurants heute hierin entgegen. Nur eine gute alte Sitte ist seit Jahren ausgestorben: Das stets auch unbestellt und gratis auf den Tisch gestellte saftige Steak, ein »special service« des Landes, gehört der Vergangenheit an.

Es liegt nahe, daß man Steaks in einem so rinderreichen Land schon aus Gründen der Abwechslung nach mancherlei Rezept bereitet. Probieren Sie einmal das *Churrasco rebosado,* ein in Teig gewälztes Lendenstück, das in reichlich Öl goldgelb gebacken und mit körnigem Reis und Salat serviert wird. *Lomo Mar del Plata* (Ochsenfilet nach Art des Mar del Plata) ist eine andere Art, delikates Rindfleisch zu bereiten — eine sehr aufwendige und etwas zeitraubende. Das Filetstück wird mit Speck, Eigelb, gehackten Champignons, Petersilie, Olivenöl, Weißwein, Lorbeer, Thymian, Pfeffer behandelt und erhält nach dem Bratvorgang im Ofen noch eine Nachbehandlung: Mit Parmesan und Semmelbröseln bestreut, kommt es vor dem Servieren noch einmal ins Rohr.

Ein landesüblicher Eintopf ist der deftige *Puchero criollo,* zu dem Kichererbsen, Rinderrippe, Schweinepökelfleisch und Suppenhuhn sowie Chipolata-Würstchen, Karotten, Zwiebeln, Knoblauch, Tomaten, Kohl, Paprika, Lauch, Petersilie und Zitronensaft gehören. Kartoffeln und die Gemüse werden wie die Brühe gesondert serviert, das Fleisch wird auf einer Platte angerichtet. Das entspricht vielleicht nicht unbedingt unserer Definition von Eintopf, das Endprodukt aber ist ein kräftiger Genuß, zu dem ein Bier vortrefflich mundet.

FALKLAND-INSELN

Falkland Islands and Dependencies · Islas Malvinas

Philatelisten kennen den Archipel vor der Südspitze des südamerikanischen Festlandes durch eine Anzahl hübscher Sätze von Briefmarken mit maritimen Motiven. Historiker und Völkerrechtler haben im Zusammenhang mit den heute auch von Touristen besuchten Inseln andere Probleme: Statt Marken sammeln sie Fakten — und die sind oftmals umstritten. Der Streit beginnt damit, daß man nicht einmal einig über Entdecker und Zeit der Entdeckung ist; denn der 1690 nach Lord Falkland benannte Archipel (ein englischer Kapitän taufte ihn) wird auch von französischen Seefahrern aus Saint Malo als eigene Entdeckung deklariert: Sie gaben den Inseln den Namen ihrer Heimat, Malouines, woraus die Spanier Islas Malvinas (Malwinen-Inseln) machten. Französische und britische Niederlassungen sorgten 1770 für einen Kolonialkonflikt mit Spanien, 63 Jahre später nahm England die Inselgruppe trotz der Ansprüche Argentiniens in Besitz.

Als strategische Ausgangsposition zahlte sich diese Besitznahme unübersehbar am 8. Dezember 1914 aus: Das deutsche Kreuzergeschwader unter Admiral Graf Spee, noch am 1. November 1914 in der Bucht von Arauco (vor dem mittelchilenischen Hafen Coronel) siegreich über einen britischen Kreuzerverband, wird vom überlegenen Schlachtkreuzerverband des englischen Vizeadmirals Sturdee vor den Falkland-Inseln vernichtet. Nur dem kleinen Kreuzer »Dresden« gelingt die Flucht. An Graf Spee erinnerte das Panzerschiff der Reichsmarine »Admiral Graf Spee«, im Zweiten Weltkrieg im Atlantik eingesetzt, das sich am 17. Dezember 1939 nach einem Gefecht mit drei britischen Kreuzern vor der La Plata-Mündung Südamerikas selbst versenkte.

Zwischen Südamerika und den Islas Malvinas zieht ein kühler Meeresstrom nordwärts, der Falklandstrom. Ost- und West-Falkland, die beiden Hauptinseln der Gruppe, trennt der Falklandsund.

Das Klima der Inseln ist typisches Seeklima, »hoch-ozeanisch«, wie die Fachleute sagen: 650 mm ist die jährliche Niederschlagsmenge, die Temperaturen liegen zwischen 2,5 °C (im Juli) und 9,5 °C (im Januar). Die geringe Niederschlagsmenge kann nicht darüber hinwegtäuschen, daß hier ein sehr feuchtes Klima herrscht (Nieselregen, Nebel).

Die Inseln sind in ihren Oberflächenformen stark gegliedert, obschon kaum bergig (höchster Berg ist der Mount Adam mit 700 m Höhe). Bäume fehlen fast völlig, nur Weiden- und Birkenbusch sind neben dem vorherrschenden, mannshohen Tussok-Büschelgras vorhanden. Die intensive Weidewirtschaft (u.a. über eine halbe Million Schafe) führt zu Veränderungen der Bodenbedeckung.

Keinerlei Veränderung gab – und gibt – es beim Schrei der Argentinier: »Briten runter von den Malvinas!«, mit dem verflossene Diktatoren seit Péron von innerpolitischen Pannen und Problemen abzulenken suchten. Im April 1982 blieb es nicht beim Schrei: Argentiniens Generäle zogen blank. General Galtiere invadierte die Inseln, die hiernach wieder »Islas Malvinas« heißen durften, bis eine neuerliche Umtaufe den alten Namen und die alte Oberherrschaft wieder bestätigten und 255 Briten neben 712 Argentiniern in diesem bewaffneten Konflikt gefallen waren.

Die Inselgruppe in Stichworten

Geographische Lage: um 52° südlicher Breite und 60° westlicher Länge.

Hauptinseln: sind Westfalkland und Ostfalkland. Daneben über 100 kleine Inseln.

Fläche: etwa 12 000 qkm ohne Dependencies.

Einwohner: 3 000, ferner seit 1982 ein britisches Truppenkontingent von 3 000 Mann.

Hauptstadt: Port Stanley, 1 200 Einwohner.

Politische Verhältnisse: Die Falkland-Inseln und die Dependenzen South Georgia (3 753 qkm, 25 Einwohner; Walfang) und South Sandwich Islands (337 qkm) sind britische Kronkolonie mit einem Gouverneur, einem Exekutivrat (6 Mitglieder) und einem Legislativrat (8 Mitglieder).
Argentinien erhebt Anspruch auf die Falkland-Inseln und die Dependenzen.

Bevölkerung: Weiße britischer Herkunft oder Abstammung, nach dem Abwandern britischer Schäfer auch Chilenen als Arbeitskräfte.

Wirtschaft: Hauptwirtschaftszweig ist die Schafzucht, das beweidete Land ist meist Gesellschaftsbesitz. Wolle und Häute werden exportiert, Fleischproduktion nur für den Eigenbedarf. Die Walfangstationen (South Georgia) exportieren Walfangprodukte. Industriegüter müssen eingeführt werden.

Währung: 1 Falkland-Insel-Pfund (1 F/£ = 100 New Pence = ca. 3,20 DM).

Landessprache: Amtssprache ist Englisch.

Diplomatische Verbindungen: nimmt Großbritannien wahr.

Anreise: Alle 4 bis 6 Wochen verbindet ein Postschiff aus Montevideo in Uruguay die Inseln mit dem Festland, Schiffe aus Großbritannien laufen sie etwa vierteljährlich an. Eine Flugverbindung besteht mit Comodoro Rivadavia in Argentinien. Kleinere Flugzeuge halten den interinsularen Verkehr aufrecht.

Zeitdifferenz: MEZ minus 5 Stunden (d. h.: gegenüber Bern, Bonn und Wien die Uhr 5 Stunden zurückstellen!).

BRASILIEN

República Democrática do Brasil

Man nehme das ganze westliche Europa, schließe Island ein, füge Polen, Rumänien, Jugoslawien, Bulgarien, Ungarn, Albanien, die DDR und die CSSR hinzu, lege alles auf das Areal der República Federativa do Brasil und wundere sich: Es bleiben immer noch unbedeckte Stellen nach. Das Land von rund 39 Breitengraden Länge und 40 Längengraden Breite, von achteinhalb Millionen Quadratkilometern Größe ist so gewaltig, daß es in seiner Staatsflagge, ohne rot zu werden, eine blaue Weltkugel führen kann und seine Bürger, stolzgeschwellt, sagen können: »Deus é Brasileiro«, Gott ist Brasilianer. Das ist wie ein Schulterklopfen zwischen Mächtigen, ein Halloh, Nachbar!

In der grünen Flagge mit dem gelben Rhombus ist noch anderes zu entziffern: Ordem e progresso steht dort, Ordnung und Fortschritt. Kein Kinderspiel, in den 23 Bundesstaaten und bei solch immenser Größe Ordnung zu halten. Die entferntesten der Staatsbürger (16,1 wohnen auf einem Quadratkilometer Brasilien) haben denn auch gelegentlich so eigene wie eigentümliche Auffassungen von Ordnung, und auch in Sachen Fortschritt pflegt es dort zu hapern, wo zwar die wilde Natur nah, aber die Hauptstadt weit ist.

In der Grünen Hölle Amazoniens ist der Kampf um die Existenz, um das bißchen Leben und Freiheit hart. Die Unzahl von Flüssen bringt zwar einen phantastischen Fischreichtum auf die Tische, aber Dschungel, Überflutungen, Typhus und Malaria wie der völlige Mangel an Hygienebewußtsein und das Fehlen von Ärzten werden den hier noch hausenden Kleinstbauern, die noch nicht von den Großgrundbesitzern ausgekauft wurden, zum Fluch.

Im trockenen Sertão regnet es oft zwölf Monate und länger nicht, und das Vieh der kleinen Bauern verdurstet. Auf den großen Fazendas, den Farmen der reichen Fazendeiros, gibt es Brunnen für das Vieh. Kein Wunder, daß die Kleinen aufgeben, fortziehen, die Großstädte noch größer machen und deren Slums wachsen lassen. Rio mit Umland auf über 5,5 Millionen, São Paulo mit Umland auf 10 Millionen Einwohner, beide mit wachsender Tendenz. Unterdessen wartet der Mato Grosso, größte Provinz im Westen, dringend auf Landnahme, während sich in der kleinsten Provinz, im Südosten und vor den Toren Rios, in Guanabara, die Menschen auf die Füße treten. Ordem e progresso fallen wahrhaft schwer. Auch estranjeiros, Fremde aus dem Ausland, sollten darüber nachdenken, ehe sie ein Urteil über Land, Leute und Regierungskurs fällen.

Seinen Kurs verfehlte auch Pedro Alvares Cabral, der anno 1500 vom direkten Weg nach Indien abkam, Vera Cruz entdeckte und die — vermeintliche — »Insel« für Portugal in Besitz nahm. Drüben in Lissabon war man nicht sonderlich interessiert. Indien, obwohl ferner, lag näher. Erst 1532 beginnt eine vorsichtige Besiedlung (Bahia, Santos-Gegend, Hochland von São Paulo), erst 1549 setzt der portugiesische König einen Generalgouverneur ein, macht er »São Salvador da Baia de todos os Santos« zur Hauptstadt. Später wird die Stadt sich, etwas stenographischer, Bahia nennen. 1567 haben sich Franzosen dort niedergelassen, wo die Entdecker die Guanabara-Bucht für einen Fluß hielten und Rio de Janeiro tauften, Januar-Fluß. Die Franzosen werden verjagt — und im 17. Jahrhundert afrikanische Sklaven importiert, um Zucker anbauen und exportieren zu können. Dann bricht der Goldrausch aus, als in Minas Gerais, in Goias und Mato Grosso das edle Metall gefunden wird, mit dem anno 1755 das vom Erdbeben zerstörte Lissabon wieder aufgebaut werden kann. Acht Jahre später wird Rio de Janeiro anstelle Salvadors

Brasilien

(Bahias) Hauptstadt und Sitz der Kolonialverwaltung, gegen die von Minas Gerais aus, 1792, José Silva Xavier den Aufstand probt. Das kostet ihn den Kopf. Den Thron kostet es den portugiesischen König, als Napoleon 1808 die iberische Halbinsel in die Tasche steckt. Die Königsfamilie geht ins Exil nach Rio, und das hat günstige Folgen für Brasilien: Das Land wird dem Mutterland gleichgestellt und darf frei handeln.
Als der König 1821 nach Portugal zurückkehrt und seinem Sohn Pedro die Regentschaft in Rio überträgt, will die Lissaboner Ständevertretung von der königlichen Zusage an die »Kolonie« nichts mehr wissen. Pedro findet das mies, stellt sich an die Spitze einer Revolte, erklärt am 7. September 1822 bei São Paulo die Unabhängigkeit Brasiliens und läßt sich am 1. Dezember des Jahres zum Kaiser krönen. Fortuna hat indessen nicht viel mit ihm im Sinn, 1831 dankt er ab. Als sein Sohn 15 Jahre alt wird, erklimmt er 1840 den für ihn etwas zu groß ausgefallenen Thron. Schon bald aber zeigt er, daß er seinen Job versteht: Das Land entwickelt sich, seine Kaffeeplantagen und die europäische Einwanderung, an der Deutsche einen beträchtlichen Anteil haben. Pedro ist auch um Rassenintegration bemüht, doch als er 1888 die Sklaverei mit »A Lei Aurea«, dem Goldenen Gesetz, verbietet, gehen die Fazendeiros auf die Barrikaden, und ein Jahr später zwingt das Militär Pedro zur Abdankung. Ihm folgt ein Präsident, doch die eigentliche Macht in der jungen Republik nach US-Muster liegt bei einigen einflußreichen Familien, die erst 1930 nach einem Staatsstreich von Getulio Vargas gebrochen wird. Fünfzehn Jahre lang regiert Vargas als Diktator, zeigt aber soziales Verständnis und erreicht auch in der Wirtschaftspolitik Erfolge. Dann zwingt das Militär auch Vargas zum Rücktritt (1945); 1950 jedoch wird er legal gewählt. Vier Jahre ist er im Amt, da rumort es wieder unter den Offizieren, und ehe ein neuer Umsturz ihn wegfegen kann, legt er Hand an sich. Sein Nachfolger wird Juscelino Kubitschek de Olivera (1956—1961), der 1957 damit beginnt, Brasilia als neue Hauptstadt zu erbauen, um von hier aus Zentralbrasilien besser entwickeln zu können. Seinen Nachfolger setzt wieder das Militär ab (1964), die Verfassung von 1969 gibt dem Präsidenten der Präsidialen Republik (es ist ein General) beträchtliche Vollmachten. Neun Jahre später, bei den Wahlen von Spätherbst 1978, erhält zwar die Opposition prozentual die meisten Stimmen, doch nach dem Wahlsystem, das Brasilien wählte, bleibt alles beim Alten, und als Nachfolger von General Geisel tritt im März 1979 João Baptista Figueiredo das Präsidentenamt an, ehemals Viersterne-General und Chef des Geheimdienstes. Noch klopft die Demokratie nicht an die Pforte, doch bei allgemeinen, freien und geheimen Wahlen 1985 wird – direkt vom Volke – ein Präsident gewählt, der jedoch vor der Amtsübernahme stirbt und von seinem Vize gefolgt wird. Wahrlich ein dornenreicher Weg zu Ordem e progresso, auch nachdem 1988 eine neue Verfassung verkündet wird.
Das gern zitierte Musterbeispiel brasilianischer Rassenintegration wird von internen Kritikern (und dazu gehört die Presse, die Fälle von Diskriminierung anprangert) als ein Mantel gesehen, an dem es manchen Abnäher gibt. Hell, sagen sie, sei gegenüber Dunkel immer noch gefragter, und nicht nur die Wahl milchkaffeebrauner Schönheitsköniginnen spreche dafür. Auch gegen die vom Innenministerium vorgesehene Emanzipation der noch lebenden knapp 200 000 Indios (zur Zeit der Entdeckung etwa vier Millionen) wird kritisiert, weil durch eine Integration der Indianer betehende Kulturen und Stämme zerstört und letztlich »Völkermord auf saubere Art« (so Bischof Balduino) betrieben würde. Die Integration der Sklavennachfahren wird, meinen intime Kenner des Problems, bereits durch eine sprachliche Kategorisierung verhindert, die »helle Dunkle« und »dunkle Helle« und vielerlei Nuancen kenne und wie Titel verleihe: Eine dunkle »höhere« Tochter ist eine »morena«, die gleichdunkle Köchin eine »mulata«, um nur ein Beispiel zu nennen. Dennoch: »Die Rassendemokratie« Brasiliens ist, ob schon perfekt oder nicht, die mit Vorsprung fortgeschrittenste der Erde – eine Tatsache, von der auch Besucher des Landes sich per Augenschein überzeugen können.

Sich von der unendlichen Vielfalt zu überzeugen, die das riesige Land zwischen Nord und Süd, Ost und West bietet, ist leicht. Schon Teilgebiete lassen sie erkennen, und ein dichtes Flugnetz ermöglicht es, zwischen Boa Vista im Norden, Pelotas im Süden, Natal im äußersten Osten und Rio Branco im Westen die reizvollsten Gegensätze zu entdecken. Nur 40 Minuten dauert der Flug von Rio nach São Paulo, zweieinhalb Stunden nach Recife, fünf Viertelstunden nach Brasilia, viereinhalb Stunden nach Manaus. Entdeckungen mit einem Leihwagen . . . auch das ist möglich. Allerdings kann man den Wagen nur am gleichen Ort wieder abliefern, an dem man ihn gemietet hat, der anderswo übliche »One way service« ist in Brasilien nicht zu haben.

Entdecken kann man Urwald, Ströme, Berge, Strände, Diamantenminen, riesige Wasserfälle (die Cachoeira de Paulo Afonso am São Francisco-Fluß läßt doppelt so viel Wasser stürzen wie der Niagara), Sertão mit Buschwald und Kakteen, kann man Passionsblumen (Passiflora), Bananen, Eukalyptus, Limonen, Tapioka, Brotfrucht, Palmen, Vanille, Jacaranda (Palisander, steinhart) und Mamãos (»Frauenbrust«, Früchte, die halb Melone, halb Kürbis sind), kann man Kolibris und Seidenäffchen, das wollig-graue Saguim-Äffchen, den tiefen Bass-Chor der Brüllaffen, die mit Sonnenaufgang ihr Konzert beginnen, den Urubu, einen brasilianischen Geier, die »Gesundheitspolizei« des Landes, kann man Küche- und Kellervariationen und die Bedeutung eines Wortes, an das sich auch Eilige gewöhnen müssen: Manhana . . . morgen!

Das Land in Stichworten

Geographische Lage: 5°17′ nördlicher Breite bis 33°45′ südlicher Breite, 34°46′–74° westlicher Länge. Entfernung Frankfurt–Rio de Janeiro: 9550 km.

Fläche: 8 511 965 qkm, 34mal so groß wie die Bundesrepublik.

Einwohner: 141 450 000; 16,1 Einwohner je qkm.

Hauptstadt: Brasilia (Bundesdistrikt) mit Trabanten 1 576 700 Einwohner.

Staatsform: Demokratische Republik, Parlament aus 2 Kammern – »Camàra dos Deputados« und »Senado Federal«. 23 Bundesstaaten mit eigenen Parlamenten und direkt gewählten Gouverneuren. 3 Territorien, ein Bundesdistrikt.

Nationalflagge: Grün mit gelbem Rhombus, darin blaue Weltkugel mit weißen Sternen und der Devise »Ordnung und Fortschritt«.

Städte: 24 Großstädte mit 73 % der gesamten Bevölkerung.

Bevölkerung: 54,7 % Weiße (portug., ital., span. Abstammung), ca. 2 Mio. Deutschstämmige. 39,1 % Mulatten, Caboclos (»Mestizen«), 5,9 % Neger und Cafusos (Neger-Indianer-Mischlinge), über 1 Mio. Japaner, weniger als 2 % Indios.

Religion: 90 % röm.-kath., 5–6 % Protestanten, Orthodoxe, Buddhisten, 160 000 Juden. Naturreligionen der Indianer, afrobrasilianische Kulte wie »Umbanda«.

Landessprache: Portugiesisch mit brasilianischen Abweichungen.

Zeitdifferenz: MEZ minus 4 Stunden. Gegenüber Bern, Bonn und Wien die Uhr 4 Stunden zurückstellen.

Wichtiges von A bis Z

Anreise: Flugverbindungen täglich ab Frankfurt nach Rio de Janeiro (International: »Galeão«, 20 km zur Stadt, Zubringer) und Frankfurt–São Paulo (»Viracopos«, 100 km zur Stadt, Zubringer).
Flughafengebühr wird für Inland- und Auslandflüge erhoben. Inlandflüge zu 27 Flughäfen ab Rio de Janeiro und 33 Flughäfen ab São Paulo (Stadtflughafen »Congonhas«). Stündlicher Verkehr zwischen Rio (Stadtflughafen »Santos Dumont«) und São Paulo. Ferner Lufttaxi-Dienste. Verbilligte Flüge mit Brazil Airpass.

Diplomatische Verbindungen: Botschaft der Bundesrepublik Deutschland (Embaixada de Alemanha): Avenida das Nações lote 25, 70 415 Brasilia, Tel. (00 55 61) 243–7 466.
Gen.-Konsulate, Konsulate und Honorarkonsulate in Belém, Belo Horizonte, Blumenau, Curitiba, Fortaleza, Goiânia, Manaus, Panambi, Pôrto Alegre, Recife, Rio de Janeiro, Rio Grande, Rolândia, Salvador, Santos, São Paulo, Victoria.
Schweizerische Botschaft: Avenida das Nações lote 41, Brasilia (DF), Tel. 244–55 00.
Österreichische Botschaft: Avenida das Nações, lote 40, Brasilia (DF), Tel. 2 42 21 11.
Alle drei Länder unterhalten Konsulate (Consulados) in allen großen Städten.

Feiertage: 1. Januar, 20. Januar (nur Rio), 25. Januar (nur São Paulo), Karneval (3 Tage vor Aschermittwoch), Karfreitag, 21. April, 1. Mai, 9. Juni, 7. September (Nationalfeiertag), 2. und 15. November, 25. Dezember. Regionale Feiertage in den Bundesstaaten.

Gewichte: Metrisches System.

Informationen: Touristik-Information der Brasilianischen Botschaft, Kennedyallee 74, 5300 Bonn 2, Tel. (02 28) 37 69 76.
Embratur, Praça Mauá, 11°, BR-20 081 Rio de Janeiro-RJ, Tel. 273–2177.

Impfungen: Gelbfieber-Endemiegebiete bestehen am Amazonas und in mehreren Bundesstaaten. Gelbfieber-Impfungen und Malaria-Vorbeugung sind dringend empfohlen (nicht für Rio). Kinder müssen nachweislich gegen Poliomyelitis geimpft worden sein.

Klima: Im Norden: Viel Regen und hohe Temperaturen das Jahr hindurch. Für Europäer stark belastend.
Nordosten: Tropisch-feucht an der Küste, im Innern heiß und trocken.
Osten (inkl. Minas Gerais, Espirito Santo und Rio de Janeira): heiß; im gebirgigen Innern milde-gemäßigt.
Süden (inkl. São Paulo, Paraná und Rio Grande do Sul): mild, im Winter kühl bis kalt (Hochebene).
Westen (Mato Grosso, Flußbecken des Paraná und Paraguay): winters warm und trocken, sommers feuchtheiß mit viel Regen. Günstigste Reisezeit sind die Monate Mai bis Oktober (brasilianischer Winter).
Kleidung: neben der gewohnten etwas leichtere und leichte Wäsche, Regenschutz.

Maße: Metrisches System.

Öffnungszeiten: Banken Mo–Fr 10–16.30 Uhr, Läden 8–18.30 Uhr (Sa 8–12 Uhr).

Reisepapiere: Reisepaß bei Aufenthalt bis zu 3 Monaten. Rückreisebillett erforderlich.

Stromspannung: Rio, São Paulo 110 Volt Wechselstrom, keine Schuko-Stecker!

Trinkgelder: werden in Restaurants mit 10 % der Rechnung zugeschlagen.

Brasilien

Trinkwasser: Außerhalb der Großstädte besser Mineralwasser trinken.

Verkehr: Das Eisenbahnnetz ist weitmaschig; lange Fahrzeiten. Europäer benutzen die erste Klasse. Rechtsverkehr. Überlandbusse empfehlenswert; schneller als die Bahn.

Währung: 1 Neuer Cruzado = 100 Centavos. 1 DM (offiziell) = ca. 0,50 NCz$. Dreistellige Inflationsrate. Ein- und Ausfuhr von Landeswährung begrenzt, Fremdwährung nicht beschränkt.

Zoll: Bei Einreise zollfrei: 400 Zigaretten, 25 Zigarren, 250 g Pfeifentabak, 2 l alkoholische Getränke. Zum persönlichen Gebrauch: 1 Fotoapparat, 1 Filmkamera, 1 Tonbandgerät. Reiseandenken bis 100 US-Dollar Wert.

Ein Kreuz auf der Karte: Brasilia

Es ist eine Verbeugung vor der ein Vierteljahrhundert alten Hauptstadt, daß wir ihr den Vortritt lassen, sich vorzustellen: Brasilia, am 21. April 1960, Punkt 12 Uhr mittags, zum Rang der Bundeshauptstadt erhoben, ist für Touristen zwar eher ein attraktives Ausflugsziel als ein Urlaubsort, doch wer das offizielle Brasilien antreffen will, kommt an der mit dem Gongschlag zu Bedeutung gelangten Stadt nicht vorbei. Daß sie selbst sich voll Lokalstolz eine »Jahrtausendstadt« nennt, darf man ihr nachsehen. Wer keine Geschichte, keine Kindheit hat, sucht nach anderen werbenden Kriterien. Für Brasilia gibt es sie von Beginn an, und der große Architekt *Le Corbusier* bestätigte das: »In Brasilia zeigt sich Schöpferkraft«. Diese Eloge galt dem Architekten Oscar Niemeyer, muß aber wohl auch auf andere Mitschöpfer ausgedehnt werden.

Der erste Schöpfungsakt war ein Kreuz auf der Landkarte, vom Architekten Lúcio Costa skizziert: Die Hauptachsen der neuen Stadt auf 1100 m Plateauhöhe. In den Stausee *Lago do Paranoá* hineinragend: die Ost-West-Achse; die Ausläufer des Sees berühren die Nord-Süd-Achse (Eixo Rodoviário Norte/Sul) . . . eine schier mathematische Reißbrett-Ordnung. Kreuzungsfreie, ampellose Straßen auf mehreren Ebenen verbinden die Wohn- und Geschäftsbereiche des Zentrums, die wie die anderen Stadtteile nach Funktionen gegliedert sind: Ordem e progresso in natura präsentiert. »Progresso« auch anders: Die Stadt beginnt zu verfallen.

Das Klima meint es gut mit der Capitale. Die Jahresdurchschnittstemperatur beträgt 16 °Celsius,, sommerliche Spitzen liegen bei 36°, winterliche Tiefwerte bei 2 °Celsius. Die jährliche Regenmenge pendelt zwischen 1 000 und 2 000 mm, die 1,5 Millionen Einwohner empfinden den Sommerregen (er setzt die feuchten Höhepunkte) als erfrischend.

Eine Traumstadt also? Zumindest hat sie einen Teil des Traums Wirklichkeit werden lassen, den der Mönch Dom Bosco anno 1883 träumte: Das gelobte Land Brasília würde binnen zwei Generationen eine Tatsache werden. An den Mönch erinnert am Ostufer des Lago eine Pyramide, die *Ermida Dom Bosco,* eine Kapelle. Seine Vision hat gewiß nicht das gezeigt, was Costa und Niemeyer an einem Punkt Null und auf einem Areal Nichts geschaffen haben, aber die Bindung der Regionen an eine Hauptstadt im geographischen Mittelpunkt des Landes, die Entstehung eines Kristallisationskernes für die Integration der Estados Unidos do Brasil . . . das mag ihm schon vorgeschwebt haben. Die Verfassung von 1891 schrieb diesen Gedanken nieder. Inzwischen hat man die ganze Stadt unter Denkmalschutz gestellt . . .

Traumhaft, aber greifbar zu erleben, sind die Sonnenuntergänge über Brasília, wenn sich die Konturen der Bauten und Skulpturen im Gegenlicht vom rotvioletten Himmel abheben. Traumhaft auch die Nächte unter einem sternübersäten, klaren Himmel, den keine Dunstglocke verbirgt. Traumhaft der Sonnenaufgang, mit allen Farben des Tuschkastens an den Himmel über dem *Planalto Central* gemalt. Selbst die häufigen Sommergewitter zwischen Oktober und März sind dramatische Schauspiele auf dieser Bühne.

Nochmals: Eine Traumstadt also? Sie hat ihre Kritiker. Lobten die Brasileiros ihre Metropole und deren Entstehen als »autogerechte« Stadt mit dem Prospekttext:

In der so künstlichen wie kunstvollen Hauptstadt Brasiliens ist die moderne Kathedrale eines von zahlreichen markanten Bauwerken

»Dieses Denkmal der Automobilzivilisation wurde in drei Jahren von 40 000 Arbeitern im einsamen Hochland erbaut«, — so lassen Ölknappheit und erwachtes Umweltschutzbewußtsein die »autogerechte Stadt« heute für die Zukunft eher als suspekt erscheinen. Man meint, über dem Auto sei der Mensch vergessen worden, — und im Herzen Brasílias, auf dem zehn Kilometer langen, bogenartigen Querbalken des Achsenkreuzes, kann man diesen Eindruck gewinnen.
Die Ost-West-gerichtete, fünf Kilometer lange Monumental-Achse stimmt versöhnlicher. Trotz ihrer Prunkbauten für die öffentliche Hand wirkt sie menschlicher, belebter, wie sie sich von der *Praça Municipal* und den Gebäuden der Distriktsregierung über den Fernsehturm im Zentrum zum *Palácio do Congresso* hinzieht. Von ihr aus erreicht man die meisten Sehenswürdigkeiten. Die *Kathedrale* zum Beispiel, wie aus Schiffsspanten und Glas erbaut, unter deren Kuppel Engel schweben, oder das eigenwillige *Teatro Nacional* und das im Arkaden-Stil erbaute Außenministerium *(Palácio dos Arcos,* von 14—17 Uhr zu besichtigen). Der Kongreßpalast spiegelt die Gewaltentrennung auch optisch wieder: Eine Kuppel überwölbt den vom Senado genutzten Teil, eine zum Himmel offene Schale das Abgeordnetenhaus. Weiter ostwärts: das Regierungsgebäude des Staatspräsidenten *(Palácio Planalto),* das Amphitheater für 3 000 Zuhörer *(Concha Acústica* = akustische Muschel), der »Palast der Morgendämmerung« *(Palácio da Alvorada, Wohnsitz des Präsidenten).*

Brasilien **173**

Sportzentren ziehen sich die Küste der östlichen Halbinsel entlang, Wassersport beherrscht den Lago in all seinen Buchten, und selbst Angler kommen hier zu ihrem Recht.
Im Nordwesten der Stadt liegt der *Parque Nacional,* mit öffentlichem Schwimmbad, Mineralwasser-Fontäne und Anlagen ein Wochenendziel der Einwohner. In der Nähe der *Botanische Garten,* dessen Gegenstück, der *Zoo,* im Südwesten der Stadt gelegen ist.
Überall auffallend, eingestreut in die Anlagen: Skulpturen, modern und ausdrucksvoll, wie *Meteoro, Os Guerreiros, Rito dos Ritmos, A cultura* oder *A Justicia.* Der Handschrift und dem Einfallsreichtum der Künstler und Architekten bei den Streifzügen durch die Stadt zu folgen (etwa auch im Diplomatenviertel nördlich der Monumental-Achse), ist reizvoll. Dagegen sollten Sie, um den Eindruck planvoller Geschlossenheit der Stadtlandschaft nicht zu verlieren, vermeiden, die planlos wuchernden Vorstädte zu besuchen: Die Kehrseite der Medaille wird hier, wo die großen Architekten ihre Hand nicht im Spiel hatten, peinlich sichtbar.
Die »story« der Stadt finden Sie dargestellt in Reliefs an den Wänden des Historischen Museum *(Museu Histórico)* hinter dem Kongreßgebäude, daneben die *Casa de Chá,* das Teehaus, und *Pombal,* der Taubenschlag.
Beim Fernsehturm können Sie ein Wasserballett erleben: Zu Musik tanzende, bunt beleuchtete Strahlen (Fonte Sonoro-Luminosa).
Vielfältige internationale Küche zeichnet die Hauptstadt aus, ein leichter italienischer Schwerpunkt ist nicht zu übersehen, aber spanische, portugiesische, deutsche (»Bier Faß«), brasilianische, arabische, chinesische Köche bitten ebenfalls zu Tisch. Natürlich sind die *Churrascarias,* die Grills, gut vertreten.
Daß die Metropole nach allen Himmelsrichtungen vorzügliche Verbindungen unterhält, versteht sich von selbst: Flugzeug (Aeroporto Internacional, 12 km), Bahn (Estação Ferroviária) und Busse (Estação Rodoviária, Eixo Monumental) sorgen dafür, daß ihr Regierungsbeamte zum Weekend schnell entfliehen können.

Von Brasília ins Hinterland

Vier Staaten bilden den Mittelwesten Brasiliens, neben dem Bundesdistrikt Brasília sind es Goiás, Mato Grosso und der jüngste Staat Mato Grosso do Sul. Ein Riesengebilde mit den unterschiedlichsten Landschaftsformen, vom Tourismus noch kaum entdeckt. Selbst in den führenden Städten dieser Region sind nicht alle Hotels Warmwasser-versorgt oder mit einer Klimaanlage ausgerüstet, und das schränkt touristische Pionier-Courage erfahrungsgemäß ein. Das aber sollte es nicht, dem eventuell fehlenden Komfort steht ein Übermaß an Entdeckungen gegenüber.
Im zentralen Hochland z.B. die alten Kolonialstädte des 17. und 18. Jahrhunderts, einst Ausgangspunkte der Gold- und Edelsteinsucher: das barocke *Goiás,* lange Zeit Hauptstadt des Bundesstaates, mit den alten Goldminen der Dourada-Bergkette und unter sieben Barockkirchen die 1761 für São Francisco de Paula erbaute, daneben die Kirche Unserer Lieben Frau des Guten Todes (*Nossa Senhora da Boa Morte),* die heute ein Museum der Sakralkunst ist mit Schwerpunkten aus der Zeit des Goldrauschs. Wer in der Osterwoche nach Goiás kommt, erlebt ein ungewöhnliches Schauspiel: Die Einwohner verwandeln sich in Darsteller einer religiösen Retrospektive in Traditionskleidung, und fünf Tage lang beherrschen Prozessionen und liturgische Gesänge das Stadtbild. Von Brasília nach *Goiánia,* der jetzigen Hauptstadt, eine halbe Stunde Flugzeit, von dort 200 km Autobahn nach Goiás.
88 km Autobahn fährt man von Goiánia nach *Pirenópolis,* wo am Himmelfahrtstag jeden Jahres die *Cavalhada* stattfindet, ein historisches Reiterspiel lanzenbe-

wehrter Rittersleute, welche die Erinnerung an die Kämpfe zwischen Christen und Mauren wachhalten. Allein die Kostümierung ist sehenswert!

Schon in Brasília — oder aber in Goiânia — kann man einen faszinierenden Ausflug buchen, der in *Aruana* (385 km NW von Goiânia, davon 160 km Autobahn) beginnt und zum Grenzfluß am Mato Grosso, dem Araguaia, führt. In »boatels«, schwimmenden Hotels auf flachen Schiffen mit allem wünschenswerten Service, geht es von dort (einmal wöchentlich) auf ein oder zwei Wochen lange Flußfahrt (beste Zeit: Oktober bis Februar) nach Norden, wo sich der mehr und mehr Wasser führende Fluß in zwei Arme teilt, die Insel *Bananal,* die größte Fluß-Insel der Welt, mit ihrem Nationalpark umschließend. Hier wohnen die Carajás- und Javaés-Indios, und schon unterwegs geraten Petri-Jünger ins Schwärmen: Was sie hier an wohlschmeckenden Exoten nie gesehener Species anlanden, ist fantastisch.

Über 30 Quellen, die bis zu 42° heißes, leicht radioaktives Wasser hervorsprudeln, versorgen die Hotels von *Caldas Novas* (210 km Südost Goiânia, die letzten 85 km auf minder guter Straße) mit Wärme und Warmwasser. In den nahe gelegenen Bergen schießt heißes Wasser hervor und sammelt sich in Teichen und Seen, natürlichen, baumumstandenen Bädern mit 51° Wassertemperatur, die nicht nur Feriengäste anlocken, sondern auch als Heilanzeigen bei Bluthochdruck, gastrischen Beschwerden und Störungen des endokrinen Drüsensystems gelten.

184 km südwestlich Goiânia hat sich der Wind als Bildhauer betätigt: Seltsame Felsfantasien sind beim Städtchen *Paraúna* entstanden, die eine ganze Landschaft verzaubern.

Knappe anderthalb Flugstunden ab Brasília vergehen bis zur Landung in *Campo Grande,* dem Tor zum Abenteuer in den Savannen des *Mato Grosso,* zwei Stunden sind es bis *Cuiabá,* einstiger Hauptstadt des Bundesstaates Mato Grosso, künftig Capitale von Mato Grosso do Sul. Wer es genau wissen will, wo der Mittelpunkt des südamerikanischen Kontinents liegt, braucht nur in Cuiabá die Augen aufzumachen: Der Punkt ist in der noch jungen 283 000-Seelen-Stadt deutlich markiert. Ihren Auftrieb verdankt die alte (seit 1825) Provinzmetropole einer jüngeren Entdeckung: 1978 fand man im Gebiet der Flüsse Cuiabá und Coxipó Goldvorkommen und damit einen Magneten von großer Anziehungskraft. Anders als am Klondike oder Sacramento setzte hier kein regelloser Kampf um »claims« ein, der alles andere vergessen ließ. Ordem e progresso stand und steht unsichtbar über der Gegend und der Stadt, die sogar drei Museen zu bieten hat: Mit Indianer-Kunsthandwerk glänzt das *Rondon-Museum,* mit Mineralien das *Ramis Bucair,* mit Skulpturen und Volkskunst ein drittes. Sportfischer und Jäger indessen werden diesen Plätzen vielleicht weniger Aufmerksamkeit schenken. Sie fiebern einem Paradies entgegen, das runde 100 km nördlich gelegen und mit 100 mal 525 km Größe und einer Märchenkulisse von Wald und Flüssen eine der aufregendsten und artenreichsten Regionen Brasiliens ist. Hier auch (z. B. im Xingu-Nationalpark und der Tapaiúnas-Reservation) finden sich die größten Indio-Reservate, tanzen am Teles Pires-Fluß tausende von Schmetterlingen über einem der fischreichsten Ströme.

Vogelfreunde begeistert das Savannengebiet des *Mato Grosso Pantanal* mit tausenden von Seen, Flüssen, Sümpfen und einer großartigen Vogelwelt, wo aber auch Rehe, Alligatoren, Jaguare und andere Tiere zuhause sind. In Campo Grande wie in *Corumbá,* der größten Stadt des Tantanal mit 80 000 Einwohnern, werden Exkursionen angeboten, die der Beobachtung der Tierwelt dienen, Foto-Safaris in einem überschaubaren, wenn auch gewaltig großen Gebiet. Quer durch das Gebiet der Sümpfe, die ein Drittel des Mato Grosso do Sul bedecken, führt über 1 400 km die Transpantaneira-Autobahn, in den 80er Jahren erbaut, zu erreichen aber ist die Region auch über die Stadt Corumbá, die durch die Nordwest-Eisenbahn mit dem Netz der brasilianischen Bundesbahn verbunden ist und auch Santa Cruz in Bolivien einbezieht.

Brasilien **175**

Blumenau und der Süden

Die Völkerwanderung begann vor anderthalb Jahrhunderten, ihre Wanderer hießen nicht Kimbern und Teutonen sondern Deutsche, Italiener, Polen und anders, und ihr Ziel war nicht der Süden Europas sondern der Süden Brasiliens mit seinem subtropischen Klima: die heutigen Bundesstaaten Paraná, Santa Catarina und Rio Grande do Sul, von 20 Millionen Menschen — auf 580 000 qkm verteilt — bewohnt. Die Wanderer kamen nicht auf blauen Dunst hin, sie waren als Siedler ins Land gerufen worden, um — nach den Freiheitskriegen — so ab 1824 ihre agronomischen Talente aus dem Rucksack zu packen und hier einzusetzen. Mit 126 deutschen Landwirten begann es, sechs Jahre später schon waren es runde sechstausend Kolonisten, denen Brasiliens Kaiser je Familie 70—75 Hektar jungfräulichen Bodens schenkte. Doch nicht nur auf den »Nährstand« spekulierte man in Brasilien, auch der »Wehrstand« wurde dringend benötigt, um an der argentinischen Grenze dem größenwahnsinnigen Rosas den Zutritt zu wehren: Zwei deutsche Jägerbataillone und zwei Grenadierbataillone wurden aufgestellt — und erhielten, abgemustert, ebenfalls ihr Stück der verteidigten neuen Heimaterde. Den »Lehrstand« zogen sie dann hinterher, und als erst Pfarrer, Lehrer, Ärzte und andere sich bei den neuen Siedlungen niederließen, war man gewissermaßen komplett.
Die Neusiedler waren erfolgreich, obschon es ihnen nicht leicht fiel, sich als Hackfruchtbauern auf völlig andere Kulturen (Reis!) umzustellen, und die Erfolge ihrer »Kleinbauern«-Arbeit führten so ein bißchen die Methoden der Großkopfeten auf den Fazendas ad absurdum, die immer meinten, ohne ein Heer von Negersklaven nicht auskommen zu können. So trugen die Siedler letztlich auch zur Abschaffung der Sklaverei bei.
Es blieb dann nicht dabei, daß die Teutobrasilianer nur den Boden beackerten. Handwerker waren nachgekommen, Viehzucht gewann größere Bedeutung, Lederverarbeitung schuf wertvolle Exportgüter. Allein in Rio Grande do Sul, dem Stammland der deutschen Kolonisten, wuchs deren Zahl (inklusive ihrer Abkömmlinge) vor dem ersten Weltkrieg auf etwa eine Viertelmillion an. Nebenan, in Santa Catarina, entstand 1852 bereits eine deutsche Stadt: Blumenau, und auch in der Kaffeewirtschaft sickerten deutsche Familiennamen ins Pflanzer- und Handelsregister ein und halfen, die Stadt zum Textilexport-Riesen zu machen.
Daß im großen Schmelztiegel Brasilien schließlich (ob mit, ob ohne Dekret) auch die querköpfigsten »Teutos« integriert wurden, war unvermeidlich, und als man 1974 den Anderthalb-Jahrhundert-Jubel ausbrechen ließ — unterstützt von Cruzeiros aus der Staatskasse —, mußte die jüngere Generation schon beträchtlich Hirn und historische Kenntnisse anstrengen, um Pioniergeist und Deutschtum der Vorväter gedanklich noch nachzuvollziehen.
Daß die Hauptstadt dieses Bundesstaates Santa Catarina größtenteils auf einer der Küste vorgelagerten Insel liegt, ist eine Besonderheit. Der deutsche Dichter Adelbert von Chamisso zeigt sich von dieser Lage, als er auf seiner Weltreise hier im Dezember 1815 an Land ging, beeindruckt:

»*Wenn man in den Kanal einläuft, der die Insel Santa Catharina von dem festen Lande trennt, glaubt man sich in das Reich der freien Natur versetzt. Die Berge, die sich in ruhigen Linien von beiden Ufern erheben, gehören, vom Urwald bekleidet, nur ihr an, und man gewahrt kaum an deren Fuß die Arbeiten der neu angesiedelten Menschen. Im Innern ragen, als Kegel oder Kuppeln, höhere Gipfel empor, und ein Bergrücken des festen Landes begrenzt im Süden die Aussicht. Die Ansiedelungen des Menschen liegen meist längs dem Gestade, umschattet von Orangenbäumen, welche die Höhe unserer Apfelbäume erreichen oder übertreffen. . .*«

Florianópolis, 1140 km von Rio entfernt, ist mit dem Festland durch eine 800 m lange Brücke verbunden; entstanden aus dem Dorf Nossa Senhora do Desterro, ist die Stadt mit ihren 219 000 Einwohnern wegen der umliegenden weißsandigen Strände auch als Bade-Ort beliebt. Die Badestrände setzen sich nach Norden (Itapema, Camboriuí, Itajaí) und Süden (Laguna) fort. In der Hauptstadt selbst ist das *Jesuitenkloster* (Convento Jesuíta) einen Besuch wert, daneben das *Museu do Sambaqui* mit Sammlungen zur Geschichte der Indio-Stämme und Ureinwohner, die hier einmal (und sei es vor 3 000 Jahren) Herren des Landes waren. Die späteren Herren schützten sich und das Land mit drei Festungen, dem *Fort Santa* (von 1750) und der im selben Jahr erbauten Verteidigungsburg *Nossa Senhora da Conceicão.* An der Lagune von Conceição liegen die Restaurants, in denen Meeresfrüchte (vor allem Krabben = camarões) von vorzüglicher Qualität sind. Daß auch hier, wie überall in der Stadt, der Spießbraten (»Churrasco«) Ganzjahrssaison hat, versteht sich von selbst.

Von der Erinnerung »an gewisse Rheinlandschaften« schrieb der deutsche Apotheker Hermann Blumenau, als er das grüne Tal des Itajaí entdeckte, zu einer Zeit, von der das *Museu Nacional de Imigração e Colonização* in der ersten, von Deutschen besiedelten Stadt *Joinville,* berichtet. Zur Stärkung vor und nach dem Besuch empfehlen sich »Bierkeller« und »Tannenhof«. . .

Auch *Blumenau,* 136 km von der Hauptstadt an der Autostraße landeinwärts gelegen, hat sein Museum: *Museu da Família Colonial.* Die Stadt liegt an beiden Ufern des Itajaí, und die »rheinischen Reminiszenzen« sind gar nicht abwegig. Die Häuser mit ihren Schrägdächern erinnern ebenfalls noch an die Heimat der Einwanderer, und wer sich hier einkleiden oder aber Keramik, Porzellan oder Kristall kaufen will, findet — anderswo längst vergessene — Wertarbeit.

13 Millionen Rinder bevölkern die Weite des südlichsten Bundesstaates Rio Grande do Sul, dessen Hauptstadt anno 1750 als »Porto dos Casais« gegründet, dann aber von den Viehzüchtern aus dem Binnenland, die sich hier prächtig amüsierten, zum »fröhlichen Hafen«, *Porto Alegre,* umgetauft wurde. Die Millionenstadt von heute macht diesem Namen weiter Ehre: Nachtlokale, Bierpinten, Restaurants sorgen dafür. Sonst erinnert allenfalls noch das etwas auf Show gestimmte Treiben in den *Centros de Tradicões Gaúchas* ans Vorgestern, wo die Gaúcho-Tänze zu Kräutertee und Churrasco gereicht werden. Lebendig im Stadtzentrum (mit dem *Parque Farroupilha)* und an den Stränden von *Belém, Ipanema* und *Guarujá* wird es zum Wochenende: Was nicht beim Fußball engagiert ist, sorgt dann an diesen Plätzen für Gedränge.

Der moderne Flughafen *Salgado Filho* liegt nur sechs Kilometer außerhalb und wird auch international angeflogen. Eisenbahn (Estação Ferroviária) und Busse (Estação Rodoviária) verbinden mit dem Hinterland und den Stadtzentren an der Atlantikküste, unter denen *Torres* (200 km nördlich) am bekanntesten ist. In den südlichen Dünen jagen sich die »Sand-Buggies«, die Strand-Jeeps der Fans dieses nicht ungefährlichen Sports.

Hatten die deutschen Siedler vor allem Landwirtspraxis und handwerkliches Geschick importiert, so brachten die Italiener Rebenschößlinge und vinologisches Fachwissen mit. 400 Millionen Liter Rebenblut sind es heute, die Jahr um Jahr die Fässer im Weinbaugebiet nördlich Porto Alegre füllen. *Caxias do Sul* mit 200 000 Einwohnern ist die größte Weinstadt, und zur Zeit der Lese, im Januar, bieten ihre Straßen ein bunt-lebendiges Bild: Zum Erntedank tanzen Volkstanzgruppen durch die Stadt, wird in der Messe gebetet, daß mit Gottes Hilfe der Wein in den Fässern zu ganzer Fülle heranreife. Dafür feiert nach der Februar-Mitte der 18 000-Seelen-Ort *Bento Concalves* eine andere Messe: die *Wein-Messe* (Feira Nacional do Vinho), wo Gastronomie, Weinhandel und Hotellerie Wein und Branntwein verkosten, um mit den Erzeugnissen des ruhigen Weinstädtchens die Keller zu füllen.

Das nördlichste der drei südlichsten Bundesländer hat seine Nordgrenze am *Paraná* und nennt sich auch nach diesem Grenzstrom. Erst zu Beginn unseres Jahrhunderts entwickelte sich aus den »campos gerais«, den Heide-Weiden, bewohnteres Land, als man mit der »terra roxa«, der roten Erde, den fruchtbarsten Grund und Boden für landwirtschaftliche Nutzung entdeckte. Kaffee, Soja, Mais, Baumwolle bestätigen nun die Güte des Erdbodens, eine sorgfältige Forstwirtschaft liefert Holz für Zellulosegewinnung, der Wohlstand in dem vergessenen Revier, das lediglich Durchzugsgebiet für die Herden auf dem Weg zu Märkten des Nordens war, kam gleichsam über Nacht und beflügelte nun auch die Lust der Menschen, sich hier anzusiedeln. Rund 8 Millionen wohnen hier, 16,6 Prozent von ihnen in der Landeshauptstadt *Curitiba*.

Die Hauptstadt, 900 m über dem Meeresspiegel, 94 km vom Meer entfernt und 840 km südlich Rio gelegen, schmiegt sich an die Hügelhänge — und das ist neben der europäischen Atmosphäre das vielleicht kennzeichnendste Merkmal. Die Siedler haben gewisse Traditionen der Heimat ihrer Väter bewahrt, sind aber im übrigen erfolgreich bemüht, sich dem Leben und Temperament der »Ureinwohner« anzupassen.

Was die Stadt (sie besitzt einen 10 km entfernt gelegenen Inland-Flughafen) nicht zu bieten hat, vermitteln Ausflüge, etwa zu den pittoresk-skurrilen Sandsteinphantasien von *Vila Velha* (94 km westlich), deren Bildhauer der ständig wehende, frische Wind dieser gemäßigteren Zone gewesen ist. Rund 110 Bahnkilometer sind es zu den Stränden am Meer (Station: Paranagua), und in der heißen Zeit zwischen Dezember und Februar zieht es viele hier ans Wasser.

Die Hauptattraktion von Paraná allerdings besuchen Touristen zumeist von anderen Ausgangspunkten aus: die Stelle, wo der Rio Paraná in Katarakten zu Tal stürzt, den Foz do Iguaçú.

Die stürzenden Wasser von Iguaçú

Dreieinhalb Stunden nach dem Start in Rio de Janeiro, zweieinhalb Stunden nach der Zwischenlandung in São Paulo landet die Boeing 737 am Montag, Mittwoch, Freitag und Sonntag (an den anderen Tagen braucht sie bei zwei Zwischenstops ab Rio eine Stunde länger) auf dem Flughafen Foz do Iguaçú und damit auf der Schwelle zu einem Naturschauspiel, das die einstige First Lady der USA, Eleanor Roosevelt, zum werblich schier strapazierten Ausruf: »Poor Niagara!« veranlaßt haben soll. Die Story gewinnt an Glaubwürdigkeit, wenn man sich die Zeit zum Zählen nimmt: Drei Fälle bilden die Niagara Falls, 280 (verzählen Sie sich, so sagt man Ihnen das auch offiziell) die auf runde fünf Kilometer gedehnten Iguassú-Fälle mit durchschnittlicher Fallhöhe von etwa 75 Metern. In der Sekunde stürzen hier zwischen 230 cbm und 1 750 cbm Wasser hinab, in den Monaten Dezember, Januar und Februar brüllen die Fälle am lautesten. Niagara hin, Iguassú her: Die Guaraní gaben den tosenden Wassern den Namen, in ihrer Sprache »großes Wasser« bedeutend. Sie liegen im größten Nationalpark des Semikontinents *(Parque Nacional do Iguaçú* sagen die Brasilianer), und an diesem Superlativ ist nicht zu rütteln: Zwei Milliarden und 25 Millionen Quadratmeter sind ein ansehnliches Grundstück. . .

Drei Länder grenzen an die majestätischen Iguassu-Fälle: Brasilien (vorn im Bild), Argentinien (hinten) und Paraguay

Man schrieb das Jahr 1542, als — 50 Jahre nach dem »Heureka!« des Christoph Columbus — Alvar Núnez Cabeza de Vaca (der Spanier mit dem schönen spanischen Namen »Kuhkopf«) die Fälle entdeckte. Damals gab es hier naturgemäß noch keinen Ort, 1914 entstand Foz do Igúaçú; das heutige Nova Iguçú zählt über eine Million Einwohner und ist hotelbestückt; denn Jahr um Jahr vollziehen Tausende von Touristen die Entdeckung des iberischen Kuhkopfes nach (und ärgern sich über die hohen, wenig berechtigten Preise!).

Da die Fälle an den Staatsgrenzen von Paraguay, Argentinien und Brasilien gelegen sind, herrscht munteres zwischenstaatliches Hin und Her: Zwischen Brasilien und Argentinien von 8 bis 12 und 14 bis 18 Uhr, zwischen Brasilien und Paraguay durchgehend. Jedes Hotel vermittelt oder hat ein Rundfahrtunternehmen, dessen Gäste die Grenzen ohne Probleme überqueren. Nicht alle aber sind auf Fremdsprachen eingestellt, und gelegentlich kommen ihre Bärenführer ins Schwitzen, wenn sie mehr als die Superlative hervorsprudeln sollen.

Schwitzen können auch die Besucher: In den Monaten Dezember bis Februar klettert die Quecksilbersäule auf 40 °C; im April/Mai und Oktober/November ist es mit 20 °C angenehm, im Juni/Juli wird es mit 5 °C frisch und näßt, falls es nicht regnet (1 700 mm Jahresschnitt), der Nebel. Mit der Feuchtigkeit aus der Wasserleitung ist es besser, vorsichtig zu sein. Das Prädikat »Trinkwasser« sollte Sie trotz seiner Aussage zu Mineralwasser greifen lassen. Ob Sie nach den Souvenirs greifen, die in »Foz« wie im argentinischen Puerto Iguazú zu »kleinem Aufpreis« angeboten werden (Leder und Wolltextilien u. a.), ist Sache des Geschmacks wie des Portefeuilles.

Sache der Brieftasche ist es auch, ob man den in aller Regel vier Stunden zubilligenden Kurztrip zu den Saltos do Iguaçú (ab Rio oder São Paulo) benutzt, um mit dem Hubschrauber (ab »Hotel das Cataratas«) einen viertelstündigen Rundflug über die Fälle zu machen. Der Blick aus der Höhe in die 100 m breite Teufelsgurgel *(Garganta del Diablo),* in die sich die Fälle stürzen, ist imposant, liefert aber natürlich nicht das Erinnerungsfoto mit Muttern am Wasserfall, für das am Rande des teuflischen Schlundes eine Leiter zu gefälliger Bedienung und besserer Perspektive montiert ist. Wenn Sie hier herumspazieren, vergessen Sie über all der Wasserpracht nicht den Fußweg: Die Betonplatten haben hie und da die Neigung, sich zu neigen — simpler gesagt: sie wackeln. Daß Sie auch der urwaldhaften Kulisse und ihren mit Lianen, Orchideen und anderen Untermietern (Schmarotzern) versehenen Bäumen einen Blick schenken werden, ist verständlich. Ob Sie von den folkloristischen Begleitmusiken etwas mitbekommen, hängt vom Wasserdonner und der Windrichtung ab.

Ein Trip nach Paraguay (»Dagewesen. . .«) führt von »Foz« über 6 km »Ponte da Amizade« nach Puerto Stroessner (siehe: Paraguay), wobei die Freundschaft bei der Rückkehr dann aufhört, wenn Sie für die mitgenommene Kamera Zoll zahlen sollen, weil Sie vergessen haben, diese und andere Wertsachen in der Zollerklärung aufzuführen. Ordem e progresso . . . na, Sie wissen schon. . .

Ein Halb- oder Ganztagsausflug wird auch nach Argentinien geboten: Per Bus nach Porto Meira, dann mit dem Fährboot nach Puerto Iguazú. Sich zu streiten, von wo aus das Panorama am schönsten ist, überläßt man am besten den professionellen Werbern. Am bequemsten und preiswertesten bleibt gewiß auch weiterhin der brasilianische Weg. Das aufregendste Erlebnis wird ohnehin auf dieser Seite serviert: Am Ende des Nationalparks, unterhalb des Katarakt-Hotels, führt ein Weg zu einem Lift, mit dem es aufwärts geht, und — am Ende der Straße — zum Porto Canõa, dem Bootshafen. Bei Niedrigwasser kann man dort für wenige Cruzeiros ein Ruderboot entern und sich zu einer kleinen Insel rudern lassen. Dort wird auf andere Boote umgestiegen, und nun beginnen die routinierten barqueiros, die Kahnführer, ein nervenkitzelndes Spielchen: Mit oder gegen die Strömung ru-

dernd, manövrieren sie das Boot zwischen Felsen hindurch zum Teufelsschlund, nur drei Meter davor wird festgemacht, und nun meint man, sich mitten in dem höllischen Wasserinferno zu befinden, . . . ganz langsam kriecht einem die Gänsehaut über die Arme bei dieser Unmittelbarkeit des Erlebens.
Nach Rückkehr wird man zur Beruhigung erst einmal einen tüchtigen Schluck Zuckerrohrschnaps durch die eigene Gurgel rinnen lassen, die Teufelsgurgel aber immer in Erinnerung behalten, den Regenbogen noch vor Augen, der sich im Gischt der stürzenden Wasser von Iguassú über die Garganta do Diablo spannt.

Mit PSI auf Du: Kulte in Brasilien

Die »Rassendemokratie«, die Integration und Mischung weißer, schwarzer und brauner Menschen zum brasileiro von heute, hat ein Phänomen erzeugt, mit dem die Christen (. . . und das sind nach offizieller Lesart rund 95% der Bevölkerung) wohl nicht gerechnet haben: Auch die Religionen, die Bekenntnisse und Kulte mischten sich. Afrikanische und indianische Traditionen überzogen sich mit dem Firnis des Christentums und suchten ihre Gottheiten und Dämonen in die Christenlehre zu integrieren, sie mit Gestalten der Bibel und Heiligen zu identifizieren. Maria z.B., die Mutter des Jesus von Nazareth, behaupten die Macumba-Priester, sei niemand anderes als Yemanja, die »Stella Maris« sei die Meeresgöttin des Kults. Oxalá ist der oberste der Orixás, der Götter, und wird mit Christus, Nosso Senhor do Bonfim, identifiziert; Speise und Trank werden ihm als Opfer dargebracht. Exú ist der Teufel, mit dem man sich indessen gut stellen muß, denn zugleich ist er mit einem Heiligen der Christen identisch. Der Dia das Almas (Allerseelen) hat seine Bedeutung auch für die Kulte: Wenn am Montagabend die Katholiken ihre Gedenkkerzen entzünden, stellen die Kult-Anhänger ihre Kerzen an die Straßenkreuzungen. Bei den »Macumbas«, den Feiern der Macumbistas, kreist der Zuckerrohrschnaps, gibt es Hahn-Opfer (beides erinnert an den haitianischen Wudu-Kult), Geisteraustreibungen sind nicht nur als Exorzitien bei Katholiken geläufig, auch die Umbanda-Anhänger üben sie bei ihren Ritualen, die mit dem Vaterunser beginnen, das von der Umbanda-Hymne und der Anrufung der Geister gefolgt wird.
Die Umbanda sind vielleicht die profiliertesten unter den Kultanhängern. Sie wollen, das ist ihr Ziel, aus allen Religionen das Beste übernehmen, lehnen Tieropfer ab und kämpfen wider einen einzigen Feind: den Materialismus, ob er sich nun in der Philosophie oder der Politik breit macht. Das große Umbanda-Fest, am zweiten November-Wochenende am Strand bei Santos gefeiert, bei dem der Meeresgöttin Blumen und Früchte zum Opfer gebracht werden, ist sogar im offiziellen brasilianischen Veranstaltungskalender notiert.
Das geschieht nicht ohne Grund: Der Umbanda-Kult arbeitet mit spiritistischen Medien, denen Hilfesuchende zugeführt werden, um Hilfe und Rat bei Krankheiten, für den Beruf, für Liebe und Ehe durch den Spruch der Medien zu finden . . . und 35% aller Brasilianer, hat man ermittelt, sind Anhänger des Spiritismus. Ein Drittel der Bevölkerung auf 8,5 Millionen Quadratkilometern »PSI-Feld« kann man auch offizierseits kaum übersehen. Großbritannien, klassisches Land parapsychischer Phänomene, muß sich ärmlich vorkommen neben einem Land, in dem allein der Spiritisten-Verband von São Paulo in der Stadt seiner Residenz ein fünfgeschossiges Hauptquartier besitzt. Ein notabene karitativ sehr tätiger Verband, dessen Bazar und Verkaufsaktionen sehr greifbare Hilfe leisten.
Anderthalb Millionen Auflage hat die »Geisterlehre« eines Brasilianers erreicht, der zusammen mit Pestalozzi studiert hatte: das Buch Allan Kadecs, des Vaters des brasilianischen Spiritismus, dem die brasilianische Post sogar Briefmarken widmete (1957 u.a.). Das Anliegen von Kadec ist übrigens keineswegs, das Christentum zu verdrängen, sondern es zu vertiefen.

Übertroffen wird er noch vom Werk des bekanntesten brasilianischen Schreibmediums, Chico Xavier: 5 Millionen Exemplare Auflage haben dessen — von Geistern diktierte — Bücher. Psychologen meinen, diese Niederschriften kämen aus dem Unterbewußtsein des Schreibers; dessen Bildungsvoraussetzungen allerdings lassen das kaum zu. Rätselhaft?

Rätselhaft ist vieles in Brasilien. Zum Beispiel auch, daß Schulmediziner in manchen Fällen von Schizophrenie, Epilepsie u.a. mit Medien zusammenarbeiten und unleugbare Erfolge bei der Therapie haben. Ihre Berichte über diese »Klinische Parapsychologie« bleiben dennoch umstritten, und wo solche Heilungen — vor allem im Nordosten des Landes unter den armen Caboclos, Mischlingen, — in abgelegenen Dörfern von Laien oder Kultpriestern vorgenommen werden, die »mit den Geistern sprechen«, können Erfolg und Augenschein Skeptiker erst recht nicht überzeugen.

Geister? Der auch Candomblé-Kult genannte Kult der brasilianischen Macumbistas kennt sie. Jeder Mensch, besagt er, durchläuft drei Verkörperungen, dann wird er Egûm (Seele, Geist), den man rufen kann. Wenn das Delpasse-Experiment in unseren Tagen vom Überleben des Geistes nach dem körperlichen Tod spricht, die Wiedergeburt des Geistes in neuen Körpern ist für die Anhänger afrobrasilianischer Kulte eine altbekannte Tatsache, zu der sich fünf Millionen Jünger dieser Kulte bekennen, Anhänger, deren Vorfahren einst auf Sklaventransporten aus Afrika nach Bahia kamen.

Wenn die Trommeln der Macumbistas ihren monotonen Rhythmus ertönen lassen, so ist das keine Folklore-Show für Touristen. Den Brasilianern ist das Ernst, uns kann es Anregung zum Nachdenken sein.

São Paulo platzt aus den Nähten

Nach unserem kurzen Blick hinter die Kulissen religiösen Selbstverständnisses der Brasilianer — zum besseren Verständnis mancher Kulte und Vorgänge — können wir unsere Entdeckungsreise durch die brasilianischen Bundesstaaten fortsetzen. Das »Spiritisten-Zentrum« São Paulo ist nicht das allein Bemerkenswerte an dieser Metropole des gleichnamigen Bundesstaates. Sie ist die größte Stadt Brasiliens mit 10 Millionen Einwohnern und verbirgt vor niemandem, daß in ihr alle 24 Stunden 100 neue Einwohner geboren werden. Explodierende Bevölkerungszunahme also — und das in einer Stadt, die 32 % der brasilianischen Industrie (80 % einschließlich der Umgebung) beherbergt und 50 % der volkswirtschaftlichen Produktion der Republik erarbeitet. Daß bei solcher Situation Probleme der Infrastruktur auftreten, ist nicht verwunderlich. In ihrem Wildwuchs hat die Stadt auch kein eigentliches Zentrum, sondern besitzt deren viele, und auch das schafft Probleme, denen die Verkehrsplaner versuchen, mit ausgeklügelten, teils unterirdischen, Verkehrswegen beizukommen.

Anno 1554 begann es ganz klein: Eine Katechismus-Schule für die Indios hatten die Jesuiten-Patres José de Anchieta und Manoel de Nóbrega auf dem Plateau errichtet, das einmal São Paulos Urzelle aufnehmen sollte. Die Grundlagen für ein gutes Verhältnis zwischen Weiß und Braun, für gegenseitiges Vertrauen mögen schon damals gelegt worden sein. In der Folge und mit der schnellen Entwicklung der Stadt führte dieses friedfertige Miteinander zu einer ausgeprägten Mischrasse, der »raça paulista«, die auch den heutigen Sankt-Paulianern noch den Namen erhielt: Paulistas.

Die »Raça« aus Weißen und Indios entwickelte Temperaments- und Charaktermerkmale eigentümlicher Art, unter denen Entdecker- und Pioniergeist, verbunden mit handfestem Streben nach materiellen Gütern, besonders kennzeichnend sind.

Das galt für die Periode des Goldrauschs und der Diamantenjagd um 1650, aber gilt nicht weniger heute, obwohl aus der Paulista-Rasse mit der wachsenden Attraktivität der Stadt auf Zu- und Einwanderer inzwischen Paulistaner geworden sind, in deren Adern ein weitaus nuancenreicheres Blut fließt. Italiener, Spanier, Deutsche, Österreicher, Holländer, Franzosen, Nordamerikaner, Vorderer Orient und — jüngst zunehmend — Japaner trugen dazu bei.

Wo einst auf 800 m hohem Plateau die Schule der Patres stand, prägen heute Stahl, Glas und Beton das Bild — ein schier erschlagender Eindruck, wenn man vom stadtnächsten Flughafen *Congonhas* die Viertelstunde zur Stadtmitte fährt. Die Stadt überzieht 400 qkm mit ihren Anlagen, mit Hochhäusern, Straßen, Brücken. Inlandverbindungen halten Eisenbahn und Busse (Busse sind auch das Stadtverkehrsmittel Nummer Eins) neben dem Luftverkehr, der auch sogenannte »Taxiflüge« in schnellem Rhythmus nach Rio de Janeiro bietet. 50 weitere Flughäfen werden angeflogen.

São Paulo ist jedoch nicht nur eine Stadt Merkurs, auch die Musen kommen zu Wort: Drei Universitäten, 260 Bibliotheken, drei Dutzend Museen, Theater, Oper, Konzerte . . . großstädtisches Kulturleben steht in Blüte.

Es liegt nahe, daß die in den Hotels und Reisebüros angebotenen Rundfahrten nicht mehr als einen Überblick in dieser Riesenstadt bieten können. Dennoch sollten Sie darauf nicht verzichten, um ein Fingerspitzengefühl für São Paulos Charakter zu bekommen. Es bleibt Ihnen danach überlassen, sich — und das dauert Tage — von Sehenswürdigkeit zu Sehenswürdigkeit vorzuarbeiten.

Eine Art von »Stadtkern« bildet das Rechteck, dessen Ecken die Praça da República, der Parque Dom Pedro II, die Praça da Sé und die Praça Roosevelt bilden. In diesem Geviert trifft man auf die Urzelle der Stadt und eine Anzahl weiterer interessanter Orte und Gebäude. 1913 wurde mit dem Bau der *Kathedrale* (Sé = Sitz, eines Bischofs nämlich; an der Praça da Sé) begonnen, 1954 konnte das der Gotik nachempfundene Gotteshaus geweiht werden, das 8 000 Gläubigen Platz bietet und stolz darauf ist, die größte Orgel Südamerikas (sie stammt aus Italien) zu besitzen. In der Krypta: die Gräber der Bischöfe von São Paulo.

Ganz in der Nähe, auf dem *Páteo do Colégio,* steht an der Stelle der Jesuitenschule von 1553 eine bescheidene Kirche (1554, gut restauriert). Hier finden sich auch in der *Casa de Anchieta* (Mo—Fr, 8—18 Uhr) Dokumente zur Gründung der Stadt und zur Zeit der Kolonisation, unter anderem eine aufschlußreiche Darstellung des Platzes von 1562 und eine Stadtansicht aus dem 19. Jahrhundert.

Von den anderen Museen kann an dieser Stelle nur eine Auswahl erwähnt werden (. . . ein brasilianisch-englisches Heft mit dem Titel »São Paulo, Museus—Museums« hat das Touristikamt CEDITUR herausgegeben; fragen Sie danach). Das größte Museum der Stadt ist das *Museu Paulista da Universidade* im Parque da Independéncia, das auch Ipiranga-Museum genannt wird. Der Bau stammt von 1885 (italienische Renaissance), der Museumspark wird Sie rechtens an Versailles erinnern. Archäologie und Geschichte setzen die Akzente der Sammlungen, Münzensammler werden sich an der numismatischen Abteilung erfreuen (Di—So, 23—17 Uhr).

Im von Oscar Niemeyer mitgestalteten *Ibirapuera-Park* (südwestlich der City), einem 1,2 Millionen Quadratmeter großen Erholungsgebiet, liegt neben *Planetarium, Obelisk* (Helden von 1932), klotzigem Denkmal der »*Bandeirantes*« (es erinnert an die Pionierzeit), *Repräsentantenhaus* (1968) und weiteren Verwaltungsgebäuden das *Museu de Artes e Técnicas Populares,* ein Kunst- und Handwerksmuseum, dessen folkloristische Sammlung umfangreich ist (Mo—So, 14—18 Uhr). Drei weitere Museen sind ebenfalls hier gelegen, darunter als bedeutendstes das *Museu de Arte Contemporánea,* der zeitgenössischen Kunst gewidmet (außer Montags und an Feiertagen: täglich 14.30—19 Uhr). Gemälde, Zeichnungen, Grafische Blätter und

Skulpturen u. a. von Chagall, Chirico, Leger, Matisse, Picasso und brasilianischen Künstlern sind hier unter 2 000 Ausstellungsstücken zu finden. Auch das *Museu Astronómico* (Mo—So, 15—20 Uhr) und das Museum der Wissenschaften *(Museu da Ciéncia;* Di—So, 14—18 Uhr) zeigen interessantes Ausstellungsgut. Das letzte hier gelegene Museum ist das *Museu de Arte Moderna* (Di—Fr, 15.30—22 Uhr; Sbd, So: 11.30—18 Uhr) mit stark brasilianischem Anteil moderner Kunst, daneben aber auch international bekannten Werken wie etwa Gauguins »Armer Fischer« aus der Tahiti-Epoche des Künstlers.

Eine Möbel- und Porzellansammlung zeigt neben Werken einheimischer Maler und Bildhauer die *Pinacoteca do Estado* (No. 141 der Avenida Tiradentes: Di—So, 14—18 Uhr), ein Schlangengehege mit 16 000 Schlangen kann Ihnen im *Museu do Instituo Butantan* (Avenida Dr. Vital Brasil 1500; Di—So, 8—17 Uhr) das Gruseln beibringen. Täglich um 10, 10.30, 11.15, 15.30 und 16 Uhr wird gezeigt, wie den Schlangen das Gift abgezapft wird, um daraus Seren zu gewinnen.

Nicht weit von der Universität gelegen (Praça Monteiro Lobato; Mo—Fr, 13—17 Uhr, Sbd 13—17 Uhr, So 9—12 und 13—17 Uhr) zeigt die *Casa do Bandeirante,* wie eine Fazenda, eine Farm der Pionierzeit, ausgesehen hat. Führungen durch die originalgetreue Nachbildung finden statt.

Das ist ein — unvollständiger — Überblick über die Museen, einen vollständigeren Überblick über die Stadt gewinnen Sie von Etage 41 des *Edificio Italia* an der Avenida Ipiranga, eine Himmelfahrt, die sich lohnt.

Das Unabhängigkeitsdenkmal im Ipiranga-Park haben Sie en passant gesehen — und natürlich vergißt auch keine der Stadtrundfahrten, Sie darauf hinzuweisen. Die Zahl der angebotenen, unterschiedliche Ziele berührenden Rundfahrten ist beträchtlich: von der City-Tour über die Kirchen- und Vorstadt-Tour, die Botanischer- und Zoologischer-Garten-Tour, die Ibipuara-Tour bis zur Kaffee-Farm-Tour, Seidenfarm-Tour und Touren nach Santos und Guarujá ein Bukett an Möglichkeiten, aus dem man sich die individuell reizvollsten Blumen herauspflücken kann.

Apropos Blume: Wie wär's mit den Orchideen-Gärten der Guarujá-Tour? Oder der Rosenfarm von Cotia?

Da man gemeinhin nicht nur Appetit auf kulturelle Leckerbissen entwickelt, sondern hin und wieder auch der Magen knurrend an seine Existenz erinnert, sind Restaurants nicht ganz unwichtig. Zur Beruhigung: São Paulo läuft über von gastlichen Stätten, welche die einheimische Küche ebenso wie die fremder Länder und Kontinente repräsentieren. Wenn es nobel recht ist, versuchen Sie die internationale Küche des Restaurants im »Hotel Eldorado« (Avenida São Luís 234), wo man Ihnen auch zum Essen fiedelt — und das passiert ein paar Häuser weiter auch im »Paddock«.

Einfacher wird es in der Churrascaria »Ao Franciscano« (Rua da Consolacão 297; in der Tat eine gastronomische »Tröstung«). Zentral gelegen gibt es auch einige italienische Restaurants (z. B. »Cá d'Oro«), portugiesische Küche (»Abril em Portugal«), französische Kochkunst (»La Casserole«) und Schweizer Leckerlis (Fondue isch guet im »Chalet Suisse«) - und in der Südzone der Stadt natürlich eine »Bierstraße« (Al. Santos, 1135) neben Pizzerias, chinesischer, japanischer, griechischer, arabischer u. a. Küche. Ferner »Alster Haus« (Vieira de Moraís, 1586), das Labskaus serviert, »Köbes«, »Konstanz« . . . die Liste wäre endlos. Daher: Guten Appetit!

Auf Nachtleben braucht man in São Paulo nicht zu verzichten. Die Zahl der Diskotheken ist Legion, mehr als drei Dutzend Theater, Cabarets und Revuetheater bieten sich an. Die prominenteren Night Bars – wie alle Veranstaltungen in den aktuellen Prospekten der Secretaria de Cultura, Esportes e Turismo, die man schon am Flughafen erhalten kann, aufgezählt – werden offiziell »Nur für Herren« empfohlen. Die unumgängliche Tour »São Paulo by Night« vermag vom nächtlichen São Paulo nur einen winzigen

Ausschnitt zu geben: Ein Abendessen und der Besuch eines Nachtclubs beschließen die Rundfahrt, deren optische Substanz sich kaum von Shows anderer Städte unterscheidet.

Ausflüge im Bundesstaat São Paulo

Wer Entfernungen bis zu 300 km, im Bus auf guten Straßen zurückzulegen, nicht scheut, findet ein reiches Angebot für Ausflüge, die er im Hotel oder beim *Turismo-Büro* in der Avenida Paulista 326, auf den Flughäfen oder in der Rua São Luís 99 buchen kann. Auch die meisten der zahlreichen Reisebüros vermitteln sie. Die Bäder an den Küsten sind beliebte Ziele dieser Excursionen. 70 km südlich der Hauptstadt beginnen beim malerischen *São Vicente,* einem der ältesten portugiesischen Kolonialorte mit heute modernsten Erholungsanlagen inmitten einer schönen Landschaft, rund 140 km Küste mit der bis *Iguape* reichenden »Praia Grande«, dem großen Strand. In Iguape (auch Flughafen) erinnern im »Museu Histórico« geschichtliche Zeugen an die Zeit des Goldrauschs. Im Gebiet um *Cananéia* haben Sportfischer ihr Dorado, kann man sich im »Instituto Oceanogràfico« über das Leben der Fische informieren. Zur Zeit der — endlosen! — Schulferien von Dezember bis Februar wird es an der Küste etwas »gedrängt«, und das gilt auch für das luxuriöse *Guarujá* und das Küstengebiet von dort bis *São Sebastião.* Der nach dem heiligen Sebastian benannte Ort ist Hafenstadt, über die Via Duta ab São Paulo (21 km) bequem zu erreichen, besitzt Strände und vor der Küste ein Juwel, das gern mit Capri verglichen wird: *Ilhabela,* die »schöne Insel«, per Boot in fünfzehn Minuten anzusteuern. Im Ort selbst finden sich noch bemerkenswerte Kolonialbauten (Zentrum), dem Souvenirhandel verdankt er beachtliche Umsätze an Holzschnitzereien und Korbgeflechten. Unterwasserfischfang, Wasserski, Windsurfing und Segelregatten ziehen Besucher nach *Caraguatatuba* und *Ubatuba* (190 km von São Paulo); im Juni findet hier das Fest Nossa Senhora dos Navegantes statt mit einer maritimen Prozession.

Rund 180 km nordöstlich São Paulo meint man, sich auf 1 700 m Höhe von Campos de Jordão in der Schweiz wiederzufinden. Die *Serra da Mantiqueira* läßt zwar im Winter die Temperaturen unter den Gefrierpunkt fallen, hat aber ein für europäischen Geschmack vorzügliches Klima, das im Frühling (Oktober) gewaltige Blumenteppiche sprießen läßt. Bergtouren auf die umgebenden Gipfel (selten mehr als 150—200 m zu überwinden) gehören gewissermaßen zur Kur, die hier und in der näheren und weiteren Nachbarschaft mit unterschiedlichsten Heilwässern (Schwefel, Eisen, Radium) Patienten neben den Touristen anlockt.

Höhlen- und Grotten-Fans zieht es meist unwiderstehlich, 300 km südwärts von São Paulo, nach *Iguape* in der Region des *Ribeira-Flusses,* in der die Tee- und Bananenpflanzungen und die Reisplantagen das Landschaftsbild bestimmen. Bei *Eldorado Paulista* liegt die berühmteste der Grotten, die 3 200 m lange Kalksteinhöhle *Caverna do Diabo.* Millionen Jahre hat die Natur hier als Bildhauer gearbeitet und aus Stalagtiten und Stalagmiten fantastische Gebilde rings um den unterirdischen Fluß *Austern* geschaffen. Die weitere, höhlenreiche Umgebung ist nur zum geringen Teil erforscht; mit der Tatsache, mit der »Teufelshöhle« die größte Kalksteinhöhle der Welt zu besitzen, gibt man sich zufrieden.

Der fliegende Pater von Santos

Über Geschmack soll man nicht streiten. So finden zum Beispiel die Brasilianer in Sachen Santos das Faktum am interessantesten, daß die 400 000-Einwohner-Stadt der größte Exporthafen Südamerikas ist, mit dem 70 km entfernten São Paulo durch die Autobahn »Via Anchieta« verbunden. Das durchfahrene Industriegebiet kann allenfalls beim schnellen Passieren mit dem täglich mehrmals verkehrenden Linien-Bus kurzfristig beeindrucken, von der Tatsache, daß hier der Kaffee der reichen Kaffee-Provinz zusammenfließt, merkt man weniger. Andere Besucher bewundern die sieben Kilometer *Strand,* der hübsch begrünt ist, das *Aquarium* und die 40 000 Pflanzen (viele Orchideen!) des *Botanischen Gartens* oder lassen sich mit der Fähre nach *Bertioga* übersetzen, um dort zu baden. Zur Karnevalszeit birst die Stadt von Besuchern, am 29. Juni findet in Santos das Fest der Madonna der Fischer (Dia do Pescador) statt, schießt ein gewaltiges Feuerwerk in den Himmel, fahren geschmückte Boote als Prozession vor der Küste entlang und werden — am Tag des Fischers Petrus — die Angeln und Netze für reichen Fang in der kommenden Saison gesegnet.

Gewiß also eine Menge interessanter Ausblicke, Einblicke und Tatsachen. Mich aber fasziniert in Santos etwas ganz anderes, das manche Touristen vielleicht nur mal eben mit dem linken Auge und en passant streifen: Ein Blick auf ein Stück aufregende Luftfahrtgeschichte!

Umgeben von Bodenmosaiken zur Geschichte der Luftfahrt steht auf der *Praça Rui Barbosa* von Santos das Denkmal jenes Priesters, der eine — wenn auch bescheidene — leibliche Himmelfahrt antrat: Pater Bartolomeu Lourenço de Gusmão. Der Jesuit lebte von 1685 bis 1724, stammte aus Santos und ließ anno 1709 vor illustrem Publikum einen kleinen Heißluftballon über Lissabon aufsteigen, ein Dreivierteljahrhundert vor der ersten Montgolfière. »Das Himmelreich war den Göttern vorbehalten, bis es am 8. August 1709 vom Menschen erobert wurde«, heißt es am Denkmal.

Die eigentliche »Eroberung« erfolgte im Oktober desselben Jahres mit Start an der St. Georgs-Festung von Lissabon, führte in 20 m Höhe und trug dem Pater für diesen bemannten Raumflug den Ehrennamen »Voador«, Flieger, ein. Natürlich durfte auch sein Vehikel nicht ohne Kosenamen bleiben, und so ging es denn als »La passarola« (Spatz) in die Fluggeschichte ein.

Die weitere Lebensgeschichte des Paters ist durchwebt von Rankünen und vollendet sich mit der Ladung vor das Inquisitionsgericht und dem Tod des fliegenden Paters nach dessen Flucht ins spanische Toledo.

Woher Gusmão die Idee nahm, mit einem pyramidenförmigen Ballon, an dem eine bootsartige Gondel hing, in die Luft zu gehen, blieb sein Geheimnis. Immerhin gibt es Fingerzeige, die auf die Inkas deuten, und im Falle Nasca (vergleichen Sie den Abschnitt über Nasca unter »Perú«) hat sich der Amerikaner Jim Woodman nicht nur Gedanken hierzu, sondern auch Flugexperimente à la Inka-Ikaros gemacht, die ihn zu überraschenden Schlußfolgerungen führten.

Als das Goldfieber abklang: Belo Horizonte

Die Quecksilbersäule des Thermometers, mit dem man das Goldfieber messen kann, steigt heute wieder. Wie damals, als sich im Staate *Minas Gerais* (17. Jahrhundert) die Fama verbreitete, hier brauche man nur mit den Händen in das kalte Wasser der Bäche und Flüsse zu greifen, um sie mit Goldklumpen gefüllt wieder herausziehen zu können. Tausende kamen und fieberten, Edelleute, Farmer, entlassene Sklaven steckten ihre »claims« ab und schürften. Die Historie bestätigt ihnen: Zur Zeit, als der Goldrausch kulminierte, kam die Hälfte aller auf der Welt geförderten Edelmetalle aus Minas Gerais, dem Staat der Mineiros.

Den Namen Mineiros haben auch die heutigen Bürger des Staates beibehalten, die ganz anderen Beschäftigungen nachgehen und deren Landesmetropole *Belo Hori-*

zonte, drittgrößte Stadt Brasiliens, eher vom Fußballfieber als vom Goldfieber geschüttelt wird. Es ist eine junge Stadt, noch kein Jahrhundert alt, bei deren Grundriß die US-Hauptstadt Pate gestanden hat. Allerdings hatte man anno 1897 nicht mit einer so rapiden Zunahme der Bevölkerung gerechnet: Dreimal so viel Menschen als der Plan vorsah müssen heute untergebracht werden und sind zehn Kilometer im Umkreis in die nicht mehr ganz ins Bild passenden Vorstädte geflutet.
Die klimatisch ausgewogene Stadt mit 20 °C Jahresdurchschnitt und geringsten Regenfällen von Mai bis August ist stolz auf ihren *Pampulha-Park,* der sich — 10 km vor der Stadt — um einen See legt, auf ihr Fußballstadion mit 130 000 Sitzplätzen, zoologischen und botanischen Garten, ein Kunst- und ein Historisches Museum. Oscar Niemeyer entwarf die hypermoderne *Kirche* von Pampulha, die ein seltsames Schicksal hatte: Umstritten, wie sie war, konnte sie erst in den Siebzigerjahren den Gläubigen geöffnet werden, denen man zudem Portinaris »Christus« über dem Altar meinte, nicht zeigen zu können, da seine Augen ängstlich blicken und das Fragezeichen über seinem Heiligenschein dem Klerus verständlicherweise wider den Strich ging.
Belo Horizonte — den »schönen Horizont« bilden die Berge — ist über Bundesstraßen und den *Flughafen* Pampulha (12 km zum Zentrum) erreichbar und wird von den meisten Touristen lediglich als Durchgangsstation für Ausflüge zu historischen Städten und Stätten in Minas Gerais oder als Stopover-Platz auf dem Weg von Rio nach Brasília benutzt.
Hauptanziehungspunkte des Bundesstaates ist *Ouro Preto,* 1070 m hoch gelegen und von der Staatshauptstadt per Bus nach 96 km Fahrt zu erreichen. Diese »Cidade histórica« steht fast ganz unter Denkmals- bzw. Milieuschutz, und ihre in den alten kolonialbarocken Häusern wohnenden 5000 Einwohner sind damit auch zufrieden. Bis zum Ende des vergangenen Jahrhunderts saß hier auch die Regierung des Bundeslandes, ihr Umzug ins neu konzipierte Belo Horizonte hat zweifellos dazu beigetragen, daß in Ouro Preto das geschlossene Bild einer Stadt des 18. Jahrhunderts erhalten bleiben konnte.
Es entstand, neben anderen historischen Orten wie Mariana, Congonhas und Sabará, in der zweiten Hälfte des 18. Jahrhunderts, als die ersten Goldsucher fündig geworden waren, und wuchs mit dem Reichtum, der ein halbes Jahrhundert später schier sprichwörtlich geworden war und großartige Häuser und Kirchen (z. B. in Tirandentes und São João del Rey) entstehen ließ. In Ouro Preto sind es allein dreizehn Barockkirchen, unter denen São Francisco de Assis, Nossa Senhora do Carmo, Nossa Senhora da Conceicão und Nossa Senhora do Rosário am bedeutensten sind. Achten Sie hier vor allem auf die bildhauerischen Arbeiten des Skulpteurs António Francisco Lisbôa, der den Beinamen »Allijadinho« = »Krüppelchen« trug, nachdem dem Fünfzigjährigen die Lepra die Hände weggefressen hatte und er mit Hammer und Meißel, an die Stümpfe gebunden, weiter seine Kunstwerke schuf. Zum Eindrucksvollsten seines Werkes gehören die Statuen der Propheten und die der Apostel auf der Terrasse der Basilica do Senhor Bom Jesus de Matosinhos in *Congonhas* (117 km Südwest Ouro Preto).
Als die Minen abgegrast waren, zum Ende des 18. Jahrhunderts, gerieten die reichen Mineiros von Ouro Preto (das damals noch nicht »Schwarzes Gold« hieß nach dem Muttergestein, in dem das Gold vorkam, sondern schlicht Vila Rica, reiche Stadt) in Bedrängnis: Die Portugiesen verlangten eine jährliche Steuer von 1 500 Kilo Gold, und nachdem die Einwohner privatim das letzte Edelmetall zusammengekratzt hatten, lag es nahe, daß man der drückenden portugiesischen Krone überdrüssig wurde. Von der Vila Rica ausgehend, plante man eine Revolte (1788), die jedoch durch Betrug und Verrat verhindert wurde. Ihren Anstifter, den Leutnant Joaquim José da Silva Xavier hängte man in Rio 1792.
Neben dem Gold wurden Diamanten, vor allem im Norden des heutigen Staates, gefunden, denen man zunächst keine Aufmerksamkeit schenkte; das glänzende

Brasilien **187**

Gold blendete so lange, bis ein Fachmann die unansehnlichen »Glassteine« identifizierte. Im einstigen Gouverneurspalast von Ouro Preto befindet sich jetzt die »Escola de Minas«, die Bergakademie, und in ihrem »Museu de Mineralogia« kann man Geschichte und Funde der mineiros nacherleben (Di—So, 10—16 Uhr).

Intensiver am »lebenden Objekt«, nämlich der historischen Stadt *Serro* (180 km nördlich Belo Horinzonte; Flughafen, Bus-Station), wird man an die Geschichte der Diamanten erinnert und an die Geschichten, die sich herumranken. 1729 erkannte man, daß die beim damaligen Vila do Príncipe gefundenen Kristalle in Wahrheit Diamanten waren und begann mit der »Ernte«, die schnell märchenhaften Reichtum und die ganze Region zur Blüte brachte. Damals auch spielt die Story der siebzehnjährigen Mulattin Chica da Silva, die den reichsten Mann des Gebietes, João Fernandes de Oliveira, heiratete und sich von ihm, der ein halbes Jahrhundert lang alle Diamantenminen des Gebietes unter Kontrolle hatte, jeden Wunsch erfüllen ließ. So entstanden ein Herrensitz, ein Schloß, ein Privattheater, ein Park mit künstlichen Wasserfällen und anderes mehr. Wollte Chica wissen, wie denn das Meer aussähe, ließ er einen See anlegen und darauf eine Caravelle bauen, und als die Glocken der Carmo-Kirche die Geliebte beim Schlaf störten, ließ er den Glockenturm hinter die Kirche verlegen, so daß Chica ungestört neue Ideen erträumen konnte.

An diese und andere stories denkt man in Serro, dessen koloniale Architektur gut erhalten blieb. Und wer neben den Träumen von Gold, Diamanten und dem verlorenen Paradies legendären Reichtums auch an eine kräftige Mahlzeit denkt, wird mit Spezialitäten der mineiros zufrieden sein: »Feijão tropeiro« sind über Stunden gekochte Bohnen mit Schweinefleisch; »tutu à mineira« ist ein Mix-Bohnen-Eintopf, so richtig deftig; zu »Galinha ao molho pardo« begleitet eine köstliche Spezialtunke das Hühnerfleisch.

Diamanten als Souvenir — davon kann man nur träumen, wenn man keine Chica da Silva ist. Touristen begnügen sich denn auch in Minas Gerais gewöhnlich mit Schnitzereien aus Holz oder Seifenstein, Kupferarbeiten, Sisalgeflechten, und natürlich gibt es auch hier hübsche Halbedelsteine wie Achate, Turmaline, Topase zu kaufen und auch jenen Nationalstein der Brasilianer, dessen Namen griechisch ist und »dem Rausch widerstrebend« bedeutet: den Amethyst. Wenn Sie also ein Amulett gegen Trunkenheit brauchen. . .

Am Zuckerhut, am Zuckerhut. . .

Daß Schlager immer die Wahrheit und nichts als die Wahrheit sagen, darf mit Fug bezweifelt werden. In Schlagern und Filmen aber ist die Stadt am »Januar-Fluß«, ist *Rio de Janeiro* ein beliebtes Requisit. »Am Zuckerhut, am Zuckerhut, da geht's den Senhoritas gut. . .«, singt einer, und zumindest für die Bewohner der »Favelas«, der Armenviertel von Rio, ist das kaum zutreffend. Allenfalls der große Einiger und Vereiniger, der Karneval in Rio, vermag — sieht man nicht so genau hin — den Eindruck ungetrübter Glücksfreude zu vermitteln, den Schlager und die Rio-Filmkulisse geflissentlich als einziges Identitätszeichen in Ton und Bild bannen.

»Rio«, wie die bequeme Kurzform nun einmal nicht nur in drei Kästchen von Kreuzworträtseln heißt, nimmt auf der internationalen Skala der Kriminalität Platz Nummer zwei ein. Banden, Drogen, Überfälle sind das Revers der gern präsentierten, glitzernden Goldmünze, die Kehrseite der Medaille. Am späten Abend brausen die Taxifahrer auch bei knallrot über die Kreuzung, wenn gerade kein Gegenverkehr ist; das gehorsame Anhalten vor der Ampel nämlich gäbe den nur darauf wartenden »Umverteilern der Güter« Gelegenheit, die Tür auf- sowie Schmuck, Kameras und Handtaschen der Fahrgäste wegzureißen und damit blitzartig wieder unterzutauchen. Sich am hellen Tag ganz unbesorgt und allein in den buschbestandenen kleinen Grünflächen von Botafogo aufzuhalten, im kleinen lungenreinigenden Park inmitten eines Sturms von Abgasen, heißt sein Schicksal versuchen. Unter sechs Millionen Cariocas (9 Millionen Einwohner sind es im Großraum Rio) sind einige Tausend stets auf dem Kriegspfad, die estrangeiros, die Fremden, auszunehmen. In ganz Brasilien gelten 14 Millionen Jugendliche unter 18 Jahren als »Abandonados«, als Verwahrloste, von denen 2 Millionen nur die Straße als Heim haben.

Cariocas nennen sich die Einwohner Rios, übersetzt »die in den weißen Häusern wohnen«. So viele weiße Häuser gibt es gar nicht in Groß-Rio, das Jahr für Jahr um 100 000 Seelen wächst. Dort wo die »weißesten« der Häuser, die teuersten und nobelsten Appartments liegen (am Strand von Ipanema kosten sie über eine Million D-Mark), klettern gleich um die Ecke die Bruchbuden der Favelas die Hänge empor, die Slums der Menschen, die voller Hoffnung in die einstige Hauptstadt kamen und ihre Hoffnungen auf Arbeit und Verdienst zusammen mit ihren im Schmutz sterbenden Kindern zu Grabe tragen.

Wenn einmal, wie im Winter 1979 (im Juni!) das Thermometer unter den Nullpunkt sinkt — und das geschah mit minus fünf Grad seit 53 Jahren wieder einmal —, dann fordert Freund Hein seine Opfer in den Armenvierteln; 19 waren es in diesem Jahr, die bei dieser ungewohnten Kälte erfroren.

Vor diesem Hintergrund muß man die Entwicklung der Kriminalität sehen, die es in jedem Fall ratsam sein läßt, Schmuck, Geld und Papiere im Hotel-Safe zu deponieren.

Wie die Fische in der Guanabara-Bucht an den Abwässern zweier Ölraffinerien und von 7 000 Fabriken nebst denen aus den Favelas ersticken — der Bucht, die einst Dorado der feinen Leute unter den Cariocas war, heute von Rio, Vororten und Niteroi (mit Rio durch eine 14 km lange Brücke verbunden) umrahmt —, so erstickt Rio in einem Verkehrschaos ohnegleichen. Täglich drängen sich vier Millionen Pendler in die ohne Pause fahrenden 6 000 alten Klapperkästen der Bus-Linien, die ihren Dieselqualm abblasen, und trotz »ordem e progresso« ist es nicht gelungen, diesen privatrechtlichen Wildwuchs an die kommunale Leine zu legen, wie man auch des Heeres von Taxen und Privatwagen (jährliche Zulassung 10 000 Autos) nicht mehr Herr wird. Wenigstens mit »ordem« also hat man seine Schwierigkeiten. »Progresso« soll nun die neue U-Bahn bringen, die täglich 1,2 Millionen Fahrgäste befördern will.

Eine gräßliche Stadt also, eine Stadt zum Fürchten? Ach nein, das nun auch wieder nicht. Sie mag an natürlichem Charme eingebüßt haben, an Faszination keinesfalls. »Gott hat«, sagen die Cariocas, »die Welt in sieben Tagen erschaffen; zwei davon hat er auf Rio verwendet«. Dabei müßte doch eigentlich etwas Vernünftiges herausgekommen sein!

Wer am internationalen Flughafen Galeão gelandet und von den Mannen des St. Bürokratius »zolltechnisch abgewickelt« worden ist (»Paciência, Senhor, paciéncia!«), sollte für die 20 km Fahrt zur Stadt ein Taxi nehmen und mit bis zu 40 Minuten Fahrzeit rechnen. Vermeiden Sie im eigenen Interesse wilde Taxifahrer (Schlepper). Am Taxi-Counter kann man auch Geld wechseln (Dollars sind am besten), bezahlt seine Fahrt vorab (fester Preis), erhält eine Computer-Quittung und kann sich auf den Weg machen. Dieser Weg führt in den meisten Fällen in den Stadtteil Copacabana, wo die von Touristen bevorzugten Hotels liegen, es sei denn, Sie hätten sich für den — längeren — Weg zu den anderen Stränden und für Badeferien entschieden; dann sind entlegenere (und meist auch teurere Hotels) Ihr Ziel. *Die* Copacabana, Goldbordüre an Rios rauschendem Festgewand, ist zwar auch in Steinwurfweite mit kostspieligen Hotels gesäumt, doch im Stadtteil Copacabana kann man es auch preiswerter haben.

Copacabana und die Rio-Strände

Lassen wir den Badeurlaubern den Vortritt, die an der Praia Copacabana oder den anderen Stränden von Rio (... und Vororten) ihre Sommerferien verbringen wollen, wenn bei uns Winter herrscht (November bis Februar).

Die Perlenkette der Strände (nicht alle sind echte, reine Perlen) beginnt bereits in Höhe des Zentrums an der Guanabara-Bucht, über die Länge des *Flamengo*-Parks erstreckt sich der erste Strand (etwa 1 ½ km). Überlassen Sie ihn wie den 800 m langen *Botafogo*- und den 100 m kurzen *Urca*-Strand den Einheimischen. Auch die 400 m gelber Sand der *Praia Vermelha* im Schatten des Zuckerhuts werden nicht nach Ihrem Geschmack sein. Man tut zwar etwas gegen die Verunreinigung der Guanabara-Bucht, aber noch sind die Erfolge nicht überzeugend.

Zwischen dem Ortsteil Leme und der Landzunge mit dem Forte de Copacabana erstrecken sich sechs Kilometer Sandstrand mit Weltruf: die *Copacabana,* an der Seefront des gleichnamigen Stadtteils gelegen, den 270 000 Cariocas in 109 Straßen bevölkern, die den Strand traditionell als ihr Eigentum betrachten. Der tiefe Stand zieht sich parallel zur verkehrsreichen 4 500 Hausnummern langen Atlántica hin, eines einseitig — vor allem auch mit Hotels — bebauten achtspurigen Boulevards. Wenn Windböen darüber fegen, peitschen die harten Sandkörner wie Hagel gegen die sonnenbraunen Leiber der hier Liegenden, an Geräten Turnenden, Ballspielenden, werden aus Sonnenschirmen schnell Kehrbesen. Die sommerlichen Temperaturen erreichen hier Spitzenwerte, über 40 °C sind keine Seltenheit. Fällt das Thermometer unter 30 °C, so empfinden die brasilianischen Strand-Fans das als schier winterlich. Beim Baden ist Vorsicht geboten. Die Atlantik-Brandung ist hart und trifft voll auf den flach abfallenden Strand, der Sog macht es ratsam (und die »Eingeborenen« exerzieren das vor), nur bis zum Bauchnabel ins Wasser zu gehen, und da Teer und Öl auch hier gelegentlich an die Segnungen der Zivilisation gemahnen, empfehlen sich Badeschuhe. Gegen Sandflöhe schützen Bademattten (es gibt sie überall zu kaufen), gegen Diebe nur, daß man tunlichst schon im Bikini aus dem Hotel kommt (was oder wen stört das schon!).

Die Tiefe des Strandes läßt auch die Flut nur Bruchteile bedecken. Was auch immer dem Strand die Plakette »Traumstrand« umhing, werden Sie selbst herausfinden müssen, doch wenn Sie es versuchen, seien Sie zurückhaltend mit der Sonnenanbetung: Die im Sommer fast senkrecht herabbrennende Sonne besorgt Ihnen schon nach 20 Minuten als unvergeßliches Andenken einen Sonnenbrand, der Ihre Haut aussehen läßt wie eine in der Schale gekochte Frühkartoffel.

Der *Arpoador-Strand* von 500 m Länge beginnt bei der Festung Copacabana, die so bis etwa 1960 das Ende des Strandlebens signalisierte. Ihm folgt ein Phänomen: Wo die Avenida Vieira Souto, einseitig mit Millionärsvillen bebaut, den Küstenbogen mitmacht, herrschte, als die Copacabana längst weltbekannt war, Grabesstille. Die Nabobs netzten ihre Füße im Pool, nicht im Atlantik, und erst die spontane Invasion von jungen Leuten, über die Barriere der dräuenden Festung hinweg, brachte plötzlich Leben an den 2,2 km langen Strand von *Ipanema,* tupfte ihn mit bunten Sonnenschirmen und farbgestreiften Bastmatten, ließ die Unterarmheulen Jazzsynkopen über den feinen Sand streuen und machte, daß diese Küste plötzlich ein Hit wurde. Sie blieb es.

Vom kreuzenden Kanal ab nennt sich die Avenida dann Delfim Moreira, heißt der Strand für 1 300 m *Leblon.* Unter den Klippen der »Dois Irmãos« (»Zwei Brüder«) liegt der besonders schöne Strand von *Vidigal,* parallel zur an den Architekten von Brasília, Niemeyer, erinnernden Avenida. Der Strand ist nur 600 m lang, landeinwärts überblickt von einem imposanten Turmbau des »Hotels Nacional Rio«, ebenfalls einem architektonischen Kind Niemeyers.

Wo die Avenida Niemeyer endet, beginnt der einen Kilometer lange Strand von *São*

Conrado (in der Nähe: Golfclub). Der längste Strand (18 km!) ist *Barra da Tijuca,* dem noch fünf weitere Strände folgen. Hier zieht sich tropische Vegetation bis zur Küste hin, Vorbote des fantastischen Tijuca-Nationalparks.

Christus breitet die Arme aus: Corcovado

Seltsam oder nicht: Die Berge von Rio sehen eigentlich alle wie Zuckerhüte aus, zumindest, wenn man sie von ferne sieht. Das gilt auch für jenen Siebenhunderter, auf dessen Kegelspitze die — nebst Sockel — 36 m hohe Steinskulptur des segnenden Erlösers die Arme breitet, nächtens von Scheinwerfern angestrahlt, den Corcovado.
Man kann ihn — ab Rua Cosme Velho — mit einer Bergbahn erreichen, die eine halbe Stunde braucht, um über fünf Stationen in Gipfelnähe zu gelangen, kann den eigenen Wagen bis zu einem Parkplatz am Gipfelfuß klettern lassen oder sich einem der geleiteten Ausflüge anschließen, die Tag für Tag Hunderte von Touristen hinaufschaffen.
Für einen Kurzbesuch ist die letztere Lösung am sinnvollsten, und auch wer sonst nichts von Bus-Touren dieser Art hält, sollte in diesem Fall eine Ausnahme machen: Von allen in Rio angebotenen und in den Hotels vermittelten Touren durch Stadt und Umfeld ist dieses die einzige, auf die Sie nicht verzichten sollten.
Folgen wir einmal ihren Spuren (. . . und nehmen wir uns gleich vor, Bummelei bei Abholung, Abfahrt etc. nicht überzubewerten, auch wenn es bei Saunatemperatur im Bus nicht so lustig ist, eine Stunde lang auf den Start zu warten). Die Busmannschaft nimmt zunächst die Parade der Strände ab, von der Copacabana bis São Conrado . . . im Vorbeifahren. Hinter São Conrado dann — wo der Golfplatz und die große Lagune *(Lagoa da Tijuca)* in bestechender Schönheit vergessen lassen, daß man en passant auch Teile der Favelas gesehen hat, geht der Bus binnenlands auf Gegenkurs, und bald beginnt das fantastische Gebiet des *Tijuca-Nationalparks* (Floresta), der in seiner Naturbelassenheit ein eindrucksvolles Abbild tropischen Regendschungels für all diejenigen ist, die sich damit begnügen, eine solche Landschaft en miniature zu erleben. Schon der Blick von der Asphaltstraße auf die dicht verfilzten Baumkronen an Hängen und in Tälern ist faszinierend.
Ein zwar bescheidener, aber kräftiger Wasserfall (»Cascatinha«) stürzt dort herab, wo eine erste Tour-Pause eingelegt wird, wo man sich in den kurzen 15 Minuten Aufenthalt an einer Tafel über Lage und Umfang der »Floresta« informieren, in einem kleinen Lokal einen schnellen Schluck nehmen und bei Bedarf an dem unvermeidlichen Stand auch Souvenirs erstehen kann. Schnell das letzte Mal auf den Auslöser gedrückt . . . und schon geht es weiter zum Corcovado. Nicht bis oben, an einer Umsteigestation mit Lokal (und natürlich reichem Souvenirangebot) wird umgestiegen auf Kleinbusse, welche die letzten, kurvenreichen Kilometer im Pendelverkehr befahren. Beim Umsteigen werden Sie den Platzfotografen kaum entgehen — und machen Sie sich und anderen ausnahmsweise einmal den Spaß, keinen Fluchtversuch vor der Linse zu unternehmen. Ich erzähle Ihnen nachher auch, warum nicht.
Zunächst einmal bringt Sie der Kleinbus zum Fundament der von Marconi geschaffenen Statue des *Christo Redentor,* und hier beginnt dann per pedes apostulorum der schweißtreibende Aufstieg über 450 Stufen zum Plateau. Wenn Sie prustend und tropfend dort ankommen, wird die Aussicht den Rest des Atems, sie ist großartig, Rio liegt Ihnen zu Füßen, wie Sie zu Füßen des Erlösers (»Redentor«) und dauernd jemand im Wege stehen, der gerade unter, auf, über der Treppe fotografieren will.
Abwärts geht es leichter und finden Sie, erholt beim rund halbstündigen Aufent-

halt, Muße und Gelegenheit, der obligaten Souvenirdarbietung einen Blick zu schenken, die sich — außer in den Preisen — in nichts von dem unterscheidet, was anderswo angedient wird. Per Kleinbus dann wieder zum Umsteigeplatz (wo auch die Zahnradbahn hält) — und dann, während Sie dem Lokal — aus diesem oder jenem Grunde — zustreben, überfällt Sie die Überraschung des Tages: Ihr Konterfei auf einem goldgeranderten Wandteller als Erinnerung an Ihre Corcovado-Besteigung. Eine Idee, wie ich sie selbst bei den sonst doch in diesen Dingen so cleveren US-Amerikanern noch nicht gesehen habe. Erfreuen, erschüttern, erschrecken Sie Ihre Verwandschaft mit diesem Kuriosum, das Sie fünf Dollar kostet, die man für ein befreiendes Lachen schon einmal ausgeben kann.

Der Rückweg spult sich ein bißchen lieblos ab, aber achten Sie dabei einmal auf Häuser, Bäume und Straßen und das wechselhafte Bild der Stadtteile, die Sie passieren, ehe Sie wieder in Ihrem Copacabana-Hotel landen.

Der Zuckerhüte sind eigentlich zwei

Der Jesuitenpater Simão de Vasconcelos wußte, wovon er schrieb, als er anno 1685 die Einfahrt zum »Januarfluß« schilderte:

»Kommt man zum Hafen, so erscheinen dort zwei mächtige Riesen, die sich zu jeder Seite erheben, gewaltige Leiber von solidem Fels mit dem Namen Pão de Açúcar; ihre Häupter stecken in den Wolken, ihre Füße waschen die Wasser...«

Wen er meinte, waren zwar vermutlich der Zuckerhut auf der Urca-Halbinsel von Rio und sein Gegenüber, der Santa-Cruz-Hügel der Halbinsel Charitas von Niterói, zwischen denen Guanabara-Bucht und Atlantik sich begegnen, doch auch der als »Zuckerhut« geläufige Felsklotz am Rio-Ufer besteht für den Touristen aus zwei Teilen. Das hängt mit der Schwebebahn zusammen, die seinen Gipfel in zwei Etappen erreicht.

Man kann den Pão de Açúcar auch mit einer Bus-Excursion besuchen, zusammen mit einer Meute von eiligen Gipfelstürmern, aber der individuelle Weg ohne Zeitpeitsche ist der bessere, genußreichere, billigere.

Nehmen Sie sich ein Taxi zur Bodenstation an der *Avenida Pasteur* – und stellen Sie zum x-ten Male fest, wie billig Taxis hier sind (... auch bei langen Strecken in der Stadt gelingt es Ihnen nur schwer, auf mehr als 5,– DM zu kommen, trotz des Inflationszuschlags). Von 8 bis 22.30 Uhr verkehrt die Bahn und bringt Sie zunächst einmal über 535 m zum ersten Etappenziel, dem *Morro da Urca*. Hier steigt man aus und harrt entweder am »Bahnhof« für die zweite Etappe der Anschlußgondel oder nimmt sich Zeit, hier ein wenig herumzubummeln und sich dem Vergnügungsrummel hinzugeben. Hier sind auch wieder jene — vom Corcovado bekannten — »Tellerfotografen« zu finden, denen Sie sich vor die Optik schieben können, falls noch Nachholbedarf besteht. Der Blick von hier auf den weltweit beliebten Yachthafen der Guanabara-Bucht ist außerordentlich reizvoll. Genießen Sie ihn, ehe es mit einer Schwebegondel gleichen Typs freischwebend über 765 m aufwärts zum Gipfel des Zuckerhuts geht (Abfahrt alle Viertelstunde). Etwas ängstliche Gemüter fürchten oftmals die Windbewegtheit der Gondel — zu Unrecht. Sie werden ein Schwanken kaum spüren, weder auf- noch abwärts. Oben erwarten Sie dann neben dem Rundblick, der Corcovado, Teile der Stadt, Strände, die Bucht, das Gegenufer und auch die 14 km lange Brücke über die Bucht, die *Ponte Rio-Niterói*, einschließt, die üblichen Faszinitäten des Tourismus und einige hundert Wespen (zumindest im Rio-Sommer), die sich um die von Eistüten und Saft-Plastikbechern überquellenden Abfallkörbe zu Trauben ballen. Unter den Souvenirs werden Ihnen ganz hübsche Halbedelsteine auffallen, in unterschiedlicher Verarbeitung.

Auch die Abwärtstour erfolgt wieder — mit Umsteigen — in zwei Etappen, und allenfalls beim Einlaufen in die Station mag es so scheinen, als geräte die Gondel ein wenig in Schwingung. Aber dann sind Sie ja auch schon wieder auf festem Boden. . .

Vom Donnerdämon zur Insel der Liebhaber: Paquetá

Rund um die Guanabara-Bucht, als sie noch schönes, sauberes Wasser hatte, saßen die Tamoios, ein Indio-Stamm, denen die Himmelslichter Sonne und Mond Götter waren, und die — man kann nie wissen, ob eine solche Rückversicherung nicht wichtig ist — auch dem dämonischen Gewittergott einen Teil ihrer Anbetung opferten. Von ihnen stammt der ursprüngliche Name der Bucht: guaránhāpará. Das bedeutet schlicht »ein Stück See«. Ein realistisches Volk offenbar, jedem Romantizismus fremd. Auch der Name der Stadt Niterói ist bei ihnen entstanden; nhêntero-y heißt »verborgene Wasser« und bezieht sich auf den Buchtenreichtum, der einst gewiß seine Schönheit hinter Bäumen und Buschwerk versteckte. Falls die Indios jener praelusitanischen Tage (erst 1531 landete ja der Portugiese Martim Afonso de Souza hier zwecks Kolonisierung) schon Bootsausflüge auf der Bay arrangierten, so waren es Fangtrips; denn ihre Nahrung holten sie sich durch Jagd, Fischfang und Ausgraben eßbarer Wurzeln. Die Baía-Schiffahrt von heute (Hovercraft-Boote) beginnt an der Praça 15 de Novembro im Zentrum und führt zur Insel *Paquetá:* Unter der großen Brücke hindurch eine nur 25 Minuten währende Fahrt zu einer — verglichen mit Rio — Oase der Stille. Selbst, wenn die Cariocas hier die weißsandigen Strände aufsuchen oder tausend Touristen einfallen zwischen der *Praia do Catimbau* und der *Praia dos Frades* (praktisch die ganze Küste der in der Mitte eingeschnürten Insel ist Strand), öffnet sich noch kein Überlaufventil. Die schönste Stelle hat sich der Paquetá-Yachtclub ausgesucht, doch auch die Hotels wußten, wo es sinnvoll war, ihre Touristenherbergen zu plazieren.
Der angesehendste Strand ist der von *José Bonifacio,* der Rio das Gesicht zukehrt, am weitesten in die Historie zurückreicht mit der Kapelle São Roque (von Pater Manoel Espinha 1698 erbaut), der Teil hinter dem São Roque-Felsen; die modernsten Fahrzeuge mietet man für den Inseltrip ebenfalls am Bonifacio-Strand oder beim Schiffsanleger: Strandbuggies und Fahrräder. Eine Mini-Bahn verbindet, mehr amüsant denn effektiv, Straßen des Wohnviertels und Strand — und für Autos und Busse ist die Insel tabu.
Warum Don João VI. der Insel allerdings den Namen »Insel der Liebhaber« verlieh . . . das herauszufinden, ist eine Aufgabe, die noch auf Sie wartet. Ich gebe zu: Mir ist die Lösung dieses zweifellos wichtigen Problems nicht geglückt.

Touren für Touristen

Das Rundfahrtenprogramm, das man in und um Rio absolvieren kann, füllt Tage, und eine Anzahl Gesellschaften konkurrieren, mehr oder minder bemüht, um die Gunst potentieller Passagiere. Kein Hotel, in dem nicht irgendwelche Prospekte ausliegen und beim Empfang Rundfahrten und Ausflüge gebucht werden können. Die Konkurrenzangebote unterscheiden sich kaum, was die angelaufenen Ziele und Sehenswürdigkeiten angeht, höchstens, daß die eine Tour links rum, die andere rechts rum gedreht wird. Von der Stadt Rio selbst zeigen sie nicht mehr als Tortenstücke für Schlankheitsfanatiker, man meint zu spüren, wie die Busfahrer bestrebt sind, so schnell wie möglich aus diesem Hexenkessel herauszukommen. »Draußen«, singt oder gurgelt (je nach Baujahr und Zustand) der Motor, »draußen ist alles viel schöner«. Das ist so falsch nicht, und so sind denn neben Corcovado und Zuckerhut Ziele wie Paquetá, der Botanische Garten, die Strände, das Fußballstadion, Tijuca Nationalpark, die Lagune, Teresópolis, Petrópolis, Quitadinha und die Orchideen-Gärten die Punkte, wo man neben den eigenen auch die Fahrzeuge der Konkurrenz wiedertrifft.

Um es ehrlich zu sagen: Auf viele dieser Angebote können Sie verzichten. Beschaffen Sie sich die monatlich erscheinende Broschüre »Rio« von Riotur (z.B. am Stand im Internationalen Flughafen, Ankunftsebene) und wählen Sie danach aus, was Sie individuell sehen wollen. Autobusse oder Taxis bringen Sie dorthin und Sie ersparen sich nicht allein endlose Warterei, sondern auch die sich ständig wiederholenden Anfahrts- und Abfahrtswege. Ein paar Tips dafür — und beileibe nicht alles, denn das ist ohnehin nur in Monaten zu schaffen — finden Sie im nächsten Abschnitt.

Ohne Schiffbruch durch Rios Häusermeer

Mutig wie Sindbad der Seefahrer und verschlagen — im doppelten Sinne — wie Odysseus, begeben wir uns auf eine Entdeckungsreise durch das Zentrum von Rio, stechen wir in die See mit dem Namen Häusermeer. Dort, wo wir, mit festem Schuhzeug und einem Minimum an Mitgeschlepptem, die Leinen losmachen, beim Anleger der Fähren nach Niterói (Praça 15 de Novembro), verabschiedet uns, hoch zu Roß, Don João VI., gleich nebenan plätschert seit 1789, marmorgeschmückt, die Valentim-Fontäne, in der Mitte des Platzes erinnert, aus der Bronze eroberter paraguaischer Kanonen gegossen, ein Denkmal an den glorreichen General Osório (Rodolfo Bernadelli schuf es anno 1894). Kolonialstil fällt uns Auge mit dem *Palast des Vizekönigs* von 1743 (1808 restauriert), den heute Post- und Telegrafenwesen okkupiert haben, in dem aber 1888 jenes Gesetz unterzeichnet wurde, das den Sklaven die Freiheit brachte. Ebenfalls in kolonialem Stil erbaut (1824) und stimmstark mit ihren Glocken ist die *Kirche São José,* vom Karmeliterkloster des 17. Jahrhunderts zur *Rechtsakademie* konvertiert.

Als »Nossa Senhora do Carmo da Antiga Sé« erbaut (1752) wurde, gehörte die bis 1976 als metropolitane *Kathedrale* firmierende Kirche mit Blick auf die Rua 1 de Março zum Karmeliterkloster. Mit barocker Fassade, Silber-Hochaltar und zahlreichen, unschätzbaren anderen Schätzen zeigt sich die Kirche *Nossa Senhora do Monte do Carmo.* Folgt man dem Gang, der die beiden Kirchen verbindet, fällt der Blick auf das Oratorium; es ist das einzig verbliebene seiner Art und wird von einem steinernen Bogen getragen.

In einen der ältesten Stadtteile Rios führt der Weg durch den *Teles*-Bogen, im 17. Jahrhundert erbaut und Rest-Erinnerung an ein Feuer von 1790, das den Palast der Senatoren in Asche legte. In der *Rua dos Mercadores* zeigen große Wohnhäuser des 18. Jahrhunderts zum Teil noch ihre ursprünglichen Fassaden. Über die Rua do Ouvidor zur Rua 1 de Março zur kolonialen *Heiligkreuzkirche der Soldaten* (Santa Cruz dos Militares) von 1780, in der ein *Museum* für Sakralkunst besucht werden kann (Mo—Fr, 14—16 Uhr). Der Straße weiter folgend, beeindruckt uns der italienische Marmor der Kirche *Nossa Senhora da Candelária,* 1811 vom Prinzregenten Dom João VI. eingeweiht.

Die Verlängerung der Rua 1 de Março heißt Rua Dom Gerardo, in der das *Kloster São Bento* die Hausnummer 68 trägt. Im Jahre 1633 wurde sein Bau begonnen, 1641 ward es vollendet. Um das auf einem Hügelvorsprung gelegene Kloster zu besuchen, muß man den Lift im Haus No. 40 der Rua Dom Gerardo nehmen, dann erlebt man hier nicht allein ein großartiges Panorama (Hafen, Ilha das Cobras, Stadt), sondern kann sich im Kloster auch in die Holzschnitzereien berühmter

Künstler vertiefen und Werken von Valentim, Frei Ricardo do Pilar und José de Oliveira Rosa begegnen.

Einen zweiten Rundgang beginnen wir am *Largo da Carioca. San Francisco da Peniténcia* mit einem beachtlichen Museum für sakrale Kunst macht den Anfang, ehe wir über die Fußgängerbrücke (sie überquert die verkehrsreiche Avenida Chile) zu den 42 Arkadenbögen des *Carioca-Aquaeduktes* (Ponte dos Arcos) gelangen. Für die Wasserversorgung 1750 erbaut, ist der Stil römischen Aquaedukten nachempfunden. Ein Relikt, das in anderen Städten immer seltener wird, verkehrt seit Ende vorigen Jahrhunderts auf dieser kunstvollen Trasse: eine offene Straßenbahn in Oldtimer-Look, die Hügel Santo António und Santa Teresa verbindet. Machen Sie sich das Vergnügen, dieses nostalgische Vehikel zu benutzen!

An der *Neuen Kathedrale* vorüber führt die Avenida do Paraguai zum Platz von *Lapa* mit — rechterhand — dem *Karmeliterkonvent* und der Kirche *Nossa Senhora do Carmo da Lapa*, beide jüngeren Datums (Ende 19. Jahrhundert). Der angrenzende *Passeio Público*, ältester Stadtpark Rios, birgt das Brasilianische Institut für Geographie und Geschichte.

Gleich anschließend ein weiterer Platz: *Praça Floriana* mit dem Denkmal für den zweiten Präsidenten der Republik (1550) und dem *Teatro Municipal* (mit dem Theater-*Museum)*, ferner der *Nationalbibliothek*, einem neoklassizistischen Bau mit korinthischen Säulen (1910) und dem *Museum der Schönen Künste* (Museu Nacional de Belas Artes).

Ehe Sie dem Museum einen Besuch machen, ruhen Sie sich ein wenig an einem der Tische der Freiluft-Bars aus und wundern Sie sich, daß es dort — im Kaffeeland Brasilien! — keinen Kaffee gibt (auch nicht als Eiscafé, den man bei sommerlichen Rio-Temperaturen vielleicht gern haben möchte). So muß es denn (Alkohol am Tage ist in diesen Breiten keine »Heilanzeige«) ein Mineralwasser mit Eis und einer Scheibe Zitrone tun.

Im Museum der Schönen Künste (Rio Branco Avenida 199; Di—Fr, 12.30—18.30 Uhr, Sbd und So 15—18 Uhr) finden häufige Sonderausstellungen mit Werken zeitgenössischer brasilianischer Maler statt, im übrigen gehören zur Stammausstattung neben Gemälden und Skulpturen auch Räume mit Porzellanen, Keramik, Kristallarbeiten, Möbeln und anderem. Wer sich führen lassen will (Portugiesisch, englisch) kann das am Dienstag und Donnerstag von 12.30 bis 13.30 Uhr tun. Unbedingt notwendig ist das nicht.

In Richtung auf die Bucht und den *Flamengo-Park* (Parque do Flamengo) stößt die Avenida Rio Branco auf die Avenida Beira Mar, von dort führt die Paulo-Bittencourt-Brücke zum »*Museum der Modernen Kunst*« (Museu de Arte Moderna), das im Juli 1978 mit unwiederbringlichen Schätzen der Malerei (Klee, Nolde, Picasso, Max Ernst, Dali . . . insgesamt 950 Gemälde) in Flammen aufging. Wiedereröffnet zeigt es Verbliebenes und Neues (Mi–So, 12–17.30 Uhr).

Rio museal

Die beiden Spaziergänge haben Sie bereits mit einigen der Museen Rios bekanntgemacht. Es gibt wesentlich mehr — und manche davon sind durchaus ungewöhnlich. Etwa das *Museum der Bilder aus dem Unterbewußtsein* in der Rua Ramiro Magalhães 521 (Stadtteil Engenho de Dentro). Rund 90 000 Arbeiten, Zeichnungen, Gemälde, Plastiken und andere sind hier zu sehen, die ihren Ursprung im Centro Pedro II. für Psychiatrie haben und Ergebnisse der dortigen Beschäftigungstherapie darstellen. Geöffnet Montag bis Freitag, 8—16 Uhr.

Wer Pop-Music Brasiliens hören will, kann das *Museu Imagem e Som* (»Bild und Ton«; Largo Rui Barboza 1, Mo—Fr, 12—17 Uhr) besuchen, das dortige Almirante-Archiv enthält rund 200 000 Mitschnitte auf Band. . .

In eine alte Apotheke führt das *Museu Antonio Lago* in der Rua Andradas 96 (Centro; Mo—Fr, 14—17 Uhr), zurück in die Vierzigerjahre führt das *Museu Carmem Miranda* (Flamengo-Park, Di–Sa, 12–17 Uhr), als die »brasilianische Bombe« Miranda am Broadway und in Hollywood einschlug: Fotos, Schallplatten, Kostüme, Schmuck für oldies-Fans.

Ein Taxi bringt Sie zum *Museu do Indio* in der *Rua Palmeiras 55* (Botafogo; Mo—Fr, 10—16.30 Uhr). Erschrecken Sie nicht, wenn Sie vor dem reizvollen, rosa-weiß getönten alten Haus stehen! Sie sind hier richtig — und bedauern werden Sie vielleicht, daß die Beschriftung des gut aufgebauten Ausstellungsgutes nur portugiesisch ist und auch der gedruckte Führer — den man erstehen kann — seine Hintergrundinformationen zur Thematik Indianer in Brasilien nur in dieser Sprache gibt. Zu sehen sind in den Vitrinen der Räume Keramikgefäße, Keramikfiguren zur Illustration des täglichen Lebens der Karajá-Indios (Maisstampfer, Jäger, Träger, Fischer, Ruderer im Einbaum u.v.m.), bemalt in Sienabraun, rostrot, schwarz (... die Farben stellen die Kleidung der sonst nackten Figuren dar). Man sieht Jagd- und kultisches Gerät, Musikinstrumente, eine Nachrichtentrommel, Textilien, Feder- und anderen Schmuck, Fetische, Amulette, mystische Figuren, Gerät zum Stechen von Ohrlöchern und die bei dieser Feier getragene Kleidung mit bezaubernd farbschönen Federn. Wer sich für Indiokultur interessiert, findet hier eine Menge illustrativer Details.

Polizei-Fans werden das *Museum der Polizei-Akademie* (Centro; Rua Frei Caneca 162; Mo–Fr, 8–17 Uhr) aufsuchen, das sich nicht auf das Präsentieren historischer Uniformen und Ausrüstung beschränkt, sondern auch in so spezielle Gebiete Einblicke gibt wie die Geldfälscherei und den Umgang mit Giften.

Pharmazeuten werden angetan sein vom *Apotheken-Museum Santa Casa da Misericórdia* (Centro; Rua Santa Luzia 206; Mo—Fr, 9—11 und 14—16 Uhr), Numismatiker vom *Museum der Banco Central* (Centro; Avenida Rio Branco 30; Di—Fr, 10—16.30 Uhr), das auch für Banknotensammler detaillierte Aufschlüsse über Notenpapier, Illustration usw. gibt. Das *Museu Villa Lobos* (Centro; Rua Imprensa 16, Mo—Fr, 9—16.30 Uhr) zeigt Musikinstrumente und läßt Klangproben hören. Allerlei Spezielles also, das man nicht überall findet. Daneben natürlich alles, was der Historie Brasiliens im weitesten Sinne dient. Dazu gehört das *Armee-Museum* (Centro; Praça República 197; Mo, Di, Do, Fr, 10—17 Uhr, mittwochs 9—12 Uhr), das Städtische *Museu Histórico* (Gávea; Avenida Santa Marinha; Di—Fr, 13—17 Uhr, wochenends 11—17 Uhr), das *Museu Nacional Histórico* (Centro; Praça Rui Barbosa, Di-Fr, 12–17 Uhr, Sa/So 15-17 Uhr), das *Museu Naval e Oceanográphico* (Centro; Rua Dom Manoel 15; täglich 12—16.45 Uhr) mit Modellen und Zeugnissen zur brasilianischen Seefahrtsgeschichte bis in die neueste Zeit.

Zur Disziplin der Naturwissenschaften gehört das *Museu Nacional* (Quinta da Boa Vista; Di—So, 12—16.45 Uhr) mit einer hübschen runden Million Ausstellungsstücken, unter denen sich der Mineralienreichtum besonders stark präsentiert und die Menschheitsgeschichte ein wenig in den Hintergrund drängt; dazu gehört das — ein wenig bescheidene — *Museu Botánico Kuhlmann* im Botanischen Garten (täglich 8.30—17 Uhr) und als ein märchenhaft schönes »Freilichtmuseum« dieser *Botanische Garten* (Jardim Botánico; 8–18 Uhr) selbst: Er ist fantastisch gepflegt, großartig in seiner Anlage und artenreich aus der Flora aller Tropenländer bestückt. Der Park grenzt an den Tijuca-Urwald, und man kann lange unter seinen Bäumen spazieren und immer wieder Neues auf 141 Hektar entdecken: Rund 5 000 Bäume sind dort zu bewundern, und selbst, wenn man korrekt dem Lage-Plan folgt, wird man kaum alle auffinden, die nach Familie, Art, Herkunftsland und ihrem botanischen wie volkstümlichen portugiesischen Namen bestimmt und gekennzeichnet sind. Daneben, dazwischen Pflanzen, die zur natürlichen Umgebung der Bäume gehören (relativ wenig Blütenpflanzen), Schmarotzer an Ästen und Stämmen, Teich-Flora (Victoria Regia u. a.) und rund 200 Species in Treibhäusern. Reizvoll ist die Zusammenfassung zu Regionen, besonders gelungen der Amazonas-Teil. 300 Palmen-Arten säumen z.T. als Alleebäume die hübsch angelegten und gut unterhaltenen Wege, Seltsamkeiten wie der »Baum der Reisenden« (Ravenala madagascariensis), dessen am Ansatz der fächerartigen Blätter gesammeltes Wasser — so erzählt man — schon manchen Wanderer vom Dursttod errettet habe, sind zu sehen, fleischfressende Pflanzen (Nepenthes, Drosera u.a.) finden sich im Troparium, dem Kapokbaum (Ceiba pentendra) begegnet man wie dem Kerzenbaum Parmentiera cereifera, der wirklich aussieht, als trüge er Wachskerzen. Seine Story hat der »Guaraná-Wein« (Paullinia cupana), dessen reife Früchte wie Augäpfel mit schwarzer Pupille im Weiß aussehen: Die Maué-Indios erzählen, er stamme aus dem Grab eines Indianerkindes, dessen Augen sich als Same verstreut hätten.

Eine Sammlung portugiesisch-englischer Faltblätter und einen Plan kann man beim Eingang kaufen, ein Informationsmaterial, das vor allem Botaniker und Liebhaber der Flora zum Studium vor Ort anregen wird. Doch selbst, wer nur einen erholsamen Spaziergang machen will, wird gefangen sein von der Großartigkeit dieses Eden, in dem die Kolibris schwirren, um sich aus in die Pflanzen gehängten Saugrohren mit Honigwasser füttern zu lassen.

Intermezzo: Sport

Das Idol hieß Pelé — und Fußball steht in ganz Brasilien obenan auf der Skala der Beliebtheit. In Rio bedeutet das: Pilgerfahrt zum *Maracaná-Stadion,* das mit korrektem Namen »Journalist Mario Filho Stadium« heißt. Seine Ellipse mit 944 m Durchmesser, seine 32 m Ranghöhe (. . . ein achtgeschossiges Haus!) und sein Fassungsvermögen von 170 000 Zuschauern machen es zum größten Fußballstadion der Welt — und zu einer Attraktion der Stadt. Daß sich gelegentlich auch einmal 200 Tausend Fans um das Spielfeld drängen, erstaunt niemanden, der die Begeisterung miterlebt, die das Stadion zum Hexenkessel der Leidenschaften macht und Fußball zum kultischen, von Schreien und anmachenden Sambatrommeln begleiteten Ritual. Spiele im Hamburger Volksparkstadion, am Killesberg oder im Münchener und Berliner Olympiastadion begleitet, verglichen mit dem Orkan von Rio, ein säuselnder Wind. Die billigen Plätze sind ganz billig, die teuren preiswert. Wer inflationsbedingt daran dreht, riskiert die Revolution. Wer brasilianisch fluchen lernen will, hat hier die beste Gelegenheit; sie ist so gut, daß hin und wieder vom Stadionlautsprecher die Empfehlung kommt, man möge sich bei den Sprechchören einer etwas weniger saftigen Ausdrucksweise befleißigen, schließlich seien auch Damen anwesend.

Rund 20 000 Besucher faßt das über Tor 18 zu erreichende *Gilberto Cardoso-Gymnasium,* für Handball, Volleyball und Basketball genutzt und zeitweilig auch der Artistik und den zirzensischen Spielen verschrieben.

Nur 8 000 Zuschauer haben bei leichtathletischen Wettkämpfen um das in olympischen Maßen erbaute *Célio de Barros Stadium* (Tor 17 der Anlage Maracaná) Platz, dessen eine Bahn beheizt werden kann, dieselbe Zahl von Gästen nehmen die Tribünen des *Julio de Lamare-Wassersport-Parks* mit zwei olympischen Becken auf, eine ausgetüftelte und mit allen Raffinements ausgestattete Anlage.

Sofern keine Spiele oder Kämpfe stattfinden, können die Anlagen des Maracaná-Komplexes von 9—17 Uhr an den Tagen von Montag bis Freitag besichtigt werden (sonst schließen sie um 15 Uhr).

Ausgelegt für 35 000 Besucher ist das im Stadtteil Cávea gelegene *Hipódromo da Gávea* (Praça Santos Dumont), dessen Rasen-Parcours (2 162 m) und Dirt-Track (2 063 m) an Sonnabenden um 14 Uhr und am Donnerstag um 17 Uhr Geläuf für die wöchentlichen Rennen sind.

Lukull in Rio

Der römische Feldherr, Kirschenimporteur und Feinschmecker Lucullus würde auch in Rio auf seine Kosten kommen. »Kosten« schließt gelegentlich deftige Preise nicht aus, doch pflegt sich das dafür Gebotene meist als adäquat zu zeigen.
In jedem Fall probieren Sie zunächst einmal die Küche Ihres Hotels aus. Sie werden dabei selten enttäuscht werden, und ganz gewiß nicht vom sogenannten »Brasilianischen Frühstück«, das gewöhnlich im Zimmerpreis eingeschlossen ist: Am Tisch serviert werden Milch-Kaffee, Tee oder Kakao, eine Riesensemmel, Keks, Zwieback, Butter, Marmelade; vom Büffet holt man Frühstücksfleisch, Bananen, Guava, Wassermelone, Melone und frische Ananasscheiben (solche Ananas haben Sie noch nie gegessen!). Alles Andere also als ein »romanisches« oder kontinentales Frühstück.
Wem die Hotelküche zu wenig abwechslungsreich sein sollte, kann unter acht deutschen, acht arabischen, zwei österreichischen, 25 chinesischen, 18 französischen, acht italienischen, vier japanischen, drei schweizerischen Restaurants und einem Dutzend Pizzerias wählen oder sogar russisch, dänisch, polnisch und vegetarisch speisen. All das – und mehr – gibt es, . . . und wem es gelingt, seine Skrupel in Sachen Hygiene zu überwinden, kann sehr preiswert in den zahllosen kleinen Imbiß-Bars (meist am Tresen) etwas gegen Hunger und Durst unternehmen.
Hier sollen nur einige wenige Tips stehen, auch Restaurants unterliegen der unmeßbaren öffentlichen Meinung über das, was »in« oder »just out« ist, und manchmal (Ruhetag) stehen Sie auch vor verschlossenen Türen.
Brasilianische Küche gehobenen Stils finden Sie z.B. im Restaurant »Moenda« des Hotels Trocadero (Avenida Atlántica 2064; 19—24 Uhr außer Sonntag, auch zum mittäglichen Lunch geöffnet) und im »Sinhá« (Copacabana, Rua Constante Ramos 140), das — airconditioned — Dienstag bis Sonntag von 20.30—24 Uhr geöffnet ist. Wenig ansehnlich von außen, aber innen sauber und preiswert ist an der Avenida Princesa Isabel von Copacabana das »Restaurante do Leme«, wo man Ihnen auch eine sehr rustikale Feijoada mit Reis, Grünzeug, Maismehl, Innereien, Speck und Schwarzen Bohnen serviert, dazu säuerliche Apfelsinenstücke und einen großen Cachaça (Zuckerbranntwein), nachdem Sie zuvor mit Toast, Butter und Hors d'oeuvres eigentlich schon fast gesättigt waren. Sie werden knapp die Hälfte der gewaltigen Portion schaffen und — alles in allem — gute zehn Mark bezahlen müssen.
Im Zentrum international und mit Höhenluft der 11. Etage zu speisen, bietet »Mesbla« an (Passeio 42), das Mo–Fr, 11–21.30 Uhr geöffnet ist. Am Wochenende pflegt es der Ruhe. Wem der Sinn nach Schnitzel Holstein, Eisbein mit Sauerkraut oder Kasseler steht, kann sich in der »Bar Luiz« (Rua da Carioca 39, 11–24 Uhr, außer Sonntag) einfinden oder im »Lucas« (Atlántica 3744, 11–2 Uhr). Deutsche Wurstbrote, gewaltig belegt, aber auch Haxen und andere Produkte einer schwäbisch-alemannischen Küche erhält man zum leichten Bier im Seidel im »Suppentopf«, Avenida Princesa Isabel 350, Copacabana; Mo–Fr ab 18 Uhr, wochenends schon ab Mittag). Eine kleine Bar ist vorhanden, Udo Jürgens u. a. Stimmen beschallen den ganzen gemütlichen Raum, und auf Wunsch kann man an langen Tischen auch »draußen« sitzen – doch das meint in diesem Fall in der langen Toreinfahrt. Die Preise sind bescheiden.
Arabisch kommt man Ihnen im »Chez Yunes« von Leblon (Rua Dias Ferreira 78 A; täglich 11—16 Uhr), dänisch in der Nähe (Rua San Martín No. 983, Galeria) im »Helsingör«, das Dienstag bis Sonntag von mittags bis nach Mitternacht offenhält. Mit Rundfahrt über Rio (Drehrestaurant) verbinden läßt sich mittäglich von 11.30 bis 14 Uhr ein déjeuner à la France in »La Tour« (Zentrum; Rua Santa Luzia 651 im Haus des Clube Aeronáutica).
Schweizer Küche serviert an der Copacabana (Rua Xavier da Silveira 112; täglich

6—14 Uhr) das »Chalet Suisse« — und wenn Sie nach so gewaltigen Portionen, wie sie in Rio meist üblich sind, dringend nach etwas die Verdauung förderndem Liquidem suchen, tun Sie es mal im typisch brasilianischen Angebot an »Batidas« (Fruchtcocktail mit Cachaça) im »Bip-Bip« von Copacabana (Rua Almirante Gonçalves 50 D), das Montag bis Sonnabend von morgens 10 bis nachts um eins Alkoholisch-Erfrischendes mit und ohne Mundeis in die Gläser laufen läßt. Am Sonntag allerdings müssen Sie schneller trinken: Da schließt man schon um Mitternacht.

Nocturno: Rio à noite

Daß die Cariocas vorzügliche Tänzer sind, darf man erwarten, daß sie »nächtens« (nämlich zum oder nach dem Dinner, so ab 23.30 Uhr) vergnüglich ausschweifen, ist bei so viel Temperament naheliegend — und besonders am Wochenende kann man das denn auch in ganzer Fülle und Breite erleben, wobei sich die Vergnügungszentren so ganz langsam nach außerhalb verschoben haben: Zur Barra da Tijuca, nach São Conrado und — allenfalls — Copacabana. Den Stil der Night-Shows noch als brasilianisch zu bezeichnen, fällt schwer. Hier haben die Yankees mehr als nur Pate gestanden: Hollywood am Januarfluß ist das Ergebnis.

Das Erlebnis »Rio by night« kann man auch buchen. Als Busausflug mit Dinner und Show. Ich rate ab, vor allem in den Wochen vor dem Karneval und während der Karnevalszeit; da läuft nämlich nichts, klappt nichts, sammeln Sie allenfalls Erfahrungen und Enttäuschungen, die zu teuer bezahlt sind. Einziger Lichtblick solcher »Touren« ist der Blick vom 362 m hohen »Dona Marta-Hügel« auf die Lichter der Großstadt — wahrhaft faszinierend. Die Abfütterung an langen Tischen in wartesaalartiger Umgebung verlockt niemanden, und die Samba-Show in gedrängter Fülle eines kleinen Nachtclubs (ein Getränk und die Antwort: »Haben wir nicht« eingeschlossen) dient vor allem dem Hausfotografen, der Ihnen die Sambanistas zwecks Foto ans Herz drückt.

Wenn Sie individuell die Wahl haben, einen Show-Abend zu erleben, informieren Sie sich aktuell mit dem Monatsheft von Rio tour. Im gegebenen Rahmen gute Vorführungen von Samba bis Macumba sieht und hört man gewöhnlich in der »Katakombe« (Avenida Copacabana 1241). Echt brasilianisches Temperament aber findet man eher in den Diskotheken, wo es von der Tanzfläche sprüht, und da am besten und mit vielen perfekten, technischen Chi-Chis im »New York City Discolaser« von Ipamena (Rua Visconde de Pirajá 22; ab 22 Uhr). Am Sonntag (16—20 Uhr) arrangiert man hier einen Tanztee für Teenager. . .

In Ipamena gelegen ist auch der »Oba-Oba«-Club, ein exklusives Unternehmen mit hochstilisierten Brasilien-Shows, das den Cariocas immer als erstes einfällt, wenn man nach einer Show fragt.

Ça, Ça, Ça Samba d'amor. . .

Der Name Samba stammt nicht aus Brasilien sondern aus dem afrikanischen Angola und bedeutet »Bauchnabel«. Die Namensgebung für den erst in den Zwanzigerjahren unseres Jahrhunderts vom »Volkstanz« zum Gesellschaftstanz arrivierten Tanz im 2/4- oder 4/4-Takt hat Bezüge zur Bewegung wie zum Kostüm. Wie der Tango für Argentinien, ist die Samba Leitmotiv für Brasilien. Hunderte von Samba-Schulen machen deutlich, daß man es ernst meint mit diesem Tanz, dessen

Musik und Rhythmus zur Karnevalszeit wie ein roter Faden durch alle Veranstaltungen der ausgelassenen Tage ziehen. Dann haben auch die Samba-Schulen und ihre Gruppen bei den Umzügen ihre große Stunde.
Karneval in Rio bedeutet »Rio em tempo de Samba« und ist (obwohl Kenner der Szene Bahia vorziehen) das fantastischste Spektakel, das man sich vorstellen kann. Zur Karnevalszeit in Rio ein Hotelzimmer zu suchen, ist etwa so erfolgreich wie die Suche nach der bewußten Stecknadel im bekannten Heuhaufen. Man muß da schon Monate im voraus buchen, um dabei zu sein. »Carnevale« heißt zwar eigentlich »Abschied vom Fleisch«, doch was sich in Rio während dieser Zeit an Fleisch zeigt, ist ebenso eindrucksvoll wie die Kostüme, die es oft nur sparsam umhüllen — zumindest bei den »Indoor-Shows«. Auf den Straßen wogen die Sambawellen in Grün und Rosa, Weiß und Blau oder wie immer die Farben der einzelnen Stadtteile sind, sind folkloristische Trachten karnevalsmäßig zugerichtet und bilden die Cariocas von Rio eine einzige große Familie, die für die tollen Tage Herkunft und sozialen Status vergessen läßt. Beim Karneval einen der Millionen Farbflecke bilden zu können, läßt auch die, die es finanziell eigentlich nicht verkraften können, in den mühsam gefüllten Spartopf greifen.
Schildern kann man das alles nicht, man muß dabeisein, sich packen lassen von dieser Orgie in Ton, Licht, Farbe und Bewegung, sich berieseln lassen mit Konfetti und versuchen, auch dort zu sein, wo — etwa beim Caboclo-Fest der Bewohner von Santa Teresa — die alten religiösen Bräuche der Umbanda lebendig werden. Man muß sich mit ins Ballgetümmel von Gávea stürzen, wo in Kostümen vorgeschriebener Farbe (Gesellschaftsanzug ist gütigst gestattet) auf offenem Platz getanzt wird, muß an der Avenida Rio Branco sein, wenn die »Frevos« aus Nordbrasilien getanzt werden, muß in São Conrado die Prämiierung der schönsten Kostüme sehen. . . muß sich eigentlich zerreißen: Dann, nur dann hat man den Karneval in Rio erlebt.

Auf der Schatzsuche in Rio

Haben Sie sich geschworen, keine Souvenirs aus Brasilien, aus Rio de Janeiro mitzunehmen? Sie werden wortbrüchig werden, es sei denn, Sie vermeiden peinlichst, Ihre Blicke in die Auslagen an der zentralen Avenida Rio Branco oder die Läden hinter dem das Zentrum und Copacabana trennenden Tunnel schweifen zu lassen. Natürlich dürfen Sie dann auch die Freiluftmärkte nicht besuchen. . . und wer will sich das schon entgehen lassen!
Der bekannteste Straßenmarkt rankt sich um den Springbrunnen »Chafariz das Saracuras« von Ipanema und hieß ursprünglich schlicht Ipanema-Hippi-Markt. Sein Aufstieg zum Namen »Feirarte« hat nichts an seiner Struktur, seiner Atmosphäre geändert, wie sie sich allsonntäglich von 9—18 Uhr darbietet (Praça General Osório): Weiterhin ist silberner Folkloreschmuck (auch Messingschmuck) en vogue, der meist geschmackvoll und preiswert ist, auch wenn ihn Halbedelsteine dekorieren. Daneben das gängige Hippi-Angebot von Gürteln, Taschen, Portemonnaies aus Leder, Ketten, Puppen, Stroharbeiten, Samba-Platten und — manchmal sehr routinierten — naiven Bilder mit Macumba-Szenen.
Ähnlich, wenn auch staatlich gefördert wegen seiner historischen Additive, ist an der Praça 15 de Novembro (Zentrum; Sonnabend 9—19 Uhr) das Verkaufsgut. Anderthalb hundert Kunsthandwerker zeigen hier ihre Werke, Maler und Holzschnitzer sind vertreten, und auch wer Briefmarken oder Münzen sucht, hat eine gewisse Auswahl.
Beim Botanischen Garten ist als permanenter Markt Montag—Freitag, 9—18 Uhr, Sonnabend 9—12 Uhr, »O Sol« geöffnet mit Schwerpunkten Keramik, Stickerei, Batik.

Nichts darf mehr als – umgerechnet – etwa 1000,- DM kosten, was man an der Praça Marechal Áncora im Zentrum bewundern kann. Rio, bzw. der Herr Bürgermeister von Rio achtet darauf, daß auf dem Antiquarien-Markt die Preise keine Himmelfahrt antreten. 36 Stände gibt es zu durchforsten, wenn man sich für alte Bücher, Stiche, Gemälde und Schallplatten interessiert, unter denen noch echte Sensationen zu finden sind (sonnabends von 10 bis 18 Uhr).

Es gibt viele Juweliere in Rio, und das ist nicht weiter erstaunlich in einem solchen Land edler Steine, wie es Brasilien darstellt. Was sie zeigen und verkaufen wollen, ist sehr unterschiedlich von Qualität und Geschmack, und kein staatliches Limit verhindert den Höhenflug der Preise. Das ideale und typische Souvenir aber scheint mir wirklich etwas »Steinernes« zu sein, und sich darüber in aller Ruhe und ohne Kaufzwang zu unterhalten (noch dazu in deutscher Sprache), ist im Stadtteil Copacabana in der Rua Duvivier bei »Victoria Jewels« möglich (vom Strand herkommend: rechte Straßenseite). Auswahl und Verarbeitung sind qualitätsvoll — und selbst, wer seiner heimischen Steinsammlung nur eine handvoll hübsch polierter Achate, Turmaline, Topase, Amethyste in Kleinformat hinzufügen möchte (gewissermaßen »Abfall«), wird nicht schief angesehen, sondern kann aus einer Grabbelkiste für wenige Cruzados hervorgraben, was ihm gefällt. Von den Preisen, die hier — wie anderswo auch — bei den Objekten im Schaufenster stehen, dürfen Sie sich nicht täuschen lassen: wie bei edlen Steinen üblich, werden sie in Cruzados pro Karat (200 Milligramm) angegeben.

Von Rio in die Höhe

Die Brasilianer nennen ihn »Vater der Luftfahrt«, und auch wenn das ein bißchen hochtrabend ist, kann man Santos Dumont nicht absprechen, daß er der erste Pilot war, der in Europa (in Bagatelle) am 13. September 1906 mit seinem Aeroplan vor den Augen der Öffentlichkeit kurvte, nachdem er fünf Jahre zuvor mit einem lenkbaren Luftschiff von Saint-Cloud zum Eiffelturm und zurück in 30 Minuten geflogen war und den Henri-Deutsch-Preis gewonnen hatte. Sein Haus steht auf 838 m Höhe, 68 km nordöstlich Rio in *Petrópolis,* einem beliebten Ausflugsziel der Cariocas. Eine Bus-Tour (nachmittags) ab Rio ermöglicht den Besuch und führt — nach Durchqueren der Industriezone Rios — zur panoramareichen Landschaft der Sierra, der Bergkette. Die 115 000 Einwohner zählende Stadt wurde 1845 von deutschen Einwanderern gegründet, Kaiser Pedro II. ließ sich dort seine Sommerresidenz im angenehmen Höhenklima bauen. Heute ist sein Palast als *Museu do Império* zu besichtigen (täglich außer Montag, 12—17 Uhr) und läßt Mobiliar der Zeit, Porzellane, Juwelen, Fächer und andere Erinnerungen an die Hofhaltung neben der wertvollen Kaiserkrone Pedros bewundern. Kaiser und Kaiserin ruhen in der 1882—1925 erbauten *Kathedrale*. Die Tour läßt Zeit, den tropischen Garten zu durchwandern, dessen brasilianische Flora großartig ist, und für den Besuch im *Santos-Dumont-Haus.*

Nur etwa die Hälfte an Einwohnern, nämlich 50 000, hat *Teresópolis,* 95 km von Rio entfernt in 910 m Höhe gelegen. In diesem Gebiet wird Obst und Gemüse angebaut, die Hauptattraktion in der nach der Gemahlin Pedros benannten Stadt aber ist die bis 2 263 m hinaufreichende *Serra dos Órgãos* (»Orgelgebirge«), ein fantastischer Nationalpark, in dem der »Dedo de Deus«, der 1 650 m »Zeigefinger Gottes« ein markanter Punkt ist.

Da »Dedo« nicht nur der »Finger« ist, sondern als »um dedo de cachaça« auch das Schlückchen (einen Finger breit. . .) Zuckerrohrschnaps bedeutet, verabschieden wir uns mit einem solchen von der faszinierenden Stadt am Januar-Fluß.

»te logo, Rio!« — auf Wiedersehen, Rio!

Der Buckel Südamerikas: Nordost-Brasilien

Neun Bundesstaaten teilen sich in den nordöstlichen Landesteil, der sich von der venezolanischen Grenze im Norden bis zur Stadt Vitoria im Süden wie ein Buckel in den Atlantik vorschiebt: Bahia mit der Hauptstadt Salvador, Sergipe mit Aracajú, Alagoas mit Maceió, Pernambuco mit Recife, Paraíba mit João Pessoa, Rio Grande do Norte mit Natal, Ceará mit Fortaleza, Piauí mit Teresina und Maranhão mit São Luis. Rund 38 Millionen Menschen wohnen auf etwa 1,6 Millionen qkm dieser Region, zu der in 400 km Entfernung von der Küste die bewaldete Inselgruppe Fernando Noronha mit 18 Inseln am Schiffahrtsweg gehört. 3 300 km Küste mit Stränden und Häfen bilden die Außenhaut des Buckels, auf die von August bis März die Sonne niederbrennt (mittlere Jahrestemperatur in Salvador 24 °C, in Recife 25 °C, in Fortaleza 26 °C), dahinter beginnt die etwa 150 km tiefe, fruchtbare Ebene (Zona da Mata) mit Plantagen von Zuckerrohr, Tabak und Kakao, dann steigt das Land zur Hochebene an, die dünn besiedelt und von Rinderherden überzogen ist. Die Luftfeuchtigkeit ist ganzjährig mit etwa 80% ziemlich hoch, die meisten Sonnenstunden bringt die Zeit unseres Winters. Regen kann gewaltig herunterschütten und in Stunden die Natur zur Blüte bringen, im teils tropischen, teils äquatorialen Gebiet dieser Region sind die regenreichsten Monate März bis Juli in Recife und Salvador, Februar bis Juni in Fortaleza, wo es dann von Juli bis Dezember schier knochentrocken wird (nur Recife kann das von September bis Januar vergleichbar bieten).

Der Bundesstaat *Bahia* gilt als Heimat der brasilianischen Seele: Allein in der Hauptstadt prägen 500 geistliche Zentren und Dutzende von Sekten neben der Ausstrahlung von mehr als anderthalb hundert römisch-katholischen Kirchen Glauben und Haltung der vorwiegend schwarzen Bevölkerung von siebeneinhalb Millionen Menschen, deren Geschichte ein Leidensweg ist, die als Sklaven im Gebiet vonRecôncavo wie Vieh angelandet wurden. Historisch ist Bahia der Boden, auf den die ersten Entdecker ihren Fuß setzten: Im Jahre 1500 sah Pedro Álvarez Cabral mit seinen Mannen erstmals das für eine Insel gehaltene Land, damals von undurchdringlichem Wald bedeckt, wo heute Kakaopflanzungen eine der Haupteinnahmequellen des Staatsgebietes darstellen.

Seit 1549 hat der Staat seine Hauptstadt, die bis 1763 auch Brasiliens Metropole war: Cidade de São Salvador da Bahia de Todos os Santos ... ein Namensungetüm, diese »Stadt des Heiligen Erlösers an der Bucht aller Heiligen«, das Brasilien zu *Salvador* verkürzte, während Europa sich eher zu *Bahia* hingezogen fühlte. Eine Stadt auf zwei Ebenen, die durch Lifts und Straßen miteinander verbunden sind. Ihre Entwicklung begann mit Abwärtstendenz: von oben, von der Hügelkuppe, zum Meer. Während unten an der Bucht die Domäne der Kaufleute, der Exporteure, Händler und Banken ist, liegen auf der Höhe die Wohnviertel, Kirchen und Behördengebäude. Dazwischen aber schlägt auf der »Ladeira do Pelourinho« (der Pranger-Böschung) das kolonial-nationale Herz der Stadt, hier häufen sich die Zeugen der Kolonialzeit und hier liegen auch die Schulen für einen Kampfsport der Neger, »Copoeira« genannt und ursprünglich eine Nahkampfart à la Karate, die in friedlicher Umformung zu einem rechtens bewunderten, musikalisch-rhythmisch begleiteten Tanz von atemberaubender Choreographie wurde. Diesem Tanz kann man am Sonnabend auf dem *Mercado Modelo* der Unterstadt begegnen und sich dabei entschließen, ihn in einer der auch für Touristen existierenden Schulen zu lernen. Der Markt hat auch sonst seine Reize, und wer sorgfältig Preise und Qualität beachtet (. . . und das muß man vor allem auch in den Antiquitäten-Boutiquen), kann überraschend billig zu echten alten Silberarbeiten oder vorzüglichen kunstgewerblichen Arbeiten kommen, die in diesem Staat wie kaum an anderer Stelle von Tausenden geradezu begnadeten Händen hergestellt werden.

In der Unterstadt beginnt mit dem Fest der Unbefleckten Empfängnis am 8. Dezember in der Kirche Nossa Senhora Conceicão da Praia (Besichtigung 7–11 und 13–17 Uhr; Deckenfresken!) zugleich der Karneval, und von der Kirche ausgehend findet am Neujahrstag auch die Schiffsprozession statt, die an der Kirche zur guten Reise (Igreja da Boa Viagem) auf der strändereichen, palmengesäumten Halbinsel Itapagipe führt.

Zur Oberstadt (Cidade Alta) nimmt man, um Umwege zu vermeiden, von der zentralen Praça Cairu aus den *Elevador Lacerda*, den 70 m überbrückenden Lift, der an der Praça Tomé de Sousa landet. Von dort führt die Rua da Misericórdia zur Praça da Sé und der Kathedrale *(Catedral Basílica do Salvador;* geöffnet 8–11.30 und 14–18 Uhr), deren goldsprühendes Inneres vom Reichtum ihrer Gründerzeit 1657–1672 erzählt.

Reichtum dokumentiert sich noch auffälliger in der 1710—1723 erbauten, zum Franziskanerkloster nahe dem Terreiro de Jesus gehörenden Kirche: Menschenleiber bilden die Stützpfeiler, und die wohl schönsten vergoldeten Holzschnitzereien Brasiliens sind in dieser berühmten Kirche zu finden. Die daneben gelegene Kirche Igreja da Ordem Terceira de São Francisco mit ihrer eindrucksvoll gegliederten und mit Skulpturen geschmückten Barockfassade stammt von 1703 bis 1710. Beide Kirchen können, mit Ausnahme der Siesta-Zeit 12—14 Uhr, besichtigt werden.

Eine Kirche war auch Santa Teresa, die heute als *Museu de Arte Sacra* fungiert und in der Rua do Sodré 34 gelegen ist (Dienstag bis Sonnabend von 9.30 bis 11.30 und 14 bis 17.30; Sonntag 14 bis 17.30 Uhr). Das Museum gehört zur Universität von Bahia und zeigt neben Gemälden und Skulpturen zur Heilsgeschichte auch Kultgegenstände der Candomblés, zu deren kultischen, Trance erzeugenden Tänzen als Musikinstrumente »atabaques«, »berimbaus« und »agógos« geschlagen wurden.

Was die Küche von Salvador berühmt machte, kann man von Tabletts an Stränden und auf offener Straße oder in — meist am Strand (Praia) gelegenen — Restaurants probieren: Meeresfrüchte in Verbindung mit kräftig gewürzten Beigaben. Dazu gehören »Vatapá«, Krebse und Fische in Kokosmilch gekocht, »saravá« (schwarze Bohnen und Mini-Krebse), gehört das Krebsgericht »cururu«. Wer »xinxim« bestellt, erhält Huhn mit getrockneten Krebsen, »sarapatel« ist Schweinepfeffer, im eigenen Blut gekocht. Nie fehlen afrikanische Gewürze oder das Palmöl »dendé«.

Wo einst die Holländer siedelten (17. Jahrhundert), auf der Insel in der Einfahrt zur Allerheiligen-Bucht, liegt *Itaparica* mit der Festung São Lourenco. Zu der Badeinsel verkehren mehrmals täglich Tragflügelboote, die vor allem die badelustigen Bewohner Salvadors zu den schönen Stränden locken. Ein Tagesausflug vom frühen Morgen bis zum späten Abend (es gibt allerdings auch Hotels) ist lohnend. Weitere Strände für Ausflüge liegen an der Avenida Oceánica, der hübschen Uferstraße, darunter Itapoã mit der Lagune von Abaeté (26 km) und der dortigen kultischen Anlage der Candomblés für die Mutter des Wassers, die Mãe d'Água. Hier finden kultische Zeremonien und das große Fest für die Meeresmutter statt. Ihr Hotel kennt die Termine oder kann sie erfragen.

2 000 km liegen zwischen Rio und der Hauptstadt des Bundesstaates *Sergipe, Aracajú,* elf Kilometer von dort entfernt liegt der Flughafen Santa Maria. Die moderne Großstadt mit 361 500 Einwohnern – sie ist erst ein Jahrhundert alt – hat naturgemäß kein historisches Air, erst 26 km südlich erinnert holländische und französische Bauweise in *Sao Cristóvão* an die Zeit, als die Kolonisten sich gegen Invasoren verteidigen mußten. Das Museu de Sergipe an der Praça São Francisco der barocken Stadt (Di–So, 14–17 Uhr) bewahrt die Erinnerungen an die Zeit. Der Sommer an den noch nicht überlaufenen Stränden von Sergipe ist lang: Von September bis März fällt hier praktisch kein Tropfen Regen, pendelt die Temperatur um 32 Grad Celsius, kommt aber gegen Abend regelmäßig ein erfrischender Wind auf – fast kann man die Uhr danach stellen. Von der Hauptstadt per Boot in einer Viertelstunde erreichbar, sind die bekanntesten Strände *Atalaia Nova* und *Barra dos Coqueiros* (»Kokospalmenstrand«).

Die Strände vor allem zeichnen auch den sich anschließenden Bundesstaat Alagoas aus: Breit legen sie sich vor die starke Brandung, die den Fischern ihre harte Arbeit zusätzlich erschwert. Eine halbe Million Einwohner hat die Hauptstadt *Maceió,* die von der Lagune Mundaú umarmt wird. Um die Lagune angesiedelt, ziehen die Fischer mit Flößen aufs Meer, um »Sururu« einzubringen, ein typische und schmackhafte Muschelart der Gegend, die man auch im Restaurant »Recanto« im Zentrum serviert erhält, das sonst eher internationaler Küche verbunden ist. In passender Umgebung allerdings schmecken Meeresfrüchte immer noch am besten: Machen Sie in der »Zinga-Bar« am Strand (Praia do Riacho Doce; 18 km von der Stadt entfernt) oder im »O maré« an der Lagune Av. Sen. Amom de Mello, 9 km) den Versuch!

Januar und Februar sind die besten Monate für das Badeleben im 3 km entfernten *Pajuçara* oder dem 20 km von der Hauptstadt gelegenen *Paripueira.* 24 km fährt man vom Zentrum zum Flughafen »Dos Palmares«, Bahnhof und Busbahnhof liegen zentral. Wer Weihnachten in der 1815 gegründeten Stadt (2 087 km von Brasília entfernt) auf 9° Südbreite und im Hochsommer verleben will, wird sich nicht langweilen: Von Heiligabend bis Dreikönig bieten die Natalinas-Festlichkeiten ein reiches folkloristisches Programm.

Kokosernte und Fischfang ernähren an der Küste von *Pernambuco* die Bewohner des Bundesstaates von 98 000 qkm, im Inneren, in der Zona de mata (»Waldzone«) lebt man vom Zuckerrohr und dessen Verarbeitung. Zucker war auch in der Historie der Hauptstadt *Récife* (1,3 Millionen Einwohner) das beherrschende Exportgeschäft, in einer bedeutenden Hafenstadt, die sich aus einem Fischerdorf entwickelte. Zwei Flüsse teilen die Stadt, Capibaribe und Beberibe, und tragen wie deren Nebenflüsse dazu bei, daß die »Inselstadt« zu einer Art brasilianischem Venedig wurde (Entfernung bis Rio: 2 500 km), ein Image, das der holländische Gouverneur Moritz von Nassau mit Brücken und Palästen aufpolierte. Die Holländer hatten 1630 eine der kleinen Inseln besiedelt, und obwohl diese heute Teil der Hafenanlagen ist, zeigt Recife insgesamt noch unverkennbare Souvenirs der Besatzungszeit Nassau-Oraniens. Doch auch die portugiesische Kolonisation hat markante Zeugen hinterlassen: Mit feinziseliertem Goldaltar erinnert die Capela Dourada auf der Recife-Insel an die Franziskanergründung von 1696; älter noch sind Santo Antónia (1606) und die Kathedrale (Sé) von 1537, jünger — aber bedeutend — São Pedro dos Clérigos (1782) im Zentrum des Stadtteils São José und in der Nähe der Igreja do Carmo und des Carmo-Klosters.

Badeleben herrscht an der hübschen *Praia de Pina,* am Strand von *Candeias* (Riffe bilden natürliche Swimming-Pools) und — mit beträchtlichem Trubel — in *Boa Viagem,* vor allem wenn von November bis März die Urlaubs- und Ferienzeit Menschenscharen ans klare Wasser unter klarem Himmel spült. Im März allerdings kann der Regengott schon mal ein paar Schöpflöffel mehr des belebenden Nasses auch über die Strände gießen, während die Garantie regenloser Tage von September bis Februar am ehesten gegeben ist.

Februar als Monat des Karnevals ist in Recife ausgezeichnet durch die Parade »maracatu«, Erinnerung an die Sklavenzeit, mit Hofstaat, königlicher Familie und Untertanen von dunkelstem Teint, die wie ein endloses Tonband ihre hundertjährigen Lieder als Begleitung zu dieser Revue ertönen lassen.

Der »schwarze Einfluß« ist ohnehin stark und findet mit dem »bumba-meu-boi« einen an die afrikanische Heimat erinnernden Höhepunkt: In Gesang und Choreographie erzählt wird die Geschichte von Leben und Tod eines Ochsen, acht Stunden lang tanzen dabei Tier- und Dämonenmasken zur Musik traditioneller, alter Instrumente. Veranstaltungen dieser und ähnlicher Art finden während des ganzen Jahres statt.

Recifes internationaler Flughafen liegt 10 km südlich und heißt »Aeroporto dos Guararapes«, Bus- und Bahn-Zentralstationen sind im zentralen São José gelegen.

Zwei bemerkenswerte Museen liegen benachbart im Stadtteil Poco (Avenida 17 de Agosto): das Museu Antropológico e Histórico Joaquim Nabuco (Di—Fr, 8—12 und 14—18 Uhr, wochenends 14—18 Uhr) und das Zuckermuseum (Museu do Açúcar; Di—Fr, 12—18 Uhr, am Wochenende 14—17.30 Uhr).
Internationale und landsmannschaftliche Küche haben ihre Repräsentanten über die ganze Stadt verstreut, mit gewissen Schwerpunkten in Boa Viagem und Boa Vista. Für brasilianische Küche der Region empfehlenswert ist in Boa Viagem (Avenida Aguiar 5 000) »Senzala«, hübsch gelegen und mit deutscher Speisenkarte ist »Veleiro« (Strand von Boa Viagem; Avenida Boa Viagem 1864), typisch regionale Gerichte serviert »Buraco de Otília« in der Rua da Aurora 1231 von Boa Vista.
Wem das lebendige Recife mit seinen zahlreichen Möglichkeiten nicht genügt, kann bei Emerur (Rua da Aurora 265) oder anderen Ausflüge buchen. Die 1537 gegründete Kolonialstadt *Olinda,* sieben km nördlich Recife, hat den Kolonialstil eindrucksvoll erhalten; das Kloster São Francisco von 1585 und die Kirchen Igreja do Carmo (1580), Igreja da Misericórdia (1540), Igreja da Sé (1537) wie das Kloster Mosteiro de São Bento von 1582 sind schöne Beispiele dafür. Olinda, für rüstige Marschierer auch per pedes erreichbar, belohnt Feinschmecker für den Ausflug in die Vergangenheit an seinen Stränden mit fabelhaftem Hummer, nicht gerade à la Thermidor, aber in vielerlei Variationen von kleinen Strandrestaurants angeboten. Zehn Kilometer weiter erinnern die ältesten erhaltenen Zuckermühlen auf der Insel *Itamaracá* an die Sklavenzeit.
In der Karwoche bietet sich ein Ausflug zum 182 km entfernten *Fazenda Nova* im Distrikt Brejo da Madre de Deus an, wo im größten Freilichttheater der Welt, »Nova Jerusalem«, die Passionsgeschichte aufgeführt wird. Das Theater ist in mittelalterlichem Stil erbaut und bildet die Kulisse für das Spiel vom Leiden Christi.
Extreme Trockenheit zeichnet das Hinterland von *João Pessoa* aus, der 400 000 Seelen-Hauptstadt von *Paraíba* (2 600 km nördlich Rio). Wo einst Sisalanbau und eine etwas kümmerliche Viehzucht versuchte, das Beste aus spröde-trockenem Boden zu machen, hat die Industrie Gewohnheiten und Landschaft weitgehend verändert. Die trockensten Monate des Jahres mit Temperaturen um 30—35 °C sind November bis Januar, und zu dieser Zeit zieht es die Menschen an die heißen Strände am warmen Meer.
Die Staatshauptstadt, 124 km von Recife entfernt, wurde 1585 gegründet, hat ihren Flughafen Castro Pinto 11 km weiter, ist ans Bus- und Bahnnetz angeschlossen und hat aus der Zeit der Gründung noch einige Bauwerke erhalten. Zu besichtigen ist das barocke Museu sacro des Convento de São Francisco (von 1589; Rua São Francisco; täglich außer Montag 9—12 und 14—17 Uhr), in dem die Edelholzdecke mit Szenen aus dem Heiligenleben neben vergoldeten Kanzeln besonders eindrucksvoll ist. Von 1590 stammt die Kirche Nossa Senhora do Carmo, deren aus Kalkstein gehauene Skulpturen interessant sind (Praça Dr. Adauto). Der Parque Sólon de Lucena in der Stadtmitte ist mit seinen gärtnerischen Anlagen zentraler Verschnauf-Platz der Pessoanes.
Am 8 km-Palm-Strand von »Tambaú« liegt ein de luxe-Hotel mit internationaler Küche, Fischgerichte aber ißt man gut im »Pariabambu« (Parque Arruda Cámara) oder in den Lokalen an der *Praia do Poço* (Strand, 16 km), wo der Krabbeneintopf (Krabben = camarões) zu den Spezialitäten zählt. An Erinnerungsstücken bieten sich im Zentrum und (etwas teurer) am Tambaú-Strand Weiden- und Sisalgeflochtenes, Keramik, Holz- und Kupferarbeiten neben recht geschmackvollen Dingen aus Stroh an.
Kantige Riffe und Klippen, hohe Dünen und Strand kennzeichnen die Küste von *Rio Grande do Norte,* von wo aus die Fischer zur Langusten-Ernte ausziehen. Die schmackhaften, scherenlosen Lagostas (das selbe Wort wird für Hummer verwandt) kann man sich in der Staatshauptstadt *Natal* (gegründet 1599; 2 752 km von

Rio, 512 200 Einwohner) und an deren Stränden servieren lassen: im hübsch gelegenen »Xique-Xique« (Petrópolis, Avenida Pena 444) oder an der Lagoa Nova im »A Primavera«, um nur zwei Restaurants zu nennen. Tiefgefroren werden die Schalentiere vom Hafen aus verschifft, stellen sie neben Sisalarbeiten, wie Taschen und Teppiche aus dem Binnenland, den Hauptexportartikel dar.

Natals Geschichte begann mit dem Bau einer sternförmigen Festungsanlage »Fortaleza dos Reis Magos« (Festung der Heiligen Drei Könige), die heute ein Museum für Volkskunst beherbergt. Zu Füßen des Forts beginnt das Strandgebiet mit der Praia do Forte, einem von Riffs umgebenen Strand, die das Meer hier zu einem rund 4 km langen »Swimming-Pool« machen. Vier bis fünfzig Kilometer entfernt von der Hauptstadt liegen die nördlichen, 14—33 km die südlichen Strände; vor den Toren die Praias: do Meio (3 km), dos Artistas (4 km), Areia Preta (5 km), do Pinto (7 km) und da Mãe Luisa (9 km).

Der Flughafen Augusto Severo ist 20 km vom Zentrum entfernt, zentral an der Praça Augusto Severo gelegen sind Bus- und Bahnstation.

An seiner langen Küste hat der Bundesstaat *Ceará* etwas Besonderes aufzuweisen: Hier begegnet man einem Relikt des Fischfangs: den Jangandas. Das sind einfache Flöße aus sieben durch Querstangen zusammengehaltenen Planken, auf die ein schweres Dreieckssegel gesetzt ist. In der starken Brandung kein Fahrzeug für Schwächlinge, und auch das Einholen der Netze erfordert Balance-Akte und Kraft. Mit Petri Heil gefangen werden vor allem Schalentiere für den Export, und die hierdurch beflügelte Froster-Industrie hat neue Arbeitsplätze für die Bevölkerung geschaffen, denen die Arbeit auf den Baumwollplantagen im knochentrockenen Innern des 150 000 qkm großen Staates zu schaffen macht. Eine holländische Festung war Urzelle der Hauptstadt *Fortaleza* (schon der Name macht das deutlich), die Stadt selbst wurde 80 Jahre später, 1726, gegründet. Belebende Punkte im Stadtbild von heute sind die Bilder naiver Maler, die als Atelier die Bürgersteige benutzen. Es gibt zwar auch »Arrivierte« unter ihnen, doch die Mehrzahl der Mühe und Arbeit in der Hitze des Sertão oder religiöse und kultische Feste schildernden Gemälde zeigen die naive Ursprünglichkeit und Freude ihrer Laienkünstler am Malen. Spitzenklöppeln beschäftigt hier die Frauen, unter deren Händen mit den »Rendas de Bilro« (Klöppelspitzen) wahre Kunstwerke entstehen, die ihren Preis wert sind (. . . daß »renda« sowohl Spitze als Einkommen heißt, sollten Sie bei dieser kniffligen Arbeit wohlwollend bedenken!).

2700 km trennen Fortaleza (Flughafen Pinto Martins, 9 km vom Zentrum) von Rio. Unter seinen Stränden sind vor allem Icaraí (22 km entfernt), Iracema (2 km nah) und die Praia do Futuro in 8 km Entfernung beliebt. Iracema verströmt einen Hauch von Luxus, doch der nur 5 km entfernte Fischerstrand von Mucuripe läßt sich die guten Fischrestaurants häufen: »Alfredo« (Avenida Presidente Kennedy 4294), ein paar Meter weiter »Tocantins«, »Aquarius«, »Expedito« . . . Viel Auswahl also, zu der am Wochenende noch weitere Lokale hinzukommen, die nur dann ihre Gäste bewirten.

Etwas Besonderes ist in Volta de Jurema (4 km) die Ankunft der Jangandas zwischen 15 und 16 Uhr, etwas Kurioses das Teatro José de Alencar (Praça José de Alencar, zentral gelegen), das mit einer Jugendstil-Fassade überrascht und durch die Tatsache, daß belebender Wind hindurchwehen kann . . . es hat nämlich keine Seitenwände.

Wer Spaß am feilschenden Handeln hat, muß den Mercado Central von Fortaleza aufsuchen, um dort nach Souvenirs Ausschau zu halten oder Klöppelarbeiten zu kaufen: Mit lachenden und schier weinenden Augen die ganze Skala emotionaler Handelskunst durchzuspielen (und sich schließlich zu einigen), gehört hier zum »Comment«.

Verdient gemacht um die Erforschung eines tödlichen Souvenirs dieser Gegend hat sich Professor Joaquim Eduardo de Alecar von der Universität Ceará: Für seine Arbeit »Epidemiologie der Chagas-Krankheit im Bundesstaat Ceará« erhielt er den Gerhard-Domagk-Preis für Tropenmedizin 1979 der Bayer do Brasil. Die Chagas-Krankheit ist eine besonders in Brasilien auftretende Infektionskrankheit, deren Erreger das Trypanosom cruzi ist, aus dem Kot von Tieren (Gürteltier u.a.) durch geflügelte, blutsaugende Raubwanzen beim Stich auf den Menschen übertragen. Ein allgemein wirkendes Heilmittel gegen die Folgen (Vergrößerung von Milz, Leber, Schilddrüse und Myxödem, Herzmuskelschädigung) ist bislang nicht gefunden worden. Die Krankheit führt entweder in kurzer Zeit zum Tode oder aber — im chronischen Stadium — zu Idiotie. Eine Tropengeißel, deren Bekämpfung noch in den Anfängen steht.

Entgegen den anderen Nordoststaaten liegt *Teresina,* die Hauptstadt von *Piauí* im Landesinneren. Die Küste des Bundesstaates ist nicht länger als 200 km, seine 250 000 qkm erstrecken sich über den Sertão, den Buschwald, ins Innere — und dort verbirgt sich, von der Hauptstadt in drei Stunden zu erreichen, südlich der Stadt *Piracuruca* eine legendenschaffende Felslandschaft: die »phönizischen Ruinen der sieben Städte«. Man könnte auf die Idee kommen, es seien Siedlungszeugen einer alten Kultur, doch die Geologen haben ihre eindeutige Meinung: Was dort als Paläste, Straßen, Plätze und Denkmäler erscheint, ist nichts als vom Regen ausgewaschener Fels. Daß einem die Wissenschaftler doch alle Illusionen rauben müssen! So ganz übrigens ist ihnen das bei einem Teil der 2,3 Millionen Piauínos nicht gelungen...

Der Norden und Amazonien

Für die Brasilianer ist der Süden des Kontinents das, was für Europäer der hohe Norden Europas ist, und der Norden das, was wir mit tiefstem Süden verbinden: Tropische Hitze unter dem Äquator, der durch Macapá im nördlichen Bundesstaat Brasiliens, Amapá, verläuft und in den Staaten Pará, Amazonas und Roraima das Gewimmel der amazonischen Wasserzubringer schneidet.

Wie das wasserreichste und endlos verzweigte Flußnetz der Welt, der Amazonas, zu seinem »einbrüstigen« Namen à la Amazonen des Altertums kam, kann man dem frühen Reisebericht des Paters Gaspar Carvajal von anno 1539 entnehmen, der die Abenteuer des spanischen Weltbummlers Don Francisco Orelána in diesem Vielstromland säuberlich zu Papier brachte. Don Francisco hätte sich wohl gern als Nachfolger des Amazonen-Ausrotters Herkules gesehen, und so mag die Schilderung seines Kampfes gegen ein außerordentlich kriegerisches Frauenvolk, in siebzig Wehr-Dörfern des Flußdeltas ansässig, mehr vom Wunschdenken als von Fakten geprägt worden sein. Wie dem aber auch sei: Er entsann sich jener antiken Damen und übertrug deren Namen »Brustlose« auf Fluß und Gebiet der kampfstarken Indianerinnen, woraus die Portugiesen dann Rio das Amazonas machten.

Ein fantastisches Stück Land, das vom größten tropischen Regendschungel der Erde bedeckt und in der Lage ist, ausatmend deren Sauerstoffvorrat zu 50 % zu erneuern. Bislang und vorausgesetzt, man rührt nicht daran. Ein Fünftel der gesamten Süßwassermenge unseres grünen Planeten plätschert hier in 1100 Flüssen, an deren Namen man das Alphabet rezitieren kann: von Acre und Baria bis Xingu und Yaguas.

40 000 verschiedene Kinder Floras sind hier beheimatet, runde 8 Millionen Quadratkilometer durchziehen, durchfressen, überschwemmen (Regenzeit mit Winterregen von April bis Juni) glasklare (z.B. der Xingu), beigefarbene (etwa der Amazonas höchstselbst), olivgrüne (wie der Jari) und schwarze (Rio Negro) Ströme, Flüsse, Nebenflüsse, Bäche, Rinnsale. Nationalbewußte Rechenkünstler haben herausgefunden, daß der Amazonas noch 80 km länger als der Nil sei, nämlich 6 749

km. Um auf diese Zahl zu kommen, muß man schon ein paar geistige Verrenkungen machen (. . . man kann ja auch Mississippi und Missouri zum längsten Strom der Welt addieren!), aber 4 061 schiffbare Kilometer bis zum Zusammenfluß von Ucayali und Marañon in Perú sind ja auch ohnedies ein stolzer Titel. Nachdem der Tropenregen so richtig schön aus himmlischen Eimern heruntergeschüttet wurde, steigt der Wasserspiegel in Manaus auf 29 m, und bei Hochwasser breitet sich das im Schnitt zwei Kilometer breite Flußbett auf 40—60 km aus und füllt die umliegenden Sumpfgebiete auf, deren Pegelstand um 6—9 m anhebend.

200 km Mündungstrichter im Staate Pará sind die vorbereitenden Festlichkeiten zur Vermählung des Amazonas mit dem Atlantik: Ein Polterabend im wahrsten Sinne des Wortes. »Pororoca« nennen die Indianer dieses Donnergrollen des Aufeinandertreffens der Wasser, und noch weit entfernt kann man es hören.

Nach der Lehre Mohammeds gibt es sieben Himmel, deren oberste einem Christenmenschen absolut verschlossen sind. Nach den Landkarten physischer und geopolitischer Beschaffenheit gibt es drei Länder der Hölle, die für Christenmenschen mit Abenteuerblut durchaus einladend geöffnet sind: Am Amazonas-Dschungel, der vielzitierten »Grünen Hölle«, partizipieren das südliche Kolumbien, das östliche Perú und das nördliche Brasilien. Brasilien mit Löwenanteil.

Die Hölle kann man buchen. Als Schiffsreise mit Hängemattenkomfort ab Belém, ab Manaus, ab Santorém.

Man fängt dort an, wo man aufhört — mit dem Zubringerflugzeug nämlich. Das läßt sich als Abenteuerreise oder als Jagdsafari oder als mobile Fischwaid variieren, und wer amphibiensüchtig ist, hat die Chance, an Krokodiljagden teilzunehmen, im nächtlich keineswegs schweigenden Urwald, von Caboclos (Mestizen, Mischlingen aus Weiß und Indianisch) mit Bergmannslampe am Kopf geführt (am besten: Juli bis Dezember).

Badeausflüge sind das in der Regel nicht. Den knapp 30—40 cm langen Piranhas und ihrer Routine, Eßbares ehrlich bis auf die Knochen abzunagen, mißtraut man denn doch trotz aller Versicherungen der Zoologen. Schon gar in der Trockenzeit, wo offenbar Wut ihre Freßsucht belebt. Auch an der unbedingten Friedfertigkeit von Anakondas und der Trägheit von Alligatoren darf man dezente Zweifel hegen. Selbst die Tatsache, daß die Caboclos bei ihren Hütten sich als Mäuse- und Rattenjäger gelegentlich eine Boa Constrictor halten, regt nicht zu näherem Umgang an. Wer sich dem Urwald mit preußisch-buchhalterischem Ordnungssinn nähert, leidet Qualen, versteht die Welt nicht mehr. So etwas von Unordnung ist schon nicht mehr genialisch. Im Halbdunkel verfilzen sich Äste, Zweige, Palmwedel, Lianen, Schmarotzer, Unterholz . . . am Wasser, über dem Wasser, im Wasser.

Wasser zum Baden — gewiß, das gibt es auch. *Manaus* (1713 km von Belém, 3 477 km von Brasília), einst letztes Urwaldnest, ehe der Gummiboom anhub und aus seinem klingenden Abfall sogar ein »Teatro Amazonas« mit Plüsch, Troddel, Lüstern, Rängen und Marmor wuchs, ist heute eine veritable Stadt mit Ambitionen in Sachen Fremdenverkehr und hat z.B. auch ein vom Staatspräsidenten 1976 festlich eröffnetes Superhotel mit 360 Zimmern und Swimming-Pool (»Tropical Ponta Negra«, 21 km westlich der Stadt, am Rio Negro). Daß Brasilien ein unendlich großes Land ist, spiegelt sich symbolisch auch in diesem Hotel wieder: Es kann sein, daß Ihr Zimmer einen Viertelkilometer vom Aufzug entfernt liegt. Viel Gelegenheit zum Trimmen also.

Auch zum Ausfüllen von Papieren. Manaus ist nämlich Freihandelszone (also »Zollausland« für Brasilien), und wer so etwas kennt, weiß auch von »Nämlichkeitsscheinen« und anderem Papierkrieg, der sicherstellen soll, daß eingeführte Gegenstände auch wieder ausgeführt werden . . . na, und so weiter. Sprach ich von Unordnung im Urwald? Hier jedenfalls herrscht Ordnung — und das tunlichst umständlich und mehrfach hintereinander.

Das Schlagwort von der »Grünen Hölle« hindert abenteuerlustige Touristen nicht am Besuch des Amazonas-Dschungels

Dennoch: Lassen Sie sich das (nicht ganz billige) Vergnügen, Gast im Urwaldhotel und – später – Entdecker faszinierenden Regenwaldes zu sein, auch von mißgelaunten, leidgeprüften Vorreisenden nicht vergällen. Allein das brasilianische Frühstück ist ein Stück Schlaraffenland, und wenn Sie im Cosac-Zoo die Tiere gesehen haben, die Sie im Urwald zu treffen hoffen, und auf Gewässern die Superbratpfannen der Victoria Regia oder Victoria Cruziana, mag es schon sein, daß Sie einen Hauch jenes Traums verwirklicht sehen, den Sie vom Urwald immer geträumt haben. Man ist bemüht, Ihnen dabei zu helfen, und wenn auch das große Abenteuer jener Kautschuksucher, die einst die Stämme der Hevea brasiliensis melkten, heute eher einen touch Show-Charakter besitzt . . . auf Curare-Giftpfeile hatten Sie es wohl ebensowenig abgesehen wie auf das kunstfertige Verarbeitetwerden zum Schrumpfkopf. Mit Moskitos und kleinen Stechfliegen haben Sie Kämpfe genug. Und vielleicht müssen Sie sich sogar beeilen, den Traum »Regenwald des Amazonas« dort zu träumen, zu erleben, wo seine Handlung spielt: Nach Meinung des brasilianischen Professors Keer könnte der durch skrupellosen Raubbau immer stärker dezimierte Urwald in 30 Jahren verschwunden sein, weil das Abholzen die klimatischen Verhältnisse durch die verminderte Sauerstoffproduktion verändern würde. Er sagte es mahnend; denn Brasilien ist dabei, ungezählte Kubikmeter der tropischen Hölzer des Regenwaldes zu verkaufen, um damit den Berg seiner Auslandsschulden schrumpfen zu lassen.

Ein »Verkauf« in anderem Sinne hat längst begonnen: »Autobahn der Zukunft« nennt man offiziell die »Transamazónica«, die mitten durch den Regenwald geführt wird und einmal, mehr als 7 000 km lang, Atlantik und Pazifik als Autostraße verbinden soll, zu der weitere große aus den nördlichen Bundesstaaten kommende Straßen stoßen und ein zentrales Verkehrskreuz bilden werden. Rings um diese Straßen sollen 100 000 Familien aus dem armen Nordosten angesiedelt werden, um die gerodeten Flächen für die Landwirtschaft aufzubereiten und zu nutzen. Es mag Leute geben, die daran glauben. Die für eine Agrarreform im Interesse kleiner, landloser Brasilianer eintretende Bewegung »Sem Terra« (ohne Land) glaubt nicht daran. Sie moniert fraglos mit Recht, daß gewaltige, anbaufähige Latifundien brasilianischer Großkopfeter schon jetzt nicht genutzt werden, und ihre Mitglieder wissen (und gossen das in einen Slogan): »Terra é poder não se ganha, se conquista!« – Land ist Macht, und die kriegt man nicht gratis, die muß man erobern! Eine Drohung? Eine vielleicht realisierbare Drohung stoßen die Amazonas-Anrainer im Frühjahr 1989 aus: Die Konferenz von Manaus beschließt, nun sei es Schluß mit der Auslandseinmischung in der Urwaldfrage. Im übrigen werde man die zu 200 Milliarden Dollar aufgelaufenen Schulden nicht mehr bezahlen, und niemand solle sich einbilden, etwa die Schuldsumme bei »Wohlverhalten«, durch Zusicherung eines Kahlschlag-Stops, zu kompensieren. Da spiele sich überhaupt nichts ab.
So fällen sie denn weiter. Daß auch Manaus weiter von diesem Superprojekt profitieren wird, ist unzweifelhaft. Der Regenwald indessen ... Professor Keer sieht da nicht mehr »Grüne Hölle«, sondern nur noch schwarz.
Weder grün noch schwarz, sondern bunt wie im Tuschkasten geht es dort zu, wo der Amazonas sich anschickt, via *Baia de Marjó* in den Atlantik zu strömen: auf dem viereckigen Markt von Ver-o-Peso von *Belém*. Auch dieses »Belém« ist — wie zu erwarten — nur eine Kurzform, mit der sich die Taufpaten, zweihundert Portugiesen im Jahre 1616, nicht zufriedengegeben hätten. Sie tauften das Stück Land, das sie als eine Gegend üppiger Bäume und großer Buchten beschrieben, auf den Namen Santa Maria de Belém do Grão-Pará.
Pará heißt der Bundesstaat immer noch, dessen Hauptstadt Belém ist, aber im übrigen würde niemand der damaligen Entdecker das Gebiet wiedererkennen: Aus dem Kaff mit dem meterlangen Namen ist eine Großstadt von 1 120 700 Einwohnern geworden, in der die Hochhäuser den kolonialen Relikten langsam die Schau stehlen. Tor zum Urwald allerdings ist Belém geblieben, seit um die Jahrhundertwende der Kautschuk-Boom einsetzte und eine Generation lang anhielt, bis ein cleverer Engländer Latex-Samen aus dem Lande schmuggelte, in Indonesien einpflanzte und dort mit dem Wachsen der Plantagen auch die Konkurrenz wachsen ließ. Inzwischen hatte sich die »Reifenindustrie« in Belém angesiedelt — und damit begann der Trend zur Industrieialisierung insgesamt.
Das ließ nun aber nicht gleich die ganze Welt von Alt-Belém zusammenstürzen. Im Schatten der Wolkenkratzer blieben die murkeligen, hinterhofverwinkelten alten Häuser erfüllt von Leben, trifft man auf recht imposante Zeugen vergangener Tage und erliegt man dem Jahrmarkt des Aberglaubens auf dem *Ver-o-Peso-Markt* mit der Hingabe, die achso aufgeklärte Menschen unserer Tage der Magie auch kuriosester Formen entgegenbringen. Rückversicherung aus verdrängter Urangst? Neugier? Erwachsendes Verständnis für denkbare parapsychische Phänomene? Amüsement des Kuriositätensammlers?
Vielleicht trifft von allem etwas zu, wenn dieses Sammelsurium an Amuletten, Fetischen, Zaubergegenständen aus den Buden des Platzes über uns quillt. Aphrodisiaka – vom Amulett, das aus Schweinsfischaugen gebastelt wurde, bis zum Jambu-Kraut –, Rosenkränze aus Hornschnecken, geschrumpfte Riesenschlangenköpfe, Krokodilszähne und Allheilmittel ... es gibt fast nichts, das es auf diesem Gebiet nicht gibt. Hier ist der Urwald nicht mit seinem Wildwuchs der Flora, sondern mit dem Geist seiner Be-

wohner in die Stadt gedrungen (an den Hafenkais, von morgens sechs bis dreizehn Uhr).
Natürlich gibt es auch anderes zu kaufen. Das gängige Kunsthandwerk benutzt als Materialien Kupfer, Holz, Palmfaser und Ton, Gewürzhöker verkaufen bei uns kaum bekannte Würze, Konditoren Zuckerzeug regionaler Prägung. Im Zentrum und an der Praça Kennedy kann man sich danach umsehen.
Ansehen muß man sich auch das Teatro da Paz, einen eindrucksvollen Bau von 1878, das Museu Emílio Goeldi in der Magalhães Barata 518 (Dienstag bis Freitag: 8–12 und 14–18 Uhr, Sonnabend 8–13 Uhr) mit seinen Sammlungen zu Fauna und Flora Amazoniens wie Kunsthandwerk und Völkerkunde der Amazonas-Indios. Die Kathedrale von Belém stammt von 1755 und ist wie die Igreja Santo Alexandre und die Basilica de Nazaré einen Besuch wert, und natürlich wird man von der Stadt aus den Amazonas überqueren, um Strand und Wald der Insel *Outeiro* oder der großen Insel *Marajó* (Büffelzucht, Fischwaid, Jagd) eine Visite zu machen. Mit Spielplatz, Naturpark und Schutzgebiet nebst Minizoo empfiehlt sich der Rodrigues-Alves-Wald, wo man auch zu Tanz und Mahl am Wochenende hinfährt. Schildkrötenzucht wird in den Aquarien des Paraíso das Tartarugas im Stadtteil Marco betrieben. Ausflüge lohnen sich nach *Salinópolis* (242 km) zur Boi-Bumbá-Fête im Juni oder zum Carimbó im Dezember. Etwas näher (82 km) liegt mit seinen Stränden *Mosqueiro* (Schiffsverkehr), eine Strominsel.
Um die regionale Küche des nördlichen Brasilien kennenzulernen (sie ist fesselnd!), besucht man am besten die einfachen Lokale wie z. B. »Avenida« an der Avenida Nazaré 1086 oder »O Pato de Ouro« (»Der goldene Erpel«) in der Rua Diego Maia 633 . . . inzwischen hat es dann auch wieder aufgehört zu regnen, an 245 Tagen des Jahres nämlich birst so gegen 15 Uhr mit schöner Regelmäßigkeit der Himmel. Die Wolkenbrüche mildern allerdings auch — und sei es für Zeit — die tropische Hitze.
Beléms Küche hat Urwaldeinschlag, Maniok oder Tapioka ersetzen Kartoffel und Reis — und wenn Ihnen auf einer Speisenkarte die drei Worte »pato no tucupi« auffallen, das spezielle Entengericht Parás mit den Liebeskraft fördernden Zutaten: Greifen Sie zu, auch wenn Ihnen bei 40 Grad im Schatten Liebe so notwendig erscheint wie ein Loch im Kopf. Bei »Tacaca« (auch so ein Aphrodisiakum!) bilden getrocknete Krabben und Tapiokaknollen die Basis in der heißen Brühe; man fischt sie mit den Fingern heraus und schlürft die Brühe genüßlich dazu . . . ein Vorgang, dem man häufig auch auf der Straße begegnet, wo Tacaca-Stände den Quick-Lunch ersetzen. »Maçuã« ist Fleisch einer kleinen Schildkröte, Krebsragout in Kokosmilch gedünstet und mit Reis serviert ist so vorzüglich wie nach einem guten Dutzend Rezepten zubereitete Schildkrötengerichte. Als Fisch empfehlenswert und frisch aus dem Amazonas: Pirarucu. Zu trinken? Die Auswahl ist so groß wie international, aber probieren Sie einmal »açaí«, den Saft einer Palmfrucht, dessen Aroma Sie nicht vergessen werden. »Wer in Pará war und Açai probierte, will nicht mehr fort«, sagen die Leute in Belém.
Irgendwann werden Sie auch — via Flughafen Val de Caẽs (12 km) — Belém verlassen, wie wir nun Brasilien verlassen, das riesige Land mit der gewaltigen Vielfalt seiner Staaten, Städte und Landschaften . . . und der nicht geringen Zahl noch unbewältigter Probleme.

VENEZUELA

República de Venezuela

Seit der Petrodollar rollt, rollten auch die »Caddies«, die amerikanischen Straßenkreuzer, und im Grunde hätten die reichen Venezolanos es gern noch ein bißchen größer. Den Platz dafür gibt es zwar in der Hauptstadt Carácas schon lange nicht mehr, doch jährlich verdickt sich die Blechlawine um 50000 Autos. Über 600000 waren's schon Ende 1978, und so verfiel die Regierung auf einen genialen Ausweg: Die Endziffer der Zulassungsschilder ist an die Fahrerlaubnis geknüpft, jeder Autobesitzer hat einmal wöchentlich Fahrverbot in der smoggeplagten Metropole 900 m über dem Meeresspiegel.
Auf Meereshöhe flammen noch die Fackeln über den Crack-Stationen für venezolanisches Erdöl, und so lange sie nicht verlöschen, wähnt sich das OPEC-Land trotz aller Probleme in voller Sicherheit. Großverdiener zahlen 15 % Steuern und können ihren Arbeitern die vollen Sozialasten abnehmen: Man trägt sie großzügig auf der leichten Schulter. Das Bruttosozialprodukt des Landes pendelte sich bei 70 Milliarden $ ein, das Pro-Kopf-Einkommen von 6000 DM stempelt die Venezolaner zu Bürgern eines entwickelten Landes, 11 % Inflationsrate beim Bolívar, der Währungseinheit, liegen in Südamerika noch weit über der Gürtellinie. Man kann sich etwas leisten ...

Das rosarote Porto

Man leistete sich beispielsweise im Februar 1979 ein neues Gesetz: Die Post befördert Liebesbriefe für die Hälfte des Normportos. Einzige Vorschrift: Sie müssen in einem rosafarbenen Umschlag versandt werden. Doch auch auf dem Gebiet des Eros heißt es: Vertrauen ist gut, Kontrolle ist besser; und so darf die Post hineinlugen in die Rosaroten, als Stichprobe. Steht da nichts von »mein Schnuckiputzi« und »tausend heiße Küsse«, sondern etwa »bezugnehmend auf Ihren allerwertesten von gestern«, müssen Betrüger in Sachen Liebespost mit kräftigen Geldstrafen rechnen.
Rosarot sehen auch viele Venezolaner in Fragen ihres Exports. Im Erzgebiet am Orinoco lassen sich noch zweieinhalb Milliarden tons Erz mit 60% Eisengehalt und 7,5 Milliarden tons mit 40% Gehalt an Eisen im Tagebau aus dem Boden holen. Flußabwärts transportiert, tritt Erz den Weg über See an. Um das Geschäft noch »etwas« devisenträchtiger zu machen, nämlich auf das rund Fünfzehnfache zu kommen, begann man ein gewaltiges eigenes Stahlwerk zu bauen. Sobald es angelaufen ist, wird sich die Stahlproduktion um fünf Millionen tons jährlich erhöhen. Noch einmal dieselbe Produktionserhöhung soll eine Anlage von Stahlwerken in der Provinz Zulia (Maracaibo-See) bringen, für die zumindest der Boden schon angekauft worden und die Kohle für den Koks zum Betrieb der Hochöfen gleich nebenan vorhanden ist. Rosarote Zeiten also am Horizont, wenn alles so läuft, wie die Regierungspläne es vorsehen.
Gemeinhin läuft hierzulande allerdings keineswegs alles wie geplant. In Carácas gehören Kerzen zur wichtigsten Standardausrüstung der Wohnungen, denn bei der abendlichen Spitzenbelastung fällt dauernd in irgendeinem Stadtteil der Strom aus. Die Müllabfuhr kommt ohnehin mit den Segnungen der Wegwerfgesellschaft nicht mehr zu Rande. Was die vier Millionen Caraqueños an Abfall produzieren, schmückt lange die Straßen, und von den Müllverbrennungsanlagen legt sich bei Ostwind der stinkende Qualm als Smog über die Stadt. Die Wasserversorgung bricht häufig zusammen, für Tage und Wochen. Die Wassertankwagen erreichen

die Armenviertel an den Hängen über der Stadt dann ganz gewiß nicht. Schließlich und endlich: Die Sieben-Meilen-Stiefel-Industrialisierung ist über mancherlei Dringliches hinweggeschritten, das nun anklagend an der Strecke steht. Schulwesen, Krankenhäuser, vernachlässigte Landwirtschaft... wer auch immer heute oder künftig in Venezuela regiert, wird sich mit diesem Nachholbedarf beschäftigen müssen. Die Faszination industrieller Entwicklung, der Traum vom großen Geld... sie allein sind kein tragfähiges Fundament für die Zukunft.

Geld für Klein-Venedig

Mangel am nervus rerum, dem notwenigen Kleingeld, verzögerte die dritte Reise des Amerika-Entdeckers Columbus, der erst 1498 wieder bei den Kanaren Westkurs aufnahm. Im August und beim Anblick des Orinoco-Deltas ging dem Entdecker ein Licht auf: Das war ja gar keine Insel, die da vor ihm lag; denn die Wasser eines Stromes dieser Größe, die sich mit der gischtenden Brandung des Meeres hier donnernd mischten, konnten nur von einem Festland kommen.
Er hatte indessen andere Sorgen und Aufgaben, und erst ein Jahr später sehen Alonso de Hojeda und Amerika-Namensgeber Amerigo Vespucci etwas genauer hin, erblicken ein auf Pfählen erbautes Dorf der Indios, fühlen sich spontan an die Lagunenstadt in der Adria erinnert und schreiten zum Taufakt: Venezuela, Klein-Venedig, sollst du heißen! Der Beiname »Castilla del Oro«, Goldenes Kastilien, hat eher den Wunsch als die Realitäten zum Taufpaten — und das sieht wohl auch Kaiser Karl V. ein, der bei den Augsburger Bankiers, den Welsern, im Laufe der Jahre so tief in die Kreide geraten war, daß er sich 1528 entschloß, Venezuela den Welsern zwecks Schuldentilgung zum — spanischen — Lehen zu geben.
Was unter der Aegide der Welser dann dort vor sich geht, die Ambrosius Alfinger und seine Landsknechtshorden am Orinoco hausen lassen, erschreckt nicht nur die spärlich mit Nachrichten versorgte Welt, es läßt auch den Kaiser diesen Vertrag 1545 wieder aufkündigen. Venezuela wird spanisches Generalkapitanat Carácas (1550) und im 18. Jahrhundert Teil des Vizekönigreichs Neugranada (mit Kolumbien und Ekuador). 1810 stehen die Caraqueños gegen die Spanier auf, Sebastián Francisco de Miranda stellt sich an die Spitze, am 5. Juli 1811 wird die Unabhängigkeit ausgerufen. Die Spanier, die Napoleon auf Elba wohlverwahrt meinen und wieder Zeit für andere Dinge haben, schicken 1815 ihren General Morillo nach Klein-Venedig und lassen ihn mit den Aufmuckern reinen Tisch machen. Doch Mirandas Saat (er selbst ist 1812 gefangen genommen und in Cádiz eingesperrt worden) geht auf: Widerstand zeigt sich im ganzen Lande, und Bolívar, der 1819 die Spanier bei Boyacá schlug, befreit damit auch Venezuela und ruft die Republik Groß-Kolumbien aus, in der Venezuela zusammen mit Kolumbien, Ekuador und Panama bis 1830 verbleibt. Dann macht es sich endgültig selbständig — und gerät ab 1848 zunehmend in den Strudel von Machtkämpfen und ins Schlepptau von Diktatoren. Erst hundert Jahre später kommt das Land zur Ruhe — nur mehr gelegentlich gestört — wie 1967 durch den von Fidel Castro unterstützten Umsturzversuch —, kann es sich zu dem reichen (und problemreichen) Land entwickeln, das es heute darstellt. 20 % Auslandsverschuldung drücken kaum.

Das Land in Stichworten

Geographische Lage: 0°45′–12°10′ Nordbreite, 49°45′–73°10′ westlicher Länge. Entfernung Frankfurt–Carácas: 8835 km.

Fläche: 912 050 qkm, elfmal so groß wie Österreich.

Einwohner: 18 270 000; 20 je qkm.

Hauptstadt: Carácas, ca. 4 Mill. Einwohner.

Staatsform: Präsidiale föderative Republik mit Parlament aus zwei Kammern (»Cámara de Diputados«, »Cámara de Senadores«). 20 Bundesstaaten mit teilweiser Autonomie, Bundesdistrikt Hauptstadt, zwei Bundesterritorien.

Nationalflagge: Waagerecht: Gelb (mit Wappen als Gösch) – Blau (mit 7 im Halbkreis angeordneten weißen Sternen) – Rot.

Städte: Maracaibo (888 824 E), Valencia (616 000 E), Barquisimeto (497 000 E), Marcay (440 000 E), San Cristóbal (199 000 E), Cumaná (192 000 E), Ciudad Bolivar (182 000 E), Maturin (155 000 E).

Bevölkerung: Über ⅔ Mestizen und Mulatten, etwa 20 % Weiße (meist spanischer und italienischer Herkunft), 8–9 % Neger, ca. 1–2 % Indianer, über eine Mill. illegal im Lande lebende Kolumbianer.

Religion: 95 % römisch-katholisch, 2 % Protestanten, 15 000 Juden.

Landessprache: Spanisch. Örtlich indianische Idiome als Umgangssprache.

Zeitdifferenz: MEZ minus 5 Stunden. Gegenüber Frankfurt wird die Uhr um 5 Stunden zurückgestellt.

Wichtiges von A bis Z

Anreise: Viermal wöchentlich Direktflug ab Frankfurt, sonst via Paris, Madrid, London zum Flughafen Simon Bolívar von Carácas (30 km zur Stadt, Tickets für Taxis im Flughafengebäude). Flughafengebühren bei Ankunft. Reisende müssen ein »Visto Bueno« (Touristenkarte) auch der Fluggesellschaft) besitzen. Aufbewahren für Gebührenfreiheit bei Abreise. Nachbarschafts- und Inlandflugverkehr sehr dicht.

Diplomatische Verbindungen: Deutsche Botschaft (Embajada Alemana), Edificio Panaven, 2° Piso, Avenida San Juan Bosco Esq. 3 a Transversal, Carácas 106, Tel. (005 82) 2 41 25 02.
Honorarkonsulate in Ciudad Guayana, Maracaibo, San Christobal, Valencia.
Schweizerische Botschaft: Avenida Francisco de Miranda, »Torre Europa«, piso 6, Campo Alegre, Carácas, Tel. 9 51 40 64
Österreichische Botschaft: Avenida Estancia, »Torre Las Mercedes«, piso 4, Chua, Caracas, Tel. 91 38 63.

Feiertage: 1. und 6. Januar, Rosenmontag, Fastnachtsdienstag, Gründonnerstag, Karfreitag, 19. April, Himmelfahrt, Fronleichnam, 24. Juni, 29. Juni, 15. August, 12. Oktober, 1. und 8. November, 25. und 26. Dezember.
Nationalfeiertage: 5. Juli, 24. Juli (unabhängig von Spanien 1811; Auflösung der Föderation mit Kolumbien 1830).

Gewichte: metrisch

Informationen: Verkehrsbüro Venezuela, Kaiserstraße 13, 6000 Frankfurt, Tel. (0 69) 28 19 15.

Impfungen: Im internationalen Reiseverkehr nicht gefordert. Gelbfieber-Impfung für außerstädtische Gebiete empfohlen. Malariaschutz empfohlen für ländliche Gebiete. Bösartige Malaria (Plasmodium falciparum) soll vorkommen.
Malariaschutz ganzjährig empfohlen für Gebiete unter 600 m Höhe (Städte sind nicht gefährdet). Chloroquin-Resistenz möglich.

Klima: Die Lage in der tropischen Zone wirkt sich wegen der Höhenunterschiede verschieden aus.
Heiße Zone (Terra Caliente, 0–600 m) im nördlichen Küstengebiet und den Orinoco-Niederungen hat meist eine mittlere Temperatur von 25 bis 29° C; heißester Monat ist der August (36° C), kältester der Januar (26° C); hohe Luftfeuchtigkeit mit 90 %. Regenzeit Mai bis Anfang November, Trockenzeit Dezember bis April.
Die gemäßigte Zone (Berge; Carácas, Mérida) hat Mitteltemperaturen von 23–25° C (Juli/August) und 15–19° C im Januar. 60–80 % Luftfeuchtigkeit – aber für Europäer erträgliches Klima.
Kalte Zone im nördlichen Gebirge und den Kordilleren von Mérida hat Mittelwerte von 10 bis 14° C und ist regenreich. Frostgrenze bei 2 500 m.
In der heißen Zone, im Tiefland von Maracaibo und in den Llanos ist Tropenkleidung angebracht. Für Carácas und die gemäßigte Zone genügt Sommerkleidung. Für das Bergland ist warme Kleidung notwendig, Regenschutz. Gute Sonnenbrille!
Beste Reisezeit: Januar bis April.

Öffnungszeiten: Läden Mo–Fr 9–12.30, 15–19 Uhr, Banken Mo–Fr 8.30–11.30, 14–16.30 Uhr.

Reisepapiere: Reisepaß und Touristenkarte (siehe Anreise) bei Aufenthalt bis zu 60 Tagen.

Stromspannung: 110 Volt Wechselstrom. Amerikanische Flachstecker.

Trinkgelder: Zu den Bedienungsaufschlägen (Hotel, Restaurant) weitere 5–10 %. Für alle Dienstleistungen üblich, nicht für Taxifahrer.

Trinkwasser: In den Städten einwandfrei. Sonst ist Mineralwasser angeraten.

Verkehr: Busverbindungen zwischen Carácas und anderen Städten des Landes; recht preiswert. Keine Eisenbahn für Personenverkehr. Gut ausgebautes Straßennetz, bei Überlandstraßen meist zweispurig. Autobahnen: Carácas – La Guaira; Carácas – Bogotá (Panamericana); Valencia – Carácas. Rechtsverkehr. Internationaler Führerschein.

Währung: 1 Bolivar (Bs) = 100 Centimos = ca. 0,08 DM. Starke tägliche Schwankungen.

Zoll: Zollfreie Einfuhr von persönlichem Reisegut, von einem Foto- oder Filmapparat mit 12 Filmen, 200 Zigaretten und 25 Zigarren, 2 Liter Spirituosen, 4 kleinen Flaschen Parfüm.

Die Wiege des Befreiers: Carácas

Die Bolivianos nannten ihr Land nach ihm, Venezuela seine Währung, Carácas Straßen, Bauten, Plätze: Bolívar, El Libertador, ist allgegenwärtig. Jene Erdbeben, welche 1755 und 1812 das 1567 gegründete Carácas zusammenfallen ließen, hat er noch miterlebt. Was er nicht mehr erlebte (und vielleicht wäre er daran verzweifelt), sind die Ranchitos, die Elendsviertel an den Hängen des Hochtals zwischen Gebirgsketten mit Spitzen bis 2 600 m, in dem die Landeshauptstadt liegt. »Ranchería« im Spanischen bezeichnet eine Hüttensiedlung, »Rancho« deren Bewohner. Wie eine Koseform wirkt das venezolanische Wort für diese Behelfswohnungen, in denen — wer zählt sie schon — rund 200 000 der 4 Millionen Einwohner hausen: Krasser Gegensatz zum Reichtum, den man der »Stadt der Millionäre« nachsagt.
Der Blick vom *Parque El Calvario* im Westen der Stadt fällt auf das Schachbrettmuster von El Centro, dem jungen ältesten Teil der Stadt, von Ost nach West durch drei große Boulevards geteilt. Rechterhand die *Avenida Bolívar* mit den Zwillingswolkenkratzern des *Centro Simón Bolívar,* ab 1957 erbaut, 32 Etagen hoch und in der Geschlossenheit der Anlage beeindruckend. Die Avenida des Befreiers geht hierunter auf Tauchstation, um dann in Richtung auf den *Parque Los Caobos* wieder aufzutauchen. In diesem Park der Mahagonibäume und seiner erfrischend guten Luft hat sich das *Museo de Ciencias Naturales* (Di—So, 9—12 und 15—17 Uhr) etabliert und das *Museo de Bellas Artes* (Di—Sbd, 9—12 und 15—17 Uhr, sonntags 12—17 Uhr). Das der modernen Kunst *(Museo de Arte moderno,* gleiche Öffnungszeiten) liegt im Schatten der Hochhäuser am rechten Ende der Avenida Bolívar. Zumindest in den Kunstmuseen lohnt sich ein Besuch.
Vom Mahagoni-Park durch den Autoposta del Este getrennt, liegt südlich der *Jardín Botánico* — ein großer und schöner Park zum Aufatmen, bevorzugtes Terrain für Spaziergänger, die den Benzinmief der Straßen leid sind. Geht — fährt — man weiter in südlicher Richtung durch das *Universitätsviertel* der Stadt und über den Paseo los Illustres, so öffnet sich nach kurzem Weg der *Parque de los Próceres* (der »Park der hohen Tiere«), wo sich nicht nur Grandes und Magnaten die Füße vertreten.
Hoch zu Roß begegnet uns Bolívar am nach ihm benannten Platz. An der *Plaza Bolívar* auch erhebt sich die *Kathedrale.* Seltsamer Anblick: Das knapp ein Jahrhundert alte Bauwerk begnügt sich als Hauptkirche mit einem Turm. In der Kirche ruhen die Eltern des in Carácas geborenen Befreiers, ein unvollendet gebliebenes Abendmahlsgemälde zeigt — auch als Torso — die großartige Handschrift des venezolanischen Malers Tito Salas. Älter und eindrucksvoller in seinen Proportionen ist — gegenüber — das alte Rathaus *(Consejo Municipal).* In der Nähe auch das nationale *Capitol,* mit goldbelegter Kuppel Symbol der Wohlhabenheit. Abgeordnete haben im Innern der Kuppel die Szenen und Gestalten der Landesgeschichte nur sporadisch gesehen, ein Parlament erschien lange Zeiten hindurch durchaus entbehrlich.
Hinter dem Kuppelbau ein schlichtes Kleinod: die Kirche *San Francisco* mit schönem barockem Schnitzwerk. In dieser Kirche erhielt Bolívar den Ehrennamen El Libertador verliehen. Geboren wurde der allgegenwärtige Befreier dort, wo heute — original nachgebaut — die *Casa Natal de El Libertador* (Plaza San Jacinto)

steht. Das Geburtshaus, durch die großen Beben zweimal zerstört und wiedererrichtet, ist ein intimer Kolonialbau mit Patio, und solange man nicht über die Mauern und das Dach hinausblickt und die gierig in den Himmel greifenden Hochhäuser sieht, könnte man sich in die Zeit um 1800 zurückversetzt fühlen. Erleichtert hat die Rückschau der Maler Tito Calas mit seinen Wandgemälden, die, nationalstolz, die Geschichte Bolívars deklamieren.

Das ebenfalls an der Plaza gelegene *Museo Bolivariano* (Di—Fr, 9—12 und 15—18 Uhr, wochenends 10—13 Uhr) liefert Details zur Lebensgeschichte und, im Bemühen, ja auch komplett zu sein, einige Kuriositäten, die nicht unmittelbar national Betroffene schmunzeln lassen. . .

Fünf Blocks nördlich der Plaza Bolívar ruhen die sterblichen Überreste des Befreiers im *Panteón Nacional* (einst Kirche Santísima Trinidad geheißen). Ein noch offenes Grab soll an den Vorläufer des Freiheitskämpfers erinnern, an Miranda, der in Spanien zu Grabe getragen wurde.

Im nördlichen Viertel San Bernardino gelegen ist das vorzüglich mit kolonialem Mobiliar ausgestattete *Museo de Arte Colonial* (Avenida Panteón; Mi, Do, Sbd, 9—12 und 15—17 Uhr, sonntags 9—18 Uhr).

Genug von Reminiszenzen, des Lebens Fülle herrscht nicht in El Centro, sondern dort, wo auch die meisten Hotels zu finden sind, in *Sabana Grande,* einem Teil der Neustadt. Hier ohne Vorbuchung ein Hotelbett zu finden, ist hoffnungslos; und schließlich will man sich ja nicht jede Nacht in Restaurants und Nachtlokalen um die Ohren schlagen. Es gibt genügend davon, doch die wechselhafte Gunst des Publikums macht es oft zweifelhaft, ob sie längere Zeit florieren. Ihre Hotelrezeption ist im Bilde über den aktuellen Stand gastronomischer Beliebtheit, und mit Gewißheit finden Sie am Counter einen gedruckten Wegweiser zu Tisch, Tanzfläche und Show.

Was die Küche anlangt, so sind in Venezuela vor allem kreolische Spezialitäten gängig, »Criollos«, meist nahr- und schmackhafte Eintöpfe. Durchforschen Sie die Speisekarten einmal nach »Sancocho«, einem suppigen Eintopf aus Rindfleisch, Geflügel und allerlei Gemüsen, den es — maritim abgewandelt — auch auf Fisch-Basis gibt. Wer den Segen des Meeres liebt, ist mit »Cazuela de Mariscos«, einem Eintopf aus Fisch und anderem Meeresgetier, gut bedient. Daß Carácas als Anziehungspunkt für den internationalen Jet-Set auch internationale Küche präsentiert, muß kaum betont werden.

Pack die Badehose ein. . .

Man kann sich, obwohl das ein Umweg ist, mit der rechten Hand am linken Ohr kratzen. Etwas Ähnliches ist möglich, wenn man von Carácas aus die Strände an der Küste besuchen und zum Baden fahren will. Im Nordosten der Altstadt (Centro) liegt, nicht weit von der Avenida Cota, die Talstation der *Bergbahn* (Estación de Teleférico), welche die Stadt mit dem *Pico Avila* verbindet (täglich 6—24 Uhr). In zwölf Minuten bringt sie die Kabinengäste auf 2 150 m Höhe, den Kamm der Küstenkordillere, ohne für diesen Schwebetransport gleich die andernorts üblichen unverschämten Preise zu fordern. Das Panorama von der Bahn und vom Pico über Carácas ins venezolanische Hinterland ist fantastisch; sobald man sich mit seinem Kreislauf geeinigt und sich der dünnen Luft angepaßt hat, genießt man den Blick — und das kann gern auch am späteren Abend sein, wenn Carácas im Lichtergefunkel aussieht wie eine Schüssel voll Glühwürmchen.

Es ist kein Höhenrausch und keine Illusion, wenn Sie nun plötzlich Schlittschuhläufer sehen: Die Kunsteisbahn ist ebenso real wie die bei der Bergstation angebotenen Erfrischungen, deren Preise der Berghöhe entsprechen. Statt dessen ein wenig um-

Im Talkessel zwischen hohen Bergen gelegen: das gern als Millionärsstadt apostrophierte Carácas, Venezuelas Metropole

herzuspazieren, ist sinnvoller und öffnet immer neue Perspektiven: Der Hafen von *La Guaira* und der *Flughafen La Maiquetía* (»Simón Bolívar«) erscheinen weit unten, links im Bild, zahllose Buchten werden sichtbar, und in der Ferne verblaut das Land vor der Karibischen Küste.
Wen Klima- und Höhenschock nicht beschweren, kann nun mit einer anderen Schwebebahn hinab zu eben dieser Küste gondeln, wo ihm nach der frischen Kühle der Kordillere tropische Sauna-Hitze entgegenstrahlt. Die Bahnstrecke endet in *Macuto,* und das heißt unmittelbar am Strand. Von der Eisbahn ins sommerliche Meer — eine echte Kneippkur.
Die Strände sind auch per Bus zu erreichen, wobei man in *La Guaira* noch ein wenig Kolonialatmosphäre schnuppern kann. Wer dort baden will, wo die Caraqueños sich aalen und der Staatspräsident (Villa »La Guzmania«) sommers residiert, wählt das ruhige Macuto, fünf Kilometer ostwärts der Hafenstadt. Zwanzig Kilometer von La Guaira wird es exclusiver: *Caraballeda* lockt mit Luxushotels bekannter Ketten und Angelausflügen (kostspielig) aufs Meer. *Naiguatá,* mit dem Bus erreichbar, liegt noch etwas weiter — ein kleines Nest, wo die Küstenbuchten mehlfeinen weißen Sand haben. Einsamer ist es hinter *Los Caracas,* wo die Betonpiste endet und man sich individuell »seinen« Strand aussuchen kann, den Picknickkorb in der Hand.
Die westlich gelegenen Strände, wie *Catia La Mar* und *Oricao,* sind besuchter, doch

Venezuela

auch hier findet man in den vielen Buchten bis zum Fischernest *Chiriviriche* immer noch einen Platz, wo nicht Sonnenanbeter, ausgerichtet wie Sardinen in der Büchse, auf dem Strandgrill liegen.

Ha no, Señor: Colonia Tovar

Sie waren, kaufmännisch gesprochen, wohl assortiert, die Familien aus Endingen am Kaiserstuhl, die in Stärke von zwei Kompanien 1843 ins Land kamen und von diesem Land ein Stück geschenkt erhielten, das ihnen der Graf Martín de Tovar y Ponte übereignete: 50 km westlich Carácas in der schier ein bißchen heimatlich anmutenden grünen Welt der Berge, zehn Kilometer vom Strand des Karibischen Meeres entfernt. Ein wenig höher lag ihre Colonia Tovar schon, so um 1 800 m, aber: Ha no, Señor, wir schaffe's scho.
Sie packten's, fleißig und gelassen, bauten ihre Schwarzwaldhäusle, bauten ihr Gemüse und Obst an und lebten wie daheim. Eine Enklave mit Menschen, die wie Peer Gynt dachten: Sei dir selbst genug. Das ging so bis in die Sechziger Jahre unserer Zeit. Als dann die Asphaltstraße über *Antimano* hinausgeführt wurde, entdeckten die Caraqueños die Idylle der Kaiserstühler, und im Handumdrehen wurde daraus ein touristischer Hit: Man flog hierhin aus, staunte, verstand kein Wort von dem, was da von den blauäugigen Leuten geredet wurde und kehrte mit heimgemachter Marmelade und eingemachtem Obst wieder nach Carácas zurück.
Der Wandel machte sich bemerkbar. Trotz des alten heimischen Stils der Häuser und des Fachwerkkirchleins änderte sich das Leben. Von den 2 000 Tovaros hingen viele die Landwirtschaft an den Nagel und begannen Touristenartikel zu basteln: Von der Kuckucksuhr bis zu rustikaler Keramik. Auch der Handel mit Spezialitäten wie schwarzgeräucherten Schinken wurde interessant, und in die Restaurants ziehen die Venezolanos, um Sauerkraut mit Kassler zu essen.
Man kann hier auch wohnen. Als Gast im »Kaiserstuhl«, in den »Drei Tannen«, im »Edelweiß«, im Hotel »Freiburg«. Nicht de luxe wie an der Karibik, aber herrlich gemütlich. So gemütlich, daß man am Wochenende, wenn die vierrädrige Meute angejagt kommt, lieber daheim bleibt, als sich zwischen Fachwerk und Autoblech zerquetschen zu lassen. Schließlich will man so heil, wie man hergekommen ist, auch wieder abreisen: Nicht mit den astronomische Preise fordernden Taxis, sondern dem braven Bus, der früh morgens in Carácas startet (Plaza Mariscal Sucre) und sich die schmale Straße nach Colonia Tovar hinaufwindet in eine Welt von gestern, auf der die Akzente von heute zunehmend kräftiger werden.

Maracaibo und andere...

Niemand behauptet, Venezuela sei touristisch schon erschlossen. Gegenüber der anderen liegt die weiße Industrie noch in der Wiege, ganz langsam erst beginnt man, ihr einen höheren Stellenwert zuzuschreiben.
Am 13 000 qkm großen Maracaibo-See liegt mit 888 000 Einwohnern und 30°C Jahresschnitt *Maracaibo*, wo König Öl das Regiment führt: Drei Viertel des venezolanischen Erdöls werden aus dem Grund des Sees emporgepumpt. Wer die bizarre Landschaft der Fördertürme sehen will, kann Maracaibo von Carácas aus anfliegen und wird vielleicht als so gar nicht passendes Souvenir in der Avenida Los Milagros Indianerarbeiten erstehen, die – nördlich der Stadt – in *El Moján* oder in *Sinamaica*, Wohnorten der Guajira-Indios, entstanden sind.
Wo einst im Namen der Augsburger Welser der so wenig angenehme Herr Alfinger residierte, in *Coro* am Golf von Venezuela, einst Hauptstadt, heute Kleinstadt, zie-

Venezuelas Badestrände, wie hier Catia La Mar, zeigen sich selten so unbelebt; dafür sind sie zu beliebt bei den Venezolanern

hen sich Dünen von afrikanischer Größe hin, die *Médanos de Coro.* Ein imposantes Gebiet, in das man, zur Vervollständigung der Illusion Sahara, Kamele importierte, um sie Touristen zum Ritt durch die Dünenwelt zu vermieten. Anfänge touristischer Erschließung.
Ausflüge zum höchsten Wasserfall der Welt, zum 972 m herabstürzenden *Salto Angel,* im südöstlichen, nur mühsam zu querenden Bergland von Guayana, werden ab Carácas veranstaltet: Der kürzeste (Flugzeug und Lufttaxi) dauert zwei Tage und gibt noch etwas Zeit, einen Eindruck vom Dschungel zu gewinnen.
Venezuelas größte Insel, *Margarita,* vom *Hafen Puerto La Cruz* erreichbar (5 Stunden Fähre!), war — noch ehe die Spanier kamen — blutig umstrittenes Kampfgebiet der Indiostämme: Guaiqueri- und Karibe-Indios bekriegten einander. Zur Zeit der Spanier und der Piraten ging es den Indios nicht besser. Heute entstand hier ein Ferienzentrum, das sich weiter entwickelt. Wo einst Perlentaucher die Austernbänke abgrasten, verlockt heute eine Freihandelszone Venezolanos zum billigen Einkauf, die per Luft, vom Maiquetía-Flugplatz zum Flughafen Portamar reisen. Jachthäfen, de luxe-Hotels, 160 km lange Strände ziehen Urlauber an, und selbst Sehenswertes ist zu entdecken: Goldene Votivgaben im Pfarrhaus von *La Valle,* Festungen, das kleine Museum von *Asunción* und die Lagune von *La Restinga,* wo man beim Fischessen in den Restaurants den unzähligen Reihern zusehen kann, die hier leben.

Viel bleibt noch zu entdecken, zu erschließen. Plötzliche, überraschende Funde machen gelegentlich den Wissenschaftlern Kopfschmerzen oder entlocken ihnen Begeisterungsrufe. Als Humboldt den Orinoco ansteuerte, schrieb er:

»*Die Natur ist eine unerschöpfliche Quelle für Untersuchungen, die größte Bibliothek, das schönste Museum für die Studien des sinnigen Beobachters. Wie sein Gesichtskreis sich erweitert, seine Beobachtung sind verfeinert, findet er neue Gegenstände, würdig einer sorgsamen Beachtung...*«

Wo Humboldt die Natur erforschte, wurden kürzlich erst — bei Barrancas — seltsame, meisterhafte Skulpturen ausgegraben, von denen man vermutet, daß sie einem anderen Kulturkreis angehören: Affen, Schildkröten u.a., ein ganzes plastisches Bilderbuch der Tierwelt am Orinoco. Daneben fanden sich auch Menschen- und Dämonenköpfe und eine janusartige, doppelköpfige Skulptur von Mensch und Dämon, Totem einer Naturreligion, das den Menschen und seinen Schutzgeist darstellt.

Auch für Überraschungen ist Venezuela gut, und vielleicht macht das eher seinen Reiz aus als das, was »money can buy«, was Kapital zur Entwicklung des Landes beitrug.

GUAYANA

Es ist schon verwirrend: Guyane, Guyana, Guiana, Guaiana . . . Schreibweisen zur Auswahl und dennoch im einzelnen okkupiert von denen, die hier die Macht ausüben. Nichts zu tun hat dieses Gebiet zwischen 8°30' Nordbreite und 3°45' Südbreite mit den Guayanas, die ein Indianerstamm Paraguays waren, und auch die Tatsache, daß sich das ehemalige Niederländisch-Guayana den Namen des Flusses Suriname zugelegt hat, als es selbständig wurde, vereinfacht die Sachlage nur wenig. Philatelisten bekommen glänzende Augen, wenn sie an die Britisch Guiana One Cent von 1856 denken, die nur in einem Exemplar existiert und mehr als zwei Millionen Mark wert ist. Die Geschichte der Marke, die ein Zwölfjähriger einst im Bodenrummel des guianischen Elternhauses entdeckte und verramschte, ist abenteuerlich, doch noch mehr ist einzigartig und abenteuerlich in diesem Land, von der Fieberhölle über die Giftschlangen bis zum größten Blutegel der Welt (Haementeria ghilianii), der bis 45 cm lang werden soll und zu dritt in einer Stunde ein Kaninchen trocken saugt. Wie suppentellergroße, haarige Spinnen, die Anakonda oder die Vampir-Fledermaus kaum ein geeignetes Mitbringsel für die Lieben daheim. . .
Die ursprünglich hier lebenden Indios sind verschwunden, das Rassengemisch von heute ist nahezu perfekt und spiegelt Merkmale der ganzen Welt wieder.
Die ganze Welt auch schien brennend interessiert am Inneren des Landes, nachdem Alonso de Jojeda (den Amerigo Vespucci, Namensgeber Amerikas, begleitete) Guayana 1499 entdeckte: Hier nämlich vermutete man den sagenhaften See Parima und Eldorado, das unvorstellbar reiche Goldland. Selbst Sir Walter Raleigh war sich nicht zu gut dafür, drei Expeditionen ins Landesinnere zu starten. Die ersten Küstensiedlungen legten — nach Vertreibung der Portugiesen — die Holländer an, ließen sich aber von Spaniern und Indianern vertreiben und breiteten sich erst um 1620 weiter aus. Ein Tauschgeschäft mit Charles II. von England im Frieden von Breda brachte ihnen die englischen Siedlungen von Paramaribo ein, für die sie Neu-Amsterdam (das heutige New York) abstießen. Die Franzosen begannen um die Mitte des 17. Jahrhunderts nach Land zu greifen und erreichten — nicht ohne viele Schwierigkeiten — schließlich die Gründung ihrer Kolonie Cayenne.
Von freundnachbarlichen Beziehungen war nie die Rede. Reibereien, Kämpfe, seltsame Konventionen ließen die Guayana-Gebiete nicht zur Ruhe kommen und sorgten oft dafür, daß mühsam Geschaffenes abrupt zu Bruch ging. Erst um die Mitte des 20. Jahrhunderts, als die Kolonialmächte allgemein begannen, die Zügel locker zu lassen oder ihre überseeischen Zugpferde abzuschirren, bricht mit dem Mehr an Selbstverwaltung eine Zeit der Besinnung auf die landeseigenen Aufgaben und internen Interessen an, die eine Koexistenz unterschiedlicher Systeme in den Ländern Guayanas ermöglicht.

FRANZÖSISCH-GUAYANA

Das Land in Stichworten

Geographische Lage: 2°–5°50' Nordbreite, 51°40'–54°30' westliche Länge, Entfernung Frankfurt–Cayenne: 7860 km.

Fläche: 91 000 qkm (etwas größer als Österreich).

Einwohner: 89 000; ca. 1 je qkm.

Hauptstadt: Cayenne, 38 155 Einwohner. Kourou 7000 E. Sonst nur kleinere Städte.

Staatsform: Département d'Outre-Mer (Überseeisches Departement) Frankreichs, das je zwei Repräsentanten in der französischen Nationalversammlung und im Senat hat. Die Verfassung der Republik Frankreich gilt hier, die Bewohner sind französische Staatsbürger mit allen Rechten und Pflichten. Seit 1983 sind im

Guayana **221**

verfassungsmäßigen Regionalparlament von »Guayane Française« durch freie Wahlen die Sozialisten als stärkste Fraktion (41,1 %) vertreten, gefolgt von der Fortschrittspartei (35,4 %).

Bevölkerung: Stark gemischt aus Kreolen, Asiaten, Buschnegern und einer weißen Minderheit.

Religion: vorherrschend römisch-katholisch.

Landessprache: Französisch.

Zeitdifferenz: MEZ minus 4 Stunden (gegenüber Mitteleuropa wird die Uhr 4 Stunden zurückgestellt).

Wichtiges von A bis Z

Anreise: Ankunftsflughafen ist Cayenne (»Rochambeau«, 18 km zur Stadt); viermal wöchentlich Frankfurt–Paris–Cayenne. Fluggastgebühr wird in Cayenne nicht erhoben. Ein Besuch der Indianerdörfer Haut-Maroni oder Haut-Oyapoc ist nur mit Genehmigung des Präfekten gestattet.

Diplomatische Verbindungen: Deutsche Botschaft in Paris, 13–14, Avenue Franklin D. Roosevelt, F-75008 Paris, Tel. (0 0-3 31) 3 59 33 51.

Informationen: Direction du Tourisme, 17, Rue de l'Ingenieur Keller, F-75740 Paris Cedex 15. Tel. (0 0-3 31)5 75 62 16.
Französisches Verkehrsbüro, Kaiserstr. 12, 6000 Frankfurt, Tel. (0 69) 7 56 08 30.
Französisches Verkehrsbüro, Bahnhofstr. 16, 8022 Zürich, Tel. (01) 2 11 30 85.
Französisches Fremdenverkehrsamt, Landstrasser Hauptstr. 2, 1030 Wien, Tel. (02 22) 75 70 62.

Impfungen: Gelbfieber-Impfung zwingend vorgeschrieben für Reisende von/über alle(n) Länder(n). Hohes Malariarisiko der üblen Plasmodium-falciparum-Form; Chloroquin-Resistenz anzunehmen.

Klima: Tropisch mit erträglichen Temperaturen durch die steten Passatwinde.
Trockenzeit Juli bis Dezember, kurze Trockenperiode im März, Regenzeit (2000–3000 mm an der Küste) während der übrigen Zeit.
Temperaturen an der Küste 22°–30° C, nachts 19°–24°, im Innern heißer.
Beste Reisezeit ist August bis November.
Kleidung: Leicht waschbare Sommerkleidung (keine Synthetics), Regenschutz, gute Sonnenbrille.

Öffnungszeiten: Banken Mo—Fr 7.15—11.45 Uhr, 14.30–17 Uhr (mittwochs nur 7–12 Uhr).

Reisepapiere: Deutscher, österreichischer, Schweizer Reisepaß bei Aufenthalt bis 3 Monate. Falls im Besitz eines Rück- oder Weiterreiseflugscheins und der Mittel für den Aufenthalt.

Stromspannung: 110 und 220 Volt Wechselstrom, französische Stecker.

Trinkgelder: 15 % sind üblich.

Trinkwasser: Besser Mineralwasser.

Verkehr: Nachbarschafts-Flugverkehr mit Belem in Brasilien (einmal je Woche), Georgetown in Guyana (zweimal wöchentlich), Paramaribo (Suriname; zweimal wöchentlich), Martinique (fünfmal wöchentlich), Trinidad (zweimal je Woche).
Innerguyanische Flugverbindungen mit Maripasoula, Régina, Saint-Georges und Saül.
Taxen und Kleinbusse stellen Verbindungen von Cayenne und Kourou zur Küste her.

Währung: 1 FF (Franz. Franc) = 100 Centimes. 1 DM = 3.3 FF. Einfuhr von FF oder Landeswährung über 50 000 FF ist schriftlich zu deklarieren (Formular).

Zoll: Zollfrei zur persönlichen Nutzung können mitgebracht werden 2 Fotoapparate mit je 10 Filmen, Filmkamera (10 Filmrollen), Tonbandgerät, Fernglas, Sportgerät, Waren ohne kommerziellen Wert bis 690 FF, 200 steuerfrei gekaufte Zigaretten oder 100 Zigarillos oder 50 Zigarren oder 250 g Rauchtabak, 1 Liter Spirituosen, 2 Liter Wein.

Cayenne, wo der Pfeffer wächst

Jemanden dorthin zu wünschen, »wo der Pfeffer wächst«, zeugt nicht gerade von Wohlwollen oder christlicher Nächstenliebe. Hinter der Redensart verbirgt sich nicht nur die 1635 gegründete Hauptstadt Französisch-Guayanas, *Cayenne* (»Cayenne-Pfeffer«), sondern vor allem die Strafkolonie der *Teufelsinseln* (»Iles-du-Diable«), wohin Frankreich seit dem Jahr 1 der Revolution und noch bis 1945 Schwerverbrecher deportierte. Daß diese Inseln auch unter dem Namen *Salutinseln* firmieren und mit diesem Namen auf »Wohlfahrt«, »Heil«, »Seligkeit« und »Rettung« anspielen, ist schier makaber, wenn man bedenkt, daß auf diese Inseln Verbannte in aller Regel absehen konnten, daß »lebenslänglich« nicht sehr lange währen würde. Der wohl prominenteste Gefangene der teuflischen Inseln war Alfred Dreyfus, wegen angeblichen Landesverrats hierhier verbannt, den der Schriftsteller und Publizist Emile Zola (Artikel: »J'accuse« — ich klage an!) in einer Kampagne wider das Unrecht freikämpfte.

Wer der Geschichte der Strafkolonie vor Ort nachspüren möchte, kann der *Ile Royale* (sie ist eine der Teufelsinseln und war Sitz der Verwaltung) von *Kourou* aus (65 km NW Cayenne) einen Besuch machen. Ein Boot bringt ihn zu den in tropischer Vegetation ertrinkenden Resten des Lagers.

Die Stadt *Kourou* hat sich im letzten Jahrzehnt vom Dorf zur 7000-Seelen-Gemeinde entwickelt, repräsentiert modernes Baudenken und ist dem modernsten aller Abenteuer verschrieben: Hier wohnen die Mitarbeiter des französischen Raumfahrt-Zentrums. Wer den Weltraumbahnhof von Cocoa Beach (Cape Canaveral) in Florida nicht kennt, (der Fläche nach übrigens ist das »Centre Spatial Guayanais« größer), kann seit 1964 einen Schimmer davon bei Kourou erleben: Das Bureau des Rélations Publiques veranstaltet einmal wöchentlich Führungen (Voranmeldung notwendig) durch das Gelände mit den Zeugen einer Supertechnik. Die europäische Ariane-Rakete startet von hier aus mit Satelliten in den Weltraum. Von einem Startpunkt, der auch gegenüber Cape Canaveral oder Baikonur unübersehbare geographische Vorteile hat: Die äquatornahe Lage gibt den Trägerraketen durch die Erdumdrehung ein solches Plus an Schub, daß sie bis zu 15 % mehr Nutzlast ins All befördern können als auf anderen Rampen gestartete.

Große Ereignisse werfen ihren Schatten voraus: Sobald ein Raketenstart ins Haus steht, ist das einzige Hotel von Kourou »occupé«. Ob neben der zunehmenden Zahl von Bungalows für Angestellte der Raumfahrt auch weitere Quartiere für Reisende entstehen werden, steht in den Sternen, in deren Richtung die Raketen vorstoßen. Die gesamtwirtschaftliche Situation des Landes (Export 28 Mio. Dollar, Import 193 Mio. Dollar) macht es nicht eben zum verlockenden Ziel für eine Ansiedlung: Die Lebenshaltungskosten bewegen sich auf dem obersten Niveau. Die Hauptstadt *Cayenne* liegt auf einer Halbinsel, deren Buchten auch Gelegenheit zum Baden geben. Die Stadt hat ihr Gesicht in den letzten Jahrzehnten zwar verändert, aber ein Stück des historischen Ortes rund um den Platz Victor Hugo erhalten. In den Restaurants Krabben und Fischgerichte zu bestellen, heißt das Beste der Küche zu wählen, die im übrigen von Frankreich und Fernost die Tische decken läßt: vietnamesische und chinesische Restaurants sind neben den französischen und kreolischen in Vorhand. Krabben werden als eines der wenigen Ausfuhrgüter neben Rum, Holz und verschiedenen Essenzen exportiert.

Ganz anders ernährt sich die Bevölkerung eines kleinen Urwalddörfchens, das mit seinen Bewohnern Zentralpunkt eines weltweit beachteten Experiments ist: *Cacao,* drei Stunden mit dem Auto von Cayenne entfernt. Hier ißt man — oder versucht es doch —, wie man einst in der fast 20 000 km von hier gelegenen alten Heimat aß, in Laos. Einem guten halben Tausend aus dem kommunistischen Laos geflüchteten Laoten hat Französisch-Guayana hier Heimatrecht gegeben, in Klima und Landschaft, die ihrem Mutterland ähneln. Zwei Jahre lang, sah ein Regierungsprogramm vor, gab man »Hilfe zur Selbsthilfe«, nun soll die kleine »Kolonie« auf eigenen Füßen stehen. Wenn das Experiment gelingt, wenn hier — wenigstens in absehbarer Zeit — die Integration glückt und nicht ein Ghetto entsteht, dann . . . ja, dann ist hiermit ein Beitrag zur Lösung des Weltflüchtlingsproblems geleistet worden, der ein Muster für viele gleichgelagerte Fälle sein könnte. Der unbestreitbare Fleiß der Neusiedler, die Hütten bauten, Urwald rodeten und Pflanzungen für den Eigenbedarf anlegten, sich ein wenig in der Viehhaltung versuchen und Flußfische fangen, ist ein Motor, der auf Erfolg hoffen läßt. Mehr vielleicht als die Dschungellehrgänge der Fremdenlegion in Guayana, an denen auch eine Anzahl Deutscher aus West und Ost beteiligt ist.

GUYANA
Cooperative Republic of Guyana

Das Land in Stichworten

Geographische Lage: 1°–9° Nordbreite, 57°–61°30′ westlicher Länge, Entfernung Frankfurt–Georgetown: 7850 km.

Fläche: 215 000 qkm (davon rund 18 000 qkm Wasserfläche). Fünfmal die Größe der Schweiz.

Einwohner: 970 000; 4,5 je qkm, 40 % städtische Bevölkerung.

Hauptstadt: Georgetown, 170 000 Einwohner.

Staatsform: Unabhängige kooperative Republik (seit 1966) mit einem Parlament (einer Kammer). Verfassung 1980.

Nationalflagge: Grünes Feld mit weißrandigem gelben, nach rechts weisendem spitzen Dreieck, darin ein schwarzgerändertes rotes, rechtsweisendes Dreieck.

Städte: Neben der Hauptstadt nur Linden (30 000 E.) und New Amsterdam (20 000 E.).

Bevölkerung: mehr als 50 % Inder, ca. 32 % Afrikaner, 5 % Indianer, 2 % Weiße, 0,7 % Chinesen; Mischlinge.

Religion: 57 % Christen (davon 110 000 römisch-katholisch), 33 % Hindus, 9 % Muslim.

Landessprache: Amtssprache ist Englisch; daneben Umgangssprachen der unterschiedlichen Bevölkerung sowie Patois.

Zeitdifferenz: MEZ minus 5 Stunden (gegenüber Mitteleuropa wird die Uhr 5 Stunden zurückgestellt). Während europäischer Sommerzeit: minus 4 Stunden.

Wichtiges von A bis Z

Anreise: Auf dem Luftweg zum Flughafen Timehri von Georgetown (40 km zur Stadt; Taxi) dreimal wöchentlich Frankfurt–London–Port of Spain; zweimal Frankfurt–New York–Georgetown. Fluggastgebühr bei Abflug.

Diplomatische Verbindungen: Honorarkonsulat der Bundesrepublik Deutschland, 70, Quamina Street, Georgetown, Guyana, Tel. 6 10 89.
Die Schweiz und Österreich haben keine diplomatischen Vertretungen in Guyana. Österreichische und Schweizerische Botschaft in Carácas/Venezuela sind zuständig.

Feiertage: 1. Januar, 23. Februar (Nationalfeiertag), Karfreitag, Ostersonntag, 26. Mai, 2. August, 25. und 26. Dezember.

Informationen: Guyana Information Services, 18 Brickdam, Georgetown, Guyana.

Impfungen: Pockenimpfung bei Ankunft innerhalb 14 Tagen nach Verlassen oder Transit von Infektionsgebieten.
Gelbfieberimpfung bei Ankunft innerhalb von 6 Tagen nach Verlassen oder Transit von Infektionsgebieten, ferner bei Einreise aus fast allen afrikanischen Staaten sowie aus Belize, Bolivien, Brasilien, Costa Rica, Ecuador, Franz.-Guayana, Guatemala, Honduras, Kolumbien, Nicaragua, Panama, Peru, Surinam, Venezuela vorgeschrieben.
Malariaschutz ist in den Regionen North West und Rupununi ganzjährig notwendig.
Hinweis: Gelbfieberimpfung und Malariaschutz sind unbedingt empfehlenswert. Verdacht auf Chloroquin-Resistenz.

Klima: Tropisch mit Niederschlägen bis 3000 mm im Jahr; Temperaturen im Jahresmittel 27° C, Höchsttemperaturen um 20° C; Luftfeuchtigkeit 73–88 %.
Es gibt zwei Regenperioden: stark von April bis August, schwächer im September bis November, wieder stärker bis Ende Januar. Danach Trockenheit bis Aprilanfang.
An Kleidung nützlich: Sommerkleidung ganzjährig (keine Synthetics), für die Abende leichte Wollsachen, Regenschutz. Gute Sonnenbrillen.

Öffnungszeiten: Banken Mo–Fr 8–12 Uhr, Sa 8–11 Uhr, Läden Mo 9.15–17.45 Uhr, Di–Fr 7.30–16 Uhr, Sa 7.30–12 Uhr.

Reisepapiere: Reisepaß und Visum (Anträge an Ambassade de la République Guayane, Avenue des Arts 21/22, B-1040 Brüssel, Tel. (003 22) 2 30 60 65 richten. Einzelheiten dort erfragen. Rückreisepapiere bei Einreise vorlegen.

Stromspannung: 110–220 Volt Wechselstrom. Zur Energieersparnis wird der Strom stundenweise abgeschaltet.

Trinkgelder: 10–15 % sind üblich.

Trinkwasser: Leitungswasser in Georgetown besser abkochen. Häufiger Wasserausfall wegen veralteter Leitungen.

Verkehr: Kein Linienflugverkehr im Inland, keine Passagiere bei Eisenbahnen; Schiffsverkehr mit sehr einfachen Schiffen zwischen Georgetown und den Küstenorten. Straßen im Küstenstreifen (300 km) gut, sonst nicht ausgebaut, Linksverkehr. Internationaler Führerschein, Haftpflichtversicherungszwang.

Währung: 1 Guyana-Dollar (G$) = 100 Cents. 1 DM = ca. 5,3 G$. Noten und Münzen der Landeswährung dürfen bis 40 G$ bei Ein- und Ausreise mitgeführt werden. Fremdwährung: Einfuhr unbeschränkt, aber deklarieren! – US-Dollar empfohlen.

Zoll: Zollfrei für persönlichen Bedarf: 1 Fotoapparat, 1 Filmkamera (mit Filmen), Feldstecher, Sportgerät. Reisende über 16 Jahre: 200 Zigaretten oder 50 Zigarren oder 225 g Tabak, ¾ l Wein und ¾ l Spirituosen. Bei Überziehen der Freimenge wird alles verzollt.

Diamanten und Afrikaner

Daß Guyana im Herbst des Jahres 1978 die Schlagzeilen der Weltpresse okkupierte, verdankt es nicht den hier zu finden Diamanten noch der Tatsache, daß hier gewissermaßen ewiger Sommer herrscht (das Thermometer fällt nie unter 20 Grad), nicht der Hauptstadt Georgetown, sondern dem Sektenhauptquartier »Jonestown«, in dem fast tausend Mitglieder der Volkstempel-Sekte den Tod auf Befehl fanden. Außer den Leichen fand man auf dem 10 000 ha großen Dschungelgebiet, das die guyanische Republik Jim Jones verpachtet hatte, um seine Ideen einer »neuen Siedlungsform« zu verwirklichen, auch Millionenbeträge an Dollars und große Mengen von Waffen — eine peinliche Überraschung, denn Devisen- und Waffengesetze in der kooperativen Republik sind streng.

Das einstige *British-Guyana* zwischen *Orinoco* und *Corentyne* wurde 1966 unabhängig und hat ein Einkammerparlament, in dem die seit vielen Jahren regierende PNC (People's National Congress) 42 von 55 Sitzen einnimmt. Sie vereinigt vor allem die Bevölkerungsteile afrikanischer Abstammung. Auf der Visitenkarte internationaler Verbindungen und Gremien, die Guyana vorweisen kann, fehlt nichts von Bedeutung, und die Exporte des Landes an Bauxit und Aluminiumoxyd, wie an Zucker, Reis, Rum, Manganerz und Diamanten machen es zum gesuchten Handelspartner. Rund 80 % der lebenswichtigen Wirtschaftszweige sind »staatliche Kooperationen«. Eine neue Verfassung bescherte 1980 das »Präsidialsystem«, behielt aber politischen Pluralismus und sozialistisch-kooperative Momente bei.

Der Nachbar Venezuela erhebt in schöner Regelmäßigkeit Anspruch auf Gebiete am Essequibo, die mit ebensolcher Automatik stimmstark abgelehnt werden.

Wo der *Demerara River* in den Atlantik mündet, liegt, durch Deiche geschützt, die Hauptstadt *Georgetown,* um 1780 von Franzosen gegründet, 1783 den Holländern übergeben und 1814 englisch geworden. Sie steht auf schwankendem Boden, das Küstengebiet ist sumpfig. Doch man wußte eine Lösung, die auch heute noch praktiziert wird: Man baute die Häuser auf steinerne Pilaster, die zum Grund vorstoßen. Das Bild der Stadt mit ihren vielen Kanälen ist reizvoll, ein schöner Baumbestand schmückt die alleenartigen Straßen. Die buntgestrichenen Häuser sind Holzbauten, nur die »City«, das Geschäftsviertel macht eine Ausnahme. Hier erinnert das große Einkaufszentrum »Stabroek Market« (mit enorm umfassendem Angebot!) an einen alten Namen der Stadt: Stabroek.

Die anglikanische *Kathedrale Saint George* ist als Holzbau eine der größten der Welt, ein Jesuitenpater entwarf die Baupläne für das *Rathaus* (Town Hall, 1889 eröffnet). Sechzig Jahre früher (1829) wurde der Bau des Regierungsgebäudes begonnen.

Wer einen Blick auf (und in. . .) den *Dschungel* werfen will, kann an einer der Touristenexcursionen teilnehmen, die auf dem Luftweg vom Flughafen Timehri unternommen werden. Der Urwald ist Teil des den Amazonas und seine Nebenflüsse umgebenden Dschungels, Flora und Fauna entsprechen denen des nördlichen Brasiliens. Der Besuch der stürzenden Wasser von *Kaieteur Falls* und *Orinduik Falls* gehört zu den Ausflugsprogrammen.

SURINAM
Republiek van Suriname

Das Land in Stichworten

Geographische Lage: 1°50′–6°07′ Nordbreite, 53°59′–58°02′ westlicher Länge, Entfernung Frankfurt–Paramaribo: 7834 km.

Fläche: 163 265 qkm (halb so groß wie die Bundesrepublik).

Einwohner: 380 000; 2,3 je qkm.

Hauptstadt: Paramaribo, 150 000 Einwohner.

Staatsform: Republik, Einkammerparlament. Seit Militärputsch 1980 Parlament und Verfassung suspendiert, Parteien verboten. Militärregime bis 1988, freie Parlamentswahlen am 12. Januar 1988, die Nationalversammlung wählt einen Zivilisten für fünf Jahre zum Präsidenten.

Nationalflagge: Waagerecht Grün-Weiß-Rot-Weiß-Grün (unterschiedlich breit), im roten Streifen: fünfzackiger gelber Stern in Kreisumrandung.

Bevölkerung: Rund 37 % Indischstämmige, 15 % Indonesier (Javaner), 31 % Kreolen, einige Tausend Europäer (meist Niederländer), 6000 Chinesen, 40 000 Neger, 10 000 Indianer; ca. $^2/_5$ Mischlinge.

Religion: $^1/_5$ Protestanten, $^1/_5$ Hindus, je $^1/_5$ Katholiken und Muslim.

Landessprache: Niederländisch. Daneben andere und Mischsprachen für den Umgang (»Taki-Taki«). Englisch wird vielfach verstanden.

Zeitdifferenz: MEZ minus $4^1/_2$ Stunden (12 Uhr in Frankfurt = 7.30 Uhr hier).

Wichtiges von A bis Z

Anreise: Dreimal wöchentlich Direkt-Flug von Amsterdam zum Flughafen Zánderij (45 km zur Stadt Paramaribo; Bus, Taxi). Bei Anreise nach Amsterdam ist meist Stopover (Übernachtung) notwendig.
Flughafengebühr wird bei Abreise erhoben.

Diplomatische Verbindungen: Honorarkonsulat der Bundesrepublik Deutschland, Mr. D. I. C. de Mirandastraat 7, Paramaribo. Für Österreich und die Schweiz: Österreichische und Schweizerische Botschaft in Venezuela sind zuständig.

Feiertage: 1. Januar, 30. April, 1. Juli, 25./26. November (Nationalfeiertag; unabhängig seit 1975) und die veränderlichen Feiertage. Ferner 2. September (islam. Id-Ul-Fitr) und 31. Dezember (hinduist. Holi-Paghwa).

Informationen: Surinam Tourist Development Board, Kerkplein 10, Paramaribo.

Impfungen: Impfung gegen Gelbfieber wird Reisenden empfohlen, die sich außerhalb der größeren Städte aufhalten wollen. Hohes Malariarisiko der üblen Art (Plasmodium falciparum), die resistent gegen Chloroquin, Sulfadozine/Pyrimethamine-Präparate sein kann. Daher Vorbeugung nach ärztlichem Rat im gesamten Gebiet erforderlich.

Klima: Tropisch, gemildert durch Passatwinde, Tagesdurchschnitt 27–30° C, nachts Abkühlung. Luftfeuchtigkeit 75–87 %.
Kleine Trockenzeit von Februar bis April, Große Regenzeit Mai bis August, Große Trockenzeit August bis November, Kleine Regenzeit November bis Februar. Beste Reisezeit: November bis April.
Kleidung: Leichte, gut waschbare Sommerkleidung, Regenschutz, gute Sonnenbrille.

Öffnungszeiten: Läden Mo–Sa 7–13, 16–18 Uhr; Banken Mo–Sa 7.30–12.30 Uhr.

Reisepapiere: Reisepaß; Visum wird bei Ankunft ausgestellt, wenn der Aufenthalt 40 Tage nicht überschreitet.
Weiterreisepapiere sind vorzuweisen; Mitnahme von Paßfotos empfiehlt sich.

Stromspannung: 127 und 220 V Wechselstrom.

Trinkgelder: 10 % sind üblich.

Trinkwasser: In guten Hotels einwandfrei. Sonst Mineralwasser nehmen.

Verkehr: Nachbarschaftsflugverkehr mit Guyana, Französisch-Guayana, Belem, Carácas, Curaçao, Port au Prince (Haïti).
Inlandflüge (mit Twin-Otter) nach Nieuw Nikkerie (täglich zweimal) und Stoelmanseiland (wöchentlich dreimal), jeweils 50 Minuten Flugzeit.
Von 2500 km Straßen sind 500 km asphaltiert (Küste). Linksverkehr.
Omnibusse von Paramaribo nach Moengo-Albina; Totness; Nieuw Nickerie (zweimal täglich); Brokopondo–Afobaka.
Fährverbindungen an der Küste.

Währung: 1 Surinam-Gulden (Sf) = 100 Cents; 1 DM = 0,9261 Sf.
Landeswährung bis 100 Sf zur Einfuhr frei. Deklaration erforderlich. Ein Mindestumtausch in frei konvertierbarer Währung wird bei Einreise (Flughafen) verlangt (500 Sf Gegenwert).

Zoll: Zollfrei für Eigenbedarf sind Fotoapparat mit 8 Filmen, Kamera mit 60 m Film, Fernglas, Tonbandgerät mit 100 m Tonband, Sportausrüstung, 400 Zigaretten oder 100 Zigarren (200 Zigarillos) oder 500 g Rauchtabak, 2 Liter Spirituosen und 4 Liter Wein. Geschenke bis zum Wert von 40 Sf können gegen geringe Abgabe eingeführt werden.

Der Geschmack der Freiheit

Daß ein Land gewissermaßen mit sanftem Druck in die Unabhängigkeit geschubst werden muß, weil es von selbst keine oder kaum Anstalten dazu macht, mag jungen afrikanischen Staaten wie ein Propagandamärchen erscheinen. Im Fall von Suriname ist dies ein Faktum. Eine Tatsache allerdings mit Hintergründen. Die mit niederländischer Staatsbürgerschaft begabten Surinamesen, hauptsächlich Urenkel indonesischer Zuwanderer, begannen nach dem zweiten Weltkrieg aus der Kolonie Oranjens nach den Niederlanden »umzuziehen«, und dieser Exodus führte zu einer strapaziösen Belastung des Sozial-Etats in Den Haag und zur Angst der Holländer, Arbeitsplätze zu verlieren. Die Entlassung in die Unabhängigkeit (und eine ungewisse Zukunft des im klassischen Sinne kaum »entwickelten« Landes) schien die Patentlösung zu sein — und am 25. November 1975 fand sie statt, nachdem Surinam seit 1954 bereits ein »autonomer Teil des Königreichs der Niederlande« gewesen war. Nun ist Surinam Ausland, können die Einwanderungsbehörden den Zuzug stoppen.

Zurück bleibt ein freies Land mit beträchtlichen Problemen. Die Ankündigung der bevorstehenden Unabhängigkeit leitete eine Kapitalflucht ins Mutterland ein, Häuser- und Grundstückpreise fielen um 25%, die Konzerne, die in Surinam Bauxit förderten, stoppten die Investitionen. Eines der Hauptprobleme aber ist ein latenter Sprengsatz: Die bunte Rassenvielfalt hatte zwar überraschend einmütig eine Verfassung angenommen, die ebenso einmütige Verfolgung politischer Ziele für die Zukunft zu garantieren schien, doch Insider in der Hauptstadt hielten das für blasse Theorie; die Gegensätze seien so nur zu übertünchen. Das Miteinander zeigt sich denn augenfällig auch nur an der Küste, im Landesinnern setzen Eifersucht und Sitten die Grenzpfähle zwischen den Wohngebieten. Die Inder blieben Hindus, die Kreolen wurden zumeist Protestanten, die Javaner sind Muslim. Verbindende Sprache ist ein Gemisch aus holländisch, englisch und afrikanischen Sprachen, Taki-Taki (auch: Talkie-Talkie), sonst gehen auch die Interessen auseinander. Die Inder sind Händler oder arbeiten in der Landwirtschaft und sind traditionsbewußte Konservative, Kreolen und Schwarze arbeiten im Bergbau, im Hafen, in Fabriken und sitzen in der Verwaltung, die Indonesier sind fast ausschließlich landwirtschaftlich tätig. Handwerk und bedeutenderer Handel sind die unangefochtenen Reviere der Chinesen. Zündstoff für Unruhen? Der Putsch vom Februar 1980 und die Vormacht des Militärs belegten das.

Unberührt von all dem sind die Buschneger (»Marons«), seit 1761 im Dschungel mit garantierter Freiheit lebend. Vier Fünftel Surinams sind Urwald — und hier haben die Nachfahren afrikanischer Sklaven die afrikanischen Lebensformen beibehalten: den Wodu-Kult wie die Priester- und Häuptlingshierarchie, die eigenen Gesetze, die Tieropfer und Totenkulte. Ob Unabhängigkeit oder nicht — ihnen ist das gleichgültig. Und doch hat sich etwas geändert für sie seit jenem 25. November 1975. Mußte man zur Kolonialzeit, um in ihr Territorium zu gelangen, Sonderausweise beantragen (die selten gewährt wurden), so kann man sie heute in ihren Dörfern an den gefährlichen Stromschnellen besuchen, ohne die Regierung zu fragen.

Die Gefahr, mit Fieber, einer Darm-Billharziose, einer Malaria oder der Chagas-Krankheit als einzigem Souvenir zurückzukommen, ist groß.

Zoologisch interessant allerdings sind die — mit Ausnahme zweier Küstenreservate — im Inland gelegenen Naturschutzgebiete. Im Coesewijne-Fluß leben *Seekühe* (Trichechus manatus und Trichechus inunguis), deren vegetarischer Appetit auch im Prinz-Bernhard-Polder bei Nickerie die Kanäle von Pflanzen sauber hält: 20—25 Kilo frisches Grün verzehrt ein ausgewachsenes Tier pro Tag.

Im Brownsberg Natuurreservaat werden Sie dem blau-gelben *Ara* begegnen, an anderen Stellen dem *Opossum* und vielleicht sogar einem der seltenen Wasser-Opossums (Chironectes Minimus) und dem »Vieräugigen« (Philander Opossum), einem Opossum, das seinen Namen von zwei weißen Flecken über den Augen erhielt. *Blaue Frösche* finden sich im Sipaliwini-Reservat, *Faultiere, Gürteltiere* (Priodontes giganteus), *Jaguare*, weißschwänzige *Tapire, Kaimane, Marder* und *Fischottern* . . . die Fauna in den geschützten Gebieten ist vielfältig. Zu schweigen von den *Affen*, die vom *Bartaffen* und *Brüllaffen* bis zum *Totenkopf-* und *Weißkopfaffen* in acht Spezies in Surinam anzutreffen sind. Unter den Vögeln gibt es zwei interessante Nestbauer: Die »banabekies« (Cassicus) und die »Ponpons« (Psarocolius) hängen ihre beutelförmigen Nester oft zu Dutzenden in die Bäume.

Wer vom surinamesischen Flughafen Zanderij in die Hauptstadt fährt, trifft auf eine Stadt, die nach holländischem Kolonialdesign geschneidert ist, und erst wenn er auch den Menschen Aufmerksamkeit schenkt, entdeckt er, wie sich hier à la internationale Modenschau Sarong, Sari, Krinolinen und Tropenanzüge zu einem bunten Mosaik fügen, das die Bevölkerungszusammensetzung widerspiegelt. Vor allem die Hut-Kreationen sind bemerkenswert. . .

Paramaribo, einst Neu-Middelburg geheißen, entstand Mitte des 17. Jahrhunderts und liegt am linken Ufer des Suriname River, einige zwanzig Kilometer von der Mündung entfernt. Den Hafen sicherten nach Ende des 19. Jahrhunderts zwei Forts: Zeelandia und Neuamsterdam. Vom *Oranjeplein* aus gelangt man zum *Fort Zeelandia*, in dem das *Suriname Museum* untergebracht ist. Es liegt mitten in der Altstadt mit ihren Holzhäusern und sich auf Holzsäulen stützenden Balkons. Aus Holz erbaut ist auch die katholische *Kathedrale* an der *Gravenstraat*. Die Vielfalt der Bekenntnisse wird auch durch die Gotteshäuser deutlich, unter denen eine Moschee und zwei Synagogen auffallen.

Sich den geleiteten Ausflügen der Reisebüros zu den Indio- und Buschnegerdörfern im Osten anzuschließen, ist in jedem Fall sinnvoller als der individuelle Vorstoß ins Innere. Ausflüge zur *Goldmine von Benzdorp* starten per Flugzeug, von dem auf Ruderboote umgestiegen wird, die über die Stromschnellen des *Marowijne Rivier* schießen. Wenigstens 4—5 Tage muß man für diese spannende Excursion einplanen. Das Tourist-Büro am Kerkplein von Paramaribo gibt die Auskünfte.

. . . und wer aus Surinam Souvenirs mitnehmen möchte, findet an Holzschnitzereien und keramischen Arbeiten der Indianerfrauen eine hübsche Auswahl, vor allem auch im Souvenir-Shop des Suriname-Museums.

Häuser in der Maagden-Straat von Paramaribo in Surinam dokumentieren deutlich holländischen Kolonialstil

Epilog: La Gana

Der Wunsch, das Verlangen — wo immer man sie einordnen, zuordnen will — sind Triebkräfte, die auf Besitz gerichtet sind, und sei es der Besitz eines nur Augenblicke währenden Glückszustandes. Kräfte, deren Intensität sich durchaus auch über ethische und moralische Skrupel hinwegsetzt, wenn es gilt, das erstrebte Ziel schnell zu erreichen. Wunsch, Verlangen, Lust stehen hinter dem spanischen Wort »la gana«, und dieses Wort könnte als Leitmotiv über dem südamerikanischen Kontinent stehen und viele, uns Europäern unerklärliche Handlungen, Charakterzüge und Stimmungen der Menschen dieses Erdteils kennzeichnen. *Hacer lo que le da la gana,* das zu tun, wozu man Lust, woran man Spaß hat, das ist fast ein — ungeschriebenes — Gesetz zwischen 12 Grad Nord- und 55 Grad Südbreite auf dem Faustkeil, der Atlantik und Pazifik trennt. Wenn ich heute keine Lust habe, etwas zu tun, morgen, *mañana, manhana,* ist auch noch ein Tag. Das klingt nach dem Bekenntnis von Lebenskünstlern, simuliert Selbstgenügsamkeit, läßt an harmonisches In-sich-Ruhen denken. Der einzelne Mensch mag darin eine Art von Erfüllung finden, für die Gemeinschaft, für das Staatsvolk liegen in dieser Denkweise Wurzeln für Stagnation und Rückschritt, Not und Elend, Wirrwarr der Planlosigkeit und emotionelle Eruptionen. *La gana* ist unberechenbar, kann heute Hingabe, morgen blutige Revolutionen erzeugen. *La gana* ist Unruhe, schöpferische wie zerstörerische. Im Südamerika von heute spiegelt sie sich wieder.
Der Erdteil, *sin gana,* ohne Lust an dieser Entwicklung aus dem Gestern ins Heute gerissen, wird mit den Problemen nicht fertig, die sich ihm und seinen Menschen stellen. Aufgerufen, der Fahne einer neuen Zeit, einer industriellen Revolution zu folgen, strömen die Menschen vom Land in die absurd-gigantisch wachsenden Städte, um sogleich weitergeleitet zu werden in die Sickergruben der Slums. Enttäuschung, Neid, stumpfer Fatalismus sind die Folgen, bis *la gana* zu neuen Aktivitäten treibt: zu Raub, Entführung, Terror, Diebstahl, Umsturz . . . Folgen, die auch Touristen nicht verborgen bleiben.
Wie an wenig anderen Stellen der Welt, die Touristen besuchen, muß sich der Reisende hier solcher Hintergründe bewußt sein, um nicht mit oberflächlichem Urteil einen ganzen Kontinent und dessen Probleme abzutun. Verständnis wächst aus Wissen, und Verständnis braucht dieser Kontinent, auch das Verständnis derer, die ihm nur eine Stippvisite machen. Ist es erwacht, ist es vorhanden, so kann ich jedem Besucher dieses faszinierenden, buntschillernden, geschichtsträchtigen, vielseitigen Erdteils auf diesem Fundament wünschen und empfehlen: Haz lo que da la gana!

Zu näherer Information

Patrick Braun: Gesund um die Welt. Xenos-Verlag, Hamburg, 1978
Dr. med. Peter Kessler: Medizinischer Ratgeber für Reisen in heiße Länder. Goldmann
Zentralamerika. Eine Enzyklopädie. Verlag Kunstkreis, Luzern
Dr. Georg Buschan: Die Sitten der Völker. Band 3. Union Deutsche Verlagsgesellschaft, Stuttgart
Merian-Heft: »Inkastaaten«. Hoffmann und Campe, Hamburg
Hans D. Disselhoff: Das Imperium der Inka. Heyne-Sachbuch 7060, München
Nigel Davies: Bevor Columbus kam. Rororo-Sachbuch, Hamburg
Jim Woodman: Nasca. Mit dem Inka-Ballon zur Sonne. Bertelsmann, München 1977
William Prescott: Die Eroberung von Peru. Verlag Josef Belf, Wien 1937
Dr. Theodor Koch-Grünberg: Südamerikanische Felszeichnungen. Ernst Wasmuth, Berlin, 1907
Friedrich Schulze-Maizier: Die Osterinsel. Insel-Verlag, Leipzig
Luis D. Gardel: Brasilien in 58 Farbaufnahmen. Wilhelm Andermann, München 1968
Jaime Diaz-Rozzotto: Ein Kontinent wird geschmiedet. Bucher-Verlag, Luzern 1973
Thor Heyerdahl: Ra. Gyldendal Norsk Forlag: Oslo 1970
Thor Heyerdahl: Aku-Aku. Das Geheimnis der Osterinsel. Ullstein, Berlin 1957
Theodor Koch-Grünberg: Indianermärchen aus Südamerika. Eugen Diederichs-Verlag, Jena 1921
Anneliese Lühring: Bei den Kindern von Concepción. rororo aktuell, 1976
Ernesto Grassi: Reisen ohne anzukommen. Eine Konfrontation mit Südamerika. C. Bertelsmann-Verlag, 1974
Peter Baumann: Valdivia. Hoffmann und Campe, Hamburg
Alfred Thétraux »Die Osterinsel«. W. Kohlhammer-Verlag, Suttgart 1957
Hans Helfritz: Die Osterinsel, Frey & Wasmuth, Zürich 1953
Francis Mazière: Insel des Schweigens, Ullstein, Berlin 1966
Alexander v. Humboldt: Reisen in Amerika und Asien. Verlag Hasselberg, Berlin 1935
Adelbert von Chamisso: Reise um die Welt. Societäts-Verlag, 1979

Register

Die Buchstaben hinter den Seitenzahlen bedeuten:
F = Foto, K = Karte, P = Stadtplan.

Die Buchstaben hinter den Stichwörtern geben das Land an:
BO = Bolivien, BR = Brasilien, Co = Kolumbien,
EC = Ecuador, F = Französisch-Guayana, GUY = Guyana,
PA = Panamá, PE = Perú, PY = Paraguay, RA = Argentinien,
RCH = Chile, SME = Surinam, U = Uruguay, YV = Venezuela

ABC-Staaten 23
Achiote 44
Aconcagua 148
Aconcagua-Tal RCH 106
Acre BR 207
Äquator-Denkmal EC 42, 43
Aguadita CO 58
Ahu 123, 124
Ahu Akivi RCH 122 K, 125
Ahu Tahai RCH 122 K, 124
Ahu Vaiteka RCH 122 K, 125
Aku Aku 129
Alacalufe-Indios 119
Alagoas BR 168 K, 202 f.
Alecar, Joaquim E. de 207
Alfinger, Ambrosius 213, 218
Allende Gossens, Salvador 105
Amazonas BR 168 K, 207 ff., 209 F
Amazonien BR 168 K, 207 ff.
Ambato EC 46
Amöben 10, 28
Ana Kai Tangata RCH 129
Anakena RCH 122 K, 123, 124, 126, 127 f.
Anchieta, José de 182
Ancón PE 78
Andenstaaten 23
Antimano YV 218
Antofagasta RCH 104, 116
Aracajú BR 168 K, 202, 203
Araucano-Indios 105, 117
Arequipa PE 38 K, 81
Argentinien RA 104 K, 148 ff.
Argentinien, Küche 164
Armenia CO 58
Arica RCH 116

Artigas, José 137, 141
Aruanã BR 175
Asturias, Miguel A. 26
Asunción PY 104 K, 130, 132 ff., 150
Atahualpa 44, 75
Atlantida U 144, 146
Atlantis 16, 129
Ayacucho PE 24
Aymara-Indios 86, 97, 98
Azuero PA 32

Bahia Br 167, 202 f.
Balboa PA 34
Baltra EC 47
Bananal, Nationalpark BR 175
Baquerizo EC 49
Baria, Rio BR 207
Barrancas YV 220
Barranquilla CO 30 K, 60 f.
Bastidas, Rodrigo de 33
Beagle-Kanal 26, 105, 164
Belém BR 168, 208 f.
Belloni, José 142
Belo Horizonte BR 168 K, 186, 187
Benzdorp SME 228
Berlanga, Tomás de 47
Bermejo-Paß RCH 114
Betancour, Rodrigo A. 58
Bilharziose 10
Bingham, Dr. Hiram 83
Bio-Bio RCH 117
Biorhythmus 14
Blavatsky, Helena P. 122, 125, 129
Blumenau BR 104 K, 176
Blumenau, Hermann 177

Boa Vista BR 168 K, 170
Bocagrande CO 61
Bogotá CO 30 K, 33, 53 ff., 53 P, 59 F
Bolívar, Simón 25, 26, 38, 51, 54, 58, 62, 77, 91, 100, 213, 215, 216
Bolivien BO 30 K, 91 ff.
Bolivien, Küche 96
Brasilia BR 168 K, 170, 172 ff., 173 F
Brasilien BR 104 K, 168, 167 ff.
Buenos Aires RA 104 K, 106, 130, 148, 150 ff., 155 F, 159 F, 152 P

Caacupe PY 134
Cabral, Pedro Alvares 167
Cacao F 223
Cajamarca PE 30 K, 44, 80 f.
Caldas Novas BR 175
Callao PE 30 K, 76, 78
Campo Grande BR 168 K, 175
Cananéia BR 185
Candomblé 143, 182
Capiata PY 134
Caraballeda YV 217
Carácas YV 30 K, 212, 215 f., 207 F
Caraguatatuba BR 185
Caranavi BO 103
Carlos Paz RA 160
Carrasco U 146
Cartagena CO 51
Cartagena de Indias CO 30 K, 60 f.
Carvajal, Gaspar 207
Castro, Fidel 213
Catia la Mar YV 217, 219 F
Caverna do Diabo BR 185
Caxias do Sul BR 177
Cayenne F 168 K, 221 f.
Ceará BR 168 K, 202, 206
Cerro Pando PA 32
Chacaltaya BO 99
Chachacayo PE 78
Chaco Boreal PY 131, 136
Chamisso, Adelbert von 176
Chan-Chan PE 24, 80
Charrúa-Indios 139, 140

Chavez, Jorge 73
Chavin PE 24
Chibcha Cogui 24, 33, 51, 56, 88
Chile RCH 104 K, 105 ff.
Chile, Küche 111
Chili, Manuel 41
Chillan RCH 104 K, 117
Chiloé RCH 104 K, 105, 119
Chimú 24, 77, 80
Chinchero PE 83
Chingana Grande PE 83
Chiriquí PA 32
Chiriviriche YV 218
Chivor CO 56
Chololo PY 134
Chorillo-Papas RA 148
Chosica PE 78
Claver, San Pedro 61
Clemens X. 57
Cochabamba BO 30 K, 91, 98
Coclé PA 36
Coesewijne, Fluß SME 228
Coka-Strauch 51
Columbus, Chr. 27
Columbus, Fernando 27
Concepción RCH 104 K, 117, 119
Concon RCH 113
Congonhas BR 187
Con-Tici 24, 79
Copacabana BO 87, 98
Copacabana BR 190
Copiapó-Tal RCH 106
Corcovado BR 191, 192
Corentyne 225
Córdoba RA 104 K, 160
Coro YV 218
Coroico BO 103
Corumbá BR 168 K, 175
Costa PE 63, 73
Costa, Lució 172
Coyhaique RCH 118
Crespi, Carlo 46
Cristóbal PA 34
Cuenca EC 30 K, 46
Cuiabá BR 168 K, 175
Cumbe-Mayo-Ruinen PE 81
Curacavi-Tal RCH 112
Curitiba BR 168, 178
Cuzco PE 30 K, 24, 44, 81 f., 86

Hier finden Sie's wieder **233**

Däneken, Erich von 73, 88
Darién PA 32, 35
Darwin, Charles 47, 48, 164
Defoe, Daniel 119
Delpasse, Jean Jacques 182
Demerara River 225
Detmold 78
Dia de la Raza 26, 27
Diaz Desoles, Juan 150
Diego-Ramirez-Inseln 120
Drake, Francis 33
Dreyfus, Alfred 222
Drusenkopf 49 F
Dumont, Santos 201
Durán EC 45

Ecuador EC 30 K, 38 ff.
Edelsteine 17, 36, 55, 56, 57, 188, 201
Edinburgh 119
Eldorado 56, 221
Eldorado Paulista BR 185
Elqui-Tal RCH 106
El Tatio RCH 117
El Teniente RCH 115
Encarnación PY 135
Engel, Frédéric 74
Essequibo 225
Eulalia-Tal PE 78
Explorama-Lodge PE 88

Falkland-Inseln 165
Farallones RCH 115
Fazenda Nova BR 205
Fernando-Noronha-Archipel BR 202
Feuerland 104 K, 118, 148, 163
Figueiredo, João Baptista 169
Filadelfia PY 136
Flandes CO 58
Florianópolis BR 104 K, 177
Flugreise 11 ff.
Fortaleza BR 168 K, 202, 206
Funzha-See CO 51

Galápagos-Inseln EC 30 K, 47 ff., 120
Galera PE 78
Gatun PA 34
Geisel, General 169
Gelbfieber 9

Georgetown GUY 168 K, 217
Geschichte, allgemein 23 ff.
Gestidos, Oscar 138
Girardot CO 58
Góiania BR 168 K, 174
Goias BR 168 K, 167, 174
Gold 36, 41, 45, 56, 228
Goldmuseum CO 56
Gonzales, Don Felipe 121
Goribar, Nicolás de 41
Guajira, La CO 62
Guajira-Indios 218
Gualaceo-Tal EC 46
Guanabara BR 170 P, 167, 188 f., 192
Guaraní-Indios 130, 134, 135, 139, 140
Guarujá BR 185
Guatavita CO 56, 58
Guayana F 168 K, 221 f.
Guayaquil EC 30 K, 45, 46
Guyana GUY 168 K, 224 f.
Guyas, Rio EC 45

Hahnenkämpfe EC 42
Halbstadt PY 136
Hamburg 119
Hanga Roa RCH 122 K, 123, 126
Haua 128
Heyerdahl, Thor 124, 125, 126, 128, 129
Hohenau PY 136
Hojeda, Alonso de 213
Hotu-motua 123 ff., 124, 127
Huancayo PE 30 K, 79
Huatajata BO 87, 98
Huayna Potosí BO 99
Huayana Picchu PE 84, 85
Humboldt, Alexander von 25, 162, 220
Humboldt-Strom 63, 106, 201
Hygiene 28

Ibagué CO 30 K, 58
Iguape BR 185
Iguazú, Iguasso-Fälle 104 K, 168 K, 134, 178, 179 F
Ilhabela BR 185
Impfungen 9
Ingipirca EC 46

Inka-Bäder PE 81
Iquique RCH 116
Iquitos PE 30 K, 87 f.
Iraca-Tal CO 51
Isla del Sol BO 98
Isla de los Indios PY 133
Isla de los Lobos U 146
Isla Gorriti U 146
Isla Nueva 105
Ita PY 134
Itacolumi BR 17
Itaipu 131
Itaparica BR 203
Itaugua PY 134

Jangandas (Flöße) 206
Jari, Rio BR 208
João Pessoa BR 168 K, 202, 205
Johanna die Wahnsinnige 56
Johnny Cay CO 62
Joinville BR 104 K, 177
Jojeda, Alonso de 221
»Jonestown« GUY 225
Juliaca PE 86
Juan Fernández RCH 107, 119, 122

Kadec, Allan 181
Kaieteur Falls GUY 225
Kanuhaus 224
Kap Hoorn RCH 104 K, 119
Kleidung 11, 12
Klima, Tropen 14
Kokain 51
Kolumbien CO 30 K, 51 ff.
Kontinentalverschiebung 16
Kot Suns, Seemenschen PE 86
Kourou F 223
Kreuzer »Dresden« 120
Kreuzer »Graf Spee« 143, 147
Kubitschek de Olivera, Juscelino 169
Kulte BR 181, 182

La Cumbre BO 103
»La Diligencia«, Montevideo U 141 F, 143
Lago de Inca RCH 114
Lago do Paranoá 172
Lago Ypacarai PY 134
La Guaira YV 30 K, 217

La Granja Azul PE 78
Laguna del Maule RCH 117
Laguna de San Pablo EC 44
Laja BO 97
Lambayeque PE 74
La Oroya PE 79
La Parva RCH 115
La Paz BO 30 K, 91, 93 ff., 94 P, 103
La Plata RA 104 K, 160
La-Plata-Staaten 23
La Raya PE 86
Lauca-Nationalpark RCH 116
Le Corbusier 172
Lemuria 17
Lennox 105
Lesseps, Ferdinand von 34
Leticia CO 59
Lima PE 30 K, 24, 63, 73 ff., 74 P
Llanquihue-See RCH 118
Loma Plata PY 136
Loreto PE 87
Los Carácas YV 217
Lujan RA 159

Maceió BR 168 K, 202, 204
Machu Picchu PE 30 K, 24, 83 ff., 85 ff.
Macumba 181, 182
Magalhãesstraße 104 K, 106, 118, 163
Magdalena-Tal CO 58
Maipo 108
Maká-Indios PY 133, 135 F
Make Make 128
Malaria 9, 10
Manaus BR 168 K, 170, 208 f.
Manizales CO 30 K, 58
Mapoche 108
Maracaibo YV 30 K, 218
Maracaibo-See YV 30 K, 212
Marajó, Insel BR 211
Maranhão BR 168 K, 202
Marañon, Rio PE 208
Mariana BR 187
Marowijne River SME 228
Mataveri RCH 122 K, 123, 129
Mato Grosso BR 168 K, 167, 174, 175

Hier finden Sie's wieder **235**

Mato Grosso do Sul   BR   174, 175
Medellín   CO   30 K, 60
Mendoza   RA   148
Mendoza, Pedro D.   150
Mennoniten   136
Minas Gerais   BR   160 K, 25, 167, 186 ff.
Miranda, Sebastian F. de   213
Misti   PE   81
Mitre, General   150
Moai   122 ff., 127 F
Moche   PE   24, 77, 78
Mochica-Kultur   24, 79
Montana   PE   63
Montevideo   U   104 K, 137, 140 ff., 152
Morgan, Henry   31, 33, 36, 62
Morillo, Pablo   61
Moseley, Michael E.   80
Mosqueiro, Insel   BR   211
Moto Iti   RCH   122 K, 122 ff., 128
Moto Kao Kao   RCH   122 K, 122 ff.
Moto Nui   RCH   122 K, 122 ff., 128
Mulatas, Las   PA   32
Muzo   CO   55

Nahuel Huapi, Nationalpark   RA   161
Naiguatá   YV   217
Napo, Rio   EC   47
NASA   63
Nasca   PE   24, 73, 77, 87 ff., 186
Natal   BR   168 K, 170, 202, 205 f.
Neiva   CO   30 K, 60
Nevado de Colón   CO   62
Nickerie   SME   228
Niemeyer, Oscar   172, 183, 190
Niterói   BR   168 K, 192
Nóbrega, Manoel de   182
Nott, Julian   89
Nuñez de Balboa, Vasco   33

O'Higgins, Bernardo   105, 109
Olinda   BR   205
Ona-Indios   119, 163
Oricao   YV   217

Orinduik Falls   GUY   225
Orinoco   30 K, 78, 119, 212, 220, 225
Orongo   RCH   122 K, 125, 128
Osorno   RCH   104 K, 107
Osterinsel   RCH   10, 121, 122 K
Otavalo, Markt   EC   43, 43 F
Otusco   PE   81
Ouro Preto   BR   187
Outeiro, Insel   BR   211

Pachacamac   PE   24, 79
Pachar   PE   83
Pajucara   BR   204
Pampa Colorada   PE   89
Pampas   137, 148, 161
Panamá   PA   30 K, 31 ff.
Panamá-City   PA   30 K, 36
Panamá-Kanal   PA   30 K, 33 ff., 35 F, 106
Panamá, Küche   PA   37
Panamá Vieja   PA   36
Panamericana   34, 35, 79, 100, 116
Paquetá   BR   193
Pará   BR   168 K, 208
Paracas   PE   77, 88, 89
Paraguay   PY   104, 130 ff.
Paraguay, Rio   131
Paraíba   BR   168 K, 202, 205
Paramaribo   SME   168 K, 221, 227, 229 F
Paraná   BR   104 K, 176, 178
Paraná, Rio   131, 135, 159
Parapsychologie, klinische   182
Paratyphus   9
Paraúna   BR   175
Parima, See   F   221
Paripueira   BR   204
Pastaza, Rio   EC   47
Patagonien   RA   161
Payne-Nationalpark   RCH   119
Pedro de Valdivia   105, 108, 117
Pehuenches   105
Pelota de Guante   EC   42
Pelotas   BR   104 K, 170
Pereira   CO   58
Perlas, Las   PA   32

Pernambuco   BR   168 K, 202, 204
Perón, Evita   151, 157
Perón, Isabelita   151
Perón, Juan Domingo   151
Perú   PE   30 K, 63 ff.
Perú, Küche   PE   90
Pestalozzi, Johann H.   181
Petrohue   RCH   118
Petrópolis   BR   168 K, 201
Pflanzen   17, 18
Philipp, der Schöne   58
Piauí   BR   168 K, 202, 207
Pictón   105
Pinchincha   EC   40
Piracuruca   BR   207
Pirenópolis   BR   174
Piriápolis   U   146
Pisac   PE   30 K, 83
Pisco   PE   30 K, 88
Pizarro, Francisco   75, 77, 119
Playas   EC   46
Pocken   9
Pollera-Tanz   PA   37
Popayán   CO   30 K, 59
Port Bories   RCH   119
Portillo   RCH   114
Porto Allegre   BR   104 K, 177
Porto Meira   RA   180
Potosi   BO   30 K, 100, 101 F, 102, 103
Preuß, K. Th.   60
Progreso   EC   49
Puca Pucara   PE   83
Pucallpa   PE   87
Puente de Boyacá   CO   58
Puente Ruinas   PE   83
Puerto Aysen   RCH   118
Puerto de la Cumbre   RA   148
Puerto Eden   RCH   119
Puerto Iguazú   RA   180
Puerto La Cruz   YV   219
Puerto Montt   RCH   104 K, 118, 119
Puerto Napo   EC   47
Puerto Natales   RCH   119
Puerto Presidente Stroessner   PY   134, 180
Puerto Varas   RCH   118
Puno   PE   30 K, 86
Punta Arenas   RCH   104 K, 118, 119

Punta Carnero   EC   46
Punta de Betín   CO   62
Punta del Diabolo   U   147 f.
Punta del Este   U   139, 144 ff., 145 F, 152
Puyehue-Nationalpark   RCH   117
Puyo   EC   30 K, 46

Quezada   53
Quipu   24
Quito   EC   38 ff., 40 P, 45

Raleigh, Sir Walter   221
Rancagua   RCH   115
Rano Kao   RCH   122 K, 128
Rano Raraku   RCH   122 K, 124, 126
Rapa Nui   RCH   121 ff.
Recife   BR   168 K, 170, 202, 204 f.
Reducción Trinidad   PY   135
Reiche, Maria   89
Reñaca   RCH   113
Restrepo, Francisco   57
Ricke, Jodoco   41
Rimac, Rio   PE   74, 77
Rio Alto Paraná   131
Riobamba   EC   45
Rio Branca   BR   168 K, 170
Rio-Calle-Calle   RCH   117
Rio de la Plata   104 K, 131, 137, 140, 144, 148, 150
Rio de Janeiro   BR   167, 180 P, 188 ff.
Rio Grande do Norte   BR   168 K, 202, 205
Rio Grande do Sul   BR   104 K, 176
Rio Luján   RA   159
Rio Negro   BR   208
Rio-Negro-Tal   CO   60
Rio Uruguay   159
Rodadero, El   CO   62
Rodin, Auguste   155
Rodriguez, José G.   130
Roggeveen, Jakob   121, 126
Ronin, Max   29
Roosevelt, Eleanor   178
Rosario   RA   104 K, 160
Rosas, Manuel   150, 176
Rupanco-See   RCH   118

Hier finden Sie's wieder   **237**

Sabana, La   CO   53
Sabará   BR   187
Sacsayhuaman   PE   82, 83
Salas y Gomez   120
Salinas   EC   46
Salinópolis   BR   211
Salto Angel   YV   219
Salta   RA   104 K, 148, 160
Salvador   BR   168 K, 202, 203
Salzkathedrale   CO   58
Samba   199 f.
Samore, Kardinal   26
San Augustin   CO   60, 61 F
San Andrés Co   62
San Bernardino   PY   134
San Carlos de Bariloche   RA   161
Sangay, Vulkan   EC   45
San Lorenzo   PY   134
San Martin, José de   25, 26, 77, 105, 153
San Miguel   U   146
San Pedro Alejandriao   CO   62
San Pedro de Atacama   RCH   116
Santa Catarina   BR   104 K, 176
Santa Cruz   BO   30 K, 91, 100
Santa Cruz   EC   48
Santa Marta   CO   51, 62
Santorém   BR   168 K, 208
Santa Rosa   EC   47
Santa Rosa de Cabal   CO   58
Santa Rosa de Lima   PE   76
Santa-Teresa-Nationalpark   U   147
Santiago, Miguel de   41
Santiago de Chile   RCH   104 K, 105, 106, 108 ff., 109 F, 123
Santo Domingo de los Colorados   EC   44
Santos   BR   89, 130, 167, 168 K, 181 ff., 186
São Cristóvão   BR   203
São Luis   BR   168 K, 202
São Paulo   BR   167, 168 K, 169, 170, 181
São Sebastião   BR   185
São Vicente   BR   185
Selkirk, Alexander   119

Sepulveda, Antonio de   56
Sergipe   BR   168 K, 202
Serra de Mantiqueira   BR   185
Serra dos Orgãos, Nationalpark   BR   201
Serrano, Rio   RCH   119
Serro   BR   188
Seymur   EC   48
Sicuani   PE   86
Sipaliwini-Reservat   SME   228
Smaragde   55, 56, 57
Sonnentor   BO   90 F
Souza, Martim Alfonso de   193
Spiritismus   181
Sprachen   23
Stroessner, Alfredo   131
Sucre   BO   30 K, 91, 100
Sucre, José Antonio de   38, 100
Surinam   SME   168 K, 226 f.

Schrumpfkopf   EC   43, 47

Taganga   CO   62
Tahiti   123
Tairona, Nationalpark   CO   62
Talca   RCH   104 K, 117
Tambillo   BO   97
Tamoio-Indios   193
Tango   157, 158, 159 F
Temuco   RCH   104 K, 117
Tenglo   RCH   118
Te Peu, Ahu Tepeu   RCH   122 K, 125
Teresina   BR   168 K, 202, 207
Teresópolis   BR   201
Tetanus   9
Teufelsinseln   F   168 K, 222
Tierwelt   18 ff.
Tigre   RA   159
Tijuca-Nationalpark   BR   191, 196
Titicaca-See   PE/BO   30 K, 24, 86, 91, 97 f.
Tiwanaku   BO   30 K, 78, 79, 97 f., 126
Tobago   119
Todos los Santos-See   RCH   118
Tordesillas   150
Toro, Policarpo   122
Tovar, Colonia   YV   218